国家林业和草原局普通高等教育"十三五"规划教材
高等院校环境科学与工程类专业系列教材

环境影响评价

魏天兴 主编

中国林業出版社

内容简介

本教材从环境影响评价的概念出发，介绍了环境影响评价的类别、建设项目工程分析。分环境要素详细阐述了环境影响评价工作的程序、技术导则与标准、评价技术及评价报告的编制要求和过程。内容还包括开发区环境影响评价、规划环境影响评价、战略环境影响评价、环境风险评价和环境经济损益分析。内容涵盖我国环境影响评价的主要工作内容，同时还根据环境影响评价工程师考试的要求，纳入了相关知识内容。

本教材作为高等院校生态环境类及相关专业本科生、研究生教科书，同时可作为环境影响评价技术人员和管理人员学习和考试用书，也可供相关技术人员和管理人员参考使用。

图书在版编目(CIP)数据

环境影响评价 / 魏天兴主编 .—北京：中国林业出版社，2021.9
国家林业和草原局普通高等教育“十三五”规划教材
高等院校环境科学与工程类专业系列教材
ISBN 978-7-5219-1333-0

Ⅰ. ①环…　Ⅱ. ①魏…　Ⅲ. ①环境影响-评价-高等学校-教材　Ⅳ. ①X820.3

中国版本图书馆 CIP 数据核字(2021)第 173794 号

中国林业出版社教育分社

策划编辑：肖基浒　　责任编辑：丰　帆
电　　话：83143555　83143558　　传　　真：83143516

出版发行：中国林业出版社(100009　北京市西城区刘海胡同 7 号)
E-mail:jiaocaipublic@163.com　电话:(010)83143500
http://www.forestry.gov.cn/lycb.html
经　　销：新华书店
印　　刷：北京中科印刷有限公司
版　　次：2021 年 9 月第 1 版
印　　次：2021 年 9 月第 1 次印刷
开　　本：850mm×1168mm　1/16
印　　张：25.5
字　　数：600 千字
定　　价：69.00 元

《环境影响评价》编写人员

主　　编：魏天兴

副 主 编：周建勤　赵媛媛　景　峰

编写人员：（按姓氏拼音排序）

邓志华（西南林业大学）

关红杰（北京林业大学）

郭掌珍（山西农业大学）

景　峰（中国国际工程咨询有限公司）

黎华寿（华南农业大学）

李荣华（西北农林科技大学）

林云琴（华南农业大学）

刘瑞香（内蒙古农业大学）

魏天兴（北京林业大学）

杨志敏（西南大学）

赵媛媛（北京林业大学）

周建勤（新疆农业大学）

朱　健（中南林业科技大学）

前 言

环境影响评价是20世纪60年代提出和发展起来的，已经成为我国环境管理中的一项重要制度。作为一门新兴学科，环境影响评价目前已经形成了包括自然科学和社会科学的学科知识，集技术程序和方法学的学科体系。随着环境管理的发展，该学科的理论、方法和技术还在不断发展和完善。环境影响评价是高等院校生态环境相关专业的重要专业课，为适应生态环境问题的新情况和我国新时代对环境影响评价的需求，特编写本教材。

本教材在参考各高等院校《环境影响评价》教材的基础上，通过总结国内外环境影响评价的理论和实践，按照中华人民共和国生态环境部最新的环境影响评价导则及其他相关的评价要求，融入最新的评价技术方法。教材内容包括建设项目环境影响评价和战略环境影响评价。按照环境要素大气、地表水、地下水、声、土壤以及生态影响、固体废弃物等分项详细阐述了环境影响评价工作的程序、技术导则与标准、评价技术及评价报告的编制要求和过程。并对开发区环境影响评价、规划环境影响评价、战略环境影响评价、环境风险评价和环境经济损益分析进行了详细阐述。

教材立足为环境影响评价技术服务、为生态环境行政管理部门提供技术支撑和培养高级专业人才服务，兼顾初学者和环境影响评价工程师考试。可作为高等院校生态环境类及相关专业本科生、研究生教科书，同时可作为环境影响评价技术人员和管理人员学习和考试用书，也可供相关技术人员和管理人员参考使用。

《环境影响评价》由北京林业大学、西北农林科技大学、内蒙古农业大学、山西农业大学、中南林业科技大学、西南大学、西南林业大学、华南农业大学、新疆农业大学和中国国际工程咨询有限公司的授课教师、相关专家组成编写组。全书整体结构设计、统稿、修改和定稿工作由魏天兴教授完成。各章撰写分工如下：第1章和第14章由魏天兴编写；第2~3章由魏天兴、李荣华、郭掌珍编写；第4~6章由周建勤编写；第7~8章由魏天兴、邓志华、关宏杰、杨志敏编写；第9章由景峰编写；第10章由赵媛媛、林云琴编写；第11章和第16章由赵媛媛编写；第12章由景峰、魏天兴编写；第13章、第15章由魏天兴、朱健、黎华寿、刘瑞香编写。北京林业大学研究生范德卉、周文洁、王莎、缪今典、姜丽和丁学伟，新疆农业大学研究生吕续永参加了资料收集工作，周文洁和范德卉同学参加了全书的校核、编排工作。在此对他们的辛苦工作一并致谢。

值此《环境影响评价》教材完稿付印之际，向关心和支持本教材出版的北京林业大学教务处、北京林业大学水土保持学院表示由衷的感谢。也感谢中国林业出版社的编辑等同志对本书出版所付出的辛勤劳动。

在本教材编写过程中，引用了一些科技成果、论文、专著和相关教材，因篇幅所限未能一一在参考文献中列出，在此谨致深切的谢意。由于我国环境影响评价工作正处在不断发展和改革完善中，环境影响评价所涉及的内容十分广泛，限于我们的知识水平和实践经验，书中不当之处，恳请各位读者批评指正，以期本教材内容的不断完善和水平的逐步提高。

魏天兴

2020 年 6 月于北京

目　录

第1章

环境影响评价概述

【内容提要】环境影响评价的概念提出到全面实施环境影响评价制度，经历了一个对环境问题从认识和实践的过程。随着社会发展，人们对环境、环境影响、环境影响评价的认识，以及国家环境影响评价实践和制度在不断发生变化。环境影响评价的基本任务是从保护生态环境的目的出发，为拟议中的战略行动和建设项目的决策，生态环境保护措施以及其他有关的工程设计提供科学依据或指导性意见。本章主要内容包括环境的概念和特征、环境影响的概念及分类、环境影响评价、环境影响评价制度及法律依据、环境标准体系、国内外环境影响评价制度的发展历程。

1.1 环境与环境影响评价的概念

1.1.1 环境的概念及基本特征

1.1.1.1 环境的概念

环境是我们的常用词，对于环境工作者而言，还是一个学术和法律名词，其定义有学术和法律范畴。对于环境科学而言，中心事物是人类，环境是以人类为主体的外部世界。《中国大百科全书·环境科学卷》中将环境定义为“人群周围的情况以及其中可以直接、间接影响人类生活和发展的各种自然因素和社会因素的总体，包括自然因素的各种物质、现象和过程及在人类历史中的社会和经济成分”。从中可以看出环境科学中的环境既包括自然界众多要素如大气、水体、土壤、天然森林和草原、野生生物等，又包括经过人类社会加工改造过的自然界，如城市、村落、水库、港口、公路、铁路、空港、公园等。它既包括这些物质性的要素，又包括由这些要素所构成的系统及其所呈现出的状态。因此，居住环境、生产环境、交通环境和其他社会环境也是环境影响评价中所指的环境范畴。

在《中华人民共和国环境保护法》中规定“本法所称环境，是指影响人类生存和发展的各种天然的和经过人工改造的自然因素的总体，包括大气、水、海洋、土地、矿藏、森林、草原、湿地、野生生物、自然遗迹、人文遗迹、自然保护区、风景名胜区、城市和乡村等。”这是一种把环境中应当保护的要素和对象界定为环境的一种定义，它是从实际工作的需求出发，对环境一词的法律适用对象或适用范围所作的规定，其目的是保证法律的准确实施。

由于环境的内涵十分丰富，因此不同学科从各自的研究对象出发，对环境的定义也有所不同。从哲学上来说，环境是一个相对于主体而言的客体，它与其主体相互依存，其内容随着主体的不同而不同。明确主体是正确把握环境概念及其实质的前提。

以环境的哲学定义为依据，在不同的学科中，环境有更明确等具体的科学定义。在社会学中，环境是人类社会存在和发展的基本条件，分为自然环境和社会环境。自然环境包括水体、土壤、大气、动植物、岩石和矿山等；社会环境包括人类为改进生存条件而建设的城市、交通、文化古迹、房屋建筑、政治及经济制度等。即社会学中的环境是指以人类为主体的外部世界(韦克难，2017)。而在生态学中，环境是指某一特定生物体或生物群体以外的空间及直接、间接影响该生物体或生物群体生存的一切事物的总和（孙儒泳，1993)。即生态学中的环境是指以生物为主体的外部世界。

1.1.1.2 环境的基本特征

(1)环境的整体性与区域性

①整体性　环境的整体性又称环境的系统性，是指各环境要素间的数量与空间位置等相互作用而构成的具有特定结构和功能的系统。由于自然环境是由地貌、大气、水体、植被、土壤和动物界等要素组成。环境的整体性是指环境各组成要素和各组成部分之间的内在联系性。它们相互联系，相互制约，从而形成一个整体，这一要素影响另外要素，这一部分影响另一部分。表现在一是各要素间进行着物质与能量交换；二是要素间相互作用产生新功能；三是自然环境具有统一的演化过程；四是某一要素的变化会导致其他要素甚至整个环境的改变，会产生“牵一发而动全身”。例如，大气、水体、土壤、生物和阳光是构成环境的5个主要部分，由这5个部分可以构成不同的环境，如森林环境、沙漠环境等。环境的整体性是环境的最基本特性，任何一种环境要素的变化都可能导致环境整体质量的降低，并最终影响到人类的生存和发展。例如，燃煤排放 SO_2，污染了大气环境形成酸雨，进而污染水体和土壤等。

由于环境的整体性特点，表现两种或两种以上的环境因素同时产生作用，其结果不一定等于各因素单独作用之和。对待环境问题不能采用片面孤立的观点。所以在环境影响评价时不能以单因素的影响作为评价的依据。

②区域性　环境的区域性指环境因地理位置的不同或空间范围的差异会有不同的特性，即环境具有区域差异。例如，作为整体性的地理环境，它的各个地区的形态和结构并不相同，总是有规律地因地而异，通常表现为地带性差异和非地带性差异。如滨海环境与内陆环境表现出明显的环境差异。因此，对待环境问题要注意其区域差异造成的差别和特殊性。

(2)动态性和稳定性

①动态性　环境的动态性是指在自然和人类活动的作用下，环境的内部结构和外在状态始终处于不断变化之中。环境系统是一个动态系统，它一直处于演变过程中，特别是在人类活动的作用下，环境系统的组成和结构不断地发生变化。环境污染、生态破坏就是环境系统在人类活动作用下发生不良变化的结果。

②稳定性　环境的稳定性是指环境系统具有一定自动调节功能的特征，即在自然或人类活动作用下，若环境结构所发生的变化不超过一定的限度，环境可以借助于自身的调节功能使其恢复到原来的状态。

环境的变动性与稳定性是相辅相成的，变动性是绝对的，稳定性是相对的。环境的这一特性表明人类活动会影响环境的变化，因此人类必须自觉地调控自己的活动方式和强度，不要超过环境自身调节功能的范围，以求得人类与自然环境协调相处。

(3)资源性和价值性

①资源性　环境具有资源性，环境就是资源，为人类社会生存发展提供必要的条件。环境资源包括物质性资源和非物质性资源。物质资源包括矿产资源、土地资源、生物资源、淡水、海洋等。非物质性资源是指环境所处状态。不同的环境状态对人类社会的生存发展会提供不同的条件。美好的景观、广阔的空间等使人心情舒畅，是精神资源。环境状态的有用性也体现了环境的资源性。

②价值性　环境具有资源性，资源是具有价值的。“环境价值”是反映人们对环境质量(或素质)的期望程度、效用要求、重视或重要程度的观念。环境质量指环境系统内部结构和外部状态对人类及生物界的生存和繁衍的适宜性。以这种观点来看，环境对于人类以及人类社会发展极为重要，环境无疑具有价值，而且具有不可估量的价值。环境的经济价值是环境价值的一种形式，在环境影响评价中，环境的经济价值常常被用作环境的损益分析。

1.1.2 环境影响的概念及分类

1.1.2.1 环境影响的概念

环境影响是指人类活动(经济活动、政治活动和社会活动)导致环境的变化以及由此引起的对人类社会的负反馈作用。因此，环境影响概念包括人类活动对环境的作用和环境对人类的反作用两个层次。研究人类活动对环境的作用是认识和评价环境对人类的反作用的手段和前提条件，而认识和评价环境对人类的反作用是为了制定出缓和不利影响的对策措施，改善生活环境，维护人类健康，保证和促进人类社会的可持续发展这也是我们研究环境影响的根本目的。一般而言，环境对人类的反作用要远比人类活动对环境的作用复杂。

环境影响的程度与人的开发行动密切相关，开发行动的性质、范围和地点不同，受影响的环境要素变化的范围和程度也不同。在研究一项开发行动对环境的影响时，首先应该注意那些受到重大影响的环境要素的质量参数(或称环境因子)的变化。例如，建设一个大型的燃煤火力发电厂，使周围大气中二氧化硫浓度显著增加，城市污水经过一级处理后排入海湾会使排放口附近海水中有机物浓度显著升高，会影响原有水生生态的平衡。

1.1.2.2 环境影响的分类

(1)按影响的来源分类

①直接影响　与人类活动的结果对于人类社会或其他环境的直接作用，直接影响与人类活动在时间上同时，在空间上同地，如某一建设项目造成大气和水体的质量变化。

②间接影响　与人类活动比于时间上滞后、空间上较远，但在合理预见的范围内。如某一建设项目导致该地区人口集中，产业结构和经济类型发生变化。

③累积影响　在过去、现在和可预见的将来影响具有累积性质，或多项活动对同一地区可能产生叠加影响。如不停地施用农药对土壤的累积影响等。

(2)按影响的效果分类

①有利影响　对人群健康、社会经济发展或其他环境状况有积极的促进作用的影响。如污水处理厂建设等。

②不利影响　对人群健康、社会经济发展或其他环境状况有消极的或破坏作用的影响。

(3)按影响的程度分类

①可恢复影响　指人类活动造成环境某特性改变或某价值丧失后可逐渐恢复到以前面貌的影响。一般认为，在环境承载力范围内对环境造成的影响是可恢复的。如游轮严重泄油造成大面积海域污染，但经过一段时间以后，在人为努力和环境自净作用下，又恢复到污染以前的状态，这是可恢复影响。

②不可恢复影响　指造成环境的某特性改变或某价值丧失后不能恢复的影响。对环境造成的影响超出了环境承载力范围，则不可恢复。例如，开发建设活动使某自然风景区改变成为工业区，造成其观赏价值或舒适性价值完全丧失，是不可恢复影响。

另外，环境影响还可以分为短期影响和长期影响，暂时影响和连续影响，地方、地区、国家或安全影响，建设阶段影响和运行阶段影响，单个影响和综合影响等。

1.1.3　环境影响评价

1.1.3.1　环境影响评价的概念

环境影响评价(environmental impact assessment，EIA)是指对拟议中的建设项目、区域开发计划和国家政策实施后可能对环境产生的影响进行的系统识别、预测和评估。环境影响评价的根本目的是鼓励在规划和决策中考虑环境因素，最终达到更具环境相容性的人类活动。

《环境影响评价法》中所称环境影响评价，是指对规划和建设项目实施后可能造成的环境影响进行分析、预测和评估，提出预防或者减轻不良环境影响的对策和措施，进行跟踪监测的方法与制度。

(1)理想的评价过程应该满足的条件

①项目通用性　对开发活动造成的可能的所有显著影响作出识别和评估。

②方案比选性　对各种替代方案、管理技术、减缓措施进行比较。

③报告(EIS)清晰性　生成清楚的环境影响报告书(EIS)，以使专家和非专家都能了解影响的特征及重要性。

④广泛参与和严格审查　进行广泛的公众参与和严格的行政审查。

⑤明确的结论　得出清晰的结论，为决策提供信息和依据。

(2)环境影响评价常用术语

①环境要素　环境要素也称作环境基质，是构成人类环境整体的各个独立的、性质不同的而又服从整体演化规律的基本物质组分。通常是指自然环境要素，包括大气、水体、生物、岩石、土壤以及声、光、放射性、电磁辐射等。环境要素组成环境的结构单元，环境结构单元组成环境整体或称为环境系统。

②环境灾害　由于人类活动引起环境恶化所导致的灾害，是除自然变异因素外的另一

重要致灾原因。其中气象水文灾害包括：洪涝、酸雨、干旱、霜冻、雪灾、沙尘暴、风暴潮、海水入侵。地质地貌灾害包括地震、崩塌、雪崩、滑坡、泥石流、地下水漏斗、地面沉降。

③环境区划　环境区划分为环境要素区划、环境状态与功能区划、综合环境区划等。

④环境背景值　环境中的水体、土壤、大气、生物等要素，在其自身的形成与发展过程中，还没有受到外来污染影响下形成的化学元素组分的正常含量，又称环境本底值。

⑤环境自净　进入环境中的污染物。随着时间的变化不断降低和消除的现象。

1.1.3.2　环境影响评价与分类

(1)按评价对象分类

建设项目的环境影响评价、区域开发的环境影响评价、发展政策和规划等战略行动的环境影响评价。

(2)按环境要素分类

大气环境影响评价、地表水环境影响评价、地下水环境影响评价、土壤环境影响评价、声和固体废弃物环境影响评价、生态环境影响评价等。

(3)按评价专题分类

人群健康评价、清洁生产与循环经济评价、污染物排放总量控制、环境风险价。

(4)按时间顺序分类

环境质量现状评价、环境影响预测评价、规划环境影响跟踪评价、建设项目环境影响后评价。

1.1.3.3　环境影响评价的基本功能

(1)判断功能

通过判断，可以了解评价对象的当前状况，对其作出价值判断。

(2)预测功能

通过预测，对将要形成的项目对环境的影响作出预测，是非常重要的一种功能。

(3)选择功能

将同样具有价值的战略行动、规划和项目建设方案进行比较，确定其中哪一个方案对环境的影响更小，从而做出选择。

(4)导向功能

通过评价，确立合理的、合乎规律的目标，对战略行动、建设项目进行更有效的调控。人类活动的目的是否正确和符合规律，只有通过评价才能对其进行导向和调控。因此，导向功能在评价中处于核心地位，以上3种功能都隶属于导向功能。

1.1.4　环境影响评价制度及法律依据

1.1.4.1　环境影响评价制度的概念

环境影响评价制度是指把环境影响评价工作以法律、法规或行政规章的形式确定下来从而必须遵守的制度。

环境影响评价是分析预测人为活动造成环境质量变化的一种科学方法和技术手段，这种科学的技术方法和手段被法律强制规定为指导人们进行开发活动的必须行为，就成为环境影响评价制度。因此，环境影响评价制度是进行环境影响评价的法律依据，环境影响评价是评价技术。

环境影响评价制度要求在工程、项目、计划和政策等活动的拟定和实施中，除了传统的经济和技术等因素外，还要考虑环境影响，并把这种考虑体现到决策中去。对于可能显著影响人类环境的重要的开发建设行为，必须编写环境影响报告书。环境影响评价制度的建立，从一个方面体现了人类环境意识的提高，是正确处理人类与环境关系，保证社会经济与环境协调发展的一个进步(图 1-1)。

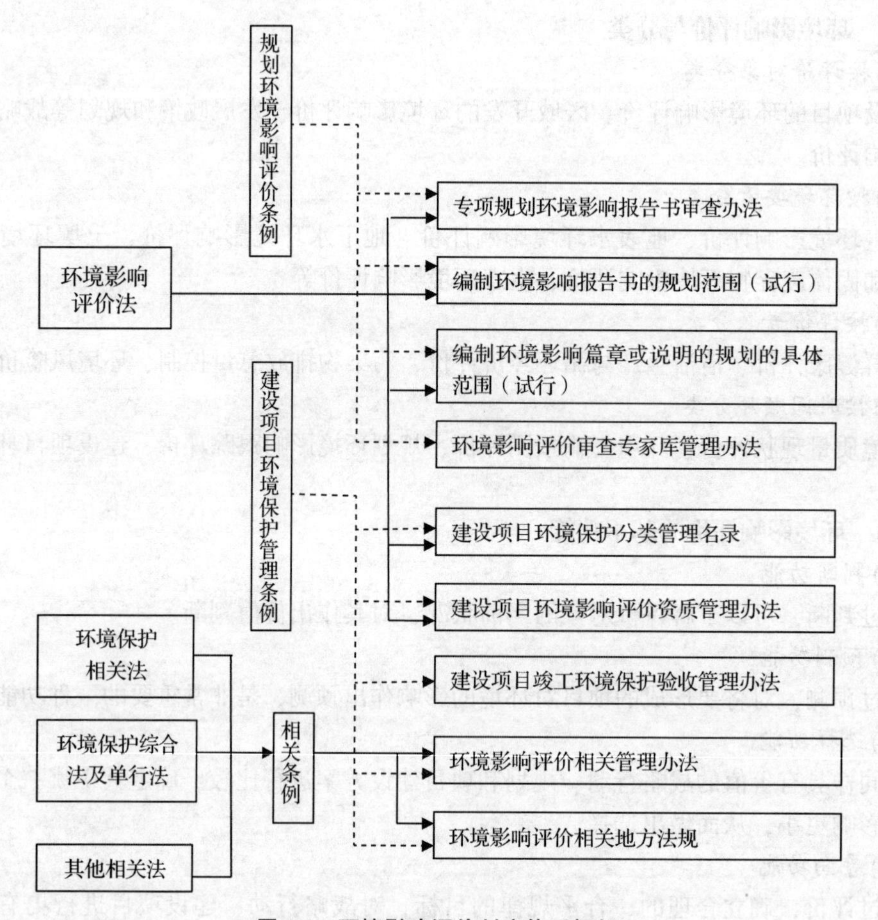

图 1-1　环境影响评价制度体系框架

1.1.4.2　我国环境影响评价的法律依据

(1)宪法中关于环境保护的规定

我国很重视环境保护，1978 年通过的《中华人民共和国宪法》规定，“国家保护环境和自然资源，防止污染和其他公害”。1982 年通过的《中华人民共和国宪法》又进一步规定：“国家保障自然资源的合理利用，保护珍贵的动物和植物。禁止任何组织或者个人用任何手段侵占或破坏自然资源”，“一切使用土地的组织和个人必须合理地利用土地”，“国家保护名胜古迹、珍贵文物和其他重要历史文化遗产”，“国家保护和改善生活环境和生态环境，防治污染和其他公害”，这是国家以根本大法的形式，作出保护自然生态环境、合理利用自然资源、防治污染和其他公害的规定。宪法的这些规定是中国环境保护工作的最高准则，也是确定环境影响评价制度的最根本的法律依据和基础。

(2)环境保护基本法中的规定

环境保护基本法是《中华人民共和国环境保护法》，1979 年 9 月发布的《环境保护法(试行)》开始了环评工作法制化的探索。该法第六条规定："一切企业、事业单位的选择、设计、建设和生产，都必须充分注意防止对环境的污染和破坏。在进行新建、改建和扩建工程时，必须提出对环境影响的报告书，经环境保护部门和其他有关部门审查批准后才能进行设计。"第七条还规定："在老城市改造和新城市建设中，应当根据气象、地理、水文、生态等条件，对工业区、居民区、公用设施、绿化地带等作出环境影响评价。"1981 年 5 月，国家计划委员会、国家基本建设委员会、国家经济委员会和国务院环境保护领导小组联合颁发了《基本建设项目环境保护管理办法》，对环境影响评价的基本内容和程序作了规定，后经 5 年的实践，1986 年 3 月，以国务院环境保护委员会、国家计划委员会、国家经济委员会的名义又一次联合颁布了《建设项目环境保护管理办法》，相应出台了一系列的法规和制度。1998 年 11 月又颁布了《建设项目环境保护管理条例》，进一步完善了原有办法，建立健全了环境影响评价法律制度。

(3)环境保护单行法

环境保护单行法是针对特定的污染防治对象或资源保护对象而制定的。它分为两大类，一类是自然资源保护法，如《中华人民共和国森林法》《中华人民共和国草原法》《中华人民共和国矿产资源法》等；另一类是污染防治法，如《中华人民共和国水污染防治法》《中华人民共和国大气污染防治法》《中华人民共和国海洋环境保护法》等。许多单项法对具体领城中执行环境影响评价制度的对象、内容和程序等也作了相应的规定。

2002 年 10 月 28 日第九届全国人民代表大会常务委员会第三十次会议通过《中华人民共和国环境影响评价法》(2003 年 9 月 1 日起施行)，其中第三条规定：编制本法第九条所规定范围内的规划，在中华人民共和国领域和中华人民共和国管辖的其他海域内建设对环境有影响的项目，应当依据本法进行环境影响评价。

该法将环境影响评价的范围从建设项目扩大到有关规划、计划草案等宏观性的、战略性行为，将环境影响评价确定为国家的一项重大法律制度，这对于中国的政治、经济、社会和环境的一体化发展具有重大的意义。根据该法，我国于 2009 年 10 月 1 日，正式施行了《规划环境影响评价条例》。

(4)环境保护行政法规

环境保护行政法规是由国务院制定并公布或者经国务院批准，由有关主管部门公布的环境保护规范性文件。它分为两类，一类是为执行某些环境保护单行法而制定的实施细则或条例；另一类是针对环境保护工作中某些尚无相应单行法律的重要领域而制定的条例。例如，上述的《建设项目环境保护管理条例》《规划环境影响评价条例》，还有《水污染防治法实施细则》《大气污染防治法实施细则》《环境噪声污染防治条例》等。目前，我国的法规条例规定中，都有关于环境影响评价的规定。

(5)环境保护部门规章

环境保护部门规章是由国务院环境保护行政主管部门单独发布或者与国务院有关部门

联合发布的环境保护规范性文件。它以有关的保护法律法规为制定依据，或针对某些尚无法律法规的领域作相应规定。例如，《环境影响评价公众参与办法》《建设项目环境影响评价分类管理名录》《环境行政处罚办法》《生态环境标准管理办法》《生态环境保护专项督察办法》等。

(6)环境保护地方性法规和地方政府规章

全国许多省、自治区、直辖市也根据国家的有关法律、法规、规定和办法，制定了相应的地方法规和实施细则。这些规范性文件是根据本地的实际情况和特殊的环境问题，为实施保护法律法规而制定，具有较强的可操作性，环境保护法律法规体系框架如图 1-2 所示。

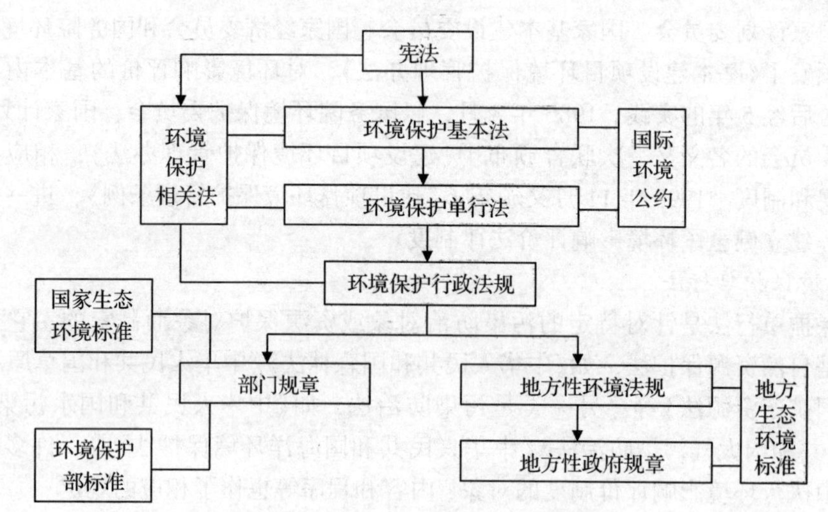

图 1-2 环境保护法律法规体系框架

1.2 环境影响评价的标准体系

1.2.1 环境标准体系的概念及结构

1.2.1.1 环境标准体系的概念

环境标准是控制污染、保护环境的各种标准的总称。它是由国家按照法定程序制定和批准的技术规范；是国家环境政策在技术方面的具体体现，也是执行各项环境法规的基本依据；是为了保护人民健康、社会物质财富和促进生态良性循环，对环境结构和状态，在综合考虑自然环境特征、科学技术水平和经济条件的基础上制定的。

环境标准是由政府制定的，由若干个标准构成标准体系。各种不同环境标准依其性质功能及其客观的内在联系，相互依存、相互衔接、相互补充、相互制约所构成的一个有机整体，即构成了环境标准体系。

随着我国机构改革的进行，原国家环境保护部变更为生态环境部，生态环境部于 2020 年 12 月公布了《生态环境标准管理办法》。

1.2.1.2 环境标准的地位、作用和性质

(1)环境标准的地位

环境标准是国家环境保护法规的重要组成部分。我国环境标准具有法规约束性，是我国环境保护法规所赋予的。在我国《环境保护法》《大气污染防治法》《水污染防治法》《中海洋环境保护法》《环境噪声污染防治法》《固体废物污染环境防治法》等法律法规中，都规定了制定实施环境标准的条款，使环境标准成为环境管理必不可少的依据和环境保护法规的重要组成部分。同时我国环境标准从制(修)订到发布实施有严格的工作程序，使环境标准具有规范性特征。国家环境标准又是国家有关环境政策在技术方面的具体表现，如我国环境质量标准兼顾了我国环境保护工作的区域性和阶段性特征。体现了我国经济建设和环境建设协调发展的战略政策；我国污染物排放标准综合体现了国家关于资源综合利用的能源政策、淘劣奖优的产业政策、鼓励科技进步的科技政策等，其中行业污染物排放标准又着重体现了我国行业环境政策。

(2)环境标准的作用

环境标准在环境保护中起到很重要的作用，主要表现以下几个方面。

①环境管理的技术基础，提高环境质量的重要手段，制订环境规划的主要依据　环境规划的目标主要是用标准来表示的。我国环境质量标准就是将环境规划总目标依据环境组成要素和控制项目在规定时间和空间内予以分解并定量化的产物。因而环境质量标准是具有鲜明的阶段性和区域性特征的规划指标，是环境规划的定量描述。污染物排放标准则是根据环境质量目标要求将规划措施，根据我国的技术和经济水平以及行业生产特征，按污染控制项目进行分解和定量化，它是具有阶段性和区域性特征的控制措施指标。

环境标准为其他行业部门提出了生态环境保护具体指标，有利于其他行业部门在制订和实施行业发展计划时协调行业发展与生态环境保护工作。环境标准提供了检验生态环境保护工作的尺度，有利于管理部门对环保工作的监督管理。

②环境保护部门依法行政的依据　环境管理制度是环境监督管理职能制度化的体现。这些制度只有在各自进行技术规范化之后，才能保证监督管理职能科学有效地发挥。环境管理制度和措施的一个基本特征是定量管理，定量管理就要求在污染源控制与环境目标管理之间建立定量评价关系，并进行综合分析。因而就需要通过环境保护标准统一技术方法，作为环境管理制度实施的技术依据。环境标准是强化环境管理的核心，生态环境质量标准提供了衡量生态环境质量状况的尺度，污染物排放标准为判别污染源是否违法提供了依据。同时，生态环境监测类标准、生态环境管理技术规范类标准和生态环境基础标准统一了环境质量标准和污染物排放标准实施的技术要求，为环境质量标准和污染物排放标准正确实施提供了保障，并相应提高了环境监督管理的科学水平和可比程度。

③推动环境保护科技进步的一个动力　环境标准与其他任何标准一样，是以科学与实践的综合成果为依据制订的，具有科学性和先进性，代表了今后一段时期内科学技术的发展方向。使标准在某种程度上成为判断污染防治技术、生产工艺与设备是否先进可行的依据，成为筛选、评价环保科技成果的一个重要尺度，对技术进步起到导向作用。同时，环境监测标准、环境基础标准统一了采样、分析、测试、统计、计算等技术方法，规范了环保有关技术术语等，保证了环境信息的可比性，使环境科学各学科之间、环境监督管理各

部门之间，以及环境科研和环境管理部门之间有效的信息交往和相互促进成为可能。标准的实施还可以起到强制推广先进科技成果的作用，加速科技成果转化为生产力的步伐，使切合我国实际情况的无废、少废、节能、节水及污染治理新技术、新工艺、新设备尽快得到推广应用。

④环境影响评价的准则　进行生态环境质量现状评价、环境影响评价，都需要环境标准做出定量化的比较和评价，正确判断环境质量的好坏，从而为控制环境质量，进行环境污染综合整治，以及设计切实可行的治理方案提供科学依据，而且环境标准对环境投资的导向作用是明显的。

(3)环境标准的特性

环境标准不同于产品质量标准，环境标准(生态环境质量标准和污染物排放标准)有其独特的法规属性。环境标准属于技术法规，具有强制性，必须执行。

1.2.1.3　环境标准体系的结构

我国环境标准分为国家级和地方级。国家生态环境标准包括国家生态环境质量标准、国家生态环境风险管控标准、国家污染物排放标准、国家生态环境监测标准、国家生态环境基础标准和国家生态环境管理技术规范。国家生态环境标准在全国范围或者标准指定区域范围执行。

地方生态环境标准包括地方生态环境质量标准、地方生态环境风险管控标准、地方污染物排放标准和地方其他生态环境标准。地方生态环境标准在发布该标准的省、自治区、直辖市行政区域范围或者标准指定区域范围执行。

1.2.2　国家生态环境标准和地方生态环境标准

1.2.2.1　生态环境质量标准

(1)生态环境质量标准

生态环境质量标准是在一定时间和空间范围内，对各种环境要素中的污染物或污染因子所规定的允许含量和要求，是衡量环境污染的尺度，也是环境保护有关部门进行环境管理、制定污染物排放标准的依据。分为国家级生态环境质量标准和地方级生态环境质量标准。

国家生态环境质量标准是由国家按照环境要素和污染因子规定的标准，适用于全国范围；地方环境质量标准是地方(由省、自治区、直辖市人民政府制定)根据本地区的实际情况对某些指标的更严格的要求，是国家环境质量标准的补充完善和具体化。国家生态环境质量标准还包括中央各个部门对一些特定的对象，为了特定的目的和要求而制定的环境质量标准，如《景观娱乐用水水质标准》(GB 12941—1991)，《机场周围飞机噪声环境标准》(GB 9660—1985)等。

(2)生态环境质量标准的实施

①在实施生态环境质量标准时，应结合所管辖区域环境要素的使用目的和保护目的划分环境功能区，对各类环境功能区按照环境质量标准的要求进行相应标准级别的管理。

②县级以上地方人民政府环境保护行政主管部门在实施生态环境质量标准时，应按国家规定，选定生态环境质量标准的监测点位或断面。经批准确定的监测点位、断面不得任

意变更。

③各级环境监测站和有关环境监测机构应按照环境质量标准和与之相关的其他环境标准规定的采样方法、频率和分析方法进行环境质量监测。

④承担环境影响评价工作的单位应按照生态环境质量标准进行生态环境质量评价。

1.2.2.2 国家生态环境风险管控标准

(1)国家生态环境风险管控标准

为了对生态环境风险筛查与分类管理，维护生态环境安全，控制生态环境中的有害物质和因素，制订生态环境风险管控标准。

生态环境风险管控标准包括土壤污染风险管控标准以及法律法规规定的其他环境风险管控标准。

(2)国家生态环境风险管控实施

生态环境风险管控标准是开展生态环境风险管理的技术依据。实施土壤污染风险管控标准，应当按照土地用途分类管理，管控风险，实现安全利用。

1.2.2.3 国家污染物排放标准

(1)国家污染物排放标准

国家污染物排放标准是对全国范围内污染物排放控制的基本要求。地方污染物排放标准是地方为进一步改善生态环境质量和优化经济社会发展，对本行政区域提出的国家污染物排放标准补充规定或者更加严格的规定。

污染物排放标准包括大气污染物排放标准、水污染物排放标准、固体废物污染控制标准、环境噪声排放控制标准和放射性污染防治标准等。

水和大气污染物排放标准，根据适用对象分为行业型、综合型、通用型、流域(海域)或者区域型污染物排放标准。

(2)国家污染物排放标准实施

行业型污染物排放标准适用于特定行业或者产品污染源的排放控制；综合型污染物排放标准适用于行业型污染物排放标准适用范围以外的其他行业污染源的排放控制；通用型污染物排放标准适用于跨行业通用生产工艺、设备、操作过程或者特定污染物、特定排放方式的排放控制；流域(海域)或者区域型污染物排放标准适用于特定流域(海域)或者区域范围内的污染源排放控制。

污染物排放标准按照下列顺序执行：

①地方污染物排放标准优先于国家污染物排放标准；地方污染物排放标准未规定的项目，应当执行国家污染物排放标准的相关规定。

②同属国家污染物排放标准的，行业型污染物排放标准优先于综合型和通用型污染物排放标准；行业型或者综合型污染物排放标准未规定的项目，应当执行通用型污染物排放标准的相关规定。

③同属地方污染物排放标准的，流域(海域)或者区域型污染物排放标准优先于行业型污染物排放标准，行业型污染物排放标准优先于综合型和通用型污染物排放标准。流域(海域)或者区域型污染物排放标准未规定的项目，应当执行行业型或者综合型污染物排放标准的相关规定；流域(海域)或者区域型、行业型或者综合型污染物排放标准均未规

定的项目，应当执行通用型污染物排放标准的相关规定。

污染物排放标准规定的污染物排放方式、排放限值等是判定污染物排放是否超标的技术依据。排放污染物或者其他有害因素，应当符合污染物排放标准规定的各项控制要求。

1.2.2.4 国家生态环境监测标准

(1)国家生态环境监测标准

为监测生态环境质量和污染物排放情况，开展达标评定和风险筛查与管控，规范布点采样、分析测试、监测仪器、卫星遥感影像质量、量值传递、质量控制、数据处理等监测技术要求，制订生态环境监测标准。生态环境监测标准包括生态环境监测技术规范、生态环境监测分析方法标准、生态环境监测仪器及系统技术要求、生态环境标准样品等。

(2)国家生态环境监测实施

制订生态环境质量标准、生态环境风险管控标准和污染物排放标准时，应当采用国务院生态环境主管部门制订的生态环境监测分析方法标准。

对于地方生态环境质量标准、地方生态环境风险管控标准或者地方污染物排放标准中规定的控制项目，尚无国家生态环境监测分析方法标准的，可以在地方生态环境质量标准、地方生态环境风险管控标准或者地方污染物排放标准中规定相应的监测分析方法，或者采用地方生态环境监测分析方法标准。适用于该控制项目监测的国家生态环境监测分析方法标准实施后，地方生态环境监测分析方法不再执行。

1.2.2.5 国家生态环境基础标准

(1)国家生态环境基础标准

为统一规范生态环境标准的制订技术工作和生态环境管理工作中具有通用指导意义的技术要求，制订生态环境基础标准。包括生态环境标准制订技术导则，生态环境通用术语、图形符号、编码和代号(代码)及其相应的编制规则等。

(2)国家生态环境基础标准实施

制订生态环境标准，应当符合相应类别生态环境标准制订技术导则的要求，采用生态环境基础标准规定的通用术语、图形符号、编码和代号(代码)编制规则等，做到标准内容衔接、体系协调、格式规范。

在生态环境保护工作中使用专业用语和名词术语，设置图形标志，对档案信息进行分类、编码等，应当采用相应的术语、图形、编码技术标准。

1.2.2.6 国家生态环境管理技术规范

生态环境管理技术规范是为规范各类生态环境保护管理工作的技术要求而制订的。内容包括大气、水、海洋、土壤、固体废物、化学品、核与辐射安全、声与振动、自然生态、应对气候变化等领域的管理技术指南、导则、规程、规范等。

生态环境管理技术规范为推荐性标准，在相关领域环境管理中实施。

1.2.3 环境标准之间的关系

1.2.3.1 国家生态环境标准与地方生态环境标准的关系

地方环境标准是对国家环境标准的补充和完善。国家质量标准中未作出规定的项目，可以补充制定地方环境质量标准。国家环境标准与地方环境标准执行上的关系为地方环境标准优先于国家环境标准。

1.2.3.2 国家污染物排放标准之间的关系

国家污染物排放标准分为跨行业综合性排放标准(例如，污水综合排放标准、大气污染物综合排放标准)和行业性排放标准(例如，火电厂大气污染物排放标准、合成氨工业水污染物排放标准、造纸工业水污染物排放标准等)。综合性排放标准与行业性排放标准不交叉执行。即有行业性排放标准的执行行业排放标准，没有行业排放标准的执行综合排放标准。

1.2.3.3 环境标准体系的体系要素

一方面，由于环境的复杂多样性，使得在环境保护领域中需要建立针对不同对象的环境标准，因而它们各具有不同的内容用途、性质特点等；另一方面，为使不同种类的环境标准有效地完成环境管理的总体目标，又需要科学地从环境管理的目的对象、作用方式出发，合理地组织协调各种标准，使其互相支持、相互匹配以发挥标准系统的综合作用。

我国目前的环境标准体系，是根据我国国情，总结多年来环境标准工作经验、参考国外的环境标准体系而制定的。

生态环境质量标准和污染物排放标准是环境标准体系的主体，它们是环境标准体系的核心内容，从环境监督管理的要求上集中体现了环境标准体系的基本功能，是实现环境标准体系目标的基本途径和表现。

环境基础标准是环境标准体系的基础，是环境标准的“标准”，它对统一、规范环境标准的制定、执行具有指导的作用，是环境标准体系的基石。

环境方法标准、环境标准样品标准构成环境标准体系的支持系统。它们直接服务于生态环境质量标准、生态环境风险管控和污染物排放标准，是生态环境质量标准生态环境风险管控与污染物排放标准内容上的配套补充以及环境质量标准环境监测标准、生态环境风险管控与污染物排放标准有效执行的技术保证。

1.2.4 环境质量标准与环境功能区之间的关系

环境质量一般分等级，与环境功能区类别相对应。高功能区环境质量要求严格，低功能区环境质量要求宽松一些。

1.2.4.1 环境空气质量功能区的分类和标准分级

(1)功能区分类

一类区　为自然保护区、风景名胜区和其他需要特殊保护的区域。

二类区　为居住区、商业交通居民混合区、文化区、工业区和农村地区。

(2)标准分级

一类区　适用环境空气污染物一级浓度限值。

二类区　适用环境空气污染物二级浓度限值。

1.2.4.2 地表水环境质量功能区的分类

(1)功能区分类

Ⅰ类　主要适用于源头水、国家自然保护区。

Ⅱ类　主要适用于集中式生活饮用水地表水源地一级保护区、珍稀水生生物栖息地、鱼虾类产卵场、仔稚幼鱼的索饵场等。

Ⅲ类　主要适用于集中式生活饮用水地表水源地二级保护区、鱼虾类越冬场、洄游通道、水产养殖区等渔业水域及游泳区。

Ⅳ类　主要适用于一般工业用水区及人体非直接接触的娱乐用水区。

Ⅴ类　主要适用于农业用水区及一般景观要求水域。

(2)标准值

对应地表水上述5类功能区，将地表水环境质量基本项目标准值分为5类，不同功能类别分别执行相应类别的标准值。水域功能类别高的区域执行的标准值严于水域功能类别低的区域。

1.2.4.3　声环境功能区的分类

(1)功能区分类

0类声环境功能区　指康复疗养区等特别需要安静的区域。

1类声环境功能区　指以居民住宅、医疗卫生、文化教育、科研设计、行政办公为主要功能，需要保持安静的区域。

2类声环境功能区　指以商业金融、集市贸易为主要功能，或者居住、商业、工业混杂，需要维护住宅安静的区域。

3类声环境功能区　指以工业生产、仓储物流为主要功能，需要防止工业噪声对周围环境产生严重影响的区域。

4类声环境功能区　指交通干线两侧一定距离之内，需要防止交通噪声对周围环境产生严重影响的区域，包括4a类和4b类两种类型。4a类为高速公路、一级公路、二级公路、城市快速路、城市主干路、城市次干路、城市轨道交通(地面段)、内河航道两侧区域；4b类为铁路干线两侧区域。

(2)标准值

对应声环境5类功能区，将环境噪声标准值分为5类，不同功能类别分别执行相应类别的标准值。噪声功能类别高的区域(如居住区)执行的标准值严于噪声功能类别低的区域(如工业区)。

1.2.5　污染物排放标准与环境功能区之间的关系

过去，对于水、气污染物排放标准，大部分是分级的，分别对应于相应的环境功能区，处在高功能区的污染源执行严格的排放限值，处在低功能区的污染源执行宽松得排放限值。

目前，污染物排放标准的制定思路有所调整。首先，排放标准限值建立在经济可行的控制技术基础上，不分级别。制定国家排放标准时，明确以技术为依据，采用“污染物达标技术”，即现有源以现阶段所能达到的经济可行的最佳实用控制技术为标准的制定依据。国家排放标准不分级别，不再根据污染源所在地区环境功能不同而不同，而是根据不同工业行业的工艺技术、污染物产生量水平、清洁生产水平、处理技术等因素确定各种污染物排放限值。排放标准以减少单位产品或单位原料消耗量的污染物排放量为目标，根据行业工艺的进步和污染治理技术的发展，适时对排放标准进行修订，逐步达到减少污染物排放总量，以实现改善环境质量的目标。其次，国家排放标准与环境质量功能区逐步脱离对应关系，由地方根据具体需要进行补充制定排入特殊保护区的排放标准。逐步改变目前国家排放标准与环境质量功能区对应的关系，超前时间段不分级别，现时间段可以维持，以便管理部门的逐步过渡。排放标准的作用对象是污染源，污染源排污量水平与生产工艺和处理技术密切相关。而目前这种根据环境质量功能区类别来制定相应级别的污染物排放标准过于勉强，因为单个排放源与环境质量不具有一一对应的因果关系，一个地方的环境质量受到诸如污染源数量、种类、分布、人口密度、经济水平、环境背景及环境容量等众多因素的制约，必须采取综合整治措施才能达到环境质量标准。但地方可以根据具体情况和管理需要，对位于特殊功能区的污染源制定更为严格的控制标准。

1.2.6 环境保护措施

(1)一般措施

①重视环保工作　编制实施性施工组织设计时，把环保工作作为施工组织设计的重要组成部分，并认真贯彻执行。

②加强环保教育　组织职工学习环保知识，强化环保意识，使大家认识到环境保护工作的重要性和必要性。

③贯彻环保法规　认真贯彻各级政府的有关环境保护方针、政策法令，结合设计文件和工程特点，及时提报有关环保设计，切实按批准的文件组织实施。

④强化环保管理　定期进行环保检查，及时处理违章事宜，主动联系环保机构，请示汇报环保工作，做到文明施工。

⑤美化施工场地　施工场地废料、土石方废方处理，应按设计要求按工程师指定地点处理，防止水土流失。保持排水通道畅通，工地干净卫生。施工中还应尽量减少对周围绿化环境的影响和破坏。

⑥消除施工污染　施工废水、生活污水不得污染水源、道路，采用污水处理池进行处理。工地垃圾及时运往指定地点深埋，清洗集料机具或含有沉淀油污的操作用水采用过滤的方法或沉淀池处理，使生态环境受损降到最低程度。

⑦控制运输污染　工程车辆通行时，及时向当地交通部门办理手续，征得同意后，方能上路；拉运土方的车辆采用密闭式自卸车，以防土块洒落、污染路面。

⑧征求政府部门意见　工程队建设施工中及时、经常与当地政府、环保部门联系，征求他们的意见，做好环境保护工作。

(2)水环境保护措施

①施工废水、生活污水经污水处理池进行处理，不得直接排入污水管道。

②清洗骨料的水和其他施工废水，采取沉淀池处理达到排放标准后方可排放，避免污染周围环境。

③施工机械的废油废水，采用隔油池等有效措施加以处理，不得超标排放。

④生活污水采取二级生化或化粪池等措施进行净化处理，经检查符合标准后方准排放。

(3) 大气环境及粉尘的防护措施

①在设备选型时选择低污染设备，并安装空气污染控制系统。

②在运输弃土等易飞扬物料时用密闭式自卸汽车，并装量适中，不得超限运输。

③配备专用洒水车，对施工现场和运输道路经常进行洒水湿润，减少扬尘。

④对汽油等易挥发品的存放要密闭，并尽量缩短开启时间。

⑤在有粉尘的作业环境中作业，除洒水外，作业人员还必须配备劳保防护用品。

(4) 固体废弃物的处理

①生活区和施工现场的生活垃圾，应集中堆放。

②施工和生活中的废弃物也可经当地环保部门同意后，运至指定地点，此外，工地设置能冲洗的厕所，派专门的人员清理打扫，并定期对周围喷药消毒，以防蚊蝇滋生、病毒传播。

③报废材料或施工中返工的挖除材料立即运出现场并进行掩埋等处理。对于施工中废弃的零碎配件，边角料、水泥袋、包装箱等及时收集清理并搞好现场卫生，以保护自然环境与景观不受破坏。

(5) 降低噪声措施

①对使用的工程机械和运输车辆安装消声器并加强维修保养，降低噪声。

②机械车辆途经居住场所时应减速慢行，不鸣喇叭。

③在比较固定的机械设备附近，修建临时隔音屏障，减少噪声传播。

④合理安排施工作业时间，尽量降低夜间车辆出入频率，夜间施工不得安排噪声很大的机械。

⑤适当控制机械布置密度，条件允许时拉开一定距离，避免机械过于集中形成噪声叠加。

(6) 生态环境的保护措施

植被及地下水资源的保护是施工中的环保重点。

①采用各种方式宣传《中华人民共和国水土保持法实施条例》等法规，使职工自觉遵守法律规定。

②保护原有植被。对合同规定的施工界限内、外的植物、树木等尽力维持原状。

③施工便道、施工工棚及作业场地的设置要尽量维护自然面貌，以保护植物。

④营造良好环境。在施工现场和生活区设置足够的临时卫生设施，经常进行卫生清理，同时在生活区周围种植花草、树木，美化生活环境。

⑤工程完工后，及时进行现场彻底清理，并按设计要求采用植被覆盖或其他处理措施。

1.3 国内外环境影响评价的发展

1.3.1 环境影响评价在国外的发展和特点

1.3.1.1 环境影响评价的由来

美国是第一个把环境影响评价用法律要求固定下来并建立环境影响评价制度的国家。1969年美国国会通过《国家环境政策法》明文规定：在对人类环境质量具有重大影响的每项生态建议或立法建议报告和其他重大联邦行动中，均应由提出建议的机构向相关主管部门提供一份详细报告，说明拟议中的行动将会对环境和自然资源产生的影响、采取的相应减缓措施以及替代方案等，这就是环境影响评价制度的开始。

继美国建立环境影响评价制度后，先后有瑞典、新西兰、加拿大、澳大利亚、马来西亚、德国、印度、菲律宾、泰国、中国、印度尼西亚、斯里兰卡等国家在20世纪70年代建立了环境影响评价制度。经过40多年的发展，已有100多个国家建立了环境影响评价制度。环境影响评价的内涵也不断得到提高：从对自然环境的影响评价发展到社会环境的影响评价，其中自然环境的影响，还注重其对生态系统的影响。此外，各国还逐步开展的环境风险评价，区域建设项目的累积性影响，近十多年来，环境影响后评价也成为很多研究者的兴趣，并逐步推广到大的建设项目中。

环境影响评价从最初单纯的工程建设项目，发展到区域开发环境影响评价和战略环境评价，环境影响评价的技术方法和程序也在发展中不断得以完善。

1.3.1.2 国外环境影响评价的新发展

一个工程项目的取舍往往由经济、技术、管理、组织、商业与财政，特别是从经济角度，根据利润、成本分析来取消那些效率低、成本高的项目。因此，往往有人认为环境问题虽然重要，但过于重视会影响资源开发，影响现实社会的需求，是本末倒置。但工业发达国家已有因经济发展带来环境污染而危害人类自身的历史教训，所以环境影响评价作为一种监督因素，已成为考虑项目取舍的第7个方面，以控制不利于环境的经济增长。

国外环境影响评价近十年来发展很快，归纳起来主要有以下几个方面。

①社会环境影响评价　社会环境影响评价包括建设项目引起的对一个地区的社会组成、结构、人际关系、社区关系、经济发展、文化教育、娱乐活动、服务设施、文物古迹及美学等方面的影响，这些影响是建设项目引起的土地利用变化、人口的增加以及就业趋势的转变等的间接后果，常常是环境影响的实质性问题。

②生态环境影响评价　生态环境影响评价的内容涉及生态系统的种群组成及生态系统的功能和结构等问题。经济建设项目引起的任何环境条件变化会影响生物群落内居住在一起的生物种群的结合，从而改变其生态系统结构及其功能，经常涉及建设项目周围地区自然资源的破坏以及生态系统生产力水平降低。

③景观影响评价研究　景观影响评价研究的内容一般包括：建立物理模型、计算景观价值指数、发展视觉模型(包括视线分析、无视线分析、计算机扫描)等。目前国内外十分重视这方面的研究。

④环境风险评价　20世纪80年代首先由加拿大兴起了有关环境风险评价研究，它的主要目标：一是确定应该控制的污染风险重点；二是对确定的重点选择恰当的减少风险的措施。国外重视环境风险评价中的不确定性分析，研究环境污染与人体健康的关系，尽可能减少不确定性。

⑤环境影响综合评价及环境经济分析　环境影响综合评价是在对建设项目进行单项的环境预测与分析之后，从总体上对这些不同领域的分析进行综合研究，是国外正在迅速发展的领域。方法上主要有判别法、叠置法、列表法、矩阵法及网络法等类型，在建设项目环境影响综合评价基础上进行环境经济分析，是由环境影响评价过渡到最后决策的重要步骤。

1.3.2　我国环境影响评价的发展沿革

我国环境影响评价的发展经历了从引入、规范、完善、提高到拓展5个阶段，下面详细阐述。

1.3.2.1　引入和确立阶段(1973—1979年)

1973年我国领导就宣布要重视环境保护，随后成立了环境保护领导小组，此时是我国开放环境保护工作的初期阶段。在区域或流域的环境污染调查及评价的基础上，各地对企业排放的废水、废气及废渣逐步开始了单项治理，取得了初步成效。我国于1978年制定的《关于加强基本建设项目前期工作内容》中提出了进行环境影响评价的问题，这可认为是一种制度的探讨。

1979年9月颁布的《中华人民共和国环境保护法(试行)》，明确规定了环境影响评价制度。指出：一切企业、事业单位的选址、设计、建设和生产，都必须注意防止对环境的污染和破坏。在进行新建、改建和扩建工程中，必须提出环境影响报告书，经环境保护主管部门和其他有关部门审查批准后才能进行设计。从此，我国的环境影响评价制度正式确立。

1.3.2.2　规范和建设阶段(1980—1989年)

《中华人民共和国环境保护法(试行)》中明确规定了环境影响评价制度。此后十年间，环境污染得到初步控制，局部地区环境质量得到改善。这与执行环境影响评价制度是分不开的。

此后相继颁布的各项环境保护法律、法规不断对环境影响评价进行规范，如1982年颁布的《海洋环境保护法》第六、第九和第十条，1984年颁布的《水污染防治法》第十三条，1987年颁布的《大气污染防治法》第九条，1988年颁布的《野生动物保护法》第十二条，以及1989年颁布的《环境噪声污染防治条例》第十五条等，都有关于环境影响评价的规定。

国家还通过部门行政规章，逐步明确了环境影响评价的内容、范围和程序，环境影响评价的技术方法也不断完善。随着环境保护实践的发展，逐步转向区域污染的综合防治，对于防治污染起到了积极作用。

1989年颁布的《中华人民共和国环境保护法》第十三条中规定：污染环境的项目必须遵守国家有关建设项目环境管理的规定。建设项目的环境影响报告书，必须对其产生的污染和对环境的影响作出评价，规定防治措施，经主管部门预审，并依照规定的程序报环境保护行政主管部门批准。环境影响报告书经批准后，计划部门方可批准建设项目设计任务书。

1.3.2.3 强化和完善阶段(1990—1998年)

从1989年12月通过《中华人民共和国环境保护法》到1998年11月国务院颁布《建设项目环境保护管理条例》，是建设项目环境影响评价强化和完善的阶段。期间我国经济发展迅速，各省、自治区、直辖市普遍开展了2000年环境预测研究，按规定对新建项目开展了环境影响评价工作，对避免新环境问题的产生起了重要作用。国际合作与交流，也进一步完善了我国的环境影响评价制度。环境影响评价真正成为我国现阶段保护环境的重要手段。

1.3.2.4 提高阶段(1999—2002年)

1998年颁布实施的《建设项目环境保护条例》，是建设项目环境管理的第一个行政法规，中国的环境影响评价制度不仅得以确立和发展，更推向了一个新的阶段。

在此期间，环境影响评价也发挥了重要作用。

第一，通过环境影响评价，可以为经济的合理布局提供前提条件。进行环境影响评价，即认识人类经济活动与保护环境的相互依赖和相互制约关系的过程。环境影响评价制度是对我国传统经济发展方式的重大变革。

第二，通过区域开发的环境影响评价，为确定一个地区的发展方向和规模提供依据。在传统的经济发展中，对一个地区常缺乏经济和环境容量的综合分析，盲目性很大，往往引起环境污染和破坏。对新经济开发区开展环境影响评价，按照其环境功能、环境容量安排社会和经济发展，才能取得好的效果。

第三，为合理确定环境保护对策，进行科学管理提供了依据。通过环境影响评价，可以针对某一建设项目或地区发展的环境影响采取针对性的措施，保护环境，进行科学管理。

1.3.2.5 提高与拓展阶段(2003—2015年)

2002年10月28日，第九届全国人大常委会通过了《中华人民共和国环境影响评价法》，环境影响评价从项目环评进入到规划环评阶段，环境影响评价制度有了新发展。2004年2月，人事部、国家环保总局决定在全国环境影响评价行业建立环境影响评价工程师职业资格制度，对环境影响评价技术以及从业者提出了更高的要求。我国于2009年10月1日，正式施行了《规划环境影响评价条例》，标志着环境保护参与综合决策进入了新阶段。

1.3.2.6 改革和优化阶段(2016年至今)

为充分发挥环境影响评价从源头预防环境污染和生态破坏的作用，推动实现“十三五”绿色发展和改善生态环境质量总体目标。2016年7月15日环境保护部印发了《“十三五”环境影响评价改革实施方案》。2019年9月生态环境部发布部令第9号《建设项目环境影响报告书(表)编制监督管理办法》，明确了加强监督管理，保障环境影响评价工作质量。

总之，环境影响评价制度是正确认识社会经济及环境之间关系的重要手段和方法，对环境保护具有重大意义。

思考题

1. 环境、环境影响、环境影响评价、环境影响评价制度的概念。
2. 试述环境影响评价的法律依据及我国评价制度的特征。
3. 试述环境影响评价的基本功能。
4. 简述我国的环境标准体系及作用。
5. 环境质量标准与环境功能区之间有何关系(环境空气、地表水和声环境)?

第2章

环境影响评价程序与方法

【内容提要】环境影响评价的程序是由环境影响评价制度所决定的，规定了环境影响评价所遵循的共同原则。我国对环境影响评价程序已有了一套较为合理的规定，在实践中一般都严格地遵守环境影响评价的管理程序和工作程序。本章在论述环境影响评价程序的基本概念及其所遵循的共同原则的基础上，重点介绍了环境影响评价的管理程序、工作程序和环境影响识别、评价的技术与方法。

2.1 环境影响评价程序的基本概念

2.1.1 环境影响评价程序的定义及分类

环境影响评价程序是指按照一定的顺序或步骤完成环境影响评价工作的过程。作为法定制度的环境影响评价工作的程序可以分为执行环境影响评价制度的管理程序与完成环境影响报告书的技术工作程序。

2.1.2 环境影响评价遵循的原则

环境影响评价的根本目的是在规划和决策中避免和减轻不良的环境影响，最终达到更具有环境相容性的人居环境，并实现社会的可持续发展。因此，在进行环境影响评价时应该遵循一些基本的原则。

《中华人民共和国环境影响评价法》第四条规定："环境影响评价必须客观、公开、公正，综合考虑规划或者建设项目实施后对各种环境因素及其所构成的生态系统可能造成的影响，为决策提供科学依据。"

环境影响评价的原则包括4个方面，一是客观、公开、公正；二是要综合考虑实施后可能造成的影响；三是在考虑环境影响时要兼顾各种环境因素和其所构成的生态系统；四是要为决策提供科学依据，这不仅是环境影响评价的原则，也是环境影响评价的目的。

在具体的评价工作程序中，要做到突出环境影响评价的源头预防作用。坚持保护和改善环境对策。因此，《建设项目环境影响评价导则 总纲》中提出3个原则：

①依法评价　贯彻执行我国环境保护相关法律法规、标准、政策和规划等，优化项目建设，服务环境管理。

②科学评价　规范环境影响评价方法，科学分析项目建设对环境质量的影响。

③突出重点　根据建设项目的工程内容及其特点，明确与环境要素间的作用效应关系，根据规划环境影响评价结论和审查意见，充分利用符合时效的数据资料及成果，对建设项目主要环境影响予以重点分析和评价。

在进行环境影响评价时，应该注意各种政策规划(战略行动)及项目建设对区域人类—生态系统的整体环境影响，即在分别进行了各环境要素的影响预测后，应该分析其综合效应，这对正确、全面估计区域环境影响和选择各种替代方案的决策有重要的作用。

2.2　环境影响评价的管理程序

环境影响评价的管理程序是保证环境影响评价工作顺利进行和实施的监督与管理。管理程序包括环境影响评价的分类筛选、监督管理内容以及与项目基本建设程序的关系。我

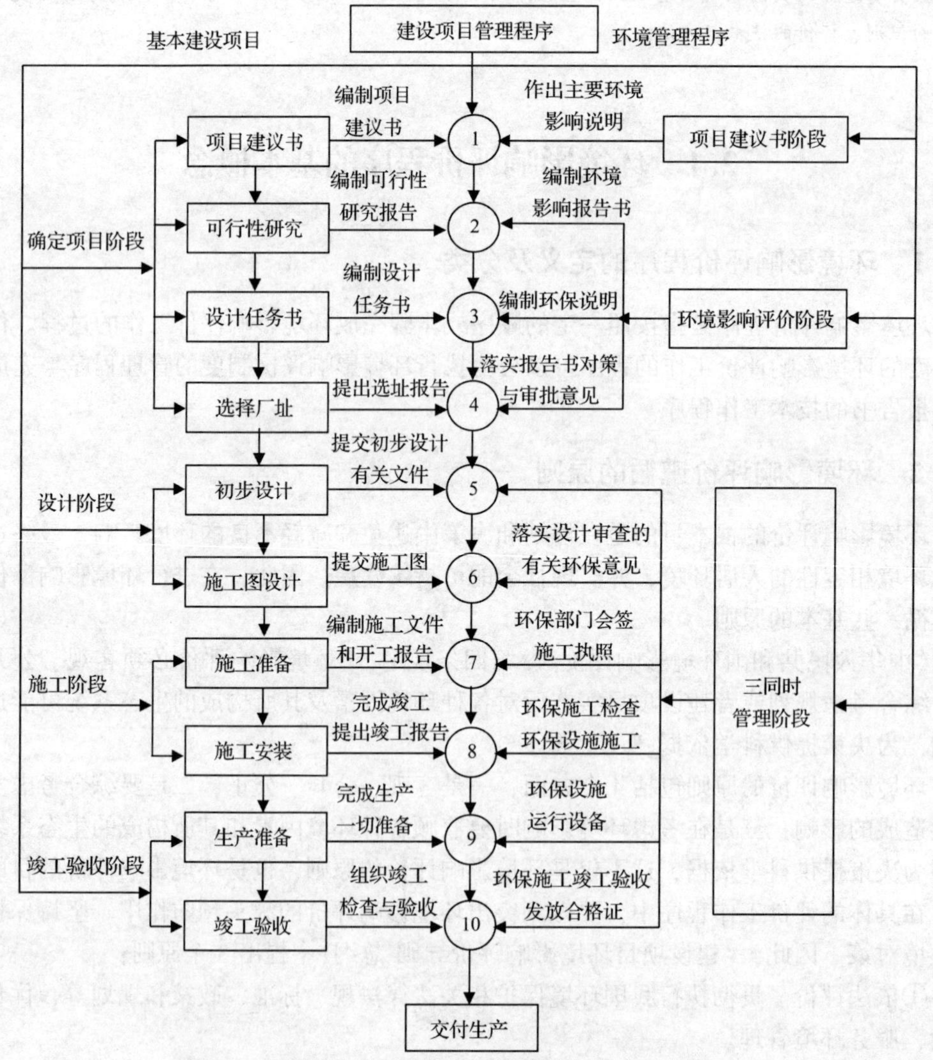

图 2-1　我国基本建设程序与环境管理程序的工作关系

国基本项目程序与环境管理程序的关系如图 2-1 所示。

2.2.1 环境影响分类筛选

建设项目对环境的影响千差万别，不仅不同的行业、不同的产品、不同的规模、不同的工艺、不同的原材料产生的污染物种类和数量不同，对环境的影响不同，而且即使是相同的企业处于不同的地点、不同的区域，对环境的影响也不一样。《中华人民共和国环境影响评价法》第十六条和《建设项目环境保护管理条例》第七条中具体规定了国家对建设项目的环境保护实行分类管理。《中华人民共和国环境影响评价法》第十六条规定：国家根据建设项目对环境的影响程度，对建设项目的环境影响评价实行分类管理。凡新建或改建、扩建项目，根据环境保护部《分类管理名录》确定应该编制环境影响报告书、环境影响报告表或填报环境影响登记表。

根据上述法律法规的规定，2017 年 6 月 29 日，环境保护部第 44 号令修订通过《建设项目环境影响评价分类管理名录》，确定了建设项目环境影响评价分类管理类别。根据建设项目特征和所在区域的环境敏感程度，综合考虑建设项目可能对环境产生的影响，对建设项目的环境影响评价实行分类管理。建设单位应当按照该名录的规定，分别组织编制建设项目环境影响报告书、环境影响报告表或者填报环境影响登记表。

2.2.1.1 编制环境影响报告书

建设项目对环境可能造成重大影响的，应当对建设项目产生的污染和对环境的影响进行全面、详细的评价。

包括原料、产品或生产过程中涉及的污染物种类多、数量大或毒性大、难以在环境中降解的建设项目；可能造成生态系统结构重大变化，重要生态功能改变或生物多样性明显减少的建设项目；可能对脆弱生态系统产生较大影响或可能引发和加剧自然灾害的建设项目；容易引起跨行政区环境影响纠纷的建设项目；所有流域开发、开发区建设、城市新区建设和旧城改建等区域性开发活动或建设项目。

2.2.1.2 编制环境影响报告表

建设项目对环境可能造成轻度影响的，应当对建设项目产生的污染和对环境的影响进行分析或专项评价。包括污染因素单一，而且污染物种类少、生长最小或毒性较低的建设项目；对地形、地貌、水文、土壤、生物多样性等有一定影响，但不改变生态系统结构和功能的建设项目。

2.2.1.3 填报环境影响登记表

建设项目对环境影响很小，不需要进行环境影响评价的。包括基本不产生废水、废气、废渣、粉尘、恶臭、噪声、振动、热污染、放射性、电磁波等造成环境影响的建设项目；基本不改变地形、地貌、水文、土壤、生物多样性等，不改变生态系统结构和功能的建设项目；不对环境敏感区造成影响的小型建设项目。

根据分类原则确定评价类别，如需进行环境影响评价，则由建设单位委托有相应评价资格证书的单位承担。项目的环境影响评价分类管理，体现了管理的科学性，既保证批准的建设项目不会对环境产生重大不利影响，又加快了项目前期的工作进度，促进经济建设的发展。

2.2.2　环境影响评价项目的监督管理

2.2.2.1　评价报告编制单位与人员管理

根据2018年新修订的《中华人民共和国环境影响评价法》规定，环境影响评价的主体是建设单位。建设单位可以委托技术单位对其建设项目开展环境影响评价，编制建设项目环境影响报告书加环境影响报告表；建设单位具备环境影响评价技术能力的，可以自行对其建设项目开展环境影响评价，编制建设项目环境影响报告书、环境影响报告表。可以委托具备环境影响评价技术能力的学术研究机构，工程、规划和环境咨询机构。

环境影响评价是一项政策性强、专业技术涉及面广的工作，必须坚持科学性、客观性和公正性原则，环境影响评价的规范管理是规范环境影响评价工作、提高环境影响评价质量行之有效的管理手段。为了保证环境影响评价工作的质量，国家曾经对从事环境影响评价的机构实行管理资质审查制度，要求承担环境影响评价的机构必须具备一定的资质和条件。但随着我们国家改革的深入，2016年《"十三五"环境影响评价改革实施方案》提出不断改进和完善依法、科学、公开、廉洁、高效的环评管理体系。2019年9月生态环境部发布部令第9号《建设项目环境影响报告书(表)编制监督管理办法》，明确了加强监督管理，保障环境影响评价工作质量，其中有关于环评报告书(表)编制人员和编制管理具体规定。

环境影响评价报告编制单位应当具有能够依法独立承担法律责任的单位，对评价结论承担法律责任；应当具有合理的专业人员配置，熟悉国家环境政策，能够进行综合分析评价和预测；应当具有一定数量符合要求的专职技术人员。同时，为加强对环境影响评价专业技术人员的管理，规范环境影响评价行为，提高环境影响评价专业技术人员的素质和业务水平，国家还实施了环境影响评价工程师职业资格制度，进一步加强对环境影响评价人员的管理。

为了加强对环境影响评价管理，对从事环境影响评价的人员有资格要求。早在1986年我国就颁布了《建设项目环境影响评价证书管理办法(试行)》，要求评价人员要持有上岗证。随着国家环境影响评价工作管理的规范化推进，原国家人事部和国家环保总局2004年发文规定，从2004年4月1日开始在全国实施环境影响评价工程师职业资格制度，规定凡从事环境影响评价、技术评估和环境保护验收的单位，应配备环境影响评价工程师。该制度纳入全国专业技术人员职业资格证书制度统一管理。《建设项目环境影响报告书(表)编制监督管理办法》延续了有关规定，要求环境影响报告书(表)的编制主持人应当为取得环境影响评价工程师职业资格证书的人员，还要求环境影响报告书(表)的编制主持人和主要编制人员应当为编制单位中的全职人员。

2.2.2.2　环境影响评价的质量管理

按照环境影响评价管理程序和工作程序进行有组织、有计划的活动是确保环境影响评价质量的重要措施。质量保证工作应贯穿于环境影响评价的全过程。

2.2.2.3　环境影响报告书的审批

各级主管部门和环保部门在审批环境报告书时应贯穿以下原则：

①审查该项目是否符合经济效益、社会效益和环境效益相统一的原则。

②审查该项目是否贯彻了“预防为主”“谁污染谁治理、谁开发谁保护、谁利用谁补偿”的原则。

③审查该项目是否符合城市功能区划和城市总体发展规划。

④审查该项目的技术政策与装备政策是否符合国家规定。

⑤审查该项目环评过程中是否贯彻了“在污染控制上从单一浓度控制逐步过渡到总量控制”，“在污染治理上，从单纯的末端治理逐步过渡到生产全过程的管理”，“在城市污染治理上，要把单一污染源治理与集中治理或综合整治结合起来”。环境影响报告书审查以技术审查为主，审查方式由负责审批的环境保护行政主管部门视具体情况而定。

2.3 环境影响评价的工作程序

建设项目环境影响评价的工作程序是在环境影响评价制度之下由《环境影响评价技术导则 总纲》规定的。

2.3.1 环境影响评价技术导则体系

建设项目环境影响评价技术导则体系由总纲、污染源源强核算技术指南、环境要素环境影响评价技术导则、专题环境影响评价技术导则和行业类环境影响评价技术导则构成。总纲规定了其他这些技术导则的一般原则、技术方法、评价内容和相关技术要求。总纲对污染源源强核算技术指南、后三类导则有指导作用，污染源源强核算技术指南和后三类导则的制定要遵循总纲总体要求。

污染源源强核算技术指南包括污染源源强核算准则和火电、造纸、水泥、钢铁等行业污染源源强核算技术指南。

环境要素环境影响评价技术导则包括《环境影响评价技术导则 地表水环境》《环境影响评价技术导则 地下水环境》《环境影响评价技术导则 大气环境》《环境影响评价技术导则 声环境影响》《环境影响评价技术导则 土壤环境》《环境影响评价技术导则 生态影响》等。

专题环境影响评价技术导则包括《建设项目环境风险评价技术导则》《环境影响评价技术导则 公众参与》等为专题的环境影响评价技术导则。

行业类环境影响评价技术导则包括《火电建设项目环境影响评价技术导则》《水利水电工程环境影响评价技术导则》《机场建设工程环境影响评价技术导则》《石油化工建设项目环境影响评价技术导则》等。

各环境影响评价技术导则都规定了其适用范围，环境影响评价工作应按照导则规定的适用范围进行。导则的内容还包括规范性引用文件、术语和定义、评价工作等级及评价范围确定、环境现状调查与分析、污染源调查与分析、环境影响预测、环境影响评价、环境保护措施与对策、环境评价结论与建议、附录等。

环境影响评价工作一般分为3个阶段，即调查分析和工作方案制定阶段，分析论证和预测评价阶段，环境影响报告书(表)编制阶段如图2-2所示。

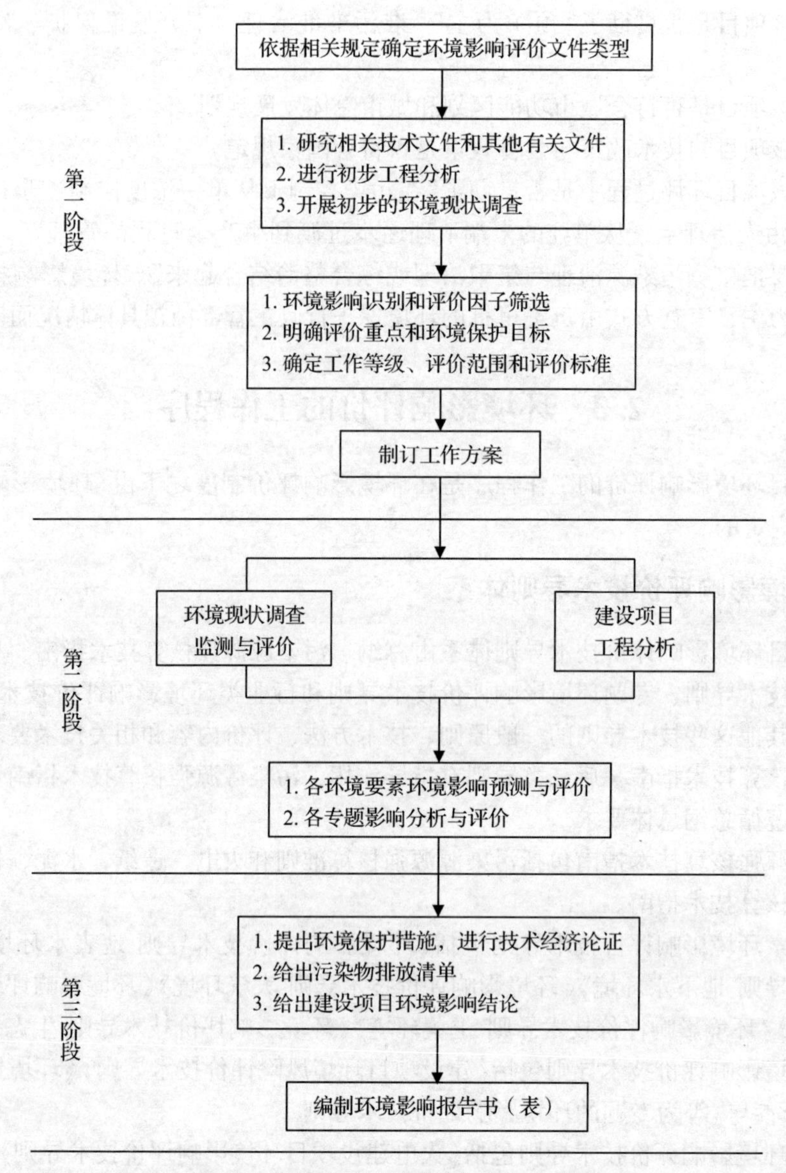

图 2-2　建设项目环境影响评价工作程序

2. 3. 2　工作等级的确定

2. 3. 2. 1　评价工作等级的划分

建设项目各环境要素专项评价原则上应划分工作等级，一般可划分为 3 级。一级评价对环境影响进行全面、详细、深入评价；二级评价对环境影响进行较为详细、深入的评价；三级评价可只进行环境影响分析。

建设项目其他专题评价可根据评价工作需要划分评价等级。

具体的评价工作等级内容要求或工作深度参阅专项环境影响评价技术导则、行业建设项目环境影响评价技术导则的相关规定。

2.3.2.2 评价工作等级划分的依据

各环境要素专项评价工作等级按建设项目特点、所在地区的环境特征、相关法律法规、标准及规划、环境功能区划等因素进行划分。其他专项评价工作等级可参照各环境要素评价工作等级划分依据。

(1)建设项目的工程特点

建设项目的工程特点主要包括工程性质、工程规模、能源及其他资源的使用量及类型，污染物排放特点如污染物种类、性质、排放量、排放方式、排放去向、排放浓度等，工程建设的范围和时段，生态影响的性质和程度等。

(2)建设项目所在地区的环境特征

建设项目所在地区的环境特征主要包括自然环境条件和特点、环境敏感程度、环境质量现状、生态系统功能与特点、自然资源及社会经济环境状况，以及建设项目实施后可能引起现有环境特征发生变化的范围和程度等。

(3)相关法律法规、标准及规划

国家和地方相关法律法规的有关要求，包括环境和资源保护法规及其法定的保护对象，环境质量标准和污染物排放标准，环境保护规划、环境功能区划和保护区规划等。

2.3.2.3 评价工作等级的调整

对于某一具体建设项目，其环境要素专项评价的工作等级可根据建设项目所处区域环境敏感程度、工程污染或生态影响特征及其他特殊要求等情况进行适当调整但调整的幅度不超过一级，并说明调整的具体理由。如在生态敏感区域建设可能影响生态环境的建设项目，其生态环境的环境影响评价等级应进行提级；废水排入下游污水处理厂的建设项目，其地面水环境影响评价等级可以降级。

2.3.3 环境影响评价大纲的编写

评价大纲应在开展评价工作之前编制，它是具体指导建设项目环境影响评价的技术文件，也是检查报告书内容和质量的主要判据，其内容应该尽量具体、详细。

2.3.3.1 步骤

①明确评价对象　收集拟评价的建设项目的相关资料(可行性研究报告、有关批复文件、项目建议书等)。

②弄清楚相关的政策、法律法规、规划、区划要求。

③调查清楚拟建项目地区的环境状况(环境功能区划、环境状况、环境敏感点和环保目标)。

④根据相关规范编写大纲(环评导则、行业导则)。

⑤(结合报告书)一步一步分析如何编大纲。

2.3.3.2 评价大纲包括的内容

①总则　其中包括评价任务的由来、编制依据、控制污染与保护环境的目标、采用的评价标准、评价项目及其工作等级和重点等。

②建设项目概况(如为扩建项目应同时介绍现有工程概况)。

③拟建地区的环境简况(附位置图)。

④建设项目工程分析的内容与方法　根据当地环境特点、评价项目的环境影响评价工作等级与重点等因素，说明工程分析的内容、方法和重点。

⑤建设项目周围地区的环境现状调查　包括一般自然环境与社会环境现状调查、环境中与评价项目关系较密切部分的现状调查。根据已确定的各评价项目工作等级、环境特点和影响预测的需要，尽量详细地说明调查参数、调查范围及调查的方法、时期、地点、次数等。

⑥环境影响预测与评价建设项目的环境影响　根据各评价项目的工作等级、环境特点，环保招聘尽量详细地说明预测方法、预测内容、预测范围、预测时段以及有关参数的估值方法等。如进行建设项目环境影响的综合评价。应说明拟采用的评价方法。

⑦评价工作成果清单　拟提出的结论和建议的内容。

⑧评价工作的组织、计划安排。

⑨评价工作经费概算。

在下列任意一种情况下应编写环境影响评价工作的实施方案，以作为大纲的必要补充：第一，由于必需的资料暂时缺乏，所编大纲不够具体，对评价工作的指导作用不足；第二，建设项目特别重要或环境问题特别严重，如规模较大、工艺复杂、污染严重等；第三，环境状况十分敏感。

2.3.4　区域环境质量现状调查与评价

环境现状调查是各项评价共有的工作，虽各专题调查的内容不同，但其目的都是为了掌握不同的环境质量现状或本底，为环境影响预测、评价和累积效应及其投产运行环境管理数据提供基础。

2.3.4.1　环境现状调查与评价的基本要求

①根据建设项目污染源及所在地区的环境特点，结合各专项评价的工作等级和调查范围，筛选出应调查的有关参数。

②充分搜集和利用现有的有效资料，当这些资料不能满足要求时，需进行现场调查和测试，并分析现状监测数据的可靠性和代表性。

③对与建设项目有密切关系的环境状况应全面、详细调查，给出定量的数据并做出分析或评价；对一般自然环境与社会环境的调查，应根据评价地区的实际情况，对调查内容适当增删。

2.3.4.2　环境现状调查与评价的方法及特点

环境现状调查与评价的常见方法主要有3种，即收集资料法、现场调查法、遥感和地理信息系统分析方法。

①收集资料法　该法应用范围广、收效大，比较节省人力、物力和时间。环境现状调查时，应首先通过此方法获得现有的各种有关资料，但此方法只能获得第二手资料，而且往往不全面，不能完全符合要求，需要其他方法补充。

②现场调查法　该法可以针对使用者的需要，直接获得第一手的数据和资料，以弥补收集资料法的不足。这种方法工作量大，需占用较多的人力、物力和时间，有时还可能受

季节、仪器设备条件的限制。

③遥感和地理信息系统分析方法　该法可从整体上了解一个区域的环境特点，可以弄清人类无法到达地区的地表环境情况，如一些大面积的森林、草原、荒漠、海洋等。此方法调查精度较低，一般只用于辅助性调查。在环境现状调查中，使用此方法时，绝大多数情况不使用直接飞行拍摄的办法，只判读和分析已有的航空或卫星相片。

2.3.4.3　环境现状调查与评价的内容

(1)自然环境现状调查与评价

自然环境现状调查与评价包括地理地质概况、地形地貌、气候与气象、水文、土壤、水土流失、生态、水环境、大气环境、声环境等调查内容。根据专项评价的设置情况选择相应内容进行详细调查。

①地理位置　建设项目所处的经度、纬度，行政区位置和交通位置，并附区域平面图。

②地质环境　一般情况，只需根据现有资料，概要说明当地的地质状况，如当地地层概况，地壳构造的基本形式(如岩层、断层及断裂等)以及与其相应的地貌表现，物理与化学风化情况，当地已探明或已开采的矿产资源情况。若建设项目规模较小且与地质条件无关时，地质环境现状可不叙述。

评价生态影响类建设项目(例如，矿山以及其他与地质条件密切相关的建设项目)的环境影响时，对与建设项目有直接关系的地质构造，如断层、断裂、坍塌、地面沉陷等不良地质构造，要进行较为详细的叙述，一些特别有危害的地质现象，如地震，也须加以说明，必要时，应附图辅助说明。若没有现成的地质资料，应根据评价要求做一定的现场调查。

③地形地貌　一般情况，只需根据现有资料，简要说明建设项目所在地区海拔高度，地形特征、相对高差的起伏状况，周围的地貌类型(如山地、平原、沟谷、丘陵、海岸等)以及岩溶地貌、冰川地貌、风成地貌等情况。崩塌、滑坡、泥石流、冻土等有危害的地貌现象及分布情况，若不直接或间接威胁到建设项目时，可概要说明其发展情况。若无可查资料，需做一些简单的现场调查。

当地形地貌与建设项目密切相关时，除应比较详细地叙述上述全部或部分内容外，还应附建设项目周围地区的地形图，特别应详细说明可能直接对建设项目有危害或将被建设项目诱发的地貌现象的现状及发展趋势，必要时还应进行一定的现场调查。

④气候与气象　一般情况下，应根据现有资料概要说明大气环境状况，如建设项目所在地区的主要气候特征，年平均风速和主导风向，风玫瑰图，年平均气温，极端气温与最冷月和最热月的月平均气温，年平均相对湿度，平均降水量，降水天数，降水量极值，日照，主要的灾害性天气特征(如梅雨、寒潮、雹和台风、飓风)等。如需进行建设项目的大气环境影响评价，除应详细叙述上面全部或部分内容外，还应根据评价需要，对大气环境影响评价区的大气边界层和大气湍流等污染气象特征进行调查与必要的实际观测。

⑤土壤与水土流失　可根据现有资料简述建设项目周围地区的主要土壤类型及其分布，成土母质，土壤层厚度、肥力与使用情况，土壤污染的主要来源及其质量现状，建设项目周围地区的水土流失现状及原因等。当需要进行土壤环境影响评价时，除应详细叙述

上面的部分或全部内容外，还应根据需要选择以下内容进一步调查：土壤的物理、化学性质，土壤成分与结构，颗粒度，土壤容重，含水率与持水能力，土壤一次、二次污染状况，水土流失的原因、特点、面积、侵蚀模数元素及流失量等，同时要附土壤和水土流失现状图。

大气环境、地面水环境、地下水环境、声环境和生态背景调查与评价的要求参照各环境要素环境影响评价技术导则。

(2)社会环境现状调查与评价

社会环境现状调查与评价包括人口(少数民族)、工业、农业、能源、土地利用、交通运输等现状及相关发展规划、环境保护规划的调查。当建设项目拟排放的污染物毒性较大时，应进行人群健康调查，并根据环境中现有污染物及建设项目将排放污染物的特性选定调查指标。

①社会经济　包括社会经济、人口、工业与能源、农业与土地利用、交通运输等。主要根据现有资料，结合必要的现场调查，简要叙述建设项目周围地区现有厂矿企业的分布状况，工业生产总产值及能源的供给与消耗方式等；公路、铁路或水路、航空方面的交通运输概况，以及与建设项目之间的关系；居民区的分布情况及分布特点，人口数量、人口密度、受教育水平、就业及人均收入等；可耕地面积，粮食作物与经济作物构成及产量，农业总产值以及土地利用现状，基本农田保护区分布，人均土地资源，农业基础设施等。若建设项目需进行土壤与生态环境影响评价，则应附土地利用图。

当建设项目规模较大，且拟排污染物毒性较大或项目建设期长、影响区域较广时，应进行一定的人群健康调查。调查时，应根据环境中现有污染物及建设项目将排放的污染物的特性选定相应评价指标。生态影响类建设项目如水电水利工程，需进行人群健康调查及影响评价。

②人文遗迹、自然遗迹与“珍贵”景观　人文遗迹指遗存在地面社会上或埋藏在地下的历史文化遗物，一般包括具有纪念意义和历史价值的建筑物、纪念物或具有历史、艺术、科学价值的古文化遗址、古长城、古墓葬、古建筑、石窟、寺庙、石刻等。自然遗迹指自然形成的具有地质学、地理学、生态学意义的遗存物，如温泉、洞穴、火山口、古化石、贝壳堤、特别地貌等。“珍贵”景观一般指具有生态学和美学及社会文化珍贵价值、必须保护的特定的地理区域或景物现象，如自然保护区、风景名胜游览区、疗养区、珍贵自然景观、奇特地貌景观、温泉以及重要的具有政治文化、纪念意义的建筑、设施和遗址等。需根据现有资料，概要说明建设项目周围有哪些重要遗迹与“珍贵”景观；重要遗迹或“珍贵”景观对于建设项目的相对位置和距离，其基本情况以及国家或当地政府的保护政策和规定等。

例如，建设项目需进行人文遗迹、自然遗迹或“珍贵”景观的影响评价，除应较详细地叙述上述内容外，还应根据现有资料并结合必要的现场调查，进一步叙述人文遗迹、自然遗迹或“珍贵”景观对人类活动的敏感性。这些内容包括它们易受哪些物理的、化学的或生物学的影响，目前有无已损害的迹象及其原因，主要的污染或其他影响的来源；景观外貌特点，自然保护区或风景名胜区中珍贵的动、植物种类，以及人文遗迹、自然遗迹或“珍贵”景观的价值，包括经济的、政治的、美学的、历史的、艺术的和科学的价值等；

有无保护规划及保护级别，目前管理水平等。

③人群健康状况　当建设项目规模较大，且拟排污染物毒性较大时，应进行一定的人群健康调查。调查时，应根据环境中现有污染物及建设项目将排放的污染物的特性选定指标。

(3)环境质量和区域污染源现状调查与评价

①根据建设项目特点、可能产生的环境影响和当地环境特征选择环境要素进行调查与评价。

②调查评价范围内的环境功能区划和主要的环境敏感区，收集评价范围内各例行监测点、断面或站位的近期环境监测资料或背景值调查资料，以环境功能区为主兼顾均布性和代表性布设现状监测点位。

③确定污染源调查的主要对象。选择建设项目等标排放量较大的污染因子、影响评价区环境质量的主要污染因子和特殊因子，以及建设项目的特殊污染因子作为主要污染因子，注意点源与非点源的分类调查。

④采用单因子污染指数法或相关标准规定的评价方法对选定的评价因子及各环境要素的质量现状进行评价，并说明环境质量的变化趋势。

⑤根据调查和评价结果，分析存在的环境问题，并提出解决问题的方法或途径。

(4)其他环境现状调查与评价

根据当地环境状况及建设项目特点，决定是否进行放射性、光与电磁辐射、振动、地面下沉等环境状况的调查。

2.3.5　环境影响预测

2.3.5.1　环境影响预测的基本要求

①环境影响预测与评价的时段、内容及方法均应根据工程特点与环境特性、评价工作等级、当地的环境保护要求确定。

②预测和评价的因子应包括反映建设项目特点的常规污染因子、特征污染因子和生态因子，以及反映区域环境质量状况的主要污染因子、特殊污染因子和生态因子。

③须考虑环境质量背景与环境影响评价范围内在建项目同类污染物环境影响的叠加。

④对于环境质量不符合环境功能要求或环境质量改善目标的，应结合区域限期达标规划对环境质量变化进行预测。

2.3.5.2　环境影响预测的方法

预测环境影响时应尽量选用通用、成熟、简便并能满足准确度要求的方法。同时应分析所采用的环境影响预测反方法的适用性。目前常用的有统计推断法、模式预测法、类比分析法、专家系统法和物理模拟预测法(表2-1)。

2.3.5.3　预测的阶段和时段

建设项目的环境影响分为3个阶段(即建设阶段、生产运营阶段、服务期满或退役阶段)和2个时段(丰水期和枯水期)。

2.3.5.4　环境影响预测与评价的内容

①应重点预测建设项目生产运行阶段正常工况和非正常工况等情况的环境影响。

表 2-1　环境影响预测方法及其特点、应用条件

方　法	特　点	应用条件
统计推断法	据原始数据分布规律，选择恰当的数学公式，预测未来	利用一定的统计规律，选择数学模式，应不断的修正
模式预测法	用数学模型去模拟，预测实际环境的变化，推理出结果	模式应用条件不满足时，应进行修正
类比分析法	通过兴建项目前后的环境质量变化来分析环境变化的可能性或者与一个已知的项目作对比	时间限制短，无法取得参数，数据时用
专家系统法	凭借经验来进行系统分析，预测环境的变化	一些评价方法难以定量时才用
物理模拟预测法	实物模型来模拟	实体模拟比较麻烦，应用较少

②当建设阶段的大气、地表水、地下水、噪声、振动、生态以及土壤等影响程度较重、影响时间较长时，应进行建设阶段的环境影响预测和评价。

③可根据工程特点、规模、环境敏感程度、影响特征等选择开展建设项目服务期满后的环境影响预测和评价。

④当建设项目排放污染物对环境存在累积影响时，应明确累积影响的影响源，分析项目实施可能发生累积影响的条件、方式和途径，预测项目实施在时间和空间上的累积环境影响。

⑤对以生态影响为主的建设项目，应预测生态系统组成和服务功能的变化趋势，重点分析项目建设和生产运行对环境保护目标的影响。

⑥对存在环境风险的建设项目，应分析环境风险源项，计算环境风险后果，开展环境风险评价。对存在较大潜在人群健康风险的建设项目，应分析人群主要暴露途径。

2. 3. 6　环评报告书的编制

2. 3. 6. 1　环境影响评价报告书的基本要求

环境影响报告书的编写要满足以下基本要求：

①环境影响报告书总体编排结构应符合《建设项目保护管理条例》(1998 年 11 月 29 日颁布)要求，即《建设项目环境影响报告书内容提要》的要求。

②基础数据可靠　基础数据是评价的基础，基础数据有错误，特别是污染源排放量有错误，不管选用的计算模式多么正确，计算得多么精确，其计算结果都是错误的。因此，基础数据必须可靠。对不同来源的同一参数数据出现不同时应进行核实。

③预测模式及参数选择合理　环境影响评价预测模式都有一定的适用条件，参数也因污染物和环境条件的不同而不同。因此，预测模式和参数选择应“因地制宜”。应选择模式的推导(总结)条件和评价环境条件相近(相同)的模式。选择总结参数时的环境条件和评价环境条件相近(相同)的参数。

④结论观点明确，客观可信　结论中必须对建设项目的可行性、选址的合理性作出明确回答，不能模棱两可。结论必须以报告书中客观的论证为依据，不能带感情色彩。

⑤语句通顺、条理清楚、文字简练、篇幅不宜过长　凡带有综合性、结论性的图表应放到报告书的正文中，对有参考价值的图表应放到报告书的附件中，以减少篇幅。

⑥环境影响报告书中应有评价资格证书，报告书的署名，报告书编制人员按行政总负责人、技术总负责人、技术审核人、项目总负责人，依次署名盖章，报告编写人署名。

2.3.6.2　环境影响评价报告书的编写内容

《建设项目环境保护管理条例》规定环评报告书应当包括：①建设项目概况；②建设项目周围环境现状；③建设项目对环境可能造成影响的分析和预测；④环境保护措施及其经济、技术论证；⑤环境影响经济损益分析；⑥对建设项目实施环境监测的建议；⑦环境影响评价结论。

不同的建设项目，所编制的环境影响评价报告书的内容也不同。根据项目工程特点环境特征评价级别、国家和地方的环境保护要求，选择下列但不限于下列全部或部分专项评价：

污染影响为主的建设项目一般应包括工程分析，周围地区的环境现状调查与评价，环境影响预测与评价，清洁生产分析，环境风险评价，环境保护措施及其经济、技术论证，污染物排放总量控制，环境影响经济损益分析，环境管理与监测计划，公众参与，评价结论和建议等专题。

生态影响为主的建设项目还应设置施工期、环境敏感区、珍稀动植物、社会等影响专题。

以下是2种典型的报告书编写格式，可供参考：

第一种典型的报告书编写格式(按现状调查和预测评价分章节)：

(1)前言

简要说明建设项目的特点、环境影响评价的工作过程、关注的主要环境问题及环境影响报告书的主要结论。

(2)总则

①编制目的　简要说明项目的来源及环评报告书编制的目的。

②编制依据　须包括建设项目应执行的相关法律法规、相关政策及规划、相关导则及技术规范、有关技术文件和工作文件，以及环境影响报告书编制中引用的资料等；项目建议书、评价委托书等文件。

③评价因子与评价标准　分列现状评价因子和预测评价因子，给出各评价因子所执行的环境质量标准、排放标准、其他有关标准及具体限值。

④评价工作等级和评价重点　说明各专项评价工作等级，明确重点评价内容。

⑤评价范围及环境敏感区　以图、表形式说明评价范围和各环境要素的环境功能类别或级别，各环境要素环境敏感区和功能及其与建设项目的相对位置关系等。

⑥相关规划及环境功能区划　附图列表说明建设项目所在城镇、区域或流域发展总体规划、环境保护规划、生态保护规划、环境功能区划或保护区规划等。

(3)建设项目概况

采用图表及文字结合方式，概要说明建设项目的基本情况、组成、主要工艺路线、工程布置及与原有、在建工程的关系。具体可包括：

①建设项目的名称、地点及性质；

②建设规模（改扩建项目应说明原规模）、占地面积及厂区平面布置（附平面图）；

③项目建设内容（包括主体工程、辅助工程、公用工程、环保工程等）；

④土地利用情况和发展规划；

⑤产品方案及主要工艺方法；

⑥建设项目拟采取的环保措施。

（4）工程分析

对建设项目的全部组成和施工期、运营期、服务期满后所有时段的全部行为过程的环境影响因素及其影响特征、程度、方式等进行分析与说明，突出重点；并从保护周围环境、景观及环境保护目标要求出发，分析总图及规划布置方案的合理性。

①主要原辅料、燃料及其来源和储运（必要时给出主要原辅料的理化性质及危害）；

②工艺过程分析（附工艺流程图及污染流程图）；

③污染物源强的确定（明确主要污染物种类、排放方式及排放强度）；

④污染防治措施及资源综合回收利用方案；

⑤污染防治措施的可行性论证及优化建议。

（5）环境现状调查与评价

根据当地环境特征、建设项目特点和专项评价设置情况，从自然环境、社会环境的环境质量和区域污染源等方面选择相应内容进行现状调查与评价。

①自然环境现状调查（包括气候气象、地形地貌、水文地质、资源、文物古迹等）；

②社会环境现状调查（包括行政区划、经济状况、人口分布、城镇情况等）；

③生态环境现状调查与评价；

④环境空气质量现状调查与评价；

⑤水环境现状调查与评价（包括地表水和地下水）；

⑥环境噪声现状调查与评价；

⑦土壤及农作物现状调查；

⑧评价区内人群健康及地方病调查；

⑨其他社会、经济活动污染、破坏环境现状调查。

（6）环境影响预测与评价

给出预测时段、预测内容、预测范围、预测方法及预测结果，并根据环境质量标准或评价指标对建设项目的环境影响进行评价。

①大气环境影响预测与评价；

②水环境影响预测与评价（包括地表水和地下水）；

③生态环境影响预测与评价；

④噪声环境影响预测与评价；

⑤土壤及农作物环境影响分析；

⑥对人群健康影响分析；

⑦振动及电磁波的环境影响分析；

⑧对周围地区的地质、水文、气象可能产生的影响分析；

⑨其他社会、经济活动污染、破坏环境现状调查。

(7)社会环境影响评价

明确建设项目可能产生的社会环境影响，定量预测或定性描述社会环境影响评价因子的变化情况，提出降低影响的对策与措施。

(8)环境风险分析与评价

①风险识别及源项分析；

②环境风险计算及评价；

③风险管理措施及风险应急计划。

根据建设项目环境风险识别、分析情况，给出环境风险评估后果、环境风险的可接受程度，从环境风险角度论证建设项目的可行性，提出具体可行的风险防范措施和应急预案。

(9)环保措施及其经济、技术论证

①大气污染防治措施的可行性分析与建议；

②废水治理措施的可行性分析与建议；

③废渣处理处置的可行性分析；

④噪声、振动等其他污染控制措施的可行性分析；

⑤对绿化措施的评价及建议。

明确建设项目拟采取的具体环境保护措施。结合环境影响评价结果，论证建设项目拟采取环境保护措施的可行性，并按技术先进、适用、有效的原则，进行多方案比选，推荐最佳方案。

(10)污染物排放总量控制

根据国家和地方总量控制要求、区域总量控制的实际情况及建设项目主要污染物排放指标分析情况，提出污染物排放总量控制指标建议和满足指标要求的环境保护措施。

(11)环境影响经济损益分析

①建设项目的经济效益(利税、资金回收年限、贷款偿还期、为社会其他部门带来的效益)；

②建设项目的环境效益(建设项目建成后使环境恶化、对农林牧渔业造成的经济损失及污染治理费用，环保副产品收益，环境改善效益)；

③建设项目的社会效益(建设项目的产品满足社会需要，促进生产和人民生活的提高，促进当地经济、文化的进步，增加就业机会等)；

④环保投资及运转费估算。

根据建设项目环境影响所造成的经济损失与效益分析结果，提出补偿措施与建议。最后综合分析社会效益、经济效益和环境效益，权衡利弊，提出建设项目是否可行。

(12)环境管理与监测计划

根据建设项目环境影响情况，提出设计、施工期、运营期的环境管理及监测计划要求，包括环境管理制度、机构、人员、监测点位、监测时间、监测频次、监测因子等。

①环境管理计划；

②环境监测计划；

③“三同时”验收内容及进度计划。

(13)公众意见调查

给出采取的调查方式、调查对象、建设项目的环境影响信息、拟采取的环境保护措施、公众对环境保护的主要意见、公众意见的采纳情况等。

①公众参与的目的和意义；

②环境信息公告的发布情况；

③公开征求意见。

(14)方案比选论证

建设项目的选址、选线和规模，应从是否与规划相协调、是否符合法规要求、是否满足环境功能区要求、是否影响环境敏感区或造成重大资源经济和社会文化损失等方面进行环境合理性论证。例如，要进行多个厂址或选线方案的优选时，应对各选址或选线方案的环境影响进行全面比较，从环境保护角度，提出选址、选线意见。

(15)环境影响评价结论

环境影响评价的结论一般应包括以下主要部分，可有针对性地选择全部或其中的部分内容进行编写。

①建设项目的建设概况；

②环境现状与主要环境问题；

③环境影响预测与评价结论；

④建设项目建设的环境可行性(环境可行性结论应从与法规政策及相关规划一致性、清洁生产和污染物排放水平、环境保护措施可靠性和合理性、达标排放稳定性、公众参与接受性等方面分析得出)；

⑤结论与建议。

环境影响评价结论是全部评价工作的结论，应在概括全部评价工作的基础上，简洁、准确、客观地总结建设项目实施过程各阶段的生产和生活活动与当地环境的关系，明确一般情况下和特定情况下的环境影响，规定采取的环境保护措施，从环境保护角度分析，得出建设项目是否可行的结论。

(16)附录和附件

将建设项目依据文件、评价标准和污染物排放总量批复文件、引用文献资料、原燃料品质等必要的有关文件资料附在环境影响报告书后。

第二种典型的报告书编写格式(按环境要素分章节)：

(1)总论；

(2)建设项目概况；

(3)工程分析；

(4)污染源调查现状及影响评价；

(5)大气环境现状及影响评价；

(6)地表水环境现状及影响评价；

(7)地下水环境现状及影响评价；

(8)环境噪声现状及影响评价；

(9)土壤及农作物现状与影响预测分析；

(10)人群健康现状及对人群健康影响分析；

(11)生态与环境现状及影响预测评价；

(12)特殊地区的环境现状及影响预测评价；

(13)建设项目对其他环境的影响预测评价；

(14)环保措施的可行性分析及建议；

(15)环境影响经济损益简要分析；

(16)结论及建议。

2.4 环境影响评价方法与技术

环境是一个复杂系统，它受人类活动多种途径的影响，从而决定了环境影响评价方法具有多样性、交叉性。30多年来各国环境影响评价工作者应用了大量方法。这些方法，从其功能上可概括为影响识别方法、影响预测方法、影响综合评价方法。地理信息系统技术在环境影响评价方法中的应用，使环境影响评价体系得以进一步发展。本节将介绍环境影响评价工作中的一些经典方法。

2.4.1 环境影响评价识别方法

环境影响是指人类活动(经济活动、政治活动和社会活动)导致的环境变化以及由此引起的对人类社会的效应。在了解和分析建设项目所在区域发展规划、环境保护规划、环境功能区划、生态功能区划及环境现状的基础上，分析和列出建设项目的直接和间接行为以及可能受上述行为影响的环境要素及相关参数，找出所有受影响(特别是不利影响)的环境因素(李勇，2012)。

环境影响识别应明确建设项目在施工过程、生产运行、服务期满后等不同阶段的各种行为与可能受影响的环境要素间的作用效应关系、影响性质、影响范围、影响程度等，定性分析建设项目对各环境要素可能产生的污染影响与生态影响，包括有利与不利影响、长期与短期影响、可逆与不可逆影响、直接与间接影响、累积与非累积影响等。对建设项目实施形成制约的关键环境因素或条件，应作为环境影响评价的重点内容，以使环境影响预测减少盲目性，影响分析增加可靠性，污染防治对策具有针对性。

环境影响因素识别方法可采用列表清单法、矩阵法、网络法、地理信息系统(GIS)支持下的叠图法等。

2.4.1.1 环境影响因子识别步骤

对某项建设工程进行环境影响识别，首先要弄清楚该工程影响地区的自然环境和社会环境状况，确定环境影响评价的工作范围。在此基础上，根据工程的组成、特性及其功能，结合工程影响地区的特点，从自然环境和社会环境两个方面选择需要进行影响评价的环境因子。

其中自然环境影响包括对地质地貌、水文、气候、地表水质、空气质量、土壤、草原森林、陆生生物与水生生物等方面的影响；而社会环境影响则包括对城镇、耕地、房屋、交通、文物古迹、风景名胜、自然保护区、人群健康以及重要的军事、文化设施等方面的影响。各影响方面又由各环境要素具体展开，各环境要素还可由表达该要素性质的各相关环境因子具体阐明，构成一个有结构、分层次的因子空间，此因子空间具有通用性(李勇，2012)。

为了使入选的环境因子尽可能地精炼，反映评价对象的主要环境影响，充分表达环境质量状态，便于监测和度量，选出的因子应该能组成群，构成与环境总体结构相一致的层次，在各个层次上全部识别出来，最后得到一个某项工程的环境影响识别表，用以表示该工程对环境的影响。具体工作可通过专家咨询法等方法进行。

2.4.1.2　环境影响识别的基本内容

项目的不同建设阶段对环境的影响内容是各不相同的，有不同的环境影响识别表。

项目在建设阶段的环境影响主要是施工期间的建筑材料，设备、运输、装卸、贮存的影响；施工机械、车辆噪声和振动的影响；土地利用、填埋疏浚的影响以及施工期污染物对环境的影响。

项目生产运行阶段的环境影响主要是物料流、能源流、污染物对自然环境(大气、水体、土壤、生物)和社会、文化的影响，对人群健康和生态系统的影响以及危险设备事故的风险影响。此外，还有环保设备(措施)的环境、经济影响等。

服务期满后(如矿山)的环境影响主要是对水环境和土壤环境的影响，如水土流失所产生的悬浮物和以各种形式存在于废渣、废矿中的污染物。

2.4.1.3　环境影响程度识别

工程建设项目对环境因子的影响程度可用等级划分来反映。

①不利影响　按环境敏感度划分，常用负号表示。环境敏感度是指在不损失或不降低环境质量的情况下，环境因子对外界压力(项目影响)的相对计量，可划分极端不利、非常不利、中度不利、轻度不利、微弱不利5级。

②有利影响　一般用正号表示，按对环境与生态产生的良性循环、提高的环境质量、产生的社会经济效益程度而定等级，也可分5级，即微弱有利、轻度有利、中等有利、大有利、特有利。

在划定环境因子受影响的程度时，对于受影响程度的预测要尽可能客观，必须认真做好环境的本底调查，制成包括地质、地形、水文、气候、植物及野生生物的本底的地图和文件，同时要对建设项目要达到的目标及其相应的主要技术指标有清楚的了解。然后预测环境因子由于环境变化而产生的生态影响、人群健康影响和社会经济影响，以确定影响程度的等级。

2.4.1.4　环境影响识别方法

将可能受开发方案影响的环境因子和可能产生的影响性质，通过核查在一张表上一一列出的识别方法，称为“列表清单法”，也称“核查表法”或“一览表法”。

列表清单法发展较早，现在还普遍使用，有简单型清单、描述型清单和分级型清单等多种形式。其中，简单型清单仅列出可能受影响的环境因子表，可做定性的环境影响识别分析，但不能作为决策依据；描述型清单比简单型清单多了环境因子如何度量的准则；分级型清单在描述型清单的基础上增加了环境影响程度的分级。

工程项目的环境影响是随项目的类型、性质、规模而异的，但同类项目影响的环境因素大同小异。因此，对受影响的环境因素做简单的分类，可以简化识别过程、突出有价值的环境因子。目前对环境资源有显著影响的工程项目如工业工程类、能源工程类、水利工程类、交通工程类、农业工程类等均有主要环境影响识别表可供参考。

具有环境影响识别功能的方法还有矩阵法、图形叠置法、网络法等，由于它们还具有综合评价的功能，随后在综合评价方法中具体介绍。

2.4.2 环境影响综合评价方法

所谓“环境影响综合评价”是按照一定的评价目的，把人类活动对环境的影响从总体上综合起来，对环境影响进行定性或定量的评定。由于人类活动的多样性与各环境要素之间关系的复杂性，评价各项活动对环境的综合影响是一个十分复杂的问题，目前还没有通用的方法，这里只介绍部分具有代表性的方法。

2.4.2.1 指数法

指数法多种多样。环境现状评价中常采用能代表环境质量好坏的环境质量指数进行评价，具体有单因子指数评价、多因子指数评价和环境质量综合指数评价方法。其中单因子指数分析评价是基础，此类评价方法也可应用于环境影响综合评价。

(1)普通指数法

一般的指数分析评价，先引入环境质量标准，然后对评价对象进行处理，通常就以实测值(或预测值)C 与标准值 C_S 的比值作为其数值：

$$P = C/C_S \tag{2-1}$$

单因子指数法的评价可分析该环境因子的达标($P_i<1$)或超标($P_i>1$)及其程度，显然，P_i 值越小越好，越大越坏。

在各单因子的影响评价已经完成的基础上，力求所有因子的综合评价，可引入综合指数，所用方法称为“综合指数法”，综合过程可以分层次进行，例如，先综合得出大气环境影响分指数、水体环境综合影响分指数、土壤环境影响分指数等，然后再综合得出总的环境影响综合指数：

$$P = \sum \sum P_{ij} \tag{2-2}$$

$$P_{ij} = C_{ij}/C_{S_{ij}} \tag{2-3}$$

式中 i——第 i 个环境要素；

j——第 i 环境要素中的第 j 个环境因子。

以上综合指数方法是等权综合，即各影响因子的权重完全相等。各影响因子权重不同的综合方法可采用如下公式，或在此基础上再做函数运算(为了便于评分)。

$$P = \sum \sum W_{ij}P_{ij}/\sum \sum W_{ij} \tag{2-4}$$

式中 W_{ij}——权重因子，根据有关专门研究或专家咨询。

(2)巴特尔指数法

指数评价方法可以评价环境质量好坏与影响大小的相对程度。采用同一指数，还可作不同地区、不同方案间的相互比较，如巴特尔水质指数法。

巴特尔指数不是引入环境质量标准，而是引入评价对象的变化范围，把此变化范围定位为横坐标，把环境质量指数定为纵坐标，且把纵坐标标准化为 0~1，以“0”表示质量最差，“1”表示质量最好。每个评价因子，均有其质量指数函数图，各评价因子若已得出预测值，便可根据此图得出该因子的质量影响评价值。

2.4.2.2 矩阵法

矩阵法由清单法发展而来，不仅具有影响识别功能，还有影响综合分析评价功能，它将清单中所列内容按其因果关系加以排列，并把开发行为和受影响的环境要素组成一个矩阵，在开发行为和环境影响之间建立起直接的因果关系，以定量或半定量地说明拟议的工程行动对环境的影响。这类方法主要有相关矩阵法和迭代矩阵法两种。

2.4.2.3 图形叠置法

图形叠置法用于变量分布空间范围很广的开发活动，已有很长历史。美国 Mchary 在 1968 年前就用该方法分析几种可供选择的公路路线的环境影响，确定建设方案。

传统的图形叠置法为手工作业，先准备一张透明图片，画上项目的位置和要考虑影响评价的区域和轮廓基图。另有一份可能受影响的当地环境因素一览表，指出那些被专家们判断为可能受项目影响的环境因素。对每一种要评价的因素都准备一张透明图片，每种因素受影响的程度用专门的黑白色码的阴影深浅来表示。通过在透明图上的地区给出的特定的阴影，可以很容易地表示影响程度。把各种色码的透明片叠置到基片图上就可看出一项工程的综合影响；不同地区的综合影响差别由阴影的相对深度来表示。图形叠置法便于理解，能显示影响的空间分布，并且容易说明项目的单个和整个复合影响与受影响地点居民分布的关系，也可决定有利和不利影响的分布。

手工叠置图有不少缺点，由于每种影响要求一种单独的透明图，所以只有在影响因子有限的情况下才能考虑用这种方法。现在已经有人用计算机叠图，可以不受此限制。计算机可制作单因素图，例如，对农业的影响因素图，也能制作组合“因素”图，表示各种因素的综合影响，所包含的信息比手工叠置的要多得多。

图形叠置法的经验表明，对各种线路(如管道、公路和高压线等)开发项目进行路线方案选择时，这种方法最有效。

2.4.2.4 网络法

网络法的原理是采用原因—结果的分析网络来阐明和推广矩阵法。要建立一个网络就要回答与每个计划活动有关的一系列问题，例如，原发(第一级)影响面是哪些，在这些范围内的影响是什么？二级影响面是什么，二级影响面内有些什么影响？三级影响又是什么等。除了矩阵法的功能外，网络法还可鉴别累积影响或间接影响，网络法又称关系树枝或影响树枝法。

环境是个复杂系统，网络法可较好地描述环境影响的复杂关系：一个行动会产生一种或几种环境因素的变化，后者又依次引起一种或几种后续环境因素的变化，最终产生多种环境影响。例如，公路的填挖会使土壤进入河流，泥沙的增加将提高河流的浑浊度、淤塞航道、改变河流流向，从而增加潜在的洪水危险，阻塞水生生物通道，使水生生物栖息地退化。影响网络能以简要的形式，给出人类某项活动及其有关的行为产生或诱发的环境影响全貌，因此它是个有用的工具。

然而，网络法只是一种定性的概括，只能得出总的影响。此方法需要估计影响事件分支中单个影响事件的发生概率与影响程度，求得各个影响分支上各影响事件的影响贡献综合，再求出总的影响程度。

该方法使用时必须注意：第一，要能有效地用发生概率估计各个影响发生的可能性；第二，算出的分数不是绝对分数，只是相对分数，此分数只能用于对不同方案或不同减轻措施的效果进行比较；第三，为了取得有意义的期望环境影响值，影响网络必须列出所有可能的、有显著性意义的原因—条件—结果序列或时间链。如果遗漏了某些环节，评分就是不全面的；第四，在建立影响网络时，伸展的影响树枝网可能会发生因果循环，特别是当原因与相应的连锁反应结果存在复杂的相互作用时更是如此。此外，还应考虑某种环境影响发生后其后续影响的发生概率与影响程度，决定该后续影响是否有列入网络的意义。

2.4.2.5 地理信息系统技术在环境影响评价方法中的应用

地理信息系统(GIS)技术的出现和逐步完善将为环境影响评价迈向信息化、现代化提供更为广泛的技术支持。

(1)GIS在建设项目环境影响评价中的应用

①建立环境标准和环境法规数据库。

②建立区域环境质量信息与污染源信息数据库。

③建立工程项目信息数据库。

④环境监测　利用GIS技术对环境监测网络进行设计，环境监测收集的信息又能通过GIS适时储存和显示，并对所选评价区域进行详细的场地监测和分析。

⑤环境质量现状与影响评价　GIS能够集成与场地和建设项目有关的各种数据及用于环境评价的各种模型，具有很强的综合分析、模拟和预测能力，适合作为环境质量现状分析和辅助决策工具。GIS能根据用户要求，输出各种分析和评价结果、报表和图形。

⑥环境风险评价　GIS能够具有快速反应决策能力，它可用于地震和洪水的地图表示、飓风和恶劣气候建模、石油事故规划、有毒气体扩散建模等，对减灾、防灾工作具有重要的意义。

⑦环境影响后评估　GIS具有很强的数据管理、更新和跟踪能力，能协助检查和监督环境影响评价单位和工程建设单位履行各自职责，并对环境影响报告书进行事后验证。

(2)GIS在区域环境影响评价中的应用

GIS能够有效地管理一个大的地理区域复杂的污染源信息、环境质量信息及其他有关方面的信息，并能统计、分析区域环境影响诸因素(如水质、大气、河流等)的变化情况及主要污染源和主要污染物的地理属性和特征等。GIS具有叠置地理对象的功能，利用GIS将区域的污染源数据库和环境特征数据库(如地形、气象等)与各种预测模型相关联，采用模型预测法对区域的环境质量进行预测。GIS不仅可显示原有数据的地图，还可以建立分析结果的地图，如在一张地图上显示重点污染源位置及其对环境的影响。

(3)GIS在项目选址中的应用

利用GIS强大的空间分析能力和图形处理能力，GIS可以作为各种选址的辅助工具，如应用于污水土地适宜性的评价和有害废物填埋场选址。

(4)GIS 在环境影响预测模型中的应用

GIS 和环境影响预测模型分属于两个领域，但两者的结合无疑有助于许多环境影响评价问题的解决和 GIS 的丰富和完善。一方面，由于 GIS 用于环境模型研究，三维显示、空间分析能力、空间模拟能力得到加强；另一方面，GIS 的介入会使环境模型的检验、校正更加容易，而且 GIS 的空间表现能力会使环境模型的视觉效果有质的飞跃，特别是在环境评价与环境决策支持时有可能得到以前得不到的结果，提高环境模型的应用效率。

思考题

1. 简述环境影响评价遵循的原则。
2. 简述我国环境影响评价的等级划分及划分的依据。
3. 简述环境影响报告书编写要点。
4. 简述环境影响识别的概念及环境影响识别的基本内容。
5. 简述环境影响评价的内容。
6. 简述环境影响评价的方法。试比较各种方法的优缺点。
7. 简述指数法在环境影响综合评价中的应用。

第3章 工程分析

【内容提要】工程分析是环境影响评价的基础，不仅为环境影响预测提供基础资料，同时，也是对项目从宏观上的控制。其主要内容是分析建设项目生态影响与污染物产生的基本情况。本章分别介绍了环境污染型项目工程分析和生态影响型项目工程分析的作用、要求、影响因素、方法和内容，同时还介绍了建设项目环境风险评价的基础工作之一的事故风险源项分析的步骤、泄漏量计算方法和最大可信事故概率的确定。

工程分析指分析建设项目影响环境的因素，其主要任务是通过工程全部组成、一般特征、生态影响和污染特征的全面分析。工程分析是环境影响评价的关键，不仅为环境影响预测提供基础资料，也是对项目从宏观上的控制。其主要任务是通过工程一般特征和污染特征全面分析，从宏观上纵观开发建设活动与环境保护全局的关系，从微观上为环境影响评价工作提供基础数据。按建设项目对环境影响的表现不同，可以分为以污染影响为主的污染型建设项目的工程分析和以生态破坏为主的生态影响型建设项目的工程分析。

3.1 环境污染型项目分析

3.1.1 工程分析的作用

(1)工程分析是项目决策的重要依据

工程分析是项目决策的重要依据之一。污染型项目工程分析从项目建设性质、产品结构、生产规模、原料路线、工艺技术、设备选型、能源结构、技术经济指标、总图布置方案等基础资料入手，确定工程建设和运行过程中的产污环节、核算污染源强、计算排放总量。从环境保护的角度分析技术经济先进性、污染治理措施的可行性、总图布置合理性、达标排放可能性。

(2)为各专题预测评价提供基础数据

工程分析专题是环境影响评价的基础，工程分析给出的产污节点、污染源坐标、源强、污物排放方式和排放去向等技术参数是大气环境、水环境、噪声环境影响预测计算的依据，为定量评价建设项目对环境影响的程度和范围提供了可靠的保证，为评价污染防治对策的可行性提出完善改进建议，从而为实现污染物排放总量控制创造了条件。

(3)为环保设计提供优化建议

环境影响评价中的工程分析需要对治理措施进行优化论证，提出满足清洁生产要求的清洁生产方案，使环境质量得以改善或不使环境质量恶化，起到对环保设计优化的作用。

分析所采取的污染防治措施的先进性、可靠性，必要时要提出进一步完善、改进治理措施的建议，对改扩建项目尚须提出“以新带老”的计划，并反馈到设计当中去予以落实。

(4)为环境的科学管理提供依据

工程分析筛选的主要污染因子是项目日常环境管理的对象，所提出的环境保护措施是工程验收的重要依据，为保护环境所核定的污染物排放总量是生产建设活动进行污染控制的目标。

3.1.2 工程分析的方法

建设项目的工程分析一般应根据项目规划、可行性研究和设计方案等技术资料进行工作。由于国家建设项目审批体制改革，环境影响评价成为项目核准备案的前置条件，有些建设项目，如大型资源开发、水利工程建设以及国外引进项目，在可行性研究阶段所能提供的工程技术资料不能满足工程分析的需要时，可以根据具体情况选用其他适用的方法进行工程分析。目前常用的方法有类比法、物料衡算法、查阅参考资料分析法、实测法和实验法等。

3.1.2.1 类比法

类比法是用于拟建项目类型相同的现有项目的设计资料或实测数据进行工程分析的一种常用方法。采用此法时，为提高类比数据的准确性，应充分注意分析对象与类比对象之间的相似性和可比性。

• 工程一般特征的相似性，所谓一般特征包括建设项目的性质、建设规模、车间组成、产品结构、工艺路线、生产方法、原料、燃料成分与消耗量、用水量和设备类型等。

• 污染物排放特征的相似性，包括污染物排放类型、浓度、强度与数量、排放方式与去向，以及污染方式与途径等。

• 环境特征的相似性，包括气象条件、地貌状况、生态特点、环境功能以及区域污染情况等方面的相似性。因为在生产建设中常会遇到这种情况，即某污染物在甲地是主要污染因素，在乙地则可能是次要因素，甚至是可被忽略的因素。类比法也常用单位产品的经验排污系数去计算污染物排放量。但是采用此法必须注意，一定要根据生产规模等工程特征和生产管理，以及外部因素等实际情况进行必要的修正。

(1)经验排污系数法公式

$$
\begin{aligned}
A &= AD \times M \\
AD &= BD - (aD + bD + cD + dD)
\end{aligned}
\tag{3-1}
$$

式中 A——某污染物的排放总量；

AD——单位产品某污染物的排放定额；

M——产品总产量；

BD——单位产品投入或生成的某污染物量；

aD——单位产品中某污染物的量；

bD——单位产品所生成的副产物、回收品中某污染物的量；

cD——单位产品分解转化掉的污染物量；

dD——单位产品被净化处理掉的污染物量。

采用经验排污系数法计算污染物排放量时，必须对生产工艺、化学反应、副反应和管理等情况进行全面了解，掌握原料、辅助材料、燃料的成分和消耗定额。一些项目计算结果可能与实际存在一定的误差，在实际工作中应注意结果的一致性。

(2)计算中常用经验公式计算方法

当不知道燃料的化学成分时，可用经验公式计算燃烧产生的烟气量。

①理论烟气量 V_0(m^3/kg)

$A>15\%$，烟煤：

$$V_0 = 1.05 \times \frac{Q_L^Y}{4182} + 0.278(m^3/kg) \tag{3-2}$$

$A<15\%$，贫煤，无烟煤：

$$V_0 = 1.05 \times \frac{Q_L^Y}{4182} + 0.606(m^3/kg) \tag{3-3}$$

对劣质煤(煤矸石等)，$Q_L^Y<12\ 560kJ/kg$：

$$V_0 = \frac{Q_L^Y}{4182} + 0.455(m^3/kg) \tag{3-4}$$

式中 A——煤中的灰分；

Q_L^Y——煤的最低发热量(kJ/kg)。

②实际烟气量 V_y(m^3/kg) 对无烟煤、烟煤及贫煤：

$$V_y = 1.04 \times \frac{Q_L^Y}{4182} + 0.77 + 1.016 \cdot (\alpha - 1)V_0 \tag{3-5}$$

对劣质煤，$Q_L^Y<12\ 560kJ/kg$：

$$V_y = 1.04 \times \frac{Q_L^Y}{4182} + 0.54 + 1.016 \cdot (\alpha - 1)V_0 \tag{3-6}$$

式中 α——过剩空气系数；

V_0——理论空气量(m^3/kg 燃料)。

③烟气总量 V_{yt}(m^3/a)

$$V_{yt} = B \cdot V_y \tag{3-7}$$

式中 B——燃料总量(m^3/a)；

V_y——1kg 燃料产生的实际烟气量(m^3/kg)。

(3)计算废气中污染物排放量

①烟尘排放量的计算 烟尘主要包括黑烟及飞灰。黑烟是烟气中未完全燃烧的炭粒；飞灰是烟气中不能完全燃烧的小矿物质颗粒。

理论计算(经验系数法)：

$$G_{烟尘} = W \cdot A\% \times d_{fh} \times (1 - \eta) \tag{3-8}$$

式中 $G_{烟尘}$——烟尘排放量(t/a)；

W——耗煤量(t/a)；

$A\%$——煤的灰分(可查全国原煤成分表);

d_{fh}——烟气中烟尘占总灰分的百分数(表3-1);

η——除尘器的总效率(%)(表3-2)。

如为二级除尘装置,其效率分别为η_1、η_2,则除尘装置系统的总效率为:

$$\eta_{总} = 1(1 - \eta_1)(1 - \eta_2) \tag{3-9}$$

表3-1 各种炉型 d_{fh} 值

炉　型	手烧炉	链条炉	沸腾炉	煤粉炉	往复炉
d_{fh} 值(%)	15~20	15~20	40~60	70~80	15~20

②SO_2 排放量 G_{SO_2} 的计算

$$G_{SO_2} = W \times S\% \times 80\% \times 2(t/a) \tag{3-10}$$

式中　$S\%$——煤中硫分的含量;

80%——煤燃烧时S转化为SO_2的百分数。

企业如果没有脱硫装置,则SO_2的排放量约等于产生量,如果有脱硫装置,则SO_2排放量为:

$$G_p = (1 - \eta)G_{SO_2} \tag{3-11}$$

式中　G_p——SO_2排放量(kg);

η——脱硫装置的SO_2去除效率(%)。

③NO_x 排放量 G_{NO_x} 计算

$$G_{NO_x} = W \times k \tag{3-12}$$

式中　W——耗煤量(t/a);

k——排放系数(kg/t)。

表3-2 除尘器除尘效率 η

类　型	干法沉降	湿法喷淋	旋　风	多　管	水　膜	电除尘
效率 η	60~65	70~78	80~94	80~95	75~90	90~95

(4)计算废水中污染物排放量

①污染物产生量的计算

$$G' = K' \times M' \tag{3-13}$$

式中　G'——某污染物年排放量;

K'——单位产品的经验产污系数;

M'——某产品的年产量。

②污染物排放量的计算(经验系数法)

$$G = K \times M/1000 \tag{3-14}$$

式中　G——某污染物年排放量;

K——单位产品的经验排污系数;

M——某产品的年产量。

3.1.2.2 物料衡算法

物料衡算法是用于计算污染物排放量的常规和最基本的方法。在具体建设项目产品方案、工艺路线、生产规模、原材料和能源消耗，以及治理措施确定的情况下，运用质量守恒定律核算污染物排放量，即在生产过程中投入系统的物料总量必须等于产品数量和物料流失量之和。其计算通式如下：

$$\sum G_{投入} = \sum G_{产品} + \sum G_{流失} \tag{3-15}$$

式中 $\sum G_{投入}$——投入系统的物料总量；

$\sum G_{产品}$——产出产品总量；

$\sum G_{流失}$——物料流失总量。

当投入的物料在生产过程中发生化学反应时，可按下列总量法公式进行衡算：

(1)总物料衡算公式

$$\sum G_{排放} = \sum G_{投入} - \sum G_{回收} - \sum G_{处理} - \sum G_{转化} - \sum G_{产品} \tag{3-16}$$

式中 $\sum G_{投入}$——投入物料中的某污染物总量；

$\sum G_{产品}$——进入产品结构中的某污染物总量；

$\sum G_{回收}$——进入回收产品中的某污染物总量；

$\sum G_{处理}$——经净化处理掉的某污染物总量；

$\sum G_{转化}$——生产过程中被分解、转化的某污染物总量；

$\sum G_{排放}$——某污染物的排放量。

(2)单元工艺过程或单元操作的物料衡算

对某单元过程或某工艺操作进行物料衡算，可以确定这些单元工艺过程、单一操作的污染物产生量，例如，对管道和泵输送、吸收过程、分离过程、反应过程等进行物料衡算，可以核定这些加工过程的物料损失量，从而了解污染物产生量。

工程分析中常用的物料衡算包括总物料衡算、有毒有害物料衡算、有毒有害元素物料衡算。

在可研文件提供的基础资料比较翔实或对生产工艺熟悉的条件下，应优先采用物料衡算法计算污染物排放量，理论上讲，该方法是最精确的。

3.1.2.3 查阅参考资料分析法

利用同类工程已有的环境影响评价资料或可行性研究报告等资料进行工程分析的方法。虽然此法较为简便，但所得数据的准确性很难保证，所以只能在评价工作等级较低的建设项目工程分析中使用。

例题一 某厂上报的统计资料显示新鲜工业用水 0.9×10^4t，但水费单显示新鲜工业用水 1.2×10^4t，无监测排水流量，排污系数取0.7，其工业废水排放(　　)$\times10^4$t。

A. 1.26　　B. 0.63　　C. 0.75　　D. 0.84

解析 新鲜工业用水如果有自来水厂的数据应优先使用自来水厂的数据，如没有自来水厂的数据则用企业上报的数据，正确答案为 D。

例题二 某项目生产工艺过程中 HCl 的使用量为 100 kg/h，其中 90 %进入产品、8%进入废液、2% 进入废气。若废气处理设施对 HCl 的去除率为 99%，则废气中 HCl 的排放速率是(　　)kg/h。

A. 0. 01　　B. 0. 02　　C. 0. 08　　D. 0. 10

解析 100×2%×（1−99%）= 0. 02，正确答案为 B。

3. 1. 2. 4　实测法

通过选择相同或类似工艺实测一些关键的污染参数。

$$G_i = Q_i \times C_i \times 10^{-6} \tag{3-17}$$

式中 G_i——污水中某污染物年排放量，t；

Q_i——污水排放量(t/a)；

C_i——污水中某种污染物的排放浓度(mg/L)。

可见，排放系数法计算的关键在于产污系数和排污系数的选取。产污系数是指正常技术经济和管理等条件下，单位产品产生的原始污染物量；排污系数是指在上述条件下经过污染控制措施削减后或未经削减直接排放到环境中的污染物量。它们可通过查表得知。

3. 1. 2. 5　实验法

通过一定的实验手段来确定一些关键的污染参数。

3. 1. 3　工程分析的工作内容

对于环境影响以污染因素为主的建设项目来说，工程分析的工作内容，原则上是应根据建设项目的工程特征，包括建设项目的类型、性质、规模、生产建设方式与强度、能源与资源用量、污染物排放特征以及项目所在地的环境条件来确定。工程分析的主要工作内容是常规污染物和特征污染物排放污染源强核算，提出污染物排放清单，发挥污染源头预防、过程控带怀口末端治理的全过程控制理念，客观评价项目产污负荷。对于建设项目可能存在的具有致癌、致畸、致突变的物质及具有持久性影响的污染物，应分析其产生的环节、污染物转移途径和流向。其工作内容通常包括 6 个部分，详见表 3-3 所列。

表 3-3　工程分析基本工作内容

工程分析项目	工作内容
工程概况	工程一般特征简介物料 能源消耗定额 项目组成
工艺流程及产污环节分析	工艺流程及污染物产生环节
污染物分析	污染源分布及污染物源强核算 物料平衡与水平衡 无组织排放源强统计及分析 非正常排放源强统计及分析 污染物排放总量建议指标
清洁生产水平分析	清洁生产水平分析

（续）

工程分析项目	工作内容
环保措施方案分析	分析环保措施方案及所选工艺及设备的先进水平和可靠程度 分析与处理工艺有关技术经济参数的合理性 分析环保设施投资构成及其在总投资中占有的比例
总图布置方案分析	分析厂区与周围的保护目标之间所定防护距离的安全性 根据气象、水文等自然条件分析工厂和车间布置的合理性 分析环境敏感点(保护目标)处置措施的可行性

3.1.3.1 工程概况

首先对工程概况、工程一般特征作简介，通过项目组成分析找出项目建设存在的主要环境问题，列出项目组成表(表3-4)，为项目产生的环境影响分析和提出合适的污染防治措施奠定基础。根据工程组成和工艺，给出主要原料与辅料的名称、单位产品消耗量、年总耗量和来源(表3-5)。对于含有毒有害物质的原料、辅料还应给出组分。

表3-4 建设项目组成

	项目名称	建设规划
主体工程	1	
	2	
	…	
辅助工程	1	
	2	
	…	
公用工程	1	
	2	
	…	
环保工程	1	
	2	
	…	
办公室及生活设施	1	
	2	
	…	
储运工程	1	
	2	
	…	

表3-5 建设项目原、辅材料消耗

序　号	名　称	单位产品耗量	年耗量	来　源
1				
2				
…				

对于分期建设项目，则应按不同建设期分别说明建设规模。改扩建项目应列出现有工程，说明依托关系。

①工程一般特征简介　包括工程名称、建设性质、建设地点、建设规模、项目组成（包括主体工程、辅助工程、公用工程、环保工程）、产品方案、占地面积、职工人数、工程总投资以及发展规划等，并附总平面布置图。

②工艺路线与生产方法　用方块流程说明生产工程，必要时列出主要化学反应式和副反应式。

③物料及能源消耗定额　包括主要原料、辅助原料、材料、助剂、能源（煤、焦、油、气、电和蒸汽）以及用水等的来源、成分与消耗量。

3.1.3.2　工艺流程及产污环节分析

一般情况下，工艺流程应在设计单位或建设单位的可研或设计文件基础上，根据工艺过程的描述及同类项目生产的实际情况进行绘制。环境影响评价工艺流程图有别于工程设计工艺流程图，环境影响评价关心的是工艺过程中产生污染物的具体部位、污染物的种类和数量。所以绘制污染工艺流程应包括涉及产生污染物的装置和工艺过程，不产生污染物的过程和装置可以简化，有化学反应发生的工序要列出主要化学反应和副反应式，并在总平面布置图上标出污染源的准确位置，以便为其他专题评价提供可靠的污染源资料。

3.1.3.3　污染源源强分析与核算

(1)污染物分布及污染物源强核算

污染源分布和污染物类型及排放量是各专题评价的基础资料，必须按建设过程、运营过程两个时期详细核算和统计。根据项目评价需要，一些项目还应对服务期满后（退役期）影响源强进行核算，力求完善。因此，对于污染源分布应根据已经绘制的污染流程图，并按排放点标明污染物排放部位，然后列表逐点统计各种污染物的排放强度、浓度及数量。对于最终排入环境的污染物，确定其是否达标排放，达标排放必须以项目的最大负荷核算。例如，燃煤锅炉二氧化硫、烟尘排放量，必须要以锅炉最大产汽量时所耗的燃煤量为基础进行核算。

对于废气可按点源、面源、线源进行核算，说明源强、排放方式和排放高度及存在的有关问题。废水应说明种类、成分、浓度、排放方式、排放去向。按《中华人民共和国固体废物污染环境防治法》对废物进行分类，废液应说明种类、成分、浓度、是否属于危险废物、处置方式和去向等有关问题；废渣应说明有害成分、溶出物浓度、是否属于危险废物、排放量、处理和处置方式和贮存方法。噪声和放射性应列表说明源强、剂量及分布。

污染物源强统计可参照表3-6进行，分别列废水、废气、固废排放表，噪声统计比较简单，可单列。

表3-6　污染源强

序号	污染源	污染因子	产生量	治理措施	排放量	排放方式	排放去向	达标分析

①新建项目污染物排放量统计须按废水和废气污染物分别统计各种污染物排放总量，固体废弃物按我国规定统计一般固体废物和危险废物。并应算清“两本账”，即生产过程中的污染物产生量和实现污染防治措施后的污染物削减量，二者之差为污染物最终排放量，见表3-7所列。

统计时应以车间或工段为核算单元，对于泄漏和放散量部分，原则上要求实测，实测有困难时，可以利用年均消耗定额的数据进行物料平衡推算。

②技改扩建项目污染物源强　在统计污染物排放量的过程中，应算清新老污染源“三本账”，即技改扩建前污染物排放量、技改扩建项目污染物排放量、技改扩建完成后(包括“以新带老”削减量)污染物排放量，其相互的关系可表示为：

技改扩建前排放量=“以新带老”削减量+技改扩建项目排放量-技改扩建完成后排放量。可以用表3-8的形式列出。

污染物排放量的核算方法，一般有物料衡算法、类比法和反推法。前两种方法第一部

表3-7　新建项目污染物排放量统计

类别	污染物名称	产生量	治理削减量	排放量
废　气				
废　水				
固体废物				

表3-8　技改扩建项目污染物排放量统计

类　别	污染物	现有工程排放量	拟建项目排放量	“以新带老”削减量	技改工程完成后总排放量	增减量变化
废　气						
废　水						
固体废物						

分第六章已经作了介绍，这里不再赘述。反推法是指当类比同类工程的无组织排放源强而无法得到直接的无组织排放数据时，可根据其厂界浓度监测数据，按照扩散模式反算源强。其实质也是类比法的一种。

例题三　某厂现有工程生产 *A* 产品 3000 t/a，生产废水中排放 COD 150 t/a，未经处理即可达标；现拟进行生产技术改造，提高清洁生产水平，同时扩大生产 A 产品规模到 5000 t/a，预计扩产后单位产品生产废水排水量不变，其中 COD 的排放总量为 100 t/a，请计算“以新带老”削减量，并列表分析拟建项目改扩建前后的三本账？

解析　改扩建前现有工程的 COD 排放量为：150 t

改扩建前吨产品的 COD 年排放量为：150/3000=0.05(t)

改扩建后扩产 2000 t，吨产品 COD 年排放量为：100/5000=0.02(t)

则扩建部分的 COD 年排放量为：2000×0.02=40(t)

原有 3000 t 产品改扩建后的 COD 年排放量为：3000×0.02=60(t)

“以新带老”量为：150-60=90(t)

技改工程完成后 COD 排放总量=现有工程 COD 排放量+扩建项目 COD 排放量-“以新带老”削减量=150+40-90=100(t/a)

改扩建项目 COD 排放三本账汇总见表 3-9 所列。

表 3-9　改扩建项目 COD 排放三本账汇总表　　t/a

因子	现有工程排放量	扩建部分排放量	“以新带老”削减量	改扩建完成后排放总量
COD	150	40	90	100

例题四　某企业进行扩建，扩建前现有工程废水经二级生化处理后外排，其废水排放量为 12 000 m^3/a，主要污染物 COD 的排放浓度平均为 180 mg/L；扩建后新生产线预计增加废水量为 5000 m^3/a，企业将对现有废水措施进行改造，主要污染物 COD 平均排放浓度预计达到 100 mg/L，其中新增废水 5000 m^3/a 中有 2300 m^3/a 经深度处理后满足 COD<30 mg/L 后回用。请核算该扩建项目水污染物 COD 的三本账？

解析　改扩建前现有工程的 COD 排放量为：12 000×180=2.16(t/a)

扩建部分的 COD 最终排放量为：(5000-2300)×100=0.27(t/a)

“以新带老”量为：12 000×(180-100)=0.96(t/a)

改扩建工程完成后 COD 排放总量=现有工程 COD 排放量+扩建项目 COD 排放量-“以新带老”削减量=2.16+0.27-0.96=1.47(t/a)

为改扩建项目 COD 排放三本账汇总见表 3-10 所列。

表 3-10　改扩建项目 COD 排放三本账汇总表　　t/a

因子	现有工程排放量	扩建部分排放量	“以新带老”削减量	改扩建完成后排放总量
COD	2.16	0.27	0.96	1.47

(2)物料平衡和水平衡

在环境影响评价进行工程分析时，必须根据不同行业的具体特点，选择若干有代表性的物料，主要是针对有毒有害的物料，进行物料衡算。

水作为工业生产中的原料和载体，在任一用水单元内都存在着水量的平衡关系，也同样可以依据质量守恒定律，进行质量平衡计算，这就是水平衡。水平衡式如下：

$$Q + A = H + P + L \tag{3-18}$$

式中 Q——取水量；

A——物料带入水量；

H——耗水量；

P——排水量；

L——漏水量。

①取水量 工业用水的取水量是指取自地表水、地下水、自来水、海水、城市污水及其他水源的总水量。对于建设项目工业取水量包括生产用水和生活用水，主要指建设项目取用的新鲜水量，生产用水又包括间接冷却水、工艺用水和锅炉给水。

工业取水量=间接冷却用水量+工艺用水量+锅炉给水量+生活用水量

②重复用水量 指生产厂(建设项目)内部循环使用和循序使用的总水量。

③耗水量 指整个工程项目消耗掉的新鲜水量总和，即

$$H = Q_1 + Q_2 + Q_3 + Q_4 + Q_5 + Q_6 \tag{3-19}$$

式中 Q_1——产品含水，即由产品带走的水；

Q_2——间接冷却水系统补充水量，即循环冷却水系统补充水量；

Q_3——洗涤用水(包括装置和生产区地坪冲洗水)、直接冷却水和其他工艺用水量之和；

Q_4——锅炉运转消耗的水量；

Q_5——水处理用水量，指再生水处理装置所需的用水量；

Q_6——生活用水量。

(3)污染物排放总量控制建议指标

在核算污染物排放量的基础上，按国家对污染物排放总量控制指标的要求，提出工程污染物排放总量控制建议指标，污染物排放总量控制建议指标应包括国家规定的指标和项目的特征污染物，其单位为t/a。提出的工程污染物排放总量控制建议指标必须满足以下要求：①满足达标排放的要求；②符合其他相关环保要求(如特殊控制的区域与河段)；③技术上可行。

(4)无组织排放源的统计

无组织排放是相对于有组织排放而言的，主要针对废气排放，表现为生产工艺过程中产生的污染物没有进入收集和排气系统，而通过厂房天窗或直接弥散到环境中。工程分析中将没有排气筒或排气筒高度低于15 m排放源定为无组织排放。其确定方法主要有3种：

①物料衡算法 通过全厂物料的投入产出分析，核算无组织排放量。

②类比法 与工艺相同、使用原料相似的同类工厂进行类比，在此基础上，核算本厂无组织排放量。

③反推法 通过对同类工厂，正常生产时无组织监控点进行现场监测，利用面源扩散模式反推，以此确定工厂无组织排放量。

(5)非正常排污的源强统计与分析

非正常排污包括两部分：

①正常开、停车或部分设备检修时排放的污染物。

②其他非正常工况排污是指工艺设备或环保设施达不到设计规定指标运行时的可控排污，因为这种排污不代表长期运行的排污水平，所以列入非正常排污评价中。此类异常排污分析都应重点说明异常情况产生的原因、发生频率和处置措施。

例题五　图 3-1 为某工厂的简单工艺流程图，图中 A、B、C 为 3 个车间，它们之间的物料流关系用 Q 表示。这些物料流可以是水、气或固体废物。试分别以全厂、车间 A、车间 B、车间 C、车间 B 和车间 C 作为衡算系统，写出物料的平衡关系。

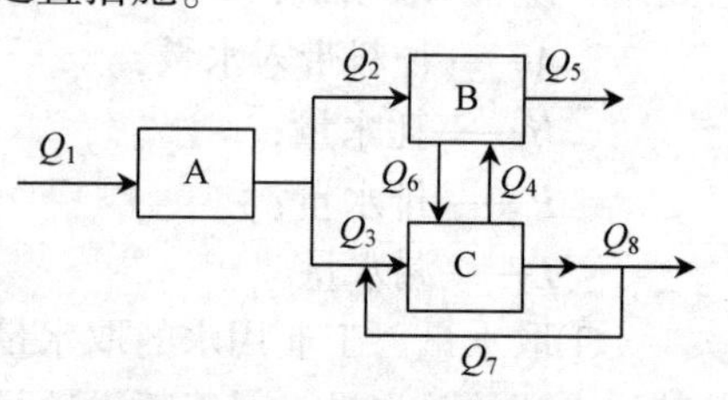

图 3-1　某工厂简单工艺流程

解析　如果将全厂作为一个衡算系统，则物料的平衡关系为：$Q_1=Q_5+Q_8$

如果将 A 车间作为衡算系统，则物料的平衡关系为：$Q_1=Q_2+Q_3$

如果将 B 车间作为衡算系统，则物料的平衡关系为：$Q_2+Q_6=Q_4+Q_5$

如果将 C 车间作为衡算系统，则物料的平衡关系为：$Q_3+Q_4+Q_7=Q_6+Q_7+Q_8$

消去循环量 Q_7 后，得：$Q_3+Q_4=Q_6+Q_8$

如果将 B、C 车间作为衡算系统，则有 $Q_2+Q_3+Q_7=Q_5+Q_7+Q_8$

消去 Q_7 后，得：$Q_2+Q_3=Q_5+Q_8$

在物料平衡图的绘制过程中应注意总用料量之间的平衡；每一单元进出的物料量都要平衡。

3.1.3.4　环保措施方案分析

环保措施方案分析包括 2 个层次，首先对项目可研报告等文件提供的污染防治措施进行技术先进性、经济合理性及运行的可靠性评价，若所提措施有的不能满足环保要求，则需提出切实可行的改进完善建议，包括替代方案。分析要点如下：

(1)分析建设项目可研阶段环保措施方案的技术经济可行性

根据建设项目产生的污染物特点，充分调查同类企业的现有环保处理方案的经济技术运行指标，分析建设项目可研阶段所采用的环保设施的技术可行性、经济合理性及运行可靠性，在此基础上提出进一步改进的意见，包括替代方案。

(2)分析项目采用污染处理工艺，排放污染物达标的可靠性

根据现有的同类环保设施的运行技术经济指标，结合建设项目排放污染物的基本特点和所采用污染防治措施的合理性，分析建设项目环保设施运行参数是否合理，有无承受冲击负荷能力，能否稳定运行，确保污染物排放达标的可靠性，并提出进一步改进的意见。

(3)分析环保设施投资构成及其在总投资中占有的比例

汇总建设项目环保设施环境影响评价技术方法的各项投资，分析其投资结构，并计算环保投资在总投资(或建设投资)中所占的比例。环保投资一览表可按表 3-11 给出，该表是指导建设项目竣工环境保护验收的重要参照依据。

对于技改扩建项目，环保设施投资一览表中还应包括“以新带老”的环保投资内容。

(4)依托设施的可行性分析

对于改扩建项目，原有工程的环保设施有相当一部分是可以利用的，如现有污水处理厂、固废填埋厂、焚烧炉等。原有环保设施是否能满足改扩建后的要求，需要认真核实，分析依托的可靠性。随着经济的发展，依托公用环保设施已经成为区域环境污染防治的重

表3-11 建设项目环保投资

项　目		建设内容	投　资
废气治理	1		
	2		
	…		
废水治理	1		
	2		
	…		
噪声治理	1		
	2		
	…		
固体废物处置	1		
	2		
	…		
厂区绿化			
其　他	1		
	2		
	…		

要组成部分。对于项目产生废水，经过简单处理后排入区域或城市污水处理厂进一步处理或排放的项目，除了对其所采用的污染防治技术的可靠性、可行性进行分析评价外，还应对接纳排水的污水处理厂的工艺合理性进行分析，其处理工艺是否与项目排水的水质相容；对于可以进一步利用的废气，要结合所在区域的社会经济特点，分析其集中、收集、净化、利用的可行性；对于固体废物，则要根据项目所在地的环境、社会经济特点，分析综合利用的可能性；对于危险废物，则要分析能否得到妥善的处置。

3.1.3.5　总图布置方案与外环境关系分析

(1)分析厂区与周围的保护目标之间所定卫生防护距离的可靠性

参考大气导则、国家的有关卫生防护距离规范，分析厂区与周围的保护目标之间所定防护距离的可靠性，合理布置建设项目的各构筑物及生产设施，给出总图布置方案与外环境关系图。图中应标明保护目标与建设项目的方位关系、保护目标与建设项目的距离、保护目标(如学校、医院、集中居住区等)的内容与性质。

(2)根据气象、水文等自然条件分析工厂和车间布置的合理性

在充分掌握项目建设地点的气象、水文和地质资料的条件下，认真考虑这些因素对污染物的污染特性的影响，合理布置工厂和车间，尽可能减少对环境的不利影响。

(3)分析对周围环境敏感点处置措施的可行性

分析项目所产生的污染物的特点及其污染特征，结合现有的有关资料，确定建设项目对附近环境敏感点的影响程度，在此基础上提出切实可行的处置措施(如搬迁、防护等)。

3.1.3.6　补充措施与建议

(1)关于合理的产品结构与生产规模的建议

合理的产品结构和生产规模可以有效地降低单位污染物的处理成本，提高企业的经济

效益有效地降低建设项目对周围环境的不利影响。

(2)优化总图布置的建议

充分利用自然条件，合理布置建设项目中的各构筑物，可以有效地减轻建设项目对周围环境的不良影响，降低环境保护投资。

(3)节约用地的建议

根据各个构筑物的工艺特点和结构要求，做到合理布置，有效利用土地。

(4)可燃气体平衡和回收利用措施建议

可燃气体排入环境中，不仅浪费资源，而且对大气环境有不良影响。因此，必须考虑对这些气体进行回收利用。

(5)用水平衡及节水措施

根据用水平衡图，充分考虑废水回用，减少废水排放。

(6)废渣综合利用建议

根据固体废弃物的特性，选择有效的方法，进行合理的综合利用。

(7)污染物排放方式改进建议

污染物的排放方式直接关系到污染物对环境的影响。通过对排放方式的改进往往可以有效地降低污染物对环境的不利影响。

(8)环保设备选型和实用参数建议

根据污染物的排放量和排放规律，以及排放标准的基本要求，结合对现有资料的全面分析，提出污染物的处理工艺和基本工艺参数。

(9)其他建议

针对具体工程的特征、提出与工程密切相关的、有较大影响的其他建议。

3.2 生态影响型项目工程分析

3.2.1 基本要求

《环境影响评价技术导则 生态影响》(HJ 19—2011)对生态影响型建设项目的工程分析有如下明确的要求。

工程资料的收集。包括：①项目可行性研究报告或项目建议书；②工程设计资料；③工程的平面图；④区域规划资料和图件。

工程分析时段应涵盖勘察期、施工期、运营期和退役期，以施工期和运营期为调查分析的重点。

工程分析内容应包括：项目所处的地理位置、工程的规划依据和规划环评依据、工程类型、项目组成、占地规模、总平面及现场布置、施工方式、施工时序、运行方式、替代方案、工程总投资与环保投资、设计方案中的生态保护措施等。

根据评价项目自身特点、区域的生态特点以及评价项目与影响区域生态系统的相互关系，确定工程分析的重点，分析生态影响的源及其强度。主要内容应包括：可能产生重大生态影响的工程行为；与特殊生态敏感区和重要生态敏感区有关的工程行为；可能产生间接、累积生态影响的工程行为；可能造成重大资源占用和配置的工程行为。

3.2.2 生态影响因素分析

结合建设项目特点和区域环境特征，分析建设项目建设和运行过程(包括施工方式、施工时序、运行方式、调度调节方式等)对生态环境的作用因素与影响源、影响方式、影响范围和影响程度。重点为影响程度大、范围广、历时长或涉及环境敏感区的作用因素和影响源，关注间接性影响、区域性影响、长期性影响以及累积性影响等特有生态影响因素的分析。

3.2.3 工程分析时段

导则明确要求，工程分析时段应涵盖勘察期、施工期、运营期和退役期，即应全过程分析，其中以施工期和运营期为调查分析的重点。在实际工作中，针对各类生态影响型建设项目的影响性质和所处的区域环境特点的差异，其关注的工程行为和重要生态影响会有所侧重，不同阶段有不同阶段的问题需要关注和解决。

勘察设计期一般不晚于环评阶段结束，主要包括初勘、选址选线和工程可行性(预)研究报告。初勘和选址选线工作在进入环评阶段前已完成，其主要成果在工程可行性(预)研究报告会有体现；而工程可行性(预)研究报告与环评是一个互动阶段，环评以工程可行性(预)研究报告为基础，评价过程中发现初勘、选址选线和相关工程设计中存在环境影响问题应提出调整或修改建议，工程可行性(预) 研究报告据此进行修改或调整，最终形成科学的工程可行性(预)研究报告与环评报告。

施工期时间跨度少则几个月，多则几年。对生态影响来说，施工期和运营期影响同等重要且各具特点，施工期产生的直接生态影响一般属临时性质的，但在一定条件下，其产生的间接影响可能是永久性的。在实际工程中，施工期生态影响注重直接影响的同时，也不应忽略可能造成的间接影响。施工期是生态影响评价必须重点关注的时段。

运营期一般比施工期长得多，在工程可行性(预)研究报告中会有明确的期限要求。由于时间跨度长，该时期的生态和污染影响可能会造成区域性的环境问题，如水库蓄水会使周边区域地下水位抬升，进而可能造成区域土壤盐渍化甚至沼泽化、工矿开采时大量疏干排水可能导致地表沉降和地面植被生长不良甚至荒漠化。运营期是环评必须重点关注的时段。

退役期不仅包括主体工程的退役，也涉及主要设备和相关配套工程的退役。如矿井(区)闭矿、渣场封闭、设备报废更新等，也可能存在环境影响问题需要解决。

3.2.4 工程分析的对象

一方面，要求工程组成要完全，应包括临时性/永久性、勘察期/施工期/运营期 /退役期的所有工程；另一方面，要求重点工程应突出，对环境影响范围大、影响时间长的工程和处于环境保护目标附近的工程应重点分析。

工程组成应有完善的项目组成表，一般按主体工程、配套工程和辅助工程分别说明工程位置、规模、施工和运营设计方案、主要技术参数和服务年限等主要内容。

(1)主体工程

一般指永久性工程，由项目立项文件确定工程主体。

(2)配套工程

一般指永久性工程，由项目立项文件确定的主体工程外的其他相关工程。

①公用工程　除服务于本项目外，还服务于其他项目，可以是新建，也可以依托原有工程或改扩建原有工程。

在此不包括公用的环保工程和储运工程，应分别列入环保工程和储运工程。

②环保工程　根据环境保护要求，专门新建或依托、改扩建原有工程，其主体功能是生态保护、污染防治、节能、提高资源处用效率和综合利用等。

包括公用的或依托的环保工程。

③储运工程　储运工程指原辅材料、产品和副产品的储存设施和运输道路。

包括公用的或依托的储运工程。

(3)辅助工程

辅助工程一般指施工期的临时性工程，项目立项文件中不一定有明确的说明，可通过工程行为分析和类比方法确定。

重点工程分析既考虑工程本身的环境影响特点，也要考虑区域环境特点和区域敏感目标。在各评价时段内，应突出该时段存在主要环境影响的工程；区域环境特点不同，同类工程的环境影响范围和程度可能会有明显的差异；同样的环境影响强度，因与区域敏感目标相对位置关系不同，其环境影响敏感性不同。

3.2.5　工程分析的内容

工程分析主要包括工程概况、项目初步论证第6项内容(表3-12)。

3.2.5.1　工程概况

介绍工程的名称、建设地点、性质、规模，给出工程的经济技术指标；介绍工程特征，给出工程特征表；完全交代工程项目组成，包括施工期临时工程，给出项目组成表；阐述工程施工和运营设计方案，给出施工期和运营期的工程布置示意图；有比选方案时，在上述内容中均应有介绍。

应给出地理位置图、总平面布置图、施工平面布置图、物料(含土石方)平衡图和水平衡图等工程基本图件。

3.2.5.2　项目初步论证

主要从宏观上进行项目可行性论证，必要时提出替代或调整方案。初步论证主要包括以下3个方面内容：

(1)建设项目和法律法规、产业政策、环境政策和相关规划的符合性。

(2)建设项目选址选线、施工布置和总图布置的合理性。

(3)清洁生产和区域循环经济的可行性，提出替代或调整方案。

3.2.5.3　影响源识别

生态影响型建设项目除了主要产生生态影响外，同样会有不同程度的污染影响，其影响源识别主要从工程自身的影响特点出发，识别可能带来生态影响或污染影响的来源，包

表 3-12 工程分析的主要内容

工程分析项目	工作内容	基本要求
1. 工程概况	一般特征简介 工程特征 项目组成 施工和营运方案 工程布置示意图 比选方案	工程组成全面，突出重点工程
2. 项目初步论证	法律法规、产业政策、环境政策和相关规划符合性 总图布置和选址选线合理性 清洁生产和循环经济可行性	从宏观方面进行论证，必要时提出替代或调整方案
3. 影响源识别	工程行为识别 污染源识别 重点工程识别 原有工程识别	从工程本身的环境影响特点进行识别，确定项目环境影响的来源和强度
4. 环境影响识别	社会环境影响识别 生态影响识别 环境污染识别	应结合项目自身环境影响特点、区域环境特点和具体环境敏感目标综合考虑
5. 环境保护方案分析	施工和营运方案合理性 工艺和设施的先进性和可靠性 环境保护措施的有效性 环保设施处理效率合理性和可靠性 环境保护投资合理性	从经济、环境、技术和管理方面来论证环境保护方案的可行性
6. 其他分析	非正常工况分析 事故风险识别 防范与应急措施	可在工程分析中专门分析，也可纳入其他部分或专题进行分析

括工程行为和污染源。影响源分析时，应尽可能给出定量或半定量数据。

工程行为分析时，应明确给出土地征用量、临时用地量、地表植被破坏面积、取土量、弃渣量、库区淹没面积和移民数量等。

污染源分析时，原则上按污染型建设项目要求进行，从废水、废气、固体废弃物、噪声与振动、电磁等方面分别考虑，明确污染源位置、属性、产生量、处理处置量和最终排放量。

对于改扩建项目，还应分析原有工程存在的环境问题，识别原有工程影响源和源强。

3.2.5.4 环境影响识别

建设项目环境影响识别一般从社会影响、生态影响和环境污染 3 个方面考虑，在结合项目自身环境影响特点、区域环境特点和具体环境敏感目标的基础上进行识别。

生态影响型建设项目的生态影响识别，不仅要识别工程行为造成的直接生态影响，而且要注意污染影响造成的间接生态影响，甚至要求识别工程行为和污染影响在时间或空间上的累积效应(累积影响),明确各类影响的性质(有利/不利)和属性(可逆/不可逆、临时/长期等)。

3.2.5.5 环境保护方案分析

初步论证是从宏观上对项目可行性进行论证,环境保护方案分析要求从经济、环境、技术和管理方面来论证环境保护措施和设施的可行性,必须满足达标排放、总量控制、环境规划和环境管理要求,技术先进且与经济社会发展水平相适宜,确保环境保护目标可达性。环境保护方案分析至少应有以下5个方面内容:

(1)施工和运营方案合理性分析;

(2)工艺和设施的先进性和可靠性分析;

(3)环境保护措施的有效性分析;

(4)环保设施处理效率合理性和可靠性分析;

(5)环境保护投资估算及合理性分析。

经过环境保护方案分析,对于不合理的环境保护措施应提出比选方案,进行比选分析后提出推荐方案或替代方案。

对于改扩建工程,应明确“以新带老”环保措施。

3.2.5.6 其他分析

其他分析包括非正常工况类型及源强、事故风险识别和源项分析以及防范与应急措施说明。

3.2.6 生态影响型工程分析技术要点

生态影响型建设项目主要包括交通运输、采掘和农林水利3个类别。根据项目特点(线型/区域型)和影响方式不同,以下选择公路、管线、航运码头、油气开采和水电项目为代表,明确工程分析技术要求。

3.2.6.1 公路项目

工程分析应涉及勘察设计期、施工期和运营期,以施工期和运营期为主,按环境生态、声环境、水环境、环境空气、固体废弃物和社会环境等要素识别影响源和影响方式,并估算影响源和源强。

勘察设计期工程分析的重点是选址选线和移民安置,详细说明工程与各类保护区、区域路网规划、各类建设规划和环境敏感区的相对位置关系及可能存在的影响。

施工期是公路工程产生生态破坏和水土流失的主要环节,应重点考虑工程用地、桥隧工程和辅助工程(施工期临时工程)所带来的环境影响和生态破坏。在工程用地分析中说明临时租地和永久征地的类型、数量,特别是占用基本农田的位置和数量;桥隧工程要说明位置、规模、施工方式和施工时间计划;辅助工程包括进场道路、施工便道、施工营地、作业场地、各类料场和废弃渣料场等,应说明其位置、临时用地类型和面积及恢复方案,不要忽略表土保存和利用问题。

施工期要注意主体工程行为带来的环境问题。例如,路基开挖工程涉及弃土或利用和运输问题、路基填筑需要借方和运输、隧道开挖涉及弃方和爆破、桥梁基础施工底泥清淤弃渣等。

运营期主要考虑交通噪声、管理服务区"三废"、线性工程阻隔和景观等方面的影响，同时根据沿线区域环境特点和可能运输货物的种类，识别运输过程中可能产生环境污染和风险事故。

3.2.6.2 管线项目

工程分析应包括勘察设计期、施工期和运营期，一般管道工程生态影响主要发生在施工期。

勘察设计期工程分析的重点是管线路由和工艺、站场的选择。

施工期工程分析对象应包括施工作业带清理（表土保存和回填）、施工便道、管沟开挖和回填、管道穿越（定向钻和隧道）工程、管道防腐和铺设工程、站场建设和监控工程。重点明确管道防腐、管道铺设、穿越方式、站场建设工程的主要内容和影响源、影响方式，对于重大穿越工程（如穿越大型河流）和处于环境敏感区工程（如自然保护区、水源地等），应重点分析其施工方案和相应的环保措施。施工期工程分析时，应注意管道不同的穿越方式可造成不同影响。

①大开挖方式　管沟回填后多余的土方一般就地平整，一般不产生弃方问题。

②悬架穿越方式　不产生弃方和直接环境影响，但存在空间、视觉干扰问题。

③定向钻穿越方式　存在施工期泥浆处理处置问题。

④隧道穿越方式　除隧道工程弃渣外，还可能对隧道区域的地下水和坡面植被产生影响；若有施工爆破则产生噪声、振动影响，甚至局部地质灾害。

运营期主要是污染影响和风险事故。工程分析应重点关注增压站的噪声源强、清管站的废水废渣源强、分输站超压放空的噪声源和排空废气源、站场的生活废水和生活垃圾以及相应环保措施。风险事故应根据输送物品的理化性质和毒性，一般从管道潜在的各种灾害识别源头，按自然灾害、人类活动和人为破坏3种原因造成的事故分别估算事故源强。

3.2.6.3 航运码头项目

工程分析应涉及勘察设计期、施工期和运营期，以施工期和运营期为主，按水环境（或海洋环境）、环境生态、环境空气、声环境和固体废弃物等环境要素识别影响源和影响方式，并估算源影响源强。

可研和初步设计期工程分析的重点是码头选址和航路选线。

施工期是航运码头工程产生生态破坏和环境污染的主要环节，重点考虑填充造陆工程、航道疏浚工程、护岸工程和码头施工对水域环境和生态系统的影响，说明施工工艺和施工布置方案的合理性，从施工全过程识别和估算影响源。

运营期主要考虑陆域生活污水、运营过程中产生的含油污水、船舶污染物和码头、航道的风险事故。海运船舶污染物（船舶生活污水、含油污水、压载水、垃圾等）的处理处置有相应的法律规定。同时，应特别注意从装卸货物的理化性质及装卸工艺分析，识别可能产生环境污染和风险事故。

3.2.6.4 油气开采项目

工程分析涉及勘察设计期、施工期、运营期和退役期4个时段，各时段影响源和主要影响对象存在一定差异。

工程概况中应说明工程开发性质、开发形式、建设内容、产能规划等，项目组成应包括主体工程(井场工程)、配套工程(各类管线、井场道路、监控中心、办公和管理中心、储油(气)设施、注水站、集输站、转运站点、环保设施、供水、供电、通信等)和施工辅助工程，分别给出位置、占地规模、平面布局、污染设施(设备)和使用功能等相关数据，以及工程总体平面图、主体工程(井位)平面布置图、重要工程平面布置图和土石方、水平衡图等。

(1)勘察设计时段工程分析以探井作业、选址选线和钻井工艺、井组布设等作为重点。井场、站场、管线和道路布设的选择要尽量避开环境敏感区域，应采用定向井或丛式井等先进钻井及布局，其目的均是从源头上避免或减少对环境敏感区域的影响；而探井作业是勘察设计期主要影响源，勘探期钻井防渗和探井科学封堵有利于防止地下水串层，保护地下水。

(2)施工期，土建工程的生态保护应重点关注水土保持、表层保存和回复利用、植被恢复等措施；对钻井工程更应注意钻井泥浆的处理处置、落地油处理处置、钻井套管防渗等措施的有效性，避免土壤、地表水和地下水受到污染。

(3)运营期，以污染影响和事故风险分析和识别为主。按环境要素进行分析，重点分析含油废水、废弃泥浆、落地油、油泥的产生点，说明其产生量、处理处置方式和排放量、排放去向。对滚动开发项目，应按“以新带老”要求，分析原有污染源并估算源强。风险事故应考虑到钻井套管破裂、井场和站场漏油(气)、油气罐破损和油气管线破损等而产生泄漏、爆炸和火灾情形。

(4)退役期，主要考虑封井作业。

3.2.6.5 水电项目

工程分析应涉及勘察设计期、施工期和运营期，以施工期和运营期为主。

勘察设计期工程分析以坝体选址选型、电站运行方案设计合理性和相关流域规划的合理性为主。移民安置也是水利工程特别是蓄水工程设计时应考虑的重点。

施工期工程分析，应在掌握施工内容、施工量、施工时序和施工方案的基础上，识别可能引发的环境问题。

运营期的影响源应包括水库淹没高程及范围、淹没区地表附属物名录和数量、耕地和植被类型与面积、机组发电用水及梯级开发联合调配方案、枢纽建筑布置等方面。

运营期生态影响识别时应注意水库、电站运行方式不同，运营期生态影响也有差异：

对于引水式电站，厂址间段会出现不同程度的脱水河段，其水生生态、用水设施和景观影响较大。

对于日调节水电站，下泄流量、下游河段河水流速和水位在日内变化较大，对下游河道的航运和用水设施影响明显。

对于年调节电站，水库水温分层相对稳定，下泄河水温度相对较低，对下游水生生物和农灌作物影响较大。

对于抽水蓄能电站，上库区域易造成区域景观、旅游资源等影响。

环境风险主要是水库库岸侵蚀、下泄河段河岸冲刷引发塌方，甚至诱发地震。

3.3 事故风险源项分析

源项分析是建设项目环境风险评价的基础工作之一，源项分析在环境风险评价专题都是假定情形，是对可能的事故潜在源提出的假定。由于事故情形触发因素具有不确定性，源项分析就具有较大的不确定性，因此事故情形的设定并不能包含全部可能的环境风险，但通过代表性的事故情形分析可为风险管理提供技术支持。源项分析应在环境风险识别的基础上进行，同一种危险物质，可能有火灾、爆炸、泄漏等多种事故形态。风险事故情形应当包括有毒有害物质泄漏，以及火灾、爆炸等引发的伴生/次生事故。对不同环境要素产生影响的事故情形，应分别进行设定。设定的事故情形应具有危险物质、环境危害、危害途径等方面的代表性。环境风险评价的源项分析与安全评价的分析方法相似，但目的和侧重点不同。安全评价通过源项分析，了解整个系统中潜在危险，找出事故原因和规律、发生概率，从而对系统进行调整和改进，消除潜在危险，以达到系统的安全最优化。建设项目环境风险评价中的源项分析是通过对建设项目的潜在危险识别，估算危险化学品泄漏量或判断物质与能量意外释放的量。在此基础上进行后果分析，确定该项目对环境可能产生严重危害的途径和后果。

源项分析的目的是通过对建设项目进行危害分析，确定最大可信事故、发生概率和危险性物质泄漏量。

3.3.1 源项分析步骤

源项分析是建设项目环境风险评价中最重要也是最困难的工作。源项分析的范围和对象是建设项目所包含的所有工程系统，从物质、设备、装置、工艺到与之相关的其他单元。这个过程既包含整个项目，又是其中一部分。通常将源项分析分为2个阶段，前一阶段以定性分析为主，后一阶段以定量分析为主。一般认为源项分析包括以下几个步骤：

(1)划分各功能单元

通常按功能划分建设项目工程系统，一般建设项目有生产运行系统、公用工程系统、储运系统、生产辅助系统、环境保护系统、安全消防系统等。将各功能系统划分为功能单元，每一个功能单元至少应包括一个危险性物质的主要贮存容器或管道。并且每个功能单元与所有其他单元有分隔开的地方，即有单一信号控制的紧急自动切断阀。

(2)筛选危险物质，确定环境风险评价因子

分析各功能单元涉及的有毒有害、易燃易爆物质的名称和贮量，主要列出各单元所有容器和管道中的危险物质清单，包括物料类型、相态、压力、温度、体积或质量。

(3)事故源项分析和最大可信事故筛选

根据清单，采用事件树或事故树法，或类比分析法，分析各功能单元可能发生的事故，确定其最大可信事故和发生概率。

(4)估算各功能单元最大可信事故泄漏量和泄漏概率

通过对各功能单元的泄漏设备和物质性质分析，根据泄漏物质特点，应用相应的公式计算各功能单元最大可信事故泄漏量和泄漏率。

3.3.2 泄漏量计算

3.3.2.1 泄漏设备分析

不论建设期，还是施工期，由于设备损坏或操作失误引起有毒有害、易燃易爆物质泄漏，将会导致火灾、爆炸、中毒，继而污染环境，伤害厂外区域人群和生态。因此，泄漏分析是源项分析的主要对象。泄漏必然涉及设备，在建设项目环境风险评价中只有少数几种类型生产设备是泄漏的重要源。可概括为以下10种设备类型：

(1)管道

包括管道、法兰、接头、弯管，典型泄漏事故为法兰泄漏、管道泄漏、接头损坏。

(2)挠性连接器

包括软管、波纹管、铰接臂，典型泄漏事故为破裂泄漏、接头泄漏、连接机构损坏。

(3)过滤器

包括滤器、滤网，典型事故为滤体泄漏和管道泄漏。

(4)阀

包括球阀、栓、阻气门、保险、蝶型阀，典型事故为壳泄漏、盖孔泄漏、杆损坏泄漏。

(5)压力容器、反应槽

包括分离器、气体洗涤器、反应器、热交换器、火焰加热器、接收器、再沸器，典型事故为容器破裂泄漏、进入孔盖泄漏、喷嘴断裂、仪表管路破裂、内部爆炸。

(6)泵

包括离心泵、往复泵，典型事故为机壳损坏、密封压盖泄漏。

(7)压缩机

包括离心式压缩机、轴流式压缩机、往复式/活塞式压缩机，典型事故为机壳损坏、密封套泄漏。

(8)贮罐

包括贮罐连接管部分和周围的设施，典型事故为容器损坏，接头泄漏。

(9)贮存器

包括压力容器、运输容器、冷冻运输容器、埋设的或露天贮存器，典型事故为气爆、破裂、焊接点断裂。

(10)放空燃烧装置/放空管

包括多岐接头、气体洗涤器、分离罐，典型事故为多岐接头泄漏，或超标排气。

3.3.2.2 泄漏物质性质分析

对于环境风险分析，应确定每种泄漏事故中泄漏的物质性质，与环境污染有关的性质有相(液体、气体或两相)、压力、温度、易燃性、毒性。由上述性质结合的几种泄漏物在环境风险评价中特别重要，即：在常压下的液体、受压下的液化气体、低温下的液化气体、加压下气体、沸液膨胀蒸气爆炸物、有毒有害物的混合体。

3.3.2.3 泄漏量计算

(1)液体泄漏速率

液体泄漏速率 Q_L 用柏努利方程计算：

$$Q_L = C_d A \sqrt{\frac{2(p - p_0)}{p} + 2gh} \tag{3-20}$$

式中 Q_L——液体泄漏速率，kg/s；

C_d——液体泄漏系数，此值常用0.6~0.64；

A——裂口面积，m^2；

p——容器内介质压力，P_a；

p_0——环境压力，P_a；

g——重力加速度，$9.81m/s^2$；

h——裂口之上液位高度，m。

本法的限制条件：液体在喷口内不应有急剧蒸发。

(2)气体泄漏速率

当气体流速在音速范围(临界流)：

$$\frac{p_0}{p} \leqslant \left(\frac{2}{r+1}\right)^{\frac{r}{r+1}} \tag{3-21}$$

当气体流速在亚音速范围(次临界流)：

$$\frac{p_0}{p} > \left(\frac{2}{r+1}\right)^{\frac{r}{r+1}} \tag{3-22}$$

式中 p——容器内介质压力，Pa；

p_0——环境压力，Pa；

r——气体的绝热指数(热容比)，即定压热容 C_p 与定容热容 C_v 之比。

假定气体的特性是理想气体，气体泄漏速率 Q_G 按式(3-23)计算：

$$Q_G = YC_d Ap \sqrt{\frac{M_K}{RT_G}\left(\frac{2}{r+1}\right)^{\frac{r+1}{r-11}}} \tag{3-23}$$

式中 Q_G——气体泄漏速率，kg/s；

p——容器压力，Pa；

C_d——气体泄漏系数，当裂口形状为圆形时取1.00，三角形时取0.95，长方形时取0.90；

A——裂口面积，m^2；

M——相对分子质量；

R——气体常数，J/(mol·K)；

T_G——气体温度，K；

Y——流出系数。

对于临界流 Y=1.0，对于次临界流按式(3-24)计算：

$$Y=\left[\frac{p_0}{p}\right]^{\frac{1}{r}}\times\left\{1-\left[\frac{p_0}{p}\right]^{\frac{r-1}{r}}\right\}^{\frac{1}{2}}\times\left\{\left[\frac{2}{r-1}\right]\times\left[\frac{r+1}{2}\right]^{\frac{r+1}{r-1}}\right\}^{\frac{1}{2}}\tag{3-24}$$

(3)两相流泄漏

假定液相和气相是均匀的，且互相平衡，两相流泄漏计算按式(3-25)：

$$Q_{LG}=C_dA\sqrt{2\rho_m(p-p_c)}\tag{3-25}$$

式中 Q_{LG}——两相流泄漏速率，kg/s；

C_d——两相流泄漏系数，可取 0.8；

A——裂口面积，m^2；

p——操作压力或容器压力，Pa；

p_c——临界压力，Pa，可取 $p_c=0.55p$；

ρ_m——两相混合物的平均密度，kg/ m^3，由式(3-26)计算：

$$\rho_m=\frac{1}{\frac{F_V}{\rho_1}+\frac{1-F_V}{\rho_2}}\tag{3-26}$$

式中 ρ_1——液体蒸发的蒸气密度，kg/ m^3；

ρ_2——液体密度，kg/m^3；

F_V——蒸发的液体占液体总量的比例，由式(3-27)计算：

$$F_V=\frac{C_p(T_{LG}-T_C)}{H}\tag{3-27}$$

式中 C_p——两相混合物的定压比热，J/(kg · K)；

T_{LG}——两相混合物的温度，K；

T_C——液体在临界压力下的沸点，K；

H——液体的汽化热，J/kg。

当 $F_V>1$ 时，表明液体将全部蒸发成气体，这时应按气体泄漏计算：如果 F_V 很小，则可近似地按液体泄漏公式计算。

(4)泄漏液体蒸发

泄漏液体的蒸发分为闪蒸蒸发、热量蒸发和质量蒸发 3 种，其蒸发总量为这 3 种蒸发之和。

①闪蒸量的估算　过热液体闪蒸量可按下式估算：

$$Q_1=F\cdot W_T/t_1\tag{3-28}$$

式中 Q_1——闪蒸量，kg/s；

W_T——液体泄漏总量，kg；

t_1——闪蒸蒸发时间，s；

F——蒸发的液体占液体总量的比例；按式(3-29)计算：

$$F=C_p\frac{T_L-T_b}{H}\tag{3-29}$$

式中 C_p——液体的定压比热，J/(kg · K)；

T_L——泄漏前液体的温度，K；

T_b——液体在常压下的沸点，K；

H——液体的汽化热，J/kg。

②热量蒸发估算　当液体闪蒸不完全，有一部分液体在地面形成液池，并吸收地面热量而汽化称为热量蒸发。热量蒸发的蒸发速率 Q_2 按下式计算：

$$Q_2 = \frac{\lambda S \cdot (T_0 - T_b)}{H\sqrt{\pi \alpha t}} \tag{3-30}$$

式中　Q_2——热量蒸发速率，kg/s；

T_0——环境温度，K；

T_b——沸点温度，K；

S——液池面积，m^2；

H——液体汽化热，J/kg；

λ——表面热导系数(表3-13)，W/(m·K)；

α——表面热扩散系数(表3-13)，m^2/S；

t——蒸发时间，s。

表3-13　某些地面的热传递性质

地面情况	λ/[W/(m·K)]	α/(m²/s)
水泥	1.1	1.29×10^{-7}
土地(含水8%)	0.9	4.3×10^{-7}
干阔土地	0.3	2.3×10^{-7}
湿地	0.6	3.3×10^{-7}
砂砾地	2.5	11.0×10^{-7}

③质量蒸发估算　当热量蒸发结束，转由液池表面气流运动使液体蒸发，称为质量蒸发。质量蒸发速率 Q_3 按式(3-31)计算：

$$Q_3 = apM/(R \cdot T_0) \times u^{(2-n)/(2+n)} \times r^{(4+n)/(2+n)} \tag{3-31}$$

式中　Q_3——质量蒸发速率，kg/s；

a，n——大气稳定度系数，见表3-14所列；

p——液体表面蒸气压，Pa；

R——气体常数，J/(mol·K)；

T_0——环境温度，K；

u——风速，m/s；

r——液池半径，m。

表3-14　大气稳定度系数

稳定度条件	n	a
不稳定(A，B)	0.2	3.846×10^{-3}
中性(D)	0.25	4.685×10^{-3}
稳定(E，F)	0.3	5.285×10^{-3}

液池最大直径取决于泄漏点附近的地域构型、泄漏的连续性或瞬时性。有围堰时，以围堰最大等效半径为液池半径；无围堰时，设定液体瞬间扩散到最小厚度时，推算液池等效半径。

液体蒸发总量的计算：

$$W_p = Q_1 t_1 + Q_2 t_2 + Q_3 t_3 \tag{3-32}$$

式中 W_p——液体蒸发总量，kg；

Q_1——闪蒸蒸发速率，kg/s；

Q_2——热量蒸发速率，kg/s；

t_1——闪蒸蒸发时间，s；

t_2——热量蒸发时间，s；

Q_3——质量蒸发速率，kg/s；

t_3——从液体泄漏到液体全部处理完毕的时间，s。

3.3.3 最大可信事故概率确定

首先应明确，最大可信事故概率的含义是所有可预测的概率不为零，不一定是概率最大事故，但是危害最严重的事故概率，常用事件树分析法确定事故概率。

事件树分析法是一种逻辑演绎法，它在给定一个初因事件的情况下，分析该初因事件可能导致的各种事件序列的后果，从而定性与定量评价系统特性。事件树可以描述系统中可能发生的事件，是安全分析中的有效方法。世界银行《工业污染事故评价技术手册》把事件树法推荐为事故泄漏后果分析方法。《建设项目环境风险影响评价技术导则》也推荐了这种方法。一般泄漏事故有4种：易燃易爆气体泄漏、毒性气体泄漏、可燃液体泄漏和毒性液体泄漏。可以用4种典型事件树形图描述事故的各种后果，事件树形图每个分支点或每个节点，均展示出一个有关的泄漏问题。

事件树的定量化是计算每条事件序列发生的概率。首先需确定初因事件发生频率和各条事件概率，事件树概率则由各条事件序列概率矩阵综合计算分析求得。

思考题

1. 简述工程分析的作用和原则。
2. 工程分析的方法分为哪几种？简述其含义。
3. 简述环境污染型项目工程分析的主要内容。
4. 描述水平衡的计算原理。
5. 简述总图布置方案与外环境关系分析的主要内容。
6. 简述生态影响型项目工程分析的基本内容。
7. 简述生态影响型项目工程分析的技术要点。
8. 泄漏量的计算包括哪些？

第4章

大气环境影响评价

【内容提要】大气环境影响评价的基本任务是从保护环境的目的出发，通过调查、预测等手段，分析、判断和评估建设项目在建设施工期和建成后生产期所排放的大气污染物对大气环境质量影响的程度和范围。为建设项目的厂址选择、排污口设置、大气污染防治措施制度以及其他有关的工程设计提供科学依据或指导性意见。本章主要内容包括大气环境影响评价的基本程序、污染源调查评价、现状调查评价和预测评价，重点掌握基本程序、资料调查分析、现状调查评价方法、导则中相关预测模式的应用。

4.1 大气环境影响评价基本程序

大气环境影响评价工作可分为3个阶段，评价工作程序如图4-1所示。

第一阶段，主要工作包括研究有关文件，项目污染源调查，环境空气保护目标调查，评价因子筛选与评价标准确定，区域气象与地表特征调查，收集区域地形参数，确定评价等级和评价范围等。

第二阶段，主要工作依据评价等级要求开展，包括与项目评价相关污染源调查与核实，选择适合的预测模型，环境质量现状调查或补充监测，收集建立模型所需气象、地表参数等基础数据，确定预测内容与预测方案，开展大气环境影响预测与评价工作等。

第三阶段，主要工作包括制订环境监测计划，明确大气环境影响评价结论与建议，完成环境影响评价文件的编写等。

4.1.1 评价等级划分

按HJ 2.1—2016或HJ 130—2019的要求识别大气环境影响因素，并筛选出大气环境影响评价因子。评价因子主要为项目直接排放的基本污染物及其他污染物。

当建设项目排放的二次污染物前体物总量(包括硫氧化物、氮氧化物及挥发性有机物)达到表4-1规定的量时，评价因子应增加$PM_{2.5}$、O_3等二次污染物。

表4-1 二次污染物评价因子筛选

污染物排放量(t/a)	二次污染物评价因子
硫氧化物+氮氧化物≥500	$PM_{2.5}$
氮氧化物+挥发性有机物≥2000	O_3

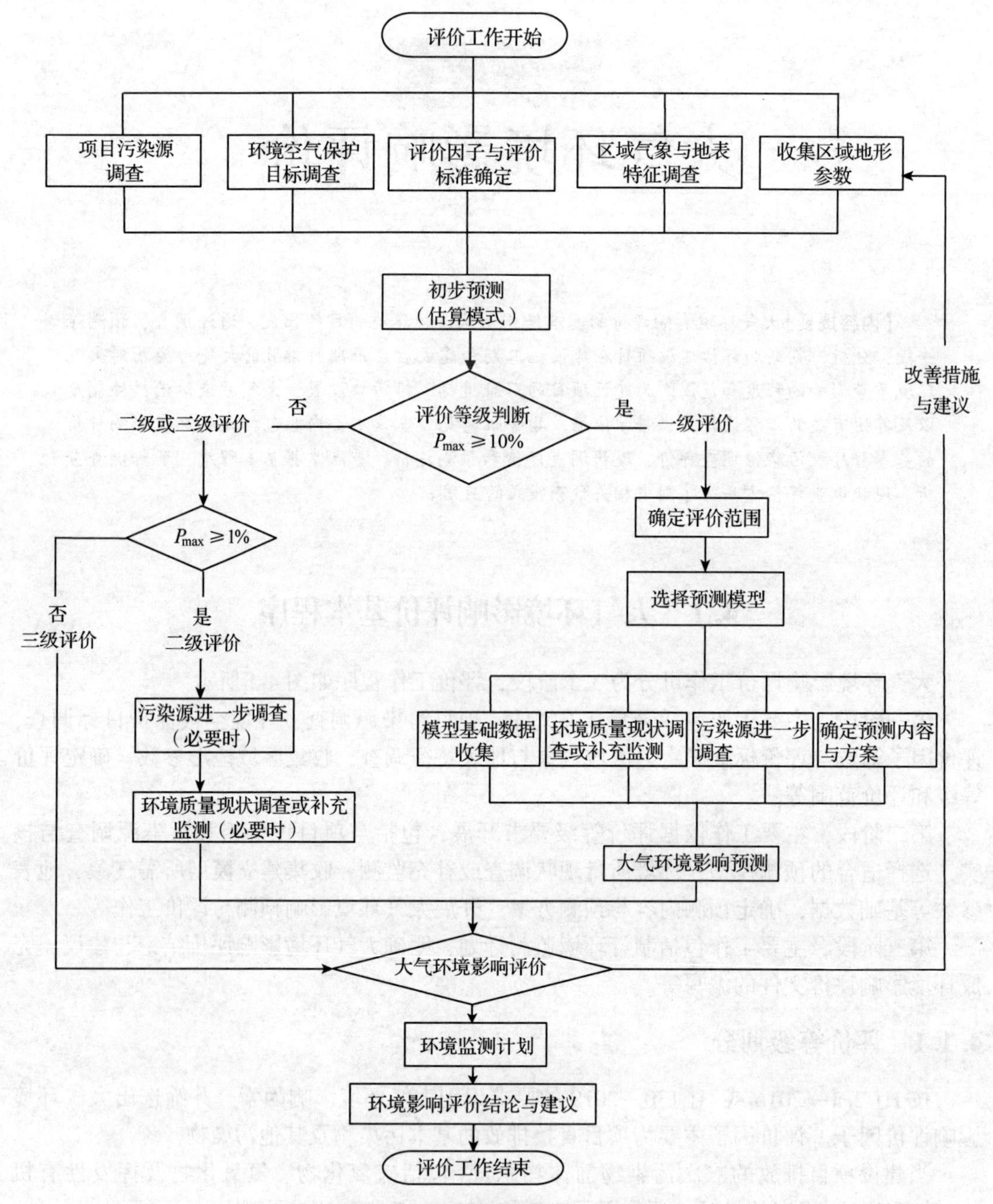

图 4-1　大气环境影响评价工作程序

当建设项目排放的 SO_2 和 NO_x 年排放量大于或等于 500 t/a 时，评价因子应增加二次 $PM_{2.5}$，见表 4-2 所列。

当规划项目排放的 SO_2、NO_x 及 VOCs 年排放量达到表 4-2 规定的量时，评价因子应相应增加二次 $PM_{2.5}$ 及 O_3。

表 4-2 二次污染物评价因子筛选

类别	污染物排放量(t/a)	二次污染物评价因子
建设项目	$SO_2+NO_x \geq 500$	$PM_{2.5}$
规划项目	$SO_2+NO_x \geq 500$	$PM_{2.5}$
	NO_x+VOCs ≥ 2000	O_3

(1)评价标准确定

确定各评价因子所适用的环境质量标准及相应的污染物排放标准。其中环境质量标准选用 GB 3095—2012 中的环境空气质量浓度限值，如已有地方环境质量标准，应选用地方标准中的浓度限值。

对于 GB 3095—2012 及地方环境质量标准中未包含的污染物，可参照表 4-3 中的浓度限值。

表 4-3 其他污染物空气质量浓度参考限值

编号	污染物名称	标准值(μm/m³)		
		1h 平均	8h 平均	日平均
1	氨	200		
2	苯	110		
3	苯氨	100		30
4	苯乙烯	10		
5	吡啶	80		
6	丙酮	800		
7	丙烯腈	50		
8	丙烯醛	100		
9	二甲苯	200		
10	二硫化碳	40		
11	环氧氯丙烷	200		
12	甲苯	200		
13	甲醇	3000		1000
14	甲醛	50		
15	硫化氢	10		
16	硫酸	300		100
17	氯	100		30
18	氯丁二烯	100		
19	氯化氢	50		15
20	锰及其化合物(以 MnO_2)			10
21	五氧化二磷	150		50
22	硝基苯	10		
23	乙醛	10		
24	总挥发性有机物(TVOC)		600	

对上述标准中都未包含的污染物，可参照选用其他国家、国际组织发布的环境质量浓度限值或基准值，但应作出说明，经生态环境主管部门同意后执行。

(2)评价等级判定

①选择项目污染源正常排放的主要污染物及排放参数，采用推荐模型中估算模型分别计算项目污染源的最大环境影响，然后按评价工作分级判据进行分级。

②评价工作分级方法　根据项目污染源初步调查结果，分别计算项目排放主要污染物的最大地面空气质量浓度占标率 P_i（第 i 个污染物，简称“最大浓度占标率”），及第 i 个污染物的地面空气质量浓度达到标准值的10%时，所对应最远距离 $D_{10\%}$，其中 P_i 定义为

$$P_i = (C_i / C_{0i}) \times 100\% \tag{4-1}$$

式中　P_i——第 i 个污染物的最大地面空气质量浓度占标率，%；

C_i——估算模型计算出的第 i 个污染物的最大 1 h 地面空气质量浓度，$\mu g/m^3$；

C_{0i}——第 i 个污染物的环境空气质量浓度标准，$\mu g/m^3$；一般选用 GB 3095—2012 中 1h 平均质量浓度的二级浓度限值，如项目位于一类环境空气功能区，应选择相应的一级浓度限值；对该标准中未包含的污染物，使用各评价因子 1h 平均质量浓度限值。对仅有 8h 平均质量浓度限值、日平均质量浓度限值或年平均质量浓度限值的，可分别按 2 倍、3 倍、6 倍折算为 1h 平均质量浓度限值。

编制环境影响报告书的项目在用估算模型计算评价等级时，应输入地形参数。

评价等级按表 4-4 的分级判据进行划分。最大地面空气质量浓度占标率 P_i 按式(4-1)计算，如污染物数 i 大于 1，取 P 值中最大者 P_{max}。

表 4-4　评价等级判别表

评价工作等级	评价工作分级判据
一级评价	$P_{max} \geqslant 10\%$
二级评价	$1\% \leqslant P_{max} < 10\%$
三级评价	$P_{max} < 1\%$

(3)评价等级的判定还应遵守以下规定

①同一项目有多个污染源时（两个及以上，下同），则按各污染源分别确定评价等级，并取评价等级最高者作为项目的评价等级。

②对电力、钢铁、水泥、石化、化工、平板玻璃、有色等高耗能行业的多源项目或以使用高污染燃料为主的多源项目，并且编制环境影响报告书的项目评价等级提高一级。

③对等级公路、铁路项目，分别按项目沿线主要集中式排放源（如服务区、车站大气污染源）排放的污染物计算其评价等级。

④对新建包含 1 km 及以上隧道工程的城市快速路、主干路等城市道路项目，按项目隧道主要通风竖井及隧道出口排放的污染物计算其评价等级。

⑤对新建、迁建及飞行区扩建的枢纽及干线机场项目，应考虑机场飞机起降及相关辅助设施排放源对周边城市的环境影响，评价等级取一级。

⑥确定评价等级同时应说明估算模型计算参数和判定依据。

4.1.2 评价范围确定

①一级评价项目根据建设项目排放污染物的最远影响距离 $D_{10\%}$ 确定大气环境影响评价范围。即以项目厂址为中心区域，自厂界外延 $D_{10\%}$ 的矩形区域作为大气环境影响评价范围。当 $D_{10\%}$ >25 km 时，确定评价范围为边长 50 km 的矩形区域；当 $D_{10\%}$ <2.5 km 时，评价范围边长取 5 km。

②二级评价项目大气环境影响评价范围边长取 5 km。

③三级评价项目不需设置大气环境影响评价范围。

④对于新建、迁建及飞行区扩建的枢纽及干线机场项目，评价范围还应考虑受影响的周边城市，最大边长取 50 km。

⑤规划的大气环境影响评价范围以规划区边界为起点，外延规划项目排放污染物的最远影响距离 $D_{10\%}$ 的区域。

4.1.3 评价基准年筛选

依据评价所需环境空气质量现状、气象资料等数据的可获得性、数据质量、代表性等因素，选择近 3 年中数据相对完整的 1 个日历年作为评价基准年。

4.1.4 环境空气保护目标调查

调查项目大气环境评价范围内主要环境空气保护目标。在带有地理信息的底图中标注，并列表给出环境空气保护目标内主要保护对象的名称、保护内容、所在大气环境功能区划以及与项目厂址的相对距离、方位、坐标等信息。

4.2 大气环境现状调查与评价

4.2.1 调查内容和目的

(1) 一级评价项目

调查项目所在区域环境质量达标情况，作为项目所在区域是否为达标区的判断依据。

调查评价范围内有环境质量标准的评价因子的环境质量监测数据或进行补充监测，用于评价项目所在区域污染物环境质量现状，以及计算环境空气保护目标和网格点的环境质量现状浓度。

(2) 二级评价项目

调查项目所在区域环境质量达标情况。

调查评价范围内有环境质量标准的评价因子的环境质量监测数据或进行补充监测，用于评价项目所在区域污染物环境质量现状。

(3) 三级评价项目

只调查项目所在区域环境质量达标情况。

4.2.2 数据来源与补充监测

4.2.2.1 数据来源

(1)基本污染物环境质量现状数据

项目所在区域达标判定，优先采用国家或地方生态环境主管部门公开发布的评价基准年环境质量公告或环境质量报告中的数据或结论。

采用评价范围内国家或地方环境空气质量监测网中评价基准年连续1年的监测数据，或采用生态环境主管部门公开发布的环境空气质量现状数据。

评价范围内没有环境空气质量监测网数据或公开发布的环境空气质量现状数据的，可选择符合《环境空气质量评价技术规范(试行)》(HJ 663—2013)规定，并且与评价范围地理位置邻近，地形、气候条件相近的环境空气质量城市点或区域点监测数据。

对于位于环境空气质量一类区的环境空气保护目标或网格点，各污染物环境质量现状浓度可取符合《环境空气质量评价技术规范(试行)》(HJ 663—2013)规定，并且与评价范围地理位置邻近，地形、气候条件相近的环境空气质量区域点或背景点监测数据。

(2)其他污染物环境质量现状数据

优先采用评价范围内国家或地方环境空气质量监测网中评价基准年连续1年的监测数据。

评价范围内没有环境空气质量监测网数据或公开发布的环境空气质量现状数据的，可收集评价范围内近3年与项目排放的其他污染物有关的历史监测资料。

4.2.2.2 补充监测

(1)监测时段

根据监测因子的污染特征，选择污染较重的季节进行现状监测。补充监测应至少取得7 d有效数据。

对于部分无法进行连续监测的其他污染物，可监测其一次空气质量浓度，监测时次应满足所用评价标准的取值时间要求。

(2)监测布点

以近20年统计的当地主导风向为轴向，在厂址及主导风向下风向5 km范围内设置1~2个监测点。如需在一类区进行补充监测，监测点应设置在不受人为活动影响的区域。

(3)监测方法

应选择符合监测因子对应环境质量标准或参考标准所推荐的监测方法，并在评价报告中注明。

(4)监测采样

环境空气监测中的采样点、采样环境、采样高度及采样频率，按《环境空气质量评价技术规范(试行)》(HJ 663—2013)及相关评价标准规定的环境监测技术规范执行。

4.2.3 评价内容与方法

(1)项目所在区域达标判断

城市环境空气质量达标情况评价指标为SO_2、NO_2、PM_{10}、$PM_{2.5}$、CO和O_3，6项污

染物全部达标即为城市环境空气质量达标。

根据国家或地方生态环境主管部门公开发布的城市环境空气质量达标情况，判断项目所在区域是否属于达标区。如项目评价范围涉及多个行政区(县级或以上，下同)，需分别评价各行政区的达标情况，若存在不达标行政区，则判定项目所在评价区域为不达标区。

国家或地方生态环境主管部门未发布城市环境空气质量达标情况的，可按照《环境空气质量评价技术规范(试行)》(HJ 663—2013)中各评价项目的年评价指标进行判定。年评价指标中的年均浓度和相应百分位数 24 h 平均或 8 h 平均质量浓度满足 GB 3095—2012 中浓度限值要求的即为达标。

(2)各污染物的环境质量现状评价

长期监测数据的现状评价内容，按《环境空气质量评价技术规范(试行)》(HJ 663—2013)中的统计方法对各污染物的年评价指标进行环境质量现状评价。对于超标的污染物，计算其超标倍数和超标率。

补充监测数据的现状评价内容，分别对各监测点位不同污染物的短期浓度进行环境质量现状评价。对于超标的污染物，计算其超标倍数和超标率。

(3)环境空气保护目标及网格点环境质量现状浓度

对采用多个长期监测点位数据进行现状评价的，取各污染物相同时刻各监测点位的浓度平均值，作为评价范围内环境空气保护目标及网格点环境质量现状浓度，计算方法见式(4-2)。

$$C_{现状(x,\ y,\ t)} = \frac{1}{n}\sum_{j=1}^{n} C_{现状(j,\ t)} \tag{4-2}$$

式中 $C_{现状(x,y,t)}$——环境空气保护目标及网格点$(x,\ y)$在 t 时刻环境质量现状浓度，μg/m^3；

$C_{现状(j,t)}$——第 j 个监测点位在 t 时刻环境质量现状浓度(包括短期浓度和长期浓度)，μg/m^3；

n——长期监测点位数。

对采用补充监测数据进行现状评价的，取各污染物不同评价时段监测浓度的最大值，作为评价范围内环境空气保护目标及网格点环境质量现状浓度。对于有多个监测点位数据的，先计算相同时刻各监测点位平均值，再取各监测时段平均值中的最大值，计算方法见式(4-3)。

$$C_{现状(x,\ y)} = \max\left[\frac{1}{n}\sum_{j=1}^{n} C_{监测(j,\ t)}\right] \tag{4-3}$$

式中 $C_{现状(x,y)}$——环境空气保护目标及网格点$(x,\ y)$环境质量现状浓度，μg/m^3；

$C_{监测(j,t)}$——第 j 个监测点位在 t 时刻环境质量现状浓度(包括 1 h 平均、8 h 平均或日平均质量浓度)，μg/m^3；

n——现状补充监测点位数。

4.2.4 污染源调查

4.2.4.1 调查内容

①一级评价项目 调查本项目不同排放方案有组织及无组织排放源，对于改建、扩建

项目还应调查本项目现有污染源。本项目污染源调查包括正常排放和非正常排放，其中非正常排放调查内容包括非正常工况、频次、持续时间和排放量。

调查本项目所有拟被替代的污染源(如有)，包括被替代污染源名称、位置、排放污染物及排放量、拟被替代时间等。

调查评价范围内与评价项目排放污染物有关的其他在建项目、已批复环境影响评价文件的拟建项目等污染源。

对于编制报告书的工业项目，分析调查受本项目物料及产品运输影响新增的交通运输移动源，包括运输方式、新增交通流量、排放污染物及排放量。

②二级评价项目　调查本项目不同排放方案有组织及无组织排放源，对于改建、扩建项目还应调查本项目现有污染源。本项目污染源调查包括正常排放和非正常排放，其中非正常排放调查内容包括非正常工况、频次、持续时间和排放量。

调查本项目所有拟被替代的污染源(如有)，包括被替代污染源名称、位置、排放污染物及排放量、拟被替代时间等。

③三级评价项目　只调查本项目新增污染源和拟被替代的污染源。

④对于城市快速路、主干路等城市道路的新建项目，需调查道路交通流量及污染物排放量。

⑤对于采用网格模型预测二次污染物的，需结合空气质量模型及评价要求，开展区域现状污染源排放清单调查。

4.2.4.2　数据来源与要求

新建项目的污染源调查，依据 HJ 2.1—2016，HJ 130—2019，HJ 942—2018，行业排污许可证申请与核发技术规范及各污染源源强核算技术指南，并结合工程分析从严确定污染物排放量。

评价范围内在建和拟建项目的污染源调查，可使用已批准的环境影响评价文件中的资料；改建、扩建项目现状工程的污染源和评价范围内拟被替代的污染源调查，可根据数据的可获得性，依次优先使用项目监督性监测数据、在线监测数据、年度排污许可执行报告、自主验收报告、排污许可证数据、环评数据或补充污染源监测数据等。污染源监测数据应采用满负荷工况下的监测数据或者换算至满负荷工况下的排放数据。

网格模型模拟所需的区域现状污染源排放清单调查按国家发布的清单编制相关技术规范执行。污染源排放清单数据应采用近 3a 内国家或地方生态环境主管部门发布的包含人为源和天然源在内所有区域污染源清单数据。在国家或地方生态环境主管部门未发布污染源清单之前，可参照污染源清单编制指南自行建立区域污染源清单，并对污染源清单准确性进行验证分析。

4.3　大气环境影响预测与评价

4.3.1　一般性要求

①一级评价项目应采用进一步预测模型开展大气环境影响预测与评价。

②二级评价项目不进行进一步预测与评价，只对污染物排放量进行核算。

③三级评价项目不进行进一步预测与评价。

4.3.2 预测因子

预测因子根据评价因子而定，选取有环境质量评价标准的评价因子作为预测因子。

4.3.3 预测范围

①预测范围应覆盖评价范围，并覆盖各污染物短期浓度贡献值占标率>10%的区域。

②对于经判定需预测二次污染物的项目，预测范围应覆盖 $PM_{2.5}$ 年平均质量浓度贡献值占标率>1%的区域。

③对于评价范围内包含环境空气功能区一类区的，预测范围应覆盖项目对一类区最大环境影响。

④预测范围一般以项目厂址为中心，东西向为 X 坐标轴、南北向为 Y 坐标轴。

4.3.4 预测周期

①选取评价基准年作为预测周期年，预测时段取连续 1 年。

②选用网格模型模拟二次污染物的环境影响时，预测时段应至少选取评价基准年 1 月、4 月、7 月、10 月。

4.3.5 预测模型

(1)预测模型选择原则

一级评价项目应结合项目环境影响预测范围、预测因子及推荐模型的适用范围等选择空气质量模型，各推荐模型适用范围见表 4-5 所列。

表 4-5 推荐模型适用范围

模型名称	适用污染源	排放形式	推荐预测范围	模拟污染物			其他特征
				一次污染物	二次 $PM_{2.5}$	O_3	
AERMOD ADMS	点源、面源、线源、体源	连续源、间断源	局地尺度≤50km	模型模拟法	系数法	不支持	—
AUSTAL2000	烟塔合一源						
EDMS/AEDT	机场源						
CALPUFF	点源、面源、线源、体源		城市尺度(50km 至几百千米)	模型模拟法	模型模拟法	不支持	局地尺度特殊风场，包括长期静风、小风、岸边熏烟
区域光化学网格模型	网格源		区域尺度(几百千米)	模型模拟法	模型模拟法	模型模拟法	模拟复杂化学反应

当推荐模型适用性不能满足需要时，可选择适用的替代模型。

(2)预测模型选取的其他规定

①当项目评价基准年内存在风速≤0.5 m/s 的持续时间超过 72 h 或近 20 年统计的全年静风(风速≤0.2 m/s)频率超过 35%时，应采用 CALPUFF 模型进行进一步模拟。

②当建设项目处于大型水体(海或湖)岸边 3 km 范围内时，应首先采用估算模型判定是否会发生熏烟现象。如果存在岸边熏烟，并且估算的最大 1 h 平均质量浓度超过环境质量标准，应采用 CALPUFF 模型进行进一步模拟。

(3)推荐模型使用要求

①采用推荐模型时，应按要求提供污染源、气象、地形、地表参数等基础数据。

②环境影响预测模型所需气象、地形、地表参数等基础数据应优先使用国家发布的标准化数据。采用其他数据时，应说明数据来源、有效性及数据预处理方案。

4.3.6 预测方法

采用推荐模型预测建设项目或规划项目对预测范围不同时段的大气环境影响。

当建设项目或规划项目排放 SO_2、NO_x 及 VOCs 年排放量达到表 4-2 规定的量时，可按表 4-6 推荐的方法预测二次污染物。

表 4-6 二次污染物预测方法

污染物排放量/(t/a)		预测因子	二次污染物预测方法
建设项目	$SO_2+NO_x \geqslant 500$	$PM_{2.5}$	AERMOD/ ADMS(系数法)或 CALPUFF(模型模拟法)
规划项目	$500 \leqslant SO_2+NO_x<2000$	$PM_{2.5}$	AERMOD/ ADMS(系数法)或 CALPUFF(模型模拟法)
	$SO_2+NO_x \geqslant 2000$	$PM_{2.5}$	网格模型(模型模拟法)
	$NO_x+VOCs \geqslant 2000$	O_3	网格模型(模型模拟法)

采用 AERMOD、ADMS 等模型模拟 $PM_{2.5}$ 时，需将模型模拟的 $PM_{2.5}$ 一次污染物的质量浓度，同步叠加按 SO_2、NO_2 等前体物转化比率估算的二次 $PM_{2.5}$ 质量浓度，得到 $PM_{2.5}$ 的贡献浓度。前体物转化比率可引用科研成果或有关文献，并注意地域的适用性。对于无法取得 SO_2、NO_2 等前体物转化比率的，可取 φSO_2 为 0.58，φNO_2 为 0.44，按式(4-4)计算二次 $PM_{2.5}$ 贡献浓度。

$$c_{二次PM_{2.5}}=\varphi SO_2 \times c_{SO_2}+\varphi NO_2 \times c_{NO_2} \tag{4-4}$$

式中 $c_{二次PM_{2.5}}$——二次 $PM_{2.5}$ 质量浓度，μg/m³；

φSO_2，φNO_2——SO_2、NO_2 浓度换算为 $PM_{2.5}$ 浓度的系数；

c_{SO_2}，c_{NO_2}——SO_2、NO_2 的预测质量浓度，μg/m³。

采用 CALPUFF 或网格模型预测 $PM_{2.5}$ 时，模拟输出的贡献浓度应包括一次 $PM_{2.5}$ 和二次 $PM_{2.5}$ 质量浓度的叠加结果。

对已采纳规划环评要求的规划所包含的建设项目，当工程建设内容及污染物排放总量均未发生重大变更时，建设项目环境影响预测可引用规划环评模拟结果。

4.3.7 预测与评价内容

4.3.7.1 达标区的评价项目

①项目正常排放条件下，预测环境空气保护目标和网格点主要污染物的短期浓度和长期浓度贡献值，评价其最大浓度占标率。

②项目正常排放条件下，预测评价叠加环境空气质量现状浓度后，环境空气保护目标和网格点主要污染物的保证率日平均质量浓度和年平均质量浓度的达标情况；对于项目排放的主要污染物仅有短期浓度限值的，评价其短期浓度叠加后的达标情况。如果是改建、扩建项目，还应同步减去“以新带老”污染源的环境影响。如果有区域削减项目，应同步减去削减源的环境影响。如果评价范围内还有其他排放同类污染物的在建、拟建项目，还应叠加在建、拟建项目的环境影响。

③项目非正常排放条件下，预测评价环境空气保护目标和网格点主要污染物的1 h最大浓度贡献值及占标率。

4.3.7.2 不达标区的评价项目

①项目正常排放条件下，预测环境空气保护目标和网格点主要污染物的短期浓度和长期浓度贡献值，评价其最大浓度占标率。

②项目正常排放条件下，预测评价叠加大气环境质量限期达标规划(简称“达标规划”)的目标浓度后，环境空气保护目标和网格点主要污染物保证率日平均质量浓度和年平均质量浓度的达标情况；对于项目排放的主要污染物仅有短期浓度限值的，评价其短期浓度叠加后的达标情况。如果是改建、扩建项目，还应同步减去“以新带老”污染源的环境影响。如果有区域达标规划之外的削减项目，应同步减去削减源的环境影响。如果评价范围内还有其他排放同类污染物的在建、拟建项目，还应叠加在建、拟建项目的环境影响。

③对于无法获得达标规划目标浓度场或区域污染源清单的评价项目，需评价区域环境质量的整体变化情况。

④项目非正常排放条件下，预测环境空气保护目标和网格点主要污染物的1 h最大浓度贡献值，评价其最大浓度占标率。

4.3.7.3 区域规划

①预测评价区域规划方案中不同规划年叠加现状浓度后，环境空气保护目标和网格点主要污染物保证率日平均质量浓度和年平均质量浓度的达标情况；对于规划排放的其他污染物仅有短期浓度限值的，评价其叠加现状浓度后短期浓度的达标情况。

②预测评价区域规划实施后的环境质量变化情况，分析区域规划方案的可行性。

4.3.7.4 污染控制措施

①对于达标区的建设项目，按“达标区②”中要求预测评价不同方案主要污染物对环境空气保护目标和网格点的环境影响及达标情况，比较分析不同污染治理设施、预防措施或排放方案的有效性。

②对于不达标区的建设项目，按“不达标区②”要求预测不同方案主要污染物对环境空气保护目标和网格点的环境影响，评价达标情况或评价区域环境质量的整体变化情况，

比较分析不同污染治理设施、预防措施或排放方案的有效性。

4.3.7.5 大气环境防护距离

①对于项目厂界浓度满足大气污染物厂界浓度限值，但厂界外大气污染物短期贡献浓度超过环境质量浓度限值的，可以自厂界向外设置一定范围的大气环境防护区域，以确保大气环境防护区域外的污染物贡献浓度满足环境质量标准。

②对于项目厂界浓度超过大气污染物厂界浓度限值的，应要求削减排放源强或调整工程布局，待满足厂界浓度限值后，再核算大气环境防护距离。

③大气环境防护距离内不应有长期居住的人群。

不同评价对象或排放方案对应预测内容和评价要求见表4-7所列。

表 4-7 预测内容和评价要求

评价对象	污染源	污染源排污形式	预测内容	评价内容
达标区评价项目	新增污染源	正常排放	短期浓度 长期浓度	最大浓度占标率
	新增污染源－“以新带老”污染源(如有)－区域削减污染源(如有)+其他在建、拟建污染源(如有)	正常排放	短期浓度 长期浓度	叠加环境质量现状浓度后的保证率日平均质量浓度和年平均质量浓度占标率，或短期浓度达标情况
	新增污染源	非正常排放	1 h平均质量浓度	最大浓度占标率
非达标区评价项目	新增污染源	正常排放	短期浓度 长期浓度	最大浓度占标率
	新增污染源－“以新带老”污染源(如有)－区域削减污染源(如有)+其他在建、拟建污染源(如有)	正常排放	短期浓度 长期浓度	叠加达标规划目标浓度后的保证率日平均质量浓度和年平均质量浓度的占标率，或短期浓度的达标情况；评价年平均质量浓度变化率
	新增污染源	非正常排放	1 h平均质量浓度	最大浓度占标率
区域规划	不同规划期/规划方案污染源	正常排放	短期浓度 长期浓度	保证率日平均质量浓度和年平均质量浓度的占标率，年平均质量浓度变化率
大气环境防护距离	新增污染源－“以新带老”污染源(如有)+项目全厂现有污染源	正常排放	短期浓度	大气环境防护距离

4.3.8 评价方法

4.3.8.1 环境影响叠加

(1)达标区环境影响叠加

预测评价项目建成后各污染物对预测范围的环境影响，应用本项目的贡献浓度，叠加(减去)区域削减污染源以及其他在建、拟建项目污染源环境影响，并叠加环境质量现状浓度。计算方法见式(4-5)：

$$C_{叠加(x,y,t)} = C_{本项目(x,y,t)} - C_{区域消减(x,y,t)} + C_{拟在建(x,y,t)} + C_{现状(x,y,t)} \tag{4-5}$$

式中 $C_{叠加(x,y,t)}$——在 t 时刻，预测点(x, y)叠加各污染源及现状浓度后的环境质量浓度，μg/m³；

$C_{本项目(x,y,t)}$——在 t 时刻，本项目对预测点(x, y)的贡献浓度，μg/m³；

$C_{区域消减(x,y,t)}$——在 t 时刻，区域削减污染源对预测点(x, y)的贡献浓度，μg/m³；

$C_{拟在建(x,y,t)}$——在 t 时刻，其他在建、拟建项目污染源对预测点(x, y)的贡献浓度，μg/m³；

$C_{现状(x,y,t)}$——在 t 时刻，预测点(x, y)的环境质量现状浓度，μg/m³；各预测点环境质量现状浓度按式(4-2)和式(4-3)的要求计算。

其中本项目预测的贡献浓度除新增污染源环境影响外，还应减去“以新带老”污染源的环境影响，计算方法见式(4-6)：

$$C_{本项目(x,y,t)} = C_{新增(x,y,t)} - C_{以新带老(x,y,t)} \tag{4-6}$$

式中 $C_{新增(x,y,t)}$——在 t 时刻，本项目新增污染源对预测点(x, y)的贡献浓度，μg/m³；

$C_{以新带老(x,y,t)}$——在 t 时刻，“以新带老”污染源对预测点(x, y)的贡献浓度，μg/m³。

(2)不达标区环境影响叠加

对于不达标区的环境影响评价，应在各预测点上叠加达标规划中达标年的目标浓度，分析达标规划年的保证率日平均质量浓度和年平均质量浓度的达标情况。叠加方法可以用达标规划方案中的污染源清单参与影响预测，也可直接用达标规划模拟的浓度场进行叠加计算。计算方法见式(4-7)：

$$C_{叠加(x,y,t)} = C_{本项目(x,y,t)} - C_{区域消减(x,y,t)} + C_{拟在建(x,y,t)} + C_{规划(x,y,t)} \tag{4-7}$$

式中 $C_{规划(x,y,t)}$——在 t 时刻，预测点(x, y)的达标规划年目标浓度，μg/m³。

4.3.8.2 保证率日平均质量浓度

对于保证率日平均质量浓度，首先按环境影响叠加中的方法计算叠加后预测点上的日平均质量浓度，然后对该预测点所有日平均质量浓度从小到大进行排序，根据各污染物日平均质量浓度的保证率 p，计算排在 p 百分位数的第 m 个序数，序数 m 对应的日平均质量浓度即为保证率日平均浓度 C_m。其中序数 m 计算方法见式(4-8)：

$$m = 1 + (n - 1) \times p \tag{4-8}$$

式中 p——该污染物日平均质量浓度的保证率，按《环境空气质量评价技术规范(试行)》HJ 663—2013 规定的对应污染物年评价中 24 h 平均百分位数取值，%；

n——1 个日历年内单个预测点上的日平均质量浓度的所有数据个数，个；

m——百分位数 p 对应的序数(第 m 个)，向上取整数。

4.3.8.3 浓度超标范围

以评价基准年为计算周期，统计各网格点的短期浓度或长期浓度的最大值，所有最大浓度超过环境质量标准的网格，即为该污染物浓度超标范围。超标网格的面积之和即为该污染物的浓度超标面积。

4.3.8.4 区域环境质量变化评价

当无法获得不达标区规划达标年的区域污染源清单或预测浓度场时，也可评价区域环境质量的整体变化情况。按式(4-9)计算实施区域削减方案后预测范围的年平均质量浓度变化率 k。当 $k\leqslant-20\%$时，可判定项目建设后区域环境质量得到整体改善。

$$k=[C_{本项目(a)}-C_{区域消减(a)}]/C_{区域消减(a)}\times 100\% \tag{4-9}$$

式中 k——预测范围年平均质量浓度变化率,%;

$C_{本项目(a)}$——本项目对所有网格点的年平均质量浓度贡献值的算术平均值，$\mu g/m^3$;

$C_{区域消减(a)}$——区域削减污染源对所有网格点的年平均质量浓度贡献值的算术平均值，$\mu g/m^3$。

4.3.8.5 大气环境防护距离确定

采用进一步预测模型模拟评价基准年内，本项目所有污染源(改建、扩建项目应包括全厂现有污染源)对厂界外主要污染物的短期贡献浓度分布。厂界外预测网格分辨率不应超过 50 m。

在底图上标注从厂界起所有超过环境质量短期浓度标准值的网格区域，以自厂界起至超标区域的最远垂直距离作为大气环境防护距离。

4.3.8.6 污染控制措施有效性分析与方案比选

达标区建设项目选择大气污染治理设施、预防措施或多方案比选时，应综合考虑成本和治理效果，选择最佳可行技术方案，保证大气污染物能够达标排放，并使环境影响可以接受。

不达标区建设项目选择大气污染治理设施、预防措施或多方案比选时，应优先考虑治理效果，结合达标规划和替代源削减方案的实施情况，在只考虑环境因素的前提下选择最优技术方案，保证大气污染物达到最低排放强度和排放浓度，并使环境影响可以接受。

4.3.8.7 污染物排放量核算

污染物排放量核算包括本项目的新增污染源及改建、扩建污染源(如有)。

根据最终确定的污染治理设施、预防措施及排污方案，确定本项目所有新增及改建、扩建污染源大气排污节点、排放污染物、污染治理设施与预防措施以及大气排放口基本情况。

本项目各排放口排放大气污染物的核算排放浓度、排放速率及污染物年排放量，应为通过环境影响评价，并且环境影响评价结论为可接受时对应的各项排放参数。

本项目大气污染物年排放量包括项目各有组织排放源和无组织排放源在正常排放条件下的预测排放量之和。污染物年排放量按式(4-10)计算。

$$E_{年排放}=\sum_{i=1}^{n}(M_{i有组织}\times H_{i有组织})/1000+\sum_{j=1}^{n}(M_{j无组织}\times H_{j无组织})/1000 \tag{4-10}$$

式中 $E_{年排放}$——项目年排放量，t/a;

$M_{i有组织}$——第 i 个有组织排放源排放速率，kg/h;

$H_{i有组织}$——第 i 个有组织排放源年有效排放小时数，h/a;

$M_{j无组织}$——第 j 个无组织排放源排放速率，kg/h;

$H_{j无组织}$——第 j 个无组织排放源年有效排放小时数，h/a。

本项目各排放口非正常排放量核算，应结合“达标区③”和“不达标区④”非正常排放预测结果，优先提出相应的污染控制与减缓措施。当出现 1 h 平均质量浓度贡献值超过环境质量标准时，应提出减少污染排放直至停止生产的相应措施。明确列出发生非正常排放的污染源、非正常排放原因、排放污染物、非正常排放浓度与排放速率、单次持续时间、年发生频次及应对措施等。

4.3.9 评价结果表达

①基本信息底图，包含项目所在区域相关地理信息的底图，至少应包括评价范围内的环境功能区环境空气保护目标、项目位置、监测点位，以及图例、比例尺、基准年风频玫瑰图等要素。

②项目基本信息图，在基本信息底图上标示项目边界、总平面布置、大气排放口位置等信息。

③达标评价结果表，列表给出各环境空气保护目标及网格最大浓度点主要污染物现状浓度、贡献浓度、叠加现状浓度后保证率日平均质量浓度和年平均质量浓度、占标率、是否达标等评价结果。

④网格浓度分布图，包括叠加现状浓度后主要污染物保证率日平均质量浓度分布图和年平均质量浓度分布图。网格浓度分布图的图例间距一般按相应标准值的5%~100%进行设置。如果某种污染物环境空气质量超标，还需在评价报告及浓度分布图上标示超标范围与超标面积，以及与环境空气保护目标的相对位置关系等。

⑤大气环境防护区域图，在项目基本信息图上沿出现超标的厂界外延按确定的大气环境防护距离所包括的范围，作为本项目的大气环境防护区域。大气环境防护区域应包含自厂界起连续的超标范围。

⑥污染治理设施、预防措施及方案比选结果表。列表对比不同污染控制措施及排放方案对环境的影响，评价不同方案的优劣。

⑦污染物排放量核算表，包括有组织及无组织排放量、大气污染物年排放量、非正常排放量等。

⑧一级评价应包括上述①~⑦的内容，二级评价一般应包括上述①、②及⑦的内容。

4.4 环境监测计划

4.4.1 一般性要求

①一级评价项目按HJ 819—2017的要求，提出项目在生产运行阶段的污染源监测计划和环境质量监测计划。

②二级评价项目按HJ 819—2017的要求，提出项目在生产运行阶段污染源监测计划。

③三级评价项目可参照HJ 819—2017的要求，并适当简化环境监测计划。

4.4.2 污染源监测计划

污染源监测计划按照HJ 819—2017、HJ 942—2018、各行业排污单位自行监测技术指南及排污许可证申请与核发技术规范执行，应明确监测点位、监测指标、监测频次、执行排放标准。

4.4.3 环境质量监测计划

①按评价工作分级方法中要求计算的项目排放污染物 $P_i \geqslant 1\%$ 的其他污染物作为环境质量监测因子。

②环境质量监测点位一般在项目厂界或大气环境防护距离(如有)外侧设置 1~2 个监测点。

③各监测因子的环境质量每年至少监测 1 次，监测时段按规定执行。

④新建 10 km 及以上的城市快速路、主干路等城市道路项目，应在道路沿线设置至少 1 个路边交通自动连续监测点，监测项目包括道路交通源排放的基本污染物。

⑤环境质量监测采样方法、监测分析方法、监测质量保证与质量控制等应符合所执行的环境质量标准、HJ 819—2017、HJ 942—2018 的相关要求。

⑥环境空气质量监测计划包括监测点位、监测指标、监测频次、执行环境质量标准等。

4.5 大气环境影响评价结论与建议

4.5.1 大气环境影响评价结论

4.5.1.1 达标区域的建设项目环境影响评价

达标区域的建设项目环境影响评价，当同时满足以下条件时，则认为环境影响可以接受。

①新增污染源正常排放下污染物短期浓度贡献值的最大浓度占标率≤100%。

②新增污染源正常排放下污染物年均浓度贡献值的最大浓度占标率≤30%(其中一类区≤10%)。

③项目环境影响符合环境功能区划。叠加现状浓度、区域削减污染源以及在建、拟建项目的环境影响后，主要污染物的保证率日平均质量浓度和年平均质量浓度均符合环境质量标准；对于项目排放的主要污染物仅有短期浓度限值的，叠加后的短期浓度符合环境质量标准。

4.5.1.2 不达标区域的建设项目环境影响评价

不达标区域的建设项目环境影响评价，当同时满足以下条件时，则认为环境影响可以接受。

①达标规划未包含的新增污染源建设项目，需另有替代源的削减方案。

②新增污染源正常排放下污染物短期浓度贡献值的最大浓度占标率≤100%。

③新增污染源正常排放下污染物年均浓度贡献值的最大浓度占标率≤30%(其中一类区≤10%)。

④项目环境影响符合环境功能区划或满足区域环境质量改善目标。现状浓度超标的污染物评价，叠加达标年目标浓度、区域削减污染源以及在建、拟建项目的环境影响后，污

染物的保证率日平均质量浓度和年平均质量浓度均符合环境质量标准或满足达标规划确定的区域环境质量改善目标，或按式(4-9)计算的预测范围内年平均质量浓度变化率 $k\leqslant-20\%$；对于现状达标的污染物评价，叠加后污染物浓度符合环境质量标准；对于项目排放的主要污染物仅有短期浓度限值的，叠加后的短期浓度符合环境质量标准。

4.5.1.3 区域规划的环境影响评价

区域规划的环境影响评价，当主要污染物的保证率日平均质量浓度和年平均质量浓度均符合环境质量标准，对于主要污染物仅有短期浓度限值的，叠加后的短期浓度符合环境质量标准时，则认为区域规划环境影响可以接受。

4.5.2 污染控制措施可行性及方案比选结果

大气污染治理设施与预防措施必须保证污染源排放以及控制措施均符合排放标准的有关规定，满足经济、技术可行性。

从项目选址选线、污染源的排放强度与排放方式、污染控制措施技术与经济可行性等方面，结合区域环境质量现状及区域削减方案、项目正常排放及非正常排放下大气环境影响预测结果，综合评价治理设施、预防措施及排放方案的优劣，并对存在的问题(如果有)提出解决方案。经对解决方案进行进一步预测和评价比选后，给出大气污染控制措施可行性建议及最终的推荐方案。

4.5.3 大气环境防护距离

根据大气环境防护距离计算结果，并结合厂区平面布置图，确定项目大气环境防护区域。若大气环境防护区域内存在长期居住的人群，应给出相应优化调整项目选址、布局或搬迁的建议。

项目大气环境防护区域之外，大气环境影响评价结论应符合4.5.1规定要求。

4.5.4 污染物排放量核算结果

环境影响评价结论是环境影响可接受的，根据环境影响评价审批内容和排污许可证申请与核发所需表格要求，明确给出污染物排放量核算结果表。

评价项目完成后污染物排放总量控制指标能否满足环境管理要求，并明确总量控制指标的来源和替代源的削减方案。

4.5.5 大气环境影响评价自查表

大气环境影响评价完成后，应对大气环境影响评价主要内容与结论进行自查。

4.6 案例分析

4.6.1 案例一

某发电厂现有6台机组(2×25 MW、4×125 MW)，为了节约能源，减少环境污染，作为当地区域集中供热的热源点，替代周围拆除的 10 t/h 以下 13 个工业锅炉，公司对现有 2×25 MW 机组进行了抽汽供热改造。项目规模为 2×300 MW，总容量为 600 MW。辅助工程为建设石灰石—石膏湿法烟气除尘装置，改建煤码头，停靠 3 个 3000 t 级煤驳的泊位。本工程日运行 20 h，年运行 5500 h。本工程耗煤量为 824 t/h。

问题：

①本项目大气污染物最大落地浓度为：SO_2 0. 0161 mg/m^3，NO_2 0. 0629 mg/m^3，根据大气环境影响评价导则，本项目的大气评价工作等级是多少？大气现状环境预测需要选择哪些监测因子？如何选择现状监测时间？

②在该发电厂东南方向 5 km 处有一居民区，现状大气监测最大小时平均浓度 SO_2 0. 178 mg/m^3、NO_2 0. 119 mg/m^3，预测值 SO_2 0. 0063 mg/m^3、NO_2 0. 0532 mg/m^3，现状大气监测最大日平均浓度 SO_2 0. 100 mg/m^3、NO_2 0. 083 mg/m^3，预测值 SO_2 0. 0011 mg/m^3、NO_2 0. 0087 mg/m^3，试判断该居民区这两种污染物是否超标？

③火电厂建设项目的温排水指的是什么水？对于点源的废热以什么来表征？以什么模式来预测？

④根据《环境影响评价技术导则——地表水环境》(HJ 2. 3—2018)，作为火力发电的项目应该选取哪些特征水质参数进行水质调查？(列举其中主要 5 项)。

解析

①本项目中 SO_2 和 NO_2 小时平均二级标准的质量浓度限值分别为 0. 50 mg/m^3 和 0. 20 mg/m^3，经计算，p_{SO_2} = 0. 0161/0. 50 = 3. 22%，p_{NO_2} = 0. 0629/0. 20 = 31. 45%。按新导则要求，由于 p_{NO_2}>10%，故本项目大气评价定为 1 级。

新导则要求对有环境质量标准的评价因子的监测数据进行补充监测，即有补充监测的监测因子为二氧化硫、二氧化氮(氮氧化物)、PM_{10}。监测时间在污染较重的季节，取 7 d 有效数据。

②该居民区大气污染物 SO_2 小时平均质量浓度 = 0. 178 + 0. 0063 = 0. 1843 mg/m^3，NO_2 小时平均质量浓度 = 0. 119 + 0. 0532 = 0. 1722 mg/m^3。SO_2、NO_2 小时平均标准值为 0. 50 mg/m^3、0. 20 mg/m^3，说明这 2 种污染物的小时质量浓度均可达标。

该居民区的大气污染物 SO_2 日均质量浓度 = 0. 100+0. 0011 = 0. 1011 mg/m^3，NO_2 日均质量浓度 = 0. 063+0. 0087 = 0. 0717 mg/m^3。SO_2 日平均浓度限值为 0. 15 mg/m^3，NO_2 日平均浓度限值为 0. 08 mg/m^3，说明这 2 种污染物的日均质量浓度均可达标。

③温排水指通过电厂冷汽器向环境水体排放，且水温高于环境水温的直流冷却水，其排水中没有其他废水掺入。温排水的评价因子是温升。对于点源的废热以水温来表征，可以采用河流一维日均温度模式近似地估算潮周平均、高潮平均和低潮平均的温度情况，或参照河流相关模式处理。

④选取的特征水质参数有 pH 值、悬浮物、硫化物、挥发性酚、砷、水温、铅、镉、铜、石油类、氟化物。

4. 6. 2 案例二

某市拟建 2×300 MW 循环流化床锅炉燃煤坑口电厂。电厂年耗煤量 270×10^4 t。煤质灰分50.5%，飞灰份额60%，烟气量670 Nm^3/s，掺烧石灰石有25%进入飞灰，电厂年运行小时数为5500 h。

项目位于农村、浅丘地区，地形较为平坦，区域浅层地下水埋藏深度3~5 m，表层土壤以粉砂、粉质黏土为主。厂址东面10 km为县城，南面0.2 km有A村。灰场位于厂址西南3.5 km的山谷中，工程地质条件符合要求，拟选灰场1.0 km范围内有村庄B。项目所在地属温带大陆性季风气候，平均风速为2.0 m/s，主导风向为东南风，全年静风频率为20%，贴地逆温出现的频率较高。

项目拟采取炉内加石灰石脱硫，石灰石耗量14×10^4 t/a，SO_2排放满足有关环保要求；采用四电场静电除尘，除尘效率为99.6%，烟尘粒度小于15 μm；废水经处理后大部分回用，剩余部分排入电厂南面1.0 km处的河流C(河流为Ⅲ类水体)；灰场采用灰渣碾压防渗；根据经验判断，采用隔声等措施，厂界噪声和环境噪声可以达标。

问题：

(1)确定应执行的废水排放标准与级别。

(2)分析本工程烟尘排放状况，提出评价意见和建议(排放浓度标准30 mg/m^3)。

(3)确定该项目的大气环境影响评价等级，说明拟选用的大气环境影响预测适用的方法，以及相应的预测点和预测情景。

解析

(1)确定应执行的废水排放标准与级别。

排入未划定保护区的Ⅲ水域执行污水综合排放标准，一级标准。

(2)分析本工程烟尘排放状况，提出评价意见和建议(排放浓度标准30 mg/m^3)。

进入废气飞灰量=$(270\times10^4\times0.505\times0.6+14\times10^4\times0.25)=85.31\times10^4$ t/a；

排放的飞灰量=$85.31\times10^4\times(1-0.996)=3412.4$ t/a；

排放的颗粒物浓度=$3412.4\div(670\times3600\times5500)\times(1\times10^9)=257.2$ mg/m^3。

超标8.6倍。建议使用灰分少的优质煤、使用型煤(加黏土和石灰，不再喷石灰)、进一步提高除尘效率(静电除尘后加布袋除尘)。

(3)确定该项目的大气环境影响评价等级，说明拟选用的大气环境影响预测适用的方法，以及相应的预测点和预测情景。

根据新导则要求，计算得评价等级为一级，需采用进一步预测模型开展大气环境影响预测与评价。若评价范围<50 km，采用AERMOD或ADMS模式系统；若评价范围>50 km，采用KALPUFF模式系统。

预测点：环境空气保护目标和网格点。

预测情景：正常排放状态下环境空气保护目标和网格点主要污染物的短期和长期最大地面浓度贡献值。

4.6.3 案例三

拟在某工业园区建设造纸一体化项目，采用二氧化氯和二氧化硫氧化，化学浆产量为3000Adt/d，原料林基地占地3.3×10^4 hm^2，其中包括已造林地约1.3 hm^2，新造林地2 hm^2。原料林基地用地类型为荒山荒地、采伐迹地、火烧迹地等。林基地周边分布有

2个国家级生态公益林、1个省级自然保护区林、3个市国家级风景名胜区。

制浆造纸工程主体工程包括原料场、备料车间、化学浆车间、浆板车间、造纸车间；辅助工程包括化学制备车间(二氧化氯制备车间有少量 Cl_2 及 HCl 无组织排放)、碱回收车间、制氧站；公用工程包括仓库设施、自备热电站、给水净化站、循环冷却水站、污水处理站(设计规模 13×10^4 m^3/d，采用一级沉淀+二级生物+三级深度处理工艺)、固体废物填埋场及备用灰渣场。

碱回收车间工艺流程及主要反应式如下：

黑液焚烧：2RCOONa(黑液)+$2O_2$=Na_2CO_3，(绿液)+$2CO_2$+H_2O+2R

绿液苛化：Na_2CO_3+CaO+H_2O=2NaOH(白液)+ $CaCO_3$(白泥)

右灰窑煅烧：$CaCO_3$(白泥)= CO_2+ CaO

(1)若要求进行环境空气质量监测，应监测哪些污染物?

(2)本工程产生恶臭的环节还有哪些?分别可采取哪些措施?

(3)经初步工程分析可知，本项目黑液产生量为3000 t/a，其中RCONa相对分子质量151，假设黑液焚化率为98%，绿液苛化反应转化率为97%，若不经白泥煅烧回收，需外购多少石灰石(其中可利用的 $CaCO_3$ 的有效纯度为99%)?(结果保留两位小数)

解析

(1)若要求进行环境空气质量监测，应监测哪些污染物?

①常规因子：SO_2、NO_2、TSP、PM_{10}、$PM_{2.5}$。

②特征因子：H_2S、NH_3、Cl_2、HCl。

(2)本工程产生恶臭的环节还有哪些?分别可采取哪些措施?

①恶臭环节　化学浆车间、浆板车间、碱回收车间、污水处理站、固体废物填埋场。

②措施　源头控制(集中排气收集)；末端控制(化学浆车间、浆板车间、碱回收车间恶臭可以采取焚烧处置，污水处理站和固体废物填埋场恶臭可以采用洗涤、吸附净化)；途径控制(划定大气防护距离，设置绿化隔离带合理规划布局等)。

(3)经初步程序分析可知，本项目黑液产生量为3000 t/a，其中RCOONa相对分子质量151，假设黑液焚化率为98%，绿液苛化反应转化率为97%，若不经白泥煅烧回收，需外购多少石灰石(其中可利用的 $CaCO_3$ 的有效纯度为99%)?(结果保留两位小数)

根据化学反应式确定：2RCOONa—Na_2CO_3—$CaCO_3$

151×2　　　　　　100

3000×0.98　　　　　X

①经过焚烧和苛化反应后，产生白泥量 X=3000×0.98/151×2×100×0.97=944.3 t/a

②需要纯度为99%的 $CaCO_3$：944.3/0.99=953.84 t/a

思考题

1. 在大气环境现状评价中一般来说污染源调查应包括哪些内容?通常采取哪些调查

方法？

2. 在选取大气环境预测方法时，应考虑哪些方面的因素？

3. 某电厂烧煤8 t/h，含硫量为3%，燃烧后有80%的SO_2自烟囱排出，若烟囱轴离地面高100 m，烟囱口高度处的风速为5 m/s，稳定度为C类，求地面最大SO_2落地浓度及其位置。

4. 设有$-H_e=35$ m高连续点源，源强为6 g/s的SO_2，当$U_{10}=3$ m/s时，下风多大距离处对地面贡献浓度为0.1 mg/m^3的SO_2(稳定度为C类)？若给出$x=300$ m，求对地面贡献SO_2浓度为0.1 mg/m^3的侧向位置。

5. 某石油精炼厂建成后，排气筒高度为50 m，源强为8×10^4 mg/s的SO_2，有效烟云排放高度为60 m，预测在距地面10 m高度处风速为4 m/s，大气稳定度为D级时，在排气筒下风向为500 m处，垂直平均风向轴线水平距离50 m处评价，求所增加的SO_2起浓度值。

6. 拟建一电厂，该厂一排气筒的有效排放高度假定为150 m，排放源强为151 g/s的SO_2，预测投产后在D级大气稳定度时，排气筒出口处风速为4 m/s的条件下，排气筒正下风向SO_2最大地面浓度值及最大浓度落地点的距离是多少？

第 5 章

地表水环境影响评价

【内容提要】随着经济社会的发展，水污染问题日益严重，治理水污染迫在眉睫。为了更好地保护水体，要进行水环境影响评价工作，预测评价拟建的项目对周围水体可能产生的影响，并提出相应的污染防治措施。本章首先介绍了水环境评价中的基本概念、评价等级和范围的确定，然后详细介绍了水环境现状调查与评价的具体要求和方法、地表水环境影响预测的原则和方法、水环境数学模型的分类、适用条件等。最后对建设项目的水环境管理和编制地表水环境影响评价报告书的一般要求做了介绍。本章重点是掌握水环境影响评价工作等级和评价范围的确定方法，水环境现状调查和评价的要求及方法，以及水环境预测的模式和应用。

5.1 概　述

《环境影响评价技术导则 地表水环境》(HJ 2.3—2018)规定了建设项目环境影响评价的一般性原则、方法、内容及要求。适用于厂矿企业、事业单位建设项目的环境影响评价工作，其他建设项目的环境影响评价工作也可参照本章所规定的原则和方法进行。

地表水指存在于陆地表面的各种河流(包括河口)、湖泊、水库。考虑到地表水与海洋之间的联系，在本导则中还包括了有关海湾(包括海岸带)的部分内容。

地表水环境影响评价工作分为三级。对于不同级别的地表水环境影响评价，环境现状调查、环境影响预测、评价建设项目的环境影响及小结等相应的技术要求，按本章有关条目的规定执行。

低于第三级地表水环境影响评价条件的建设项目，不必进行地表水环境影响评价，只要求进行简单的水环境影响分析。

地表水环境影响评价的工作程序如图 5-1 所示。

5.2 地表水环境影响评价等级和评价范围

5.2.1 划分评价等级依据

根据建设项目的污水排放量、污水水质的复杂程度、受纳水域的规模以及水质要求进行地表水环境影响评价工作级别的划分。

评价工作等级分为三级，一级评价最详细，二级次之，三级较简略。内陆水体的分级

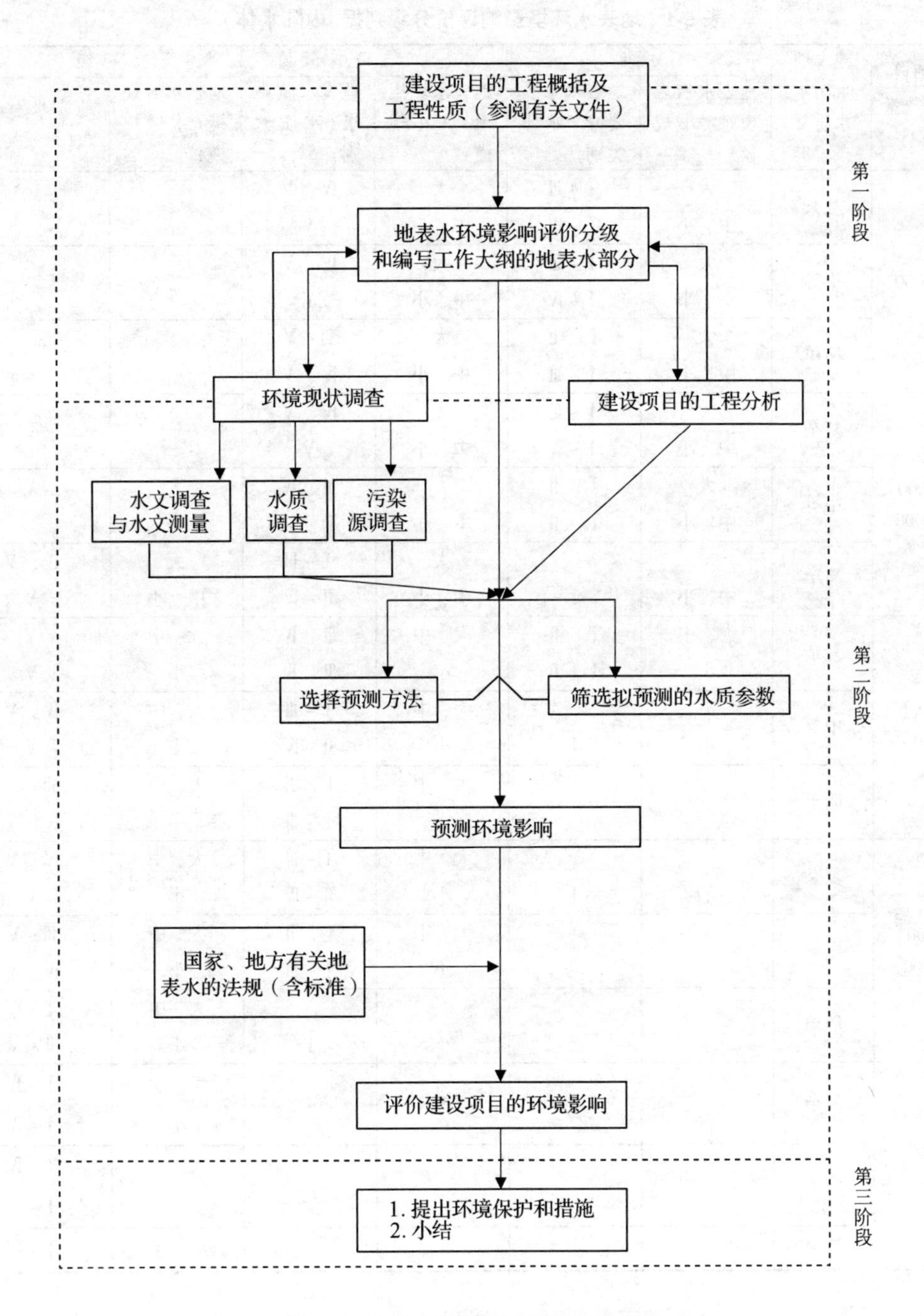

图 5-1　地表水环境影响评价工作程序

判据见表 5-1 所列，海湾环境影响评价分级判据见表 5-2 所列。

表 5-1 地表水环境影响评价分级判据(内陆水体)

建设项目污水排放量(m^3/d)	建设项目污水水质复杂程度	一级		二级		三级	
		地表水域规模(大小规模)	地表水水质要求(水质类别)	地表水域规模(大小规模)	地表水质要求(水质类别)	地表水域规模(水域规模)	地表水水质要求(水质类别)
≥20 000	复杂	大	Ⅰ~Ⅲ	大	Ⅳ、Ⅴ		
		中、小	Ⅰ~Ⅳ	中、小	Ⅴ		
	中等	大	Ⅰ~Ⅲ	大	Ⅳ、Ⅴ		
		中、小	Ⅰ~Ⅳ	中、小	Ⅴ		
	简单	大	Ⅰ、Ⅱ	大	Ⅲ~Ⅴ		
		中、小	Ⅰ~Ⅲ	中、小	Ⅳ、Ⅴ		
<20 000 ≥10 000	复杂	大	Ⅰ~Ⅲ	大	Ⅳ、Ⅴ		
		中、小	Ⅰ~Ⅳ	中、小	Ⅴ		
	中等	大	Ⅰ、Ⅱ	大	Ⅲ、Ⅳ	大	Ⅴ
		中、小	Ⅰ、Ⅱ	中、小	Ⅲ~Ⅴ		
	简单			大	Ⅰ~Ⅲ	大	Ⅳ、Ⅴ
		中、小	Ⅰ	中、小	Ⅱ~Ⅳ	中、小	Ⅴ
<10 000 ≥5000	复杂	大、中	Ⅰ、Ⅱ	大、中	Ⅲ、Ⅳ	大、中	Ⅴ
		小	Ⅰ、Ⅱ	小	Ⅲ、Ⅳ	小	Ⅴ
	中等			大、中	Ⅰ~Ⅲ	大、中	Ⅳ、Ⅴ
		小	Ⅰ	小	Ⅱ~Ⅳ	小	Ⅴ
	简单			大、中	Ⅰ、Ⅱ	大、中	Ⅲ~Ⅴ
				小	Ⅰ~Ⅲ	小	Ⅳ、Ⅴ
<5000 ≥1000	复杂			大、中	Ⅰ~Ⅲ	大、中	Ⅳ、Ⅴ
		小	Ⅰ	小	Ⅱ~Ⅳ	小	Ⅴ
	中等			大、中	Ⅰ、Ⅱ	大、中	Ⅲ~Ⅴ
				小	Ⅰ~Ⅲ	小	Ⅳ、Ⅴ
	简单					大、中	Ⅰ~Ⅳ
				小	Ⅰ	小	Ⅱ~Ⅴ
<1000 ≥200	复杂					大、中	Ⅰ~Ⅳ
						小	Ⅰ~Ⅳ
	中等					大、中	Ⅰ~Ⅳ
						小	Ⅰ~Ⅴ
	简单					中、小	Ⅰ~Ⅳ

5.2.2 分级判据的基本内容

5.2.2.1 污水量

污水排放量 Q(m^3/d)划分为 5 个等级:

①≥20 000 m^3/d;②20 000>Q≥10 000;③10 000>Q≥5000;④5000>Q≥1000;⑤1000>Q≥200。

表 5-2 海湾环境影响评价分级判据

污水量	水质情况	一级	二级	三级
≥20 000	复杂、中等	各类海湾		
	简单	小型封闭海湾	其他各类海湾	
20 000>Q≥5000	复杂	小型封闭海湾	其他各类海湾	
	中等		小型封闭海湾	其他各类海湾
	简单		小型封闭海湾	其他各类海湾
5000>Q≥1000	复杂		小型封闭海湾	其他各类海湾
	中等或简单			各类海湾
1000>Q≥500	复杂			各类海湾

污水排放量中不包括间接冷却水、循环水以及其他含污染物极少的清净下水的排放量，但包括含热量大的冷却水的排放量。

5.2.2.2 污染物分类

根据污染物在水环境中输移、衰减特点以及它们的预测模式，将污染物分为4类：①持久性污染物(其中还包括在水环境中难降解、毒性大、易长期积累的有毒物质)；②非持久性污染物；③酸和碱(以pH值表征)；④热污染(以温度表征)。

5.2.2.3 污水水质的复杂程度

污水水质的复杂程度按污水中拟预测的污染物类型以及某类污染物中水质参数的多少划分为复杂、中等和简单3类。

①复杂　污染物类型数≥3，或者只有两类污染物，但需预测其浓度的水质参数数目≥10。

②中等　污染物类型数=2，且需预测其浓度的水质参数数目<10；或者只需预测1类污染物，但需预测其浓度的水质参数数目≥7。

③简单　污染物类型数=1，需预测其浓度的水质因子数目<7。

5.2.2.4 地面水域的规模

①河流与河口，按建设项目排污口附近河段的多年平均流量或平水期平均流量划分为：

大河：>150 m^3/s；中河：15~150 m^3/s；小河：<15 m^3/s。

②湖泊和水库，按枯水期湖泊、水库的平均水深与水面面积划分：

a. 平均水深≥10 m，大湖库≥25 km^2；中湖库2.5~25 km^2；小湖库<2.5 km^2；

b. 平均水深<10 m，大湖库≥50 km^2；中湖库5~50 km^2；小湖库<5 m^2。

具体应用上划分原则，可根据我国南、北方及干旱、湿润地区特点适当调整；若受纳水域实际功能与该标准的水质分类不一致时，由当地环保部门对其水质提出具体要求。

5.2.2.5 水质类别

地面水质按《地表水环境质量标准》(GB 3838—2002)划分为5类：Ⅰ、Ⅱ、Ⅲ、Ⅳ、Ⅴ。如受纳水域实际功能与该标准的水质分类不一致时，由当地环保部门对其水质提出具体要求。

在应用表 5-1 和表 5-2 时，可根据建设项目及受纳水域的具体情况适当调整评价级别。

5.3 地表水环境现状调查

5.3.1 现状调查范围

建设项目环境现状调查范围的确定，需要遵循以下原则：

①应能包括建设项目对周围地表水环境影响较显著的区域。在此区域内进行的调查，能全面说明与地表水环境相联系的环境基本状况，并能充分满足环境影响预测的要求。

②在确定某项具体工程的地表水环境调查范围时，应尽量按照将来污染物排放进入天然水体后可能达到水域功能质量标准要求的范围、污水排放量的大小、受纳水域的特点以及评价等级的高低来决定，参考表 5-3 所列。

③河流水环境现状调查的范围，需要考虑污水排放量大小、河流规模来确定排放口下游应调查的河段长度。

④湖泊、水库以及海湾水环境现状调查范围，需要考虑污水排放量的大小来确定调查半径或调查面积(以排污口为圆心，以调查半径为半径)。

表 5-3 不同污水排放量河流、湖(库)、海湾评价等级水质的调查时期

污水量 m^3/d	河流			湖泊(水库)		海湾	
	大河(km)	中河(km)	小河(km)	调查半径(km)	调查面积(km^2)	调查半径(km)	调查面积(km^2)
>50 000	15~30	20~40	30~50	4~7	25~80	5~8	40~100
50 000~20 000	10~20	15~30	25~40	2.5~4	25~80	3~5	15~40
20 000~10 000	5~10	10~20	15~30	1.5~2.5	25~80	1.5~3	3.5~15
10 000~5000	2~5	5~10	10~25	1~1.5	25~80	—	—
<5000	<3	<5	5~15	≤1	≤2	≤1.5	≤3.5
备注	指排污口下游应调查的河段长度			以排污口为圆心，调查半径为半径的半圆形面积		以排污口为圆心，调查半径为半径的半圆形面积	

5.3.2 现状调查时期

水环境现状调查的时期与水期(潮期)的划分相对应。河流、河口、湖泊与水库一般按丰水期、平水期、枯水期划分；海湾按大潮期和小潮期划分。

对于北方地区，也可以划分为冰封期和非冰封期。

评价等级不同，各类水域调查时期的要求也不同。表 5-4 列出了不同评价等级时各类水域的水质调查时期。

当调查区域面源污染严重、丰水期水质劣于枯水期时，一级、二级评价的各类水域应

调查丰水期，若时间允许，三级评价也应调查丰水期。

冰封期较长的水域，且作为生活饮用水、食品加工用水的水源或渔业用水时，应调查冰封期的水质、水文情况。

表 5-4 各类水域在不同评价等级时水质的调查时期

类型	一级	二级	三级
河流	一般调查一水文年丰、平、枯水期；若时间不够至少调查平、枯水期	条件许可调查一水文年丰、平、枯水期；一般只调查枯、平水期，时间不够至少调查枯水期	一般只调查枯水期
河口	一般调查一潮汐年丰、平、枯水期；若时间不够至少调查平、枯水期	一般只调查枯、平水期，若评价时间不够至少调查枯水期	一般只调查枯水期
湖泊水库	一般调查一水文年丰、平、枯水期；若时间不够至少调查平、枯水期	一般只调查枯、平水期，若评价时间不够至少调查枯水期	一般只调查枯水期
海湾	一般调查评价工作期间大潮、小潮期(一、二、三级相同)		

5.3.3 水文调查与水文测量原则与内容

(1)原则

应尽量向水文测量、水质监测部门搜集现有资料；资料不足时，应进行一定的水文调查和水质监测(水文调查与水质监测同步，水质不监测也不需水文调查)；一般水文调查与水质监测在枯水期(枯水期水量少，安全性高)进行，必要时可在其他时期(丰、平、冰封等)进行补充调查；水文测量原则上只在一个时期进行，与水质调查天数不要求完全相同，在能准确求得所需水文要素与环境水力学参数前提下，尽量精简水文测量次数与天数。

(2)内容

应根据评价等级、河流的规模决定；若采用数学预测模式预测，还应根据模式涉及环境水文特征值与环境水力学参数(迁移、扩散及混合系数等)需要决定，海湾还要考虑污染物特性等；地面各种水体调查的具体内容有：

①河流　丰、平、枯水期划分，河流平直及弯曲情况，横断面、纵断面(坡度)、水位、水深、河宽、流量、流速及其分布、水温、糙率及泥沙含量等，北方应了解结冰、封冻、解冻等。河网地区应调查各河段流向、流速、流量关系及变化特点。

②感潮河口　除与河流相同外还包括感潮河段的范围，涨潮、落潮、平潮时的水位、水深、流向、流速及其分布、横断面、水面坡度及潮间隙、潮差和历时等。

③湖泊、水库　面积和形状(附平面图)，丰、平、枯水期划分，流入流出水量，水力停留时间，水量调度和贮量，湖泊、水库水深，水温分层情况及水流状况(湖流流向、流速，环流流向、流速及稳定时间)。

④海湾　海岸形状、海底地形、潮位及水深变化、潮流状况(大、水潮循环期间水流

变化、平行于海岸线流动的落潮、涨潮)，流入的河水流量、盐度和温度分层情况，水温、波浪情况及内海水与外海水交换周期。

5.3.4 现有污染源调查

(1)点源调查

①调查的原则　点源调查的繁简程度可根据评价级别及其与建设项目的关系而略有不同。如评价级别高且现有污染源与建设项目距离较近时应详细调查。例如，建设项目排水口位于建设项目排水口与受纳河流的混合过程段范围内，并对预测计算有影响的情况。

②调查的内容　有些调查内容可以列成表格，根据评价工作的需要选择下述全部或部分内容进行调查。

• 点源的排放特点：主要包括排放形式，分散排放还是集中排放；排放口的平面位置(附污染源平面位置)及排放方向；排放口在断面上的位置。

• 排放数据：根据现有实测数据，统计报表以及各厂矿的工艺路线等选定的主要水质，调查其现有的排放量、排放速度、排放浓度及变化情况等方面数据。

• 用排水状况：主要调查取水量、用水量、循环水量、排水总量等。

• 废水、污水处理状况：主要调查各排污单位废污水的处理设备、处理效率、处理水及事故状况等。

(2)非点源调查

①调查原则　非点源调查基本上采用收集资料的方法，一般不进行实测。

②调查内容　根据评价工作需要，选择下述全部或部分内容进行调查。

• 工业类非点污染源：原料、燃料、废料、废弃物的堆放位置(主要污染源要绘制污染源平面位置图)、堆放面积、堆放形式(几何形状、堆放厚度)、堆放点的地面铺装及其保洁程度、堆放物的遮盖方式等；排放方式、排放去向与处理情况，说明非点源污染物是有组织的汇集还是无组织的漫流；是集中后直接排放还是处理后排放；是单独排放还是与生产废水或生活污水合并排放等；根据现有实测数据、监测资料以及根据引起非点源污染的原料、燃料、废料、废弃物的成分及物理、化学、生物化学性质选定调查的主要水质参数，并调查有关排放季节、排放时期、排放浓度及其变化等方面的数据。

• 其他非点污染源：了解降水时空分布特征与规律，并结合下垫面的特征，估计不同降水强度下形成的地表径流深及其冲刷性，应调查有机肥、化肥、农药的施用量，以及流失率、流失规律、不同季节的流失量等。对于城市非点源污染，应调查雨水径流特点，城市暴雨初期形成径流的污染物特征。

5.3.5 水质调查与水质参数选择原则

(1)水质调查原则

水质调查与监测的原则是信息共享，尽量利用现有的资料和数据，在资料不足或可信度差时需要实地监测。调查的目的是查清水体评价范围内水质的现状，作为影响预测和评价的基础。

(2)水质参数选择原则

所选择的水质参数包括两类：一类是常规水质参数，它能反映水域水质一般状况；另一类是特征水质参数，它能代表建设项目将来排放的水质状况。

①常规水质参数　以《地表水环境质量标准》(GB 3838—2002)中所列的pH值、DO、高锰酸盐指数或COD、BOD_5、凯氏氮或非离子氮、酚、氰化物、砷、汞、铬(六价)、TP及水温为基础，根据水域类别、评价等级及污染源状况适当增减。

②特殊水质参数　根据建设项目特点、水域类别及评价等级以及建设项目所属行业的特征水质参数表进行选择，具体情况可以适当增减。

③水生生物和底质方面的参数(高级评价项目)　指受纳水域敏感的或曾出现过超标而要求控制的污染参数。被调查水域的环境质量要求较高(如自然保护区、饮用水源地、珍贵水生生物保护区、经济鱼类养殖区等)，且评价等级为一、二级，应考虑调查水生生物和底质。

5.3.6 各类水域水质取样点位布置

5.3.6.1 河流水质取样断面与取样点设置

(1)监测断面布设

监测断面布设直接关系到监测结果的空间代表性。在布设监测断面时应充分考虑下面的因素：

一般情况下应布设对照断面、削减断面和控制断面。对照断面一般布设在排污口的上游(一般在500 m以内)；削减断面一般布设在污水与河水完全混合水段；控制断面一般布设在保护目标的上游。

在调查范围的两端应布设监测断面。

水文特征突然变化处(如支流汇入处)、水质急剧变化处(排污口附近)、重点水工建筑物(如桥梁涵洞、水闸)附近布设监测断面。

调查范围内重点保护对象附近水域应布设取样断面；水文站附近等应布设采样断面；并适当考虑水质预测关心点(图5-2)。

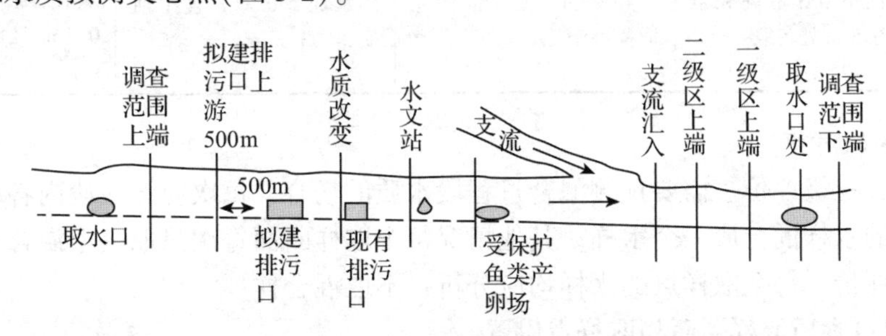

图5-2　取样断面布设

(2)取样断面上取样垂线的布设

当河流断面形状为矩形或相近于矩形时，可按下列原则布设：

①小河　在取样断面的主流线上设一条取样垂线。

②大、中河　河宽小于 50 m 者，共设两条取样垂线，在取样断面上各距岸边 1/3 水面宽处各设一条取样垂线；河宽大于 50 m 者，共设三条取样垂线，在主流线上及距两岸不少于 0. 5 m，并有明显水流的地方各设一条取样垂线。

③特大河(如长江、黄河、珠江、黑龙江、淮河、松花江、海河等)　由于河流过宽，应适当增加取样垂线数，而且主流线两侧的垂线数目不必相等，拟设置排污口一侧可以多一些。

如断面形状十分不规则时，应结合主流线的位置，适当调整取样垂线的位置和数目。具体见表 5-5 所列。

表 5-5　取样断面上取样垂线布设要求

项目	小河	大、中河(<50m)	大、中河(>50m)	特大河(如长江)
取样垂线	在取样断面主流线上设一取样垂线	在取样断面各距岸边 1/3 水宽且有明显水流处，共设两条取样垂线	在取样断面主流线上及距两岸≥0.5 m 且有明显水流的地方，共 3 条取样垂线	取样断面取样垂线应适当增加，主流线两侧垂线数目不必相等，拟设排污口侧可多些)

注：此上断面为矩形或相近于矩形，断面不规则时，应结合主流线位置，适当调整取样垂线位置和数目。

(3)垂线上水质取样点设置原则

每根垂线上按照水深布设水质取样点。

在一条垂线上，水深大于 5 m 时，在水面下 0. 5 m 水深处及在距河底 0. 5 m 处，各取样一个；水深为 1~5 m 时，只在水面下 0. 5 m 处取一个样；在水深不足 1 m 时，取样点距水面不应小于 0. 3 m，距河底也不应小于 0. 3 m。

对于三级评价的小河，不论河水深浅，只在一条垂线上取一个样，一般情况下取样点应在水面下 0. 5 m 处，距河底不应小于 0. 3 m，具体见表 5-6 所列。

表 5-6　垂线上水质取样点设置要求

项目	水深>5 m	5 m≥水深≥1 m	1 m>水深	三级评价小河(不论深浅)，只在一垂线一个点取一个样(在水面下 0.5 m 且距河底≥0.3 m)
取样点	在水面下 0.5 m 处和距河底 0.5 m 处各取一个	只在水面下 0.5 m 深处取样一个	距水面≥0.3 m 且距河底≥0.3 m	

(4)水样的对待

①二级、三级评价　需要预测混合过程段水质的场合，每次应将该段内各取样断面中每条垂线上的水样混合成一个水样。其他情况每个取样断面每次只取一个混合水样。

②一级评价　每个取样点的水样均应分析，不取混合样。

5. 3. 6. 2　河口水质取样断面与取样点设置

①取样断面布设　当排污口拟建于河口感潮段内，其上游需设置取样断面数目与位置应根据感潮段的实际情况决定，下游同河流；其他与河流部分相同。

②河口取样次数　不同规模、不同等级的调查时期中，每期调查一次，一次在大潮期、一次在小潮期，每个潮期调查均应采集同一天高潮、低潮水样；水温同上。

5.3.6.3 湖泊、水库水质取样位置与取样点设置

(1)水质取样位置设置原则

湖泊、水库中取样位置的设置主要考虑污水排放量、评价工作等级，一般按照一定的水域面积布设水质取样垂线。

在湖泊、水库中取样位置的布设原则上应尽量覆盖整个调查范围，并且能切实反映湖泊、水库的水质和水文特点(如进水区、出水区、深水区、浅水区、岸边区等)；取样位置可以采用以建设项目的排放口为中心，沿放射线布设的方法。

每个取样位置的间隔可参考表5-7。

表5-7 湖泊、水库水质取样位置布设要求

等　级	建设项目排污 $Q<50\ 000\ m^3/d$		建设项目排污 $Q>50\ 000\ m^3/d$	
	大、中	小	大、中	小
一级评价	每1~2.5 km^2 布设一个	每0.5~1.5 km^2 布设一个	每3~6 km^2 布设一个	各级评价均按0.5~1.5 km^2 布设一个
二级评价	每1.5~3.5 km^2 布设一个	每1~2 km^2 布设一个	每4~7 km^2 布设一个	
三级评价	每2~4 km^2 布设一个			

(2)取样位置上水质取样点设置原则

每个位置上按照水深布设水质取样点。

①大、中型湖泊与水库　平均水深<10 m时，取样点设在水面下0.5 m处，但距湖库底不应<0.5 m；平均水深≥10 m时，首先应找到斜温层。在水面下0.5 m和斜温层以下，距湖库底0.5 m以上处各取一个水样。

②小型湖泊与水库　平均水深<10 m时，水面下0.5 m，并距湖库底≮0.5 m处设一取样点；平均水深≥10 m时，水面下0.5 m处和水10 m，并距湖库底≮0.5 m处各设一取样点。

每个取样位置上的取样点设置可参考表5-8。

表5-8 湖泊、水库取样位置上取样点设置布设要求

项　目	平均水深<10 m		平均水深≥10 m	
	大、中	小	大、中	小
取样点	在水面下0.5 m处，但距湖库底≥0.5 m		在水面下0.5 m和斜温层以下各一个，但距湖库底≥0.5 m	在水面下0.5 m和10 m处各一个，但距湖库底≥0.5 m

(3)水样的对待

①小型湖泊与水库　如水深<10 m时，每个取样位置取一个水样；如水深≥10 m时，则一般只取一个混合样，在上下层水质差距较大时，可不进行混合。

②大、中型湖泊与水库　各取样位置上不同深度的水样均不混合。

5.3.6.4 海湾水质取样位置与取样点设置的原则

(1)水质取样位置设置原则

海湾水质取样位置的设置主要考虑污水排放量、评价工作等级，一般按照一定的水域

面积布设水质取样位置。

在海湾中取样位置的布设原则上应尽量覆盖相应评价等级的调查范围，并且切实反映海湾的水质和水文特点。取样位置可以采用以建设项目的排放口为中心，沿放射线布设的方法或方格网布点的方法。

每个取样位置的间隔可参考表 5-9。

表 5-9　海湾水质取样位置布设要求

项　目	建设项目排污 $Q<50\,000\ m^3/d$	建设项目排污 $Q>50\,000\ m^3/d$
一级评价	每 1.5~3.5 km^2 布设一个取样位置	每 4~7 km^2 布设一个取样位置
二级评价	每 2~4.5 km^2 布设一个取样位置	每 5~8 km^2 布设一个取样位置
三级评价	每 3~5.5 km^2 布设一个取样位置	

(2)取样位置上水质取样点设置原则

每个位置上按照水深布设水质取样点。

在水深≤10 m 时，只在水面下 0.5 m 处取一个水样，此点与海底的距离<0.5 m；在水深>10 m 时，在水面下 0.5 m 处和水深 10 m，并距海底距离<0.5 m 处分别设取样点。

每个取样位置上的取样点设置可参考表 5-10。

表 5-10　海湾水质取样位置上取样点设置布设要求

项　目	水深≤10 m	水深>10 m
取样点	在水面下 0.5 m 处，但距海底≥0.5 m	在水面下 0.5 m 和水深 10 m 处，并距海底≥0.5 m

(3)水样的对待

每个取样位置一般只有一个水样，即在水深>10 m 时，将两个水深所取的水样混合成一个水样，在上下层水质差距较大时，可不进行混合。

5.3.6.5　特殊情况的要求

对设有闸坝并受人工控制的河流，其流动状况，在排洪时期为河流流动；用水时期，如用水量大则类似河流，用水量小时则类似狭长形水库。这种河流的取样断面、取样位置、取样点的布设等可参考河流、水库部分的有关规定酌情处理。

我国的一些河网地区，河水流向、流量经常变化，水流状态复杂，特别是受潮汐影响的河网，情况更为复杂。遇到这类河网，应按照各河段的长度比例布设水质采样、水文测量断面。水质断面上取样垂线的布设等可参照河流、河口的有关规定。调查时应注意水质、流向、流量随时间的变化。

5.3.7　各类水域水质调查取样的频次

(1)河流水质取样的频次

①每个水期调查取样一次，每次连续调查取样 3~5 d，每个水质取样点每天至少取一组水样。当水质变化较大时，每间隔一定时间取水样一次。

②水温观测，一般应每间隔 6 h 观测一次，统计计算日平均水温。

(2)湖泊、水库水质取样的频次

①每个水期调查取样一次，每次连续调查取样3~4 d，每个水质取样点每天至少取一组水样。当水质变化较大时，每间隔一定时间取水样一次。

②溶解氧和水温每间隔6 h观测一次，需在调查取样期内适当监测藻类。

(3)感潮河段、河口、近岸海域水质取样的频次

①对于感潮河段，每个水期在大潮周内和小潮周内分别采高潮水样和低潮水样，给出所采样品所处潮时。

②河口上游水质取样频次参照感潮河段相关要求执行，下游水质取样频次参照近岸海域相关要求执行。

③对于近岸海域，宜在半个太阴月内的大潮期和小潮期分别采样，给出所采样品所处潮时；对所有选取的水质监测因子，在高潮和低潮时各取样一次。

5.3.8 水环境功能调查

(1)调查意义

水环境功能调查是地表水环境影响评价的基础资料，一般应由环境保护部门规定。调查的目的是核对及核准评价水域的水环境功能，若还没有规定水环境功能的，则应通过调查水域的实际使用情况，并报当地环境保护部门认可。

(2)调查方法

调查的方法以间接了解为主，并辅以必要的实地踏勘。

(3)调查内容

水资源利用、地表水环境功能、近岸海域环境功能的调查，可根据需要选择下述全部或部分内容：城市、工业、农业、渔业、水产养殖业等各类的用水情况，以及各类用水的供需关系、水质要求和渔业、水产养殖业等所需的水面面积。此外，对用于排泄污水或灌溉退水的水体也应调查。在水资源利用及水环境功能状况调查时，还应注意地表水与地下水之间的水力联系。

5.4 地表水环境现状评价

现状评价是水质调查的继续。评价水质现状主要采用文字分析与描述，并辅之以数学模式计算的方法进行。在文字分析与描述中，有时可采用检出率、超标率等统计值。数学模式计算分两种情况：一种用于单项水质参数评价；另一种用于多项水质参数综合评价。单项水质参数评价简单明了，可以直接了解该水质参数现状与标准的关系一般均可采用。多项水质参数综合评价只在调查的水质参数较多时应用，此方法只能了解多个水质参数的综合现状与相应标准的综合情况之间的某种相对关系。

5.4.1 评价依据

地表水环境质量标准和有关法规及当地的环保要求是评价的基本依据。地表水环境质量标准应采用《地表水环境质量标准》(GB 3838—2002)或相应的地方标准；海水水质标准

应采用《海水水质标准》(GB 3097—1997)标准；感潮河段应按照当地水环境功能区划的要求选用相应的标准。有些水质参数国内尚无标准，可参照国外标准或建立临时标准，所采用的国外标准和建立的临时标准应经环境保护部门确认，评价区内不同水环境功能的水域采用不同类别的水质标准。

5.4.2 评价方法

评价水质现状主要采用的方法是文字分析与描述，并配合数学计算，常采用的是单因子指数法。《环境影响评价技术导则 地表水环境》(HJ 2.3—2018)中推荐的标准指数法，其表达式为：

$$P_i = \frac{C_i}{C_{si}} \tag{5-1}$$

式中 P_i——水质参数 i 的标准指数；

C_i——i 污染物的浓度，mg/L；

C_{si}——水质参数 i 的地表水质标准，mg/L。

一般参数的标准指数：

(1)超标倍数和超标率的计算方法

①超标倍数 B

$$B = (C_i - C_{si})/C_{si} \tag{5-2}$$

式中 C_i——i 污染物的浓度，mg/L；

C_{si}——水质参数 i 的地表水质标准，mg/L。

②超标率 L

$$L(\%) = 超标数据个数 / 总监测数据个数 \times 100 \tag{5-3}$$

然而，衡量一些水质参数的优劣时，并不是单纯地认为其越高越好或越低越好，例如，溶解氧和pH值，对于这些参数应采用如下的方法计算其标准指数。

(2)溶解氧的标准指数

$$P_i = \frac{|DO_{饱和} - DO_i|}{DO_{饱和} - DO_{si}} \quad (DO_{饱和} \geqslant DO_{si}) \tag{5-4}$$

$$P_i = 10 - 9\frac{DO_i}{DO_{si}} \quad (DO_{饱和} < DO_{si}) \tag{5-5}$$

式中 $DO_{饱和}$——饱和溶解氧浓度，mg/L；计算公式为

$$DO_{饱和} = \frac{468}{31.6 + T} \tag{5-6}$$

式中 DO_{si}——溶解氧的地表水水质标准，mg/L；

DO_i——溶解氧的监测浓度，mg/L。

(3)酸碱pH值的标准指数

$$P_i = \frac{|\mathrm{pH}_i - 7.0|}{\mathrm{pH}_{上限} - 7.0} \quad (\mathrm{pH}_i > 7.0) \tag{5-7}$$

$$P_i = \frac{|7.0 - pH_i|}{7.0 - pH_{下限}} \quad (pH_i \leqslant 7.0) \tag{5-8}$$

式中 pH_i——pH的监测值；

$pH_{下限}$——地表水水质标准中规定的pH值下限；

$pH_{上限}$——地表水水质标准中规定的pH值上限。

单因子指数法简单明了，可直接了解水质状况与评价标准间的关系。在评价中利用概率统计得出各水质参数的达标率、超标率、超标倍数等，单因子指数评价能客观反映水体的污染程度，可清晰地判断出主要污染因子、主要污染时段和水体的主要污染区域，能较完整地提供监测水域的时空污染变化，反映污染历史。

根据计算统计结果分析评述各监测断面(点)的各水质参数是否超标、超标倍数、总体超标率；分析造成超标的原因；评述各监测断面(点)的水质和评价水域的水质是否符合其规划的水域功能(环境保护目标、几类水质)等。

5.5 地表水环境影响预测

5.5.1 预测原则

①对于已确定的评价项目，都应预测建设项目对受纳水域水环境产生的影响，预测的范围、时段、内容及方法均应根据其评价工作等级、工程与水环境特性和当地的环保要求而定。同时应尽量考虑预测范围内，规划的建设项目可能产生的叠加性环境影响。

②对于季节性河流，应根据当地环保部门所定的水体功能，结合建设项目的污水排放特性，确定其预测的原则、范围、时段、内容及方法。

③当水生生物保护对地表水环境要求较高时(如珍稀水生生物保护区、经济鱼类养殖区等)，应简要分析建设项目对水生生物的影响。分析时一般可采用类比调查法或专业判断法。

5.5.2 预测方法

建设项目地表水环境影响常用的预测方法有以下几种：

(1)数学模式法

此方法是利用表达水体净化机制的数学方程预测建设项目引起的水体水质变化。该法能给出定量的预测结果，在许多水域有成功应用水质模型的范例。一般情况此法比较简便，应首先考虑。但这种方法需一定的计算条件和输入必要的参数，而且污染物在水中的净化机制，很多方面尚难用数学模式表达。

(2)物理模型法

此方法是依据相似理论，在一定比例缩小的环境模型上进行水质模拟实验，以预测由建设项目引起的水体水质变化。此方法能反映比较复杂的水环境特点，且定量化程度较高，再现性好。但需要有相应的试验条件和较多的基础数据，且制作模型要耗费大量的人力、物力和时间。在无法利用数学模式法预测，而评价级别较高，对预测结果要求较严时，应选用此法。但污染物在水中的化学、生物净化过程难于在实验中模拟。

(3)类比分析法

用于调查与建设项目性质相似，且其纳污水体的规模、流态、水质也相似的工程。根据调查结果，分析预估拟建设项目的水环境影响。此种预测属于定性或半定量性质。已建的相似工程有可能找到，但此工程与拟建项目有相似的水环境状况则不易找到，所以类比调查法所得结果往往比较粗略，一般多在评价工作级别较低，且评价时间较短，无法取得足够的参数、数据时，用类比求得数学模式中所需的若干参数、数据。

5.5.3　预测范围和预测点位

(1)预测范围

地表水环境预测的范围与地表水环境现状调查的范围相同或略小(特殊情况下也可以略大)，确定预测范围的原则与现状调查相同。

(2)预测点位

在预测范围内应选择适当的预测点位，通过预测这些点位所受的水环境影响来全面反映建设项目对该范围内地表水环境的影响。预测点位的数觉和预测点位的选择，应根据受纳水体和建设项目的特点、评价等级以及当地的环保要求确定。

对于虽然在预测范围外、但估计有可能受到影响的重要用水地点，也应该选择水质预测点位。

地表水环境现状监测点位应作为预测点位。水文特征突然变化和水质突然变化处的上、下游，重要水工建筑物附近，水文站附近等应选择作为预测点位。当需要预测河流混合工程段的水质时，应在该段河流中选择若干预测点位。

当拟预测水中溶解氧时，应预测最大亏氧点的位置及该点位的浓度，但是分段预测的河段不需要预测最大亏氧点。

排放口附近常有局部超标水域，如有必要应在适当水域加密预测点位，以便确定超标水域的范围。

5.5.4　预测时期划分与预测时段

(1)地表水环境影响时期的划分

预测阶段一般分建设过程、生产运行和服务期满后3个阶段。所有拟建项目均应预测生产运行阶段对地表水体的影响，并按正常排污和非正常排污(包括事故)2种情况进行预测。

对于建设过程超过1年的大型建设项目，可能产生流失物较多、且受纳水体要求水质级别较高(在Ⅲ类以上)时，应进行建设阶段的环境影响预测。有的建设项目还应根据其性质、评价等级、水环境特点以及当地的环保要求，进行水环境影响预测。

服务期满后地表水环境影响主要来源于水土流失所产生的悬浮物和以各种形式存在于废渣、废矿中的污染物。对于这类建设项目，如矿山开发项目应预测服务期满后其对地表水环境的影响。

(2)地表水环境影响预测时段

地表水预测时期分丰水期、平水期和枯水期3个时期。一般说，枯水期河流自净能力为最小，平水期居中，丰水期自净能力最大。但有的水域因非点源污染严重可能使丰水期的稀释能力变小，水质不如平、枯水期。北方冰封期河流自净能力最小。海湾的自净能力与时期关系不明显，可以不分时段。

对一、二级评价项目应预测自净能力最小和一般的两个时期的环境影响。对于冰封期较长的水域，当其功能为生活饮用水、食品工业用水水源或渔业用水时，还应预测冰封期的环境影响。三级评价或评价时间较短的二级评价可只预测自净能力最小时期的环境影响。

前面提出的环境影响预测方法大多未考虑污水排放的动量和浮力作用，这对绝大多数地表水环境影响预测中所遇到的排放特点、水流状态及预测范围来说是可行的。但个别情况，如其污水排放量、排放速率相对于水体来说过大，而预测范围又距排放口较近时，应该考虑污水排放的动量和浮力作用。

5.5.5 预测水质参数筛选原则

筛选水体的影响预测因子是工程分析和环境影响识别的成果。预测因子的筛选，应根据评价项目的特点和当地水环境污染特点而定。一般考虑：

①按等标排放量(或等标污染负荷)大小排序选择排位在前的因子，但对那些毒害性大、持久性的污染物如重金属、苯并芘等应慎重研究再决定取舍。

②在受项目影响水体中已造成严重污染的污染物或已无负荷容量的污染物。

③经环境调查已经超标或接近超标的污染物。

④地方环保部门要求预测的敏感污染物。

拟预测水质参数(因子)的数目应既说明问题又不过多。一般应少于环境现状调查水质参数的数目。项目三个阶段均应根据各自的具体情况决定其拟预测的水质参数，彼此不一定相同。

5.5.6 水体简化和污染源简化要求

自然界的水体形态和水文、水力学要素比较复杂，而不同等级的评价，各有不同的精度要求。为了减少预测的难度，可在满足精度要求的基础上，对水体边界形状进行规则化，对水文、水力学要素做适当的简化；对污染源进行简化。以使用比较简单的方法达到预测的目的。

(1)河流的简化要求

河流可以简化为矩形平直河流、矩形弯曲河流和非矩形河流：

河流的断面宽深比≥20时，可视为矩形河流；大中河流中，预测河段弯曲较大(最大弯曲系数>1.3)时，可视为弯曲河流，否则可以简化为平直河流；大中河流断面上水深变化很大且评价等级较高(如一级评价)时，可以视为非矩形河流并应调查其流场，其他情况均可简化为矩形河流；小河可以简化为矩形平直河流。

河流水文特征或水质有急剧变化的河段，可在急剧变化之处分段，各段分别进行简

化。对于江心洲、浅滩等的简化处理:

评价等级为三级时，江心洲、浅滩等均可按无江心洲、浅滩的情况对待;

评价等级为二级时，江心洲位于充分混合段，可以按无江心洲对待;

评价等级为一级且江心洲较大时，可分段进行简化，江心洲较小时可不考虑；江心洲位于混合过程段，可分段进行简化。

人工控制河流根据水流情况可以视其为水库，也可视其为河流，分段进行简化。具体要求参见表 5-11。

表 5-11　河流简化要求

矩形平直河流	矩形弯曲河流	非矩形河流
河断面宽深比≥20，且(大中河)预测段弯曲小($max_{弯曲系数}$≤1.3)；小河简化为矩形平直河流	河断面宽深比≥20，且(大中河)预测段弯曲大($max_{弯曲系数}$>1.3)	河断面水深变化大且评价等级高，其他视为矩形河流

注：水文特征或水质急剧变化的河段，在急变处分段再简化；人工控制河流视为水库，也可按河流分段简化；江心洲简化：三级按无江心洲对待；二级位于充分混合段按无江心洲对待；一级且江心洲较大或位于混合过程段时，分段简化，较小时不考虑。

(2)河口的简化要求

河口包括河流汇合部、河流感潮段、口外滨海段、河流与湖泊、水库汇合部。

河流感潮段是指受潮汐作用影响较明显的河段。可以将落潮时最大断面平均流速与涨潮时最小断面平均流速之差等于 0.05 m/s 的断面作为其与河流的界限。

除个别要求很高(如评价等级为一级)的情况外，河流感潮段一般可按潮周平均、高潮平均和低潮平均 3 种情况，简化为稳态进行预测。

河流汇合部可以分为支流、汇合前主流、汇合后主流三段分别进行环境影响预测。小河汇入大河时可以把小河看成点源。

河流与湖泊、水库汇合部可以按照河流和湖泊、水库两部分分别预测其环境影响。

(3)湖泊与水库的简化

可以将湖泊、水库简化为大湖(库)、小湖(库)、分层湖(库)3 种情况:

①一级评价时　中湖(库)停留时间较短时也可以按小湖(库)对待。

②三级评价时　中湖(库)可以按小湖(库)对待，停留时间很长时也可以按大湖(库)对待。

③二级评价时　如何简化可视具体情况而定：水深>10 m 且分层期较长(如>30 d)的湖泊、水库可视为分层湖(库)。

珍珠串湖泊可以分为若干区，各区分别按上述情况简化。

不存在大面积回流区和死水区且流速较快，停留时间较短的狭长湖泊可简化为河流。其岸边形状和水文要素变化较大时还可以进一步分段。

不规则形状的湖泊，水库可根据流场的分布情况和几何形状分区。

自顶端入口附近排入废水的狭长湖泊或循环利用湖水的小湖，可以分别按各自的特点考虑。

(4)海湾的简化

预测海湾水质时一般只考虑潮汐作用，不考虑波浪作用。

评价等级为一级且海流(主要指风海流)作用较强时，可以考虑海流对水质的影响。潮流可以简化为平面二维非恒定流场。

三级评价时可以只考虑潮周期的平均情况。

较大的海湾潮周期很长，可视为封闭海湾。在注入海湾的河流中，大河及评价等级为一、二级的中河应考虑其对海湾流场和水质的影响；小河及评价等级为三级的中河可视为点源，忽略其对海湾流场的影响。

(5)污染源简化要求

污染源简化包括排放形式的简化和排放规律的简化。

第一，排放方式简化为点源和面源，排放规律简化为连续恒定排放和非连续恒定排放，在地面水中排放规律通常简化为连续恒定排放。

第二，对于点源的位置(排放口)的处理，有如下要求：

①排入河流的两个排放口间距小，可简化为一个排污口，位置设在两个排放口之间，排放量为两者之和。

②排入小湖的所有排放口可简化为一个排污口，排放量为其总和。

③排入大湖(库)的，两个排放口间距小，可简化为一个排污口，位置设在两个排放口之间，排放量为两者之和。

④一、二级评价且排入海湾的两个排放口间距小于沿岸方向差分网格步长的，简化为一个排污口，排量为两者之和；三级的海湾同大湖(库)。

⑤简化为面源排放口的情况有：无组织排放源；多个间距很近的排放口分别排污。

5.5.7 点源的环境影响评价

点源的环境影响预测及评价参见第5.7节详细介绍。

5.5.8 非点源的环境影响评价

5.5.8.1 一般原则

非点源主要是指建设项目在各生产阶段由于降水径流或其他原因从一定面积上向地表水环境排放的污染源，或称为面源。建设项目面源主要有因水土流失面源；由露天堆放原料、染料、废渣、废弃物等以及垃圾堆放场因冲刷和淋溶而产生的堆积物面源；由大气降尘直接落于水体而产生的降尘面源。

对于一些建设项目，应注意预测其面源环境影响。这些建设项目包括：

①矿山开发项目应预测其生产运行阶段和服务期满后的面源环境影响。其影响注意来自水土流失所产生的悬浮物和以各种形式存在于废矿、废渣、废石中的污染物。建设过程阶段是否预测视具体情况而定。

②某些建设项目(如冶炼、火力发电、初级建筑材料的生产)露天堆放的原料、染料、废渣、废弃物(以下统称堆积物)较多。这种情况应预测其堆积物面源的环境影响，该影响主要来自降水径流冲刷或淋溶堆积物产生的悬浮物及有毒害成分。

③某些建设项目(如水泥、化工、火力发电)向大气排放的降尘较多。对于距离这些建设项目较近且要求保持Ⅰ、Ⅱ、Ⅲ类水质的湖泊、水库、河流，应预测其降尘面源的环境影响。此影响主要来自大气降尘及其所含的有害成分。

④需进行建设过程阶段地表水影响预测的建设项目应预测该阶段面源影响。

⑤水土流失面源和堆积物面源主要考虑一定时期内(例如，一年)全部降水所产生的影响，也可以考虑一次降水所产生的影响。一次降水应根据当地的气象条件、降水类型和环保要求选择。所选择的降水应能反映产生面源的一般情况，通常其降水频率不宜过小。

5.5.8.2 非点源源强预测方法

非点源源强预测方法一般采用机理模型法和概念模型法。机理模型法可以模拟水文循环过程中各类非点源污染物的形成、迁移和转化过程。非点源机理模型通常由水文子模型、土壤侵蚀子模型和污染物迁移转化子模型构成，需要大量的下垫面基础数据，并且需要污染物形成、迁移和转化过程相关参数的支持。在资料和技术条件能够得到较好满足的情况下，采用机理模型可以更加精细地预测非点源污染物的时空过程。

在资料有限情况下，一般采用下列方法对各类非点源的污染物源强进行估算。

①农村生活污染物　农村生活污染物产生量的估算，采用人均综合排污系数法计算，污染负荷量等于人口数量与人均污染物排放系数的乘积。污染物排放系数可以根据各地区的实际情况，采用现场调查确定，或者根据相关文献资料并结合专家经验预测得出。

②化肥、农药流失污染物　化肥、农药流失量为单位面积流失量与农田面积的乘积，可以利用当地土地利用类型，化肥、农药流失量的观测实验结果，或者参考类似区域的观测数据。

③畜禽养殖污染物　对于集约化、规模化畜禽养殖业养殖场和养殖区，可直接进行观测获得单位畜禽的排污系数，并根据养殖规模计算污染物排放量。对于分散式养殖，可通过典型调查资料或采用经验系数作类比分析计算。

④城镇地表污染物　计算城镇地表径流中的污染物。可以采用以下公式计算：

$$W = R_h C A \times 10^{-6} \tag{5-9}$$

式中　W——年负荷量，kg；

R_h——年径流深，mm；

C——径流污染物平均浓度，mg/L；

A——集水区面积，m^2。

径流污染物浓度可以从当地城市径流资料获得，由于不同地区的地表污染状况和气象条件存在差异，不同地区城市地表径流浓度的变化范围很大，因此在对特定城镇的地表径流进行分析时，应慎重选择参数。

⑤土壤侵蚀及水土流失污染物

水土流失污染物负荷估算公式：

$$W = \sum \omega_i A_i E R_i C_i \times 10^{-6} \tag{5-10}$$

式中　W——随泥沙运移输出的污染负荷；

ω_i——某一种土地利用类型单位面积泥沙流失量，t/km^2；

A_i——某一种土地利用类型面积，km^2；

ER_i——污染物富集系数；

C_i——土壤中总氮、总磷平均含量，mg/kg。

总磷富集比为2.0，总氮富集比为2.0~4.0。

⑥堆积物淋溶污染物　可利用已有建设项目类似堆积物的实测资料获得单位体积淋溶流失系数，进行类比分析计算。淋溶污染物计算，应根据建设项目实际情况，既可考虑一定时期内全部降水所产生的影响，也可以考虑一次降水产生的影响。一次降雨应根据当地的气象条件和环境保护要求选择，应能反映产生淋溶流失污染的一般情况，选择的降水频率不宜过小。

⑦降尘淋溶污染物　降尘淋溶污染物一般直接采用大气环境影响预测的结果确定。

5.5.8.3　非点源环境影响预测方法

目前尚无实用而成熟的非点源环境影响预测方法，可以在分析拟建项目的面源污染物总量与点源污染物总量或现状面源污染物总量与点源污染物总量之间关系的基础上，对其环境影响进行综合分析；或利用现状面源污染物总量与点源污染物总量之间关系，预测分析拟建项目的面源污染影响程度；还可利用类似建设项目面源影响的现场检测资料，进行类比环境影响分析。

5.6　地表水环境影响评价

5.6.1　基本要求

①地表水环境影响评价采用的评价标准、评价方法等，与地表水环境现状评价基本相同。

②评价因子原则上同预测因子。确定主要评价因子及特征评价因子对水环境的影响范围和程度，以及最不利影响出现的时段(或时期)和频率。

③水环境影响评价的时期与水环境影响预测的时期对应。

④建设项目达标排入水质现状超标的水域，或者实现达标排放但叠加背景值后不能达到规定的水域类别及水质标准时，应根据水环境容量提出区域总量削减方案。

⑤向江河、湖库等水域排放水污染物，应符合流域水污染防治规划。

5.6.2　主要评价内容

①分析环境水文条件及水动力条件的变化趋势与特征，评价水文要素及水动力条件的改变对水环境及各类用水对象的影响程度。

②以评价确定的水文条件或最不利影响出现的时段(或水期)，确定评价因子的影响范围和影响程度，明确对敏感用水对象及水环境保护目标的影响。

③对所有的预测点位、所有的预测因子，均应进行各建设阶段(施工期、运营期、服务期满后)、不同工况(正常、非正常、事故)的水环境影响评价，但应突出重点。影响预测评价的重点点位为：水质急剧变化处、水域功能改变处、敏感水域及特殊用水取水口

等。水环境影响评价应包括水文特征值和水环境质量，影响明显的水环境因子应作为评价重点。

④明确建设项目可能导致的水环境影响，应给出排污、水文情势变化对水质、水量影响范围和程度的定量或定性结论。

5.6.3 分析评价方法

(1)水质影响评价方法

一般采用单因子评价法进行水质影响评价。根据水域类别及水环境功能区划分，选取相应的水环境质量标准，进行水质达标情况分析；对于水质超标的因子应计算超标倍数并说明超标原因。

(2)水温影响分析方法

对于水温影响变化的评价，采用水温变化预测值与水温背景值以及环境所要求的最低(或最高)水温控制值进行对比分析的方法。

(3)水文情势及水动力影响分析方法

对于水文情势影响变化的评价，采用水文水利计算方法，对比说明计算项目实施前后评价水域的流量、水位等水文特征值的变化情况。

对于水动力影响变化的评价，采用水力学计算方法，对比说明计算项目实施前后评价水域水动力条件的变化情况。

(4)水体富营养化评价方法

对于水体富营养化的评价，根据水质预测结果，结合水域特征及其水温、水文情势和水动力条件的分析综合判断。

5.7 水质模型的应用

5.7.1 水质模型选用原则

水质数学模式按来水和排污随时间的变化情况划分为动态、稳态和准稳态(或准动态)模式；按水质分布状况划分为零维、一维、二维和三维模式；按模拟预测的水质组分划分为单一组分和多组分耦合模式；按水质数学模式的求解方法及方程形式划分为解析解和数值解模式。水质影响预测模式的选用主要考虑水体类型和排污状况、环境水文条件及水力学特征、污染物的性质以及水质分布状态、评价等级要求等方面。一般选用原则如下：

①在利用数学模式预测河流水质时，充分混合段可采用零维模式或一维模式预测断面的平均水质。对于大、中河流的一、二级评价，且在排放口下游 3~5 km 以内有集中取水点或其他特别重要的环保目标时，均应采用二维模式或其他模式预测混合过程段的水质。其他情况可根据工程、环境特点、评价工作等级及当地环保要求决定是否采用二维模式。

②河流水温可以采用一维模式预测断面平均值或者采用其他方法进行预测。pH 值视具体情况可以只采用零维模式预测。

③小湖(库)可以采用零维数学模式，预测其平衡时的平均水质，大湖应预测排放口附近各点的水质。

④除个别要求很高的情况(如一级评价)外，感潮河段一般可以按潮周平均、高潮平均和低潮平均3种情况预测水质。感潮河段下游可能出现上溯流动，此时可按上溯流动期间的平均情况预测水质。感潮河段的水文要素和环境水力学参数(主要是指水体混合输移参数及水质模式参数)应采用相应的平均值。

⑤所介绍的各种解析模式适用于恒定水域中点源连续恒定排放，其中二维解析模式只适用于较短河流或水深变化不大的湖泊、水库，必须根据各模式的使用条件结合评价水域状况及评价级别选择预测模式。

运用数学模型时的坐标系以排放点为原点，Z 轴铅直向上，X 轴、Y 轴为水平方向，X 轴方向与主流方向一致，Y 轴方向与主流垂直。

5.7.2 零维水质模型及适用条件

污染物进入水体后，在污染物完全均匀混合断面上，污染面的指标无论是溶解态的、颗粒态的还是总浓度，其值均可按节点平衡原理来推求。

对河流，零维模型常见的表现形式为河流稀释模型；对于湖泊与水库，零维模型主要是盒模型。

5.7.2.1 模型的适用条件

①河水流量与污水流量之比大于10~20。

②不需考虑污水进入水体的混合距离。

5.7.2.2 完全混合水质模型(零维水质模型)

(1)预测河段划分与混合过程段

预测范围内的河段可以分为完全混合段、混合过程段和上游河段。

完全混合段是指污染物的浓度在断面上均匀分布的河段，当断面上任意一点的浓度与断面平面浓度之差小于平均浓度的5%时，可以认为达到均匀分布；混合过程段是指排放口下游达到充分混合以前的河段；上游河段是指排放口上游的河段。混合过程段的长度可由式(5-11)估算：

①岸边排放

$$L = \frac{1.8Bu}{4H\sqrt{gHi}} \tag{5-11}$$

②非岸边排放

$$L = \frac{(0.4B - 0.6a)Bu}{(0.058H + 0.0065B)\sqrt{gHi}} \tag{5-12}$$

式中 L——混合过程段的长度，m；

B——河流宽度，m；

a——排放口到岸边的距离，m；

u——河流中断面的平均流速，m/s；

H——平均水深，m；

g——重力加速度，m/s²；

i——水力坡降。

(2)点源稀释混合模型

假定符合下述条件：

第一，河流稳态(恒定状态)，指均匀河段、定常排污，即河床截面、流速、流量及污染物的输入量不随时间而变化。

第二，污染物在整个河段内均匀混合，即河段内各点污染物浓度相等。

第三，河段无源和汇，即无支流和其他排污口废水进入。

第四，废水的污染物为持久性污染物，不分解也不沉淀。

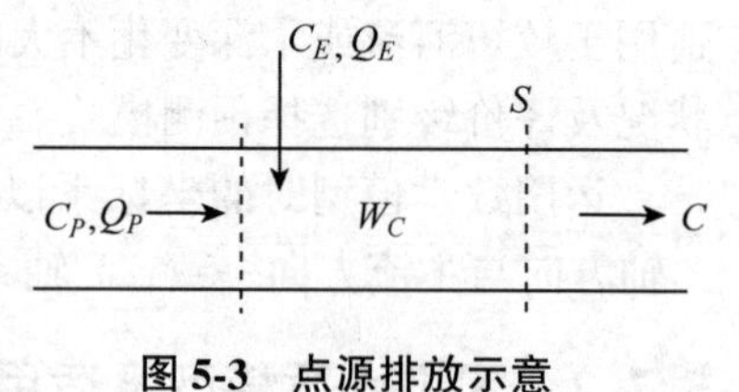

图 5-3 点源排放示意

此时，在排污口下游完全混合段的浓度可按完全混合模式计算。一、二、三级评价均可采用。此时水体中污染物浓度可用点源稀释混合模型表示，如图 5-3 所示。

$$C = \frac{C_P Q_P + C_E Q_E}{Q_P + Q_E} \tag{5-13}$$

式中 C——废水与河水混合后的浓度，mg/L；

C_E——排放口处污染物的排放浓度，mg/L；

Q_E——排放口处废水排放量，m³/s；

C_P——河流上游某污染物的浓度，mg/L；

Q_P——河流上游的流量，m³/s。

由于污染源作用可线型叠加，因此多个污染源排放对控制点或控制断面的影响，等于各个污染源单个影响之和，符合线型叠加关系。单点源计算可叠加使用，计算多点源条件。单断面或一单点约束条件，可根据节点平衡，递推多断面或多点约束条件。

对于可概化为完全混合类的排污情况，排污口与控制断面之间水域的允许纳污量计算公式为：

①单点源排放

$$W_C = S(Q_p + Q_E) - Q_p C_p \tag{5-14}$$

式中 W_C——水域允许纳污量，g/L；

S——控制断面水质标准，mg/L。

②多点源排放

$$W_C = S\left(Q_p + \sum_{i=1}^{n} Q_{Ei}\right) - Q_p C_p \tag{5-15}$$

式中 Q_E——第 i 个排污口污水设计排放流量，m³/s；

n——排污口个数。

案例一 河边拟建一工厂，排放含氯化物废水，流量为 2.83 m³/s，含盐量(以 Cl^- 计)为 900 mg/L。该河流平均流速 0.46 m/s，平均河宽 13.7 m，平均水深 0.61 m，上游来水含氯化物 100 mg/L，该厂废水如排入河中能与河水迅速混合。河流执行Ⅲ类水质标准，试问河水氯化物是否超标？

解 本题具体解法如下：

$$C_p = 100\ \text{mg/L},\ Q_p = 0.46 \times 13.7 \times 0.61 = 3.84(\text{m}^3/\text{s})$$

$$C_E = 900,\ Q_E = 2.83\ \text{m}^3/\text{s}$$

$$C = \frac{900 \times 2.83 + 100 \times 3.84}{2.83 + 3.84} = 439(\text{mg/L})$$

Ⅲ类水质氯化物的标准值为 250 mg/L。单项水参数的标准指数 $P=439/250=1.76$。该厂废水如排入河中，河水氯化物将超标约 0.76 倍。

③非点源稀释混合模型 非点源稀释混合模型如图 5-4 所示。对于沿程有非点源(面源)分布入流时，可按下式计算河段污染物平均浓度：

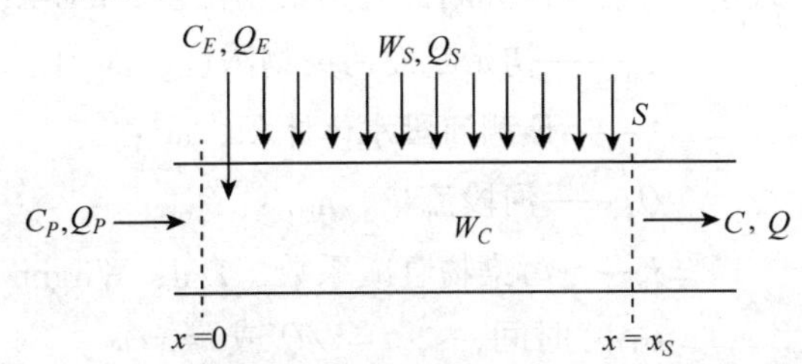

图 5-4 非点源排放示意

$$C = \frac{C_p Q_p + C_E Q_E}{Q} + \frac{W_S}{86.4Q} \tag{5-16}$$

$$Q = Q_p + Q_S + \frac{Q_S}{x_S} \cdot x \tag{5-17}$$

式中 W_S——沿程河段内($x=0$ 到 $x=x_S$)非点源汇入的污染物总负荷量，kg/d；

Q——下游 x 距离处河段流量，m^3/s；

Q_S——沿程河段内($x=0$ 到 $x=x_S$)非点源汇入的水量，m^3/s；

x_S——控制河段总长度，km；

x——沿程距离($0<x<x_S$)，km。

上游有一点源排放，沿程有面源汇入，点源排污口与控制断面之间水域的容许纳污量按式(5-18)计算：

$$W_C = S \cdot (Q_P + Q_E + Q_S) - Q_P C_P \tag{5-18}$$

式中 Q_S——控制断面以上沿程河段内面源汇入的总流量，m^3/s。

④考虑吸附态和溶解态的污染指标耦合模型 上述方程既适合于溶解态、颗粒态的指标，又适合于河流中的总浓度，但是要将溶解态和吸附态的污染指标综合考虑，应加入分配系数的概念。

分配系数 K_p 的物理意义是在平衡状态下，某种物质在固、液两相间的分配比例，表达式如下：

$$K_P = \frac{X}{c} \tag{5-19}$$

式中 c——溶解态浓度，mg/L；

X——单位质量固体颗粒吸附的污染物质量，mg/kg。

对于需要区分出溶解态浓度的污染物，可用式(5-20)计算：

$$c = \frac{c_T}{1 + K_p \cdot SS \times 10^{-6}} \tag{5-20}$$

式中 c_T——总浓度，mg/L；

SS——悬浮固体浓度，mg/L；

K_p——分配系数，L/mg。

对于有机降解性物质，当需要考虑降解时，可采用零维模式分段模拟，但计算精度和实用性较差，最好用一维模式求解。此模式适合于较浅、较窄河流完全混合段非持久性污染物三级评价，稳定条件下的模式为：

$$C = \frac{Q_h C_0}{Q_h + KV} = \frac{C_0}{1 + Kt} \tag{5-21}$$

式中 C——计算断面处污染物浓度，mg/L；

C_0——初始断面污染物浓度，mg/L，按前面零维混合公式计算；

V——预测河段水体体积，m^3；

Q_h——河段流量，m^3/s；

K——污染物衰减系数，1/d，Wirgnh 经验公式：$K=10.3Q_h^{-0.49}$；

t——时间，s，$t=V/Q$ 或 $t=x/u$。

案例二 在一条比较浅面窄的河流中有一段长 1000 m 河段，稳定接纳含酚废水，废水流量 1.0 m^3/s，含酚浓度 200 mg/L。上游河水流量为 9.0 m^3/s，河水中酚未检出。河流的平均流速为 0.46 m/s，酚的衰减系数为 2 L/d。求河段出口处河水含酚浓度为多少？

解 该河段初始断面河水含酚浓度为：

$$C_0 = \frac{C_P Q_P + C_E Q_E}{Q_P + Q_E} = \frac{9 \times 0 + 1 \times 200}{9 + 1} = 20(\text{mg/L})$$

河段出口处含酚浓度为：

$$t = \frac{x}{86\,400u} = \frac{1000}{86\,400 \times 0.46} = 0.025(\text{d})$$

$$C = \frac{Q_h C_0}{Q_h + KV} = \frac{C_0}{1 + K_t} = \frac{20}{1 + 2 \times 0.025} = 19.05(\text{mg/L})$$

(3)零维模型数据和参数总结

零维模型数据和参数总结见表 5-12 所列。

表 5-12 零维模型数据和参数总结表

类别	数据		注释
水力数据	河流	流量 设计流量 横截面积 A 水深 H	由于稀释容量的原因，流量的正确估计很重要。由于模型是在设计条件下进行的，因而设计流量的计算是必需的。当河流被视为完全混合反应时，应计算 A，H
水力数据	湖泊	水力停留时间 平均深度 水体容积 湖泊表面积	水力停留时间是湖泊等滞留水体模型的一个重要参数，由 V/Q 计算

（续）

类 别	数 据	注 释
污染源数据	污水流量 Q_E 污水外排浓度 C_E 悬浮固体浓度 SS 背景浓度 C_B	Q_E，C_E 是指设计条件下的外排流量和浓度考虑溶解态和颗粒态污染物时需要使用的 SS 值，常用于重金属

5.7.3 点源一维水质模型

（1）模型的应用条件

如果污染物进入水体后，在一定范围内经过平流输移、纵向弥散和横向混合后达到充分混合，或者根据水质管理的要求允许不考虑混合过程而假定在排污口断面瞬时完成均匀混合，即假定水体内在某一断面处或某一区域之外实现均匀混合，则不论水体属于江、河、湖、库的任一类，均可按一维问题概化计算条件。

在一个深的有强烈热分层现象的湖泊或水库中，一般认为在深度方向的温度分布和水质浓度梯度是重要的，而在水平方向的温度分布和水质浓度梯度则是不重要的，此时湖泊或水库的水质变化可用一维来模拟。

假定：河流稳态，污染物在断面上迅速混合均匀。

（2）河流点源一维模型的基本形式的求解

本节主要以 *S-P* 模型为例，介绍一维输入响应模型的基本特征。*S-P* 模型是研究河流溶解氧与 *BOD* 关系最早的、最简单的耦合模型。*S-P* 模型迄今仍得到广泛的应用，其也是研究各种修正模型和复合模型的基础。

它的基本假设为：河流中的 *BOD* 的衰减和溶解氧的复氧都是一级反应；反应速率是定常的，氧亏的净变化仅是水中有机物耗氧和通过液—气界面的大气复氧的函数。

在忽略离散作用时，河流的一维稳态混合衰减的微分方程为：

$$u\frac{\mathrm{d}c}{\mathrm{d}x} = -K_1 c \tag{5-22}$$

式中 u——河段平均流速，m/s；
x——断面间河段长度，m；
K_1——耗氧系数，d^{-1}；
c——水质浓度，mg/L。

将 $u\frac{\mathrm{d}c}{\mathrm{d}x}$ 代入式（5-22），得到

$$\frac{\mathrm{d}c}{\mathrm{d}t} = -K_1 c \tag{5-23}$$

积分解得

$$c_t = c_0 \cdot \exp(-K_1 t) \tag{5-24}$$

式中 c_0——起始断面浓度，mg/L；

t——断面之间水团传播的时间，d。

上式说明非持久性污染物中需氧有机物生化降解的速率与此污染物的浓度呈正比，与水中的溶解氧浓度无关。如考虑水中的溶解氧只用于需氧有机物的生物降解，而水中溶解氧的补充主要来自大气，则当其他条件一定时，溶解氧的变化取决于有机物的耗氧和大气复氧。复氧速率与水的亏氧量呈正比。亏氧量为饱和溶解氧浓度 DO_f 与实际溶解氧浓度 DO 之差，于是得到：

$$\frac{\mathrm{d}(DO)}{\mathrm{d}t}=-K_1C_{\mathrm{BOD}_5}+K_2(DO_f-DO) \tag{5-25}$$

式中 DO——溶解氧浓度，mg/L；

DO_f——饱和溶解氧浓度，mg/L；

C_{BOD_5}——五日生化耗氧量，mg/L；

K_1——耗氧系数，1/d；

K_2——复氧系数，1/d。

DO 与 BOD_5 模型为耦合系统，河中有机物系统的输出正是溶解氧系统的输入。在 $x=0$，$BOD_5=BOD_5$，$DO=DO_0$ 的初始条件下，积分式(5-22)和式(5-25)，得到：

$$\begin{cases} BOD_x=BOD_0\cdot\exp\left(-K_1\dfrac{x}{86\ 400u}\right) \\ D_x=\dfrac{K_1BOD_0}{(K_2-K_1)}\left[\exp\left(-K_1\dfrac{x}{86\ 400u}\right)-\exp\left(-K_2\dfrac{x}{86\ 400u}\right)\right]+D_0\cdot\exp\left(-K_2\dfrac{x}{86\ 400u}\right) \end{cases} \tag{5-26}$$

式中 BOD_x、BOD_0 分别为第 x 天，第 0 天的 BOD 浓度值。其中

$$BOD_5(O)=(BOD_{5(P)}\cdot Q_P+BOD_{5(E)}\cdot Q_E)/(Q_P+Q_E) \tag{5-27}$$

$$D_0=(D_PQ_P+D_EQ_E)/(Q_P+Q_E) \tag{5-28}$$

式中 $BOD_5(O)$——初始浓度，mg/L；

$BOD_5(P)$——排放浓度，mg/L；

Q_P——废水排放量，m^3/s；

$BOD_{5(E)}$——上游来水污染物浓度，mg/L；

Q_E——河流流量，m^3/s。

设

$$a=\exp\left(-K_1\frac{x}{86\ 400u}\right) \tag{5-29}$$

$$b=\frac{K_1}{K_2-K_1}\left[\exp\left(-K_1\frac{x}{86\ 400u}\right)-\exp\left(-K_2\frac{x}{86\ 400u}\right)\right] \tag{5-30}$$

$$d=\exp\left(-K_2\frac{x}{86\ 400u}\right) \tag{5-31}$$

代入 DO 与 BOD_5 模型耦合模型公式得到：

$$\begin{cases} BOD_x=a\cdot BOD_0 \\ D_x=b\cdot BOD_0+d\cdot D_0 \end{cases} \tag{5-32}$$

至此，得到了忽略离散作用的一维稳态河流中源与目标的 *BOD*-*DO* 输入响应模型。其中 a，b，c 为影响系数，$BOD_5(O)$，D_0 为源强，源对目标或控制断面的贡献率就等于源强与影响系数的乘积。在污染源负荷优化分配过程中反复应用 *S*-*P* 模型这一经典关系，在污染源负荷优化分配过程中也将用到影响系数。

水中溶解氧的平衡只考虑有机污染物的耗氧和大气复氧，则沿河水流动方向的溶解氧分布为一悬索形曲线，如图 5-5 所示。

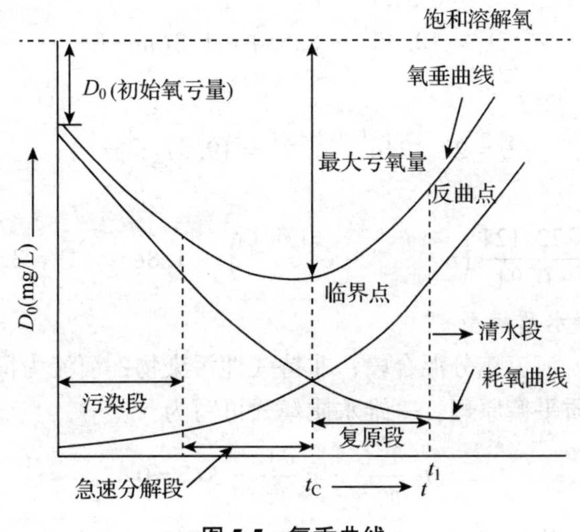

图 5-5　氧垂曲线

氧垂曲线的最低点 *C* 称为临界氧亏点，临界氧亏点处的亏氧量称为最大亏氧值。在临界亏氧点左侧，耗氧大于复氧，水中溶解氧逐渐减少，污染物浓度因生物净化作用而逐渐减少，达到临界亏氧点时，耗氧和复氧平衡；临界点右侧，耗氧量因污染物浓度减少而减少，复氧量相对增加，水中溶解氧增多，水质逐渐恢复。如排入的耗氧污染物过多而将溶解氧耗尽，则有机物将受到厌氧菌的还原作用生成甲烷气体，同时水中存在的硫酸根离子将由于硫酸还原菌的作用而成为硫化氢，引起河水发臭，水质严重恶化。由式(5-33)可以计算出临界氧亏点 x_c 出现的位置，计算公式为：

$$x_c = \frac{86\,400u}{K_2 - K_1}\ln\left[\frac{K_2}{K_1}\left(1 - \frac{D_0}{BOD_0}\cdot\frac{K_2 - K_1}{K_1}\right)\right] \tag{5-33}$$

在 *S*-*P* 模型基础上，结合河流自净过程中的不同影响因素，人们提出了一些修正型。例如，托马斯(H. Thomas Jr.，1937)引入悬浮物沉降作用对 *BOD* 衰减的影响；奥康纳(D. O'Connor，1961)进一步考虑了含氮污染物的影响，1989 年美国 EPA 推出 QUAL-2E，这是一维水质模型，它全面考虑了河流自净的机理，可用以预测多种污染物在水体中的衰减变化。

案例三　某河段流量 $Q_P = 216\times10^4\ m^3/d$，流速 $u = 46\ km/d$，水温 $T = 13.6$ ℃，$K_1 = 0.94$ L/d，$K_2 = 1.82$ L/d。河段始端排放 $Q_E = 10\times10^4\ m^3/d$ 的废水，BOD_5 为 500 mg/L，溶解氧为 0。上游河段的 BOD_5 未检出，溶解氧为 8.95 mg/L。求该河段 $x = 6$ km 处河水的 BOD_5 和氧亏值。

解 河段始端混合河水的 BOD_5 和 DO 值为

$$L_0 = \frac{10 \times 500 + 216 \times 0}{10 + 216} = 22.124(\mathrm{mg/L})$$

$$C(O_0) = \frac{10 \times 0 + 216 \times 8.95}{10 + 216} = 8.554(\mathrm{mg/L})$$

$$C(O_S) = \frac{468}{31.6 + 13.6} = 10.354(\mathrm{mg/L})$$

$$D_0 = 10.354 - 8.554 = 1.8(\mathrm{mg/L})$$

①河水的 BOD_5

$$L = 22.124\mathrm{e}^{\left(-0.94\times\frac{6}{46}\right)} = 19.57(\mathrm{mg/L})$$

②河水的氧亏值

$$D = \frac{0.94 \times 22.124}{1.82 - 0.94}\left(\mathrm{e}^{-0.94\times\frac{6}{46}} - \mathrm{e}^{-1.82\times\frac{6}{46}}\right) + 1.8\mathrm{e}^{-1.82\times\frac{6}{46}} = 3.69(\mathrm{mg/L})$$

(3)常用河流一维水质模型

模型应用条件为：河流充分混合段；非持久性污染物；河流为恒定流动；废污水为连续稳定排放。根据物质平衡原理，一维水质模式可写为：

$$M_x \frac{\partial^2 C}{\partial x^2} - u\frac{\partial C}{\partial x} - KC = 0 \tag{5-34}$$

对于非持久性污染物：若 $x=0$ 时，浓度为 C_0，则下游二处的浓度为：

$$C = C_0\exp\left[\frac{ux}{2M_x}\left(1 - \sqrt{1 + 4KM_x/u^2}\right)\right] \tag{5-35}$$

对于一般条件下的河流，推流形成的污染物迁移作用要比弥散作用大得多，在稳定条件下，弥散作用可以忽略，则有：

$$u\frac{\partial C}{\partial x} + KC = 0 \tag{5-36}$$

$$C = C_0\exp(-Kx/u) = C_0\exp\left(-K\frac{x}{86\,400u}\right) \tag{5-37}$$

式中 C_0——起始断面污染物浓度，mg/L；

u——河流的平均流速，m/s；

M_x——水与河水的纵向混合系数，$\mathrm{m^2/s}$；

K——污染物的衰减系数，1/d；

x——从起始断面到均匀断面的距离，m。

案例四 某改扩建工程拟向河流排放废水，废水流量为 0.15 $\mathrm{m^3/s}$，所含苯酚浓度 30 mg/L。河流流量为 5.5 $\mathrm{m^3/s}$，流速为 0.3 m/s，苯酚的现状浓度为 0.5 mg/L。苯酚的衰减系数为 0.2 L/d，纵向混合系数为 10 $\mathrm{m^2/s}$。求排放口下游 10 km 处苯酚浓度。

解 计算起始处完全混合后的初始浓度：$C_0 = \dfrac{0.15\times30+5.5\times0.5}{5.5+0.15} = 1.28(\mathrm{mg/L})$

①考虑纵向弥散条件下的下游 10 km 处的浓度：

$$C = 1.28\exp\left[\frac{0.3\times 10\,000}{2\times 10}\left(1-\sqrt{1+\frac{4\times(0.2/86\,400)\times 10}{0.3^2}}\right)\right] = 1.19(\text{mg/L})$$

②忽略纵向弥散时的下游 10 km 处的浓度：

$$C = 1.28\times\exp\left(\frac{0.2\times 10\,000}{0.3\times 86\,400}\right) = 1.19(\text{mg/L})$$

由此看出，在稳态条件下，忽略纵向弥散系数与考虑纵向弥散系数的差异很小，常可以忽略。

持久性污染物的一维稳态混合模式为

$$C = C_0\exp\left(-\frac{ux}{M_x}\right) \tag{5-38}$$

5.7.4 点源二维稳态水质模型及适用条件

讨论二维水质模型，首先要明确混合区及超标水域的概念。混合区是指工程排污口至下游均匀混合断面之间的水域，对它的影响预测主要是污染带分布问题，常采用混合过程段长度与超标水域范围两项指标反映。

大、中河流由于水量较大，稀释混合能力较强(工程排放的废水量相对较小)，因此，此类问题的水质影响预测的重点是超标水域的界定问题，常采用二维模式进行预测。

5.7.4.1 超标水域的含义

在排放口下游指定一个限定区域，使污染物进行初始稀释，在此区域内允许超过水质标准，这个区域称为超标水域。超标水域含有容许的意义，因此，它具有位置、大小和形状 3 个要素。

①超标水域的位置　对于重要的功能区(敏感区)均应加以保护，其范围内不允许超标水域的存在。

②超标水域的大小　排污口附近形成的超标水域，不应该影响鱼类洄游通道和邻近功能区的水质。一般对水质超标水域的控制为：大江、大河纵向(顺流向)为排污口下游第一个敏感用水对象或水质控制断面的上游，横向不超过 1/3 河宽；湖泊、海湾的水质超标面积不大于 1~3 km^2；河口、大江大河的超标水域面积不能超过 1~2 km^2。

③超标水域形状　超标水域的形状应是一个简单的形状，这种形状应当容易设置在水中，以避免冲击重要功能区。在湖泊中，具有一定半径的圆形或扇形区域，一般是允许的。在河流中，一般允许一长窄的区域，整体河段的封闭性区域将不被允许。

5.7.4.2 超标水域范围计算

计算超标水域的目的在于限制混合区，一般来说，只要超标水域外水质能保证功能区水质要求，就不需要对超标水域内的排放口加以更严格的排放限制。因为对有毒有害物质在车间或处理装置出口有严格要求，一般污染物有条件利用超标水域的自净能力，很明显，排放污染物导致功能区水质不满足要求，其实质是超标水域范围侵占了功能区。这就需要计算超标水域的范围，一方面使水体的自净能力得以体现，另一方面保证下游功能区水质达到标准。为此，在排放口与取水口发生矛盾、预测向大水体排放污水的影响范围以及在研究改变排放方式的效果时，都必须进行超标水域范围的计算。

①根据现状污染物排放总量计算实际超标水域范围　各排污口、各污染物单独排放的超标水域范围；各功能区内，各排放口、各污染物超标水域分布情况；全河段内，各排污口、各污染物超标水域分布情况；各排污口、各污染物叠加影响后的超标水域范围。

②根据允许污染物混合范围计算污染物应控制总量或削减总量　单一排污口控制和削减量；叠加影响后削减量并制订分配方案。

③建立排污口与控制断面的输入响应关系　重点排污口对典型控制断面的贡献和贡献率；功能区内，各控制断面不同污染物的排放口贡献率。

④在改变污染源情况时，可以进行如下预测　重点排放口的超标水域范围预测；功能区控制断面、各项污染物浓度预测；全河段混合区分布预测。

5.7.4.3　模型应用条件概化

污水进入水体后，不能在短距离内(主要考虑在预测断面处的水质)达到全断面浓度混合均匀的预测评价河段均应采用二维模型。

根据不同的分类方法，可以把二维模型按如下分类：

①按水文特征，分为静止水体二维水质模型、平直河段二维水质模型、弯曲河段二维水质模型和感潮河段二维水质模型等。

②按排放方式，可分为下列 2 种：

- 瞬时排放：瞬时岸边排放水质模型，瞬时江心排放水质模型。
- 连续排放：点源岸边连续排放水质模型，点源江心连续排放水质模型，线源岸边连续排放水质模型和线源江心连续排放水质模型。

③从求解的形式，分为解析解二维水质模型和数值解二维水质模型。

5.7.4.4　常用河流点源二维水质模型

①二维稳态水质混合模型(平直河段)

岸边排放：

$$c(x,\ y) = c_h + \frac{c_E Q_E}{\sqrt{\pi M_y xu}}\left\{\exp\left(-\frac{uy^2}{4M_y x}\right) + \exp\left[-\frac{u(2B-y)^2}{4M_y x}\right]\right\} \tag{5-39}$$

非岸边排放：

$$c(x,\ y) = c_h + \frac{c_E Q_E}{H\sqrt{\pi M_y xu}}\left\{\exp\left(-\frac{uy^2}{4M_y x}\right) + \exp\left[-\frac{u(2a-y)^2}{4M_y x}\right] + \exp\left[-\frac{u(2B-2a-y)^2}{4M_y x}\right]\right\} \tag{5-40}$$

式中　c_h——上游来水污染物浓度，mg/L；

c_E——排放口处污染物的排放浓度，mg/L；

Q_E——排放口处废水排放量，m^3/s；

H——平均水深，m；

M_y——河流横断面的形状系数；

x——断面间河段长度，m；

u——河流平均流速，m/s；

y——预测点的岸边距，m；

B——河流密度，m；

a——排放口到岸边的距离，m。

②二维稳态水质混合衰减模型(平直河段)

a. 岸边排放：

$$c(x, y)=\exp\left(-\frac{x}{86\ 400u}\right)\left\{c_h+\frac{c_E Q_E}{H\sqrt{\pi M_y x u}}\left[\exp\left(-\frac{uy^2}{4M_y x}\right)+\exp\left(-\frac{u(2B-y)^2}{4M_y x}\right)\right]\right\} \tag{5-41}$$

b. 非岸边排放：

$$c(x, y)=\exp\left(-\frac{x}{86\ 400u}\right)\left\{c_h+\frac{c_E Q_E}{2H\sqrt{\pi M_y x u}}\left[\exp\left(-\frac{uy^2}{4M_y x}\right)+\exp\left(-\frac{u(2a-y)^2}{4M_y x}\right)+\exp\left(-\frac{u(2B-2a-y)^2}{4M_y x}\right)\right]\right\} \tag{5-42}$$

式中 c_h——上游来水污染物浓度，mg/L；

c_E——排放口处污染物的排放浓度，mg/L；

Q_E——排放口处废水排放量，m^3/s；

H——平均水深，m；

M_y——河流横断面的形状系数；

x——断面间河段长度，m；

u——河流平均流速，m/s；

y——预测点的岸边距，m；

B——河流密度，m；

a——排放口到岸边的距离，m。

案例五 某排污口在岸边向一均匀河段稳定排放污水，污水流量 $Q_E=0.5\ m^3/s$，污染物浓度 $C_E=50$ mg/L。河道水面宽度 $B=100$ m，水深 $H=3$ m，河道比降 $I=0.0001$，流速 $u=0.1$ m/s，$M_P=0.6Hu^*$，河道污染物本底值 $c_h=20$ mg/L，降解系数 $K=0.2$/d。要求估算：下游 1 km 处河道中心及距岸边 5 m 处污染物浓度为多少？

解 采用二维稳态水质混合衰减模型计算排污口下游不同位置污染物浓度：

$$c(x, y)=\exp\left(-K\frac{x}{86\ 400u}\right)\left\{c_h+\frac{c_E Q_E}{H\sqrt{\pi M_y x u}}\left[\exp\left(-\frac{uy^2}{4M_y x}\right)+\exp\left(-\frac{u(2B-y)^2}{4M_y x}\right)\right]\right\}$$

①横向扩散系数

$$M_y=0.6Hu^*=0.6H\sqrt{gHI}=0.6\times 3\times\sqrt{9.81\times 3\times 0.0001}=0.098(m^2/s)$$

②下游 1 km 处河道中心污染物浓度

$$c(1000, 50)=\exp\left(-0.2\times\frac{1000}{86\ 400\times 0.1}\right)\left\{20+\frac{50\times 0.5}{3\times\sqrt{3.14\times 0.098\times 1000\times 0.1}}\times\left[\exp\left(-\frac{0.1\times 50^2}{4\times 0.098\times 1000}\right)+\exp\left(-\frac{0.1\times(2\times 100-50^2)}{4\times 0.098\times 1000}\right)\right]\right\}=20.323(mg/L)$$

③下游 1 km 距岸边 5 m 处污染物浓度

$$c(1000, 50)=\exp\left(-0.2\times\frac{1000}{86\ 400\times 0.1}\right)\left\{20+\frac{50\times 0.5}{3\times\sqrt{3.14\times 0.098\times 1000\times 0.1}}\times\exp\left(-\frac{0.1\times 5^2}{4\times 0.098\times 1000}\right)\left[+\exp\left(-\frac{0.1\times(2\times 100-5^2)}{4\times 0.098\times 1000}\right)\right]\right\}=21.001(mg/L)$$

5.7.5 湖泊、水库模型

5.7.5.1 完全混合模式

小湖一、二、三级评价采用湖泊完全混合平衡模式。

①持久性污染物

$$C=\frac{W_0+C_pQ_p}{Q_h}+\left(c_h-\frac{W_0+C_pQ_p}{Q_h}\right)\exp\left(-\frac{Q_h}{V}t\right) \tag{5-43}$$

平衡时，

$$C=\frac{W_0+C_pQ_p}{Q_h} \tag{5-44}$$

式中 W_0——湖(库)中现有污染物的排入量，mg/s；

Q_h——湖(库)水流出量，m^3/s；

V——湖(库)水体积，m^3；

C_p——污染物排放浓度，mg/L；

Q_p——废水排放量，m^3/s；

t——时间，s。

②非持久性污染物

$$C=\frac{W_0+C_pQ_p}{VK_h}+\left(c_h-\frac{W_0+C_pQ_p}{VK_h}\right)\exp(-K_ht) \tag{5-45}$$

平衡时，

$$C=\frac{W_0+C_pQ_p}{VK_h} \tag{5-46}$$

其中：$K_h=(Q_h/V)+(K_1/86\,400)$。

5.7.5.2 径向一维扩散模式

无风，大湖(库)，一、二、三级评价

①持久性污染物

$$C_r=C_p-(C_p-C_{r_0})\left(\frac{r}{r_0}\right)^{Q_p/\Phi HM_r} \tag{5-47}$$

式中 Φ——湖心排放取 2π 弧度，平直岸边排放取 π 弧度；

r_0——可选取离排污口充分远的某点，建设项目对该水质的影响可以忽略不计；

C_{r_0}——可以取 r_0 点的现状值，mg/L；

C_r——污染物弧面平均浓度，mg/L；

M_r——径向混合系数，m^2/s。

H——平均水深，m；

C_p——污染物排放浓度，mg/L；

Q_p——废水排放量，m^3/s；

r——排污口到预测点的距离，m。

②非持久性污染物

$$C_r = c_h + C_p \exp\left(-\frac{K_1 \Phi H r^2}{172\ 800 Q_p}\right) \tag{5-48}$$

式中 k_1——耗氧系数；

r——排污口到预测点的距离，m；

其余字母释义见式5-47。

5.7.5.3 二维稳态混合模式

近岸环流显著，大湖(库)，一、二、三级评价，岸边排放。

①持久性污染物

$$C(x,\ y) = c_h + \frac{C_p Q_p}{H(\pi D_y x u)^{\frac{1}{2}}} \exp\left(-\frac{u y^2}{4 x D_y}\right) \tag{5-49}$$

②非持久性污染物

$$C(x,\ y) = \left[c_h + \frac{C_p Q_p}{H(\pi D_y x u)^{\frac{1}{2}}} \exp\left(-\frac{u y^2}{4 x D_y}\right)\right] \exp\left(-k_1 \frac{x}{86\ 400 u}\right) \tag{5-50}$$

5.7.5.4 湖库盒模型

当我们以年为时间尺度来研究湖泊、水库的富营养化过程时，往往可以把湖泊看作一个完全混合反应器，建立盒模式的基本方程。当无其他源和汇，反应符合一级反应动力学，且为稳定状态的衰减反应时，可得湖泊中水质组分浓度的解：

$$C = C_E\left(\frac{1}{1 + K_t}\right),\ t = \frac{V}{Q} \tag{5-51}$$

式中 C——湖泊中水质组分浓度，g/m^3；

C_E——流入湖泊的水量中水质组分浓度，g/m^3；

V——湖泊中水的体积，m^3；

Q——平衡时流入与流出湖泊的流量，m^3/a；

K——衰减系数；

t——停留时间。

5.7.6 点源二维非稳态水量水质模型

二维非稳态水量水质模型用二维对流扩散方程描述水流流动和污染物的输运扩散。其基本思想为：将计算区域划分成一系列连续但互不重叠的控制单元，采用有限差分、有限单元、有限体积法等算法对各控制单元进行水量、动量及污染物输送通量的平衡计算，使用高性能 Osher 格式逐时段、逐单元计算跨越控制单元界面法向数值通量，从而模拟出水流过程及相应的污染物输运扩散过程。主要适用于大江大河等岸线、流态复杂，且需要考虑污染物在断面上区别的情况。

二维浅水方程和对流—扩散方程的守恒形式可表达为

$$\frac{\partial h}{\partial t} + \frac{\partial (hu)}{\partial x} + \frac{\partial (hv)}{\partial y} = 0$$

$$\frac{\partial (hu)}{\partial t} + \frac{\partial (hu^2 + gh^2/2)}{\partial x} + \frac{\partial (huv)}{\partial y} = gh(S_{0_x} - S_{fx}) \tag{5-52}$$

$$\frac{\partial(hv)}{\partial t}+\frac{\partial(huv)}{\partial x}+\frac{\partial(hv^2+gh^2/2)}{\partial y}=gh(S_{0_y}-S_{fy})$$

$$\frac{\partial(hC_i)}{\partial t}+\frac{\partial(huC_i)}{\partial x}+\frac{\partial(hvC_i)}{\partial y}=\frac{\partial}{\partial x}\left(D_{ix}h\frac{\partial C_i}{\partial x}\right)+\frac{\partial}{\partial x}\left(D_{iy}h\frac{\partial C_i}{\partial y}\right)-K_{C_i}hC_i+S_i$$

式中 h——水深，m；

u——x 方向垂线平均水平流速分量；

v——y 方向垂线平均水平流速分量；

C_i——污染物(COD，BOD，NH_3，DO 及水温)的垂线平均浓度；

g——重力加速度，m/s^2；

D_{ix}——x 方向各污染物的扩散系数；

D_{iy}——y 方向各污染物的扩散系数；

K_{C_i}——各污染物综合降解系数；

S_i——各污染物源汇项；

$S_{0_x}=-\frac{\partial Z_b}{\partial x}$——$x$ 向的河底低坡；

$S_{0_y}=-\frac{\partial Z_b}{\partial y}$——$y$ 向的河底低坡；

$S_{fx}=-\frac{\rho u\sqrt{u^2+v^2}}{hc^2}=\frac{\rho n^2 u\sqrt{u^2+v^2}}{h^{4/3}}$——$x$ 向的摩阻低坡；

$S_{fy}=-\frac{\rho v\sqrt{u^2+v^2}}{hc^2}=\frac{\rho n^2 v\sqrt{u^2+v^2}}{h^{4/3}}$——$y$ 向的摩阻低坡。

5.7.7 模型参数的估算

水质模型参数估算的方法有实验室测定法、公式计算法(包括经验公式法、模型求解法等)、物理模型率定法、现场实测法与示踪剂法等。

(1)耗氧系数 K_1 的单独估算法

①实验室测定法

$$K_1=K'_1+(0.11+54I)\cdot u/H \tag{5-53}$$

式中 K'_1——实验室测定的耗氧系数，d^{-1}；

I——坡降，%；

u——河流流速，m/s；

H——河流水深，m。

②现场实测法(上、下断面两点法)

$$K=\frac{86\,400\cdot u}{\Delta x}\ln\frac{c_A}{c_B} \tag{5-54}$$

式中 c_A——断面 A 的污染物平均浓度，mg/L；

c_B——断面 B 的污染物平均浓度，mg/L；

Δx——A、B 断面间的距离，m。

(2)复氧系数 K_2 的单独估算法

K_2 值常用的3个经验公式如下：

①欧康那—道宾斯(O'Conner-Dobbins)公式

$$K_{2(20℃)} = 294 \frac{(D_m u)^{1/2}}{H^{3/2}} \quad (C_Z \geq 17) \tag{5-55}$$

$$K_{2(20℃)} = 824 \frac{D_m^{0.5} I^{0.25}}{H^{1.25}} \quad (C_Z < 17) \tag{5-56}$$

$$C_Z = \frac{1}{n} H^{1/6} \tag{5-57}$$

$$D_m = 1.774 \times 10^{-4} \times 1.037^{(T-20)} \tag{5-58}$$

式中 C_Z——谢才系数，$m^{\frac{1}{2}}/s$；

T——温度，℃；

n——粗糙系数，无量纲；

D_m——分子扩散系数，m^2/s。

②欧文斯等(Owens *et al.*)经验式

$$K_{2(20℃)} = 5.34 \frac{u^{0.67}}{H^{1.85}} \quad (0.1\ m \leq H \leq 0.6\ m \text{ 且 } u \leq 1.5\ m/s) \tag{5-59}$$

③丘吉尔(Churchill)经验式

$$K_{2(20℃)} = 5.03 \frac{u^{0.696}}{H^{1.673}} \quad (0.6\ m \leq H \leq 8\ m \text{ 且 } 0.6 \leq u \leq 1.8\ m/s) \tag{5-60}$$

(3)K_1、K_2 的温度校正

K_1，K_2 的数值与水温有关，这2个参数与温度的关系式如下：

$$K_{1或2(T)} = K_{1或2(20℃)} \cdot \theta^{(T-20)} \tag{5-61}$$

温度常数 θ 的取值范围如下：

对 K_1，$\theta=1.02\sim1.06$，一般取1.047；对 K_2，$\theta=1.015\sim1.047$，一般取1.024。

(4)溶解氧平衡模型法(模型求解法)

水流稳定的单一河段，氧亏概化方程为：

$$\frac{dD}{dt} = K_1 C_{BOD_5} - K_2 D \tag{5-62}$$

临界氧亏 D_C 处在氧垂曲线上为$\frac{dD}{dt}$，即式(5-62)变为：

$$D_C = \frac{K_1}{K_2} C_{BOD_5}(0) e^{-K_1 \cdot t_c} \tag{5-63}$$

式中 D_C——临界氧亏点的氧亏值；

t_c——由起始点到达临界氧亏点的时间。

(5)扩散系数的估算方法

泰勒法求横向混合系数 M_y(适用于河流)：

$$M_y = (0.058H + 0.0065B)\sqrt{gHI} \quad (B/H \leq 100) \tag{5-64}$$

费希尔法球纵向离散系数 D_l(适用于河流)：

$$D_l = 0.011u^2B^2/(hu^*) \tag{5-65}$$

式中 u——河流平均流速，m/s；

B——河流密度，m；

h——河流水深，m；

u^*——摩阻流速，通常约为平均流速的1%数量级。

(6)物理模型率定法

通过物理模型试验的反复研究测试，模拟、率定水质模型相关参数(如沉降或再悬浮系数、扩散系数等)。

(7)示踪剂法(特殊的现场实测法)

示踪试验法是向水体中投放示踪物质，追踪测定其浓度变化，据以计算所需要的各环境水力参数的方法。示踪物质有无机盐类、荧光染料和放射性同位素等，示踪物质应满足具有在水体中不沉降、不降解、不产生化学反应；测定简单准确、经济；对环境无害等特点。示踪物质的投放有瞬间投放、有限时段投放和连续恒定投放。

5.8 建设项目环境管理

5.8.1 水环境容量与总量控制

水环境容量是指水体在环境功能不受损害的前提下所能接纳的污染物的最大允许排放量。水体一般分为河流、湖泊和海洋，受纳水体不同，其消纳污染物的能力也不同。需要说明的是，环境容量所指的“环境”是一个比较大的范围，如果范围很小，由于边界与外界的物质、能量交换量相对于自身所占的比例较大，此时通常改称为环境承载力为妥。

5.8.1.1 水环境容量估算方法

①对于拟接纳开发污水的水体，如常年径流的河流、湖泊、近海水域应估算其环境容量。

②污染因子应包括国家和地方规定的重点污染物、开发区可能产生的特征污染物和受纳水体敏感的污染物。

③根据水环境功能区划明确受纳水体不同断(界)面的水质标准要求；通过现有资料或现场监测分析清楚受纳水体的环境质量状况；分析受纳水体水质达标程度。

④在对受纳水体动力特性进行深入研究的基础上，利用水质模型建立污染物排放和受纳水体水质之间的输入响应关系。

⑤确定合理的混合区，根据受纳水体水质达标程度，考虑相关区域排污的叠加影响；应用输入响应关系，以受纳水体水质按功能达标为前提，估算相关污染物的环境容量(最大允许排放量或排放强度)。

5.8.1.2 水污染物排放总量控制目标的确定

要确定建设项目总量控制目标，应进行以下工作：

①确定总量控制因子　建设项目向水环境排放的污染物种类繁多，不能对其全部实施

总量控制。确定对哪种水污染物实施总量控制，是一个非常重要的问题。要根据地区的具体水质要求和项目性质合理选择总量控制因子。

②计算建设项目不同排污方案的允许排污量　根据区域环境目标和不同的排污方案，计算建设项目的允许排污量。

③分配建设项目总量控制目标　根据各个不同排污方案，通过经济效益和环境效益的综合分析，确定项目总量控制目标。

5.8.1.3　水环境容量与水污染物排放总量控制的主要内容

①选择总量控制指标因子：COD、氨氮、总氰化物、石油类等因子以及受纳水体最为敏感的特征因子。

②分析基于环境容量约束的允许排放总量和基于技术经济条件约束的允许排放总量。

③对于拟接纳开发区污水的水体，如常年径流的河流、湖泊、近海水域，应根据环境功能区划所规定的水质标准要求，选用适当的水质模型分析确定水环境容量(河流/湖泊：水环境容量，河口/海湾：水环境容量/最小初始稀释度，(开敞的)近海水域：最小初始稀释度)；对季节性河流，原则上不要求确定水环境容量。

④对于现状水污染物排放实现达标排放、水体无足够的环境容量可资利用的情形，应在制定基于水环境功能的区域水污染控制计划的基础上确定开发区水污染物排放总量。

⑤如预测的各项总量值均低于上述基于技术水平约束下的总量控制和基于水环境容量的总量控制指标，可选择最小的指标提出总量控制方案；如预测总量大于上述两类指标中的某一类指标，则需调整规划，降低污染物总量。

5.8.2　达标分析

在进行水质影响评价时，应进行水污染源的达标分析和受纳水体水环境质量的达标分析。

(1)水污染源达标分析

水污染源达标主要包含两个含义：排放的污染物浓度达到国家污染物排放标准，特征污染物的排污总量满足评价水域的地表水环境控制要求。

首先，污染源排放要达标。在不考虑区域或流域环境质量目标管理的要求、不考虑污染源输入和水质响应的关系的情况下，污染源排放浓度要达到相应的污染物排放国家标准，这是环境管理的基本要求。

实际上，仅仅污染源排放达标是不够的，还必须满足区域污染排放总量控制的要求。总量控制是在所有污染排放浓度达标的前提下仍不能实现水质目标时采用的控制路线。根据水质要求和环境容量可以确定污染负荷，确定允许排污量。对区域水污染问题实施污染物排放总量控制，优化确定总量分配方案。

达标分析还包括建设项目生产工艺的先进性分析。应以同类企业的生产工艺进行比较，确定此项目生产工艺的水平，不提倡新建工艺落后、污染大、消耗大的项目，应当大力倡导清洁生产技术。

(2)水环境质量达标分析

水环境质量达标分析的目的就是要分清哪一类污染指标是影响水质的主要因素，进而找到引起水质变化的主要污染源和污染指标，了解水体污染对水生生态和人群健康的影响，为水污染综合防治和制订实施污染控制方案提供依据。判断评价水域的水环境质量是否达标，首先要根据水环境功能区划确定的水质类别要求明确水环境质量具体目标，根据不同水期(潮期)的环境水文条件等分析相关水质因子的水质达标情况，然后把各单个水质因子的水质评价结果统计汇总。水质达标分析的水期要与水质调查及水质预测的水期对应，最后以最差的水质指标或最不利水期的水质评价结果为依据，确定评价水域的水环境质量状况。

5.8.3 水环境保护措施

5.8.3.1 污染物消减措施

污染物削减措施建议应尽量做到具体、可行，以便对建设项目的环境工程设计起指导作用。削减措施的评述，主要评述其环境效益(应说明排放物的达标情况)，也可以做些简单的技术经济分析。在对项目进行排污控制方案比较之后，可以选择如下的削减措施。

①改革工艺，减少排污负荷量　从降低单位用水与排水量着手，将排污系数与总量控制目标联系起来。在生产过程中控制排污，对排污量大或超标排污的生产装置，应提出相应的清洁生产工艺改革措施，尽量采用清洁生产工艺，以满足达标排放。

②节约水资源和提高水的循环复用率　对耗水量大的产品或生产工艺，应明确提出改换产品结构或生产工艺的替代方案。努力提高水的循环复用率。这不仅可大量减少污水排放量，有益于地表水环境保护，而且可以大幅减少用水量，节约水资源，这对北方和其他缺水地区尤其具有重要意义。

③对项目设计中所考虑的污水处理措施进行论证和补充，并特别注意点源非正常排放的应急处理措施和水质恶劣的降水初期径流的处理措施。

④选择替代方案　靠近特殊保护水域的项目，通过其他措施难以充分克服其环境影响时，应根据具体情况提出改变排污口位置、压缩排放量以及重新选址等替代方案。

5.8.3.2 环境管理措施

环境管理措施建议包括：

①环境监测计划　主要是建设项目施工期和运行期的监测计划，如有必要还可提出跟踪监测计划建议。监测计划应含监测点(断面)的布设、监测项目和监测频次等内容。

②环境管理机构设置　主要包括环境管理机构、人员组成、职责范围以及相应的环境管理制度等内容。提出工程的水环境保护相关要求。

③环境监理措施　应提出工程施工期的环境监理要求。

④防止水环境污染事故发生的措施　主要包括污染控制、水污染事故风险防范措施、事故预报预警系统的实施等。

5.8.3.3 环境保护投资估算

根据水环境保护对策措施，估算水环境保护投资。环保投资应包括水土保持投资，可直接将建设项目水土保持方案中的有关水环境保护的投资纳入。

5.9 编制地表水环境影响评价报告书

5.9.1 报告书编写原则

环境影响报告书是环境影响评价程序和内容的书面表现形式之一，是环境影响评价项目的重要技术文件。在编写时应遵循下列原则：

①环境影响报告书应该详实、全面、客观、公正、符合大纲要求，概括地反映环境影响评价的全部工作，评价内容较多的报告书，其重点评价项目另编分项报告书；主要的技术问题另编专题报告书。

②文字应简洁、准确，图表要清晰，论点要明确 大型(复杂)项目，应有主报告和分报告(或附件)。主报告应简明扼要，分报告把专题报告、计算依据列入。环境影响报告书应根据环境和工程特点及评价工作等级进行编制。

5.9.2 项目可行性结论

(1)满足要求，可以立项

建设项目对受纳水体污染较重的范围只局限于排污口附近很小的水域范围或只有个别水质参数超标，其污染带对于水域功能区划要求和水环境生态服务功能不构成实质性威胁和危害的水域范围，或者在采取相应环保措施后能够达到预定水质要求，并保证消除污染带的实质性影响，满足水域功能指标的要求时，可以得出此结论。

(2)不满足要求，不能立项

在评价水域的水质现状已经超标，或污染负荷需要削减的数量过大，或者其水域功能接近超标的临界状态，其污染带无法消除，难以适应水域功能要求。并且所用削减措施在技术和经济上明显不合理时，应作出不能达到预期水质要求的结论。

(3)提出方案建议

在某种情况下(如不能达到预定水质要求但影响很少，且发生几率不多时，或者建设项目对受纳水体有污染的一方面，但也有改善的一方面时，或者在其他尚有讨论余地的问题时)有些建设项目不宜作出明确结论，可以针对具体问题做具体分析，提出方案建议或分析意见，并说明原因。

5.10 案例分析

5.10.1 案例一

某市拟对位于城区东南郊的城市污水处理厂进行改扩建。区域年主导风向为西北风，A河由西经市区流向东南，厂址位于A河左岸，距河道700 m。厂址西南200 m处有甲村，南240 m处有乙村，东北900 m处有丙村。按新修编的城市总体规划，城区东南部规划建设工业区，甲村和乙村搬迁至丙村东侧与其合并。按照地表水环境功能区划，A河市区下游河段水体功能为Ⅲ类。

现在工程污水处理能力为4×10^4 m^3/d，采用A2O处理和液氯消毒工艺，出水达到《城镇污水处理厂污染物排放标准》(GB 18918—2002)二级标准后排入A河。采用浓缩水工艺将污泥脱水至含水率80%后送城市生活垃圾填埋场处置。

扩建工程用地为规划城市污水处理厂预留地，新增污水处理规模4×10^4 t/d，采用"A2O改良+混凝沉淀+滤池"处理和液氯消毒；新增污水处理系统出水执行《城镇污水处理厂污染物排放标准》一级A标准，经现排污口排入A河；扩建加氯加药间，液氯贮存量6t；新建1座甲醇投加间作生物脱氮，甲醇贮存量15 t。

拟对现有工程污泥处理系统、恶臭治理系统进行改造：新建1座污泥处置中心，采用生物干化/好氧发酵工艺，将全厂污泥脱水至含水率降至40%；全厂构筑物采用加盖封闭集气除臭方式，设置3处离子除臭间处理污水区、污泥区和污泥处置中心恶臭气体，净化达标后的废气由3个15 m高排气筒排放。

环评单位拟定的综合评价结论为：该工程建设符合国家产业政策、城市总体规划；经采取"以新带老"污染治理措施后，各种污染物可实现达标排放；工程不涉及重大危险源；环境改善效益明显；该工程建设环境可行。

问题：

(1)判断工程设计的"以新带老"方案是否全面，说明理由。

(2)为分析工程对A河的环境影响，需调查哪些方面的相关资料？

(3)指出综合评价结论存在的错误，说明理由。

解析

(1)判断工程设计的"以新带老"方案是否全面，说明理由。

工程设计的"以新带老"方案不全面。

理由：现有工程污水排入A河执行《城镇污水处理厂污染物排放标准》二级标准不符合要求，应执行一级排放标准。改扩建工程应将现有工程污水治理纳入"以新带老"方案，出水符合《城镇污水处理厂污染物排放标准》一级A标准。

(2)为分析工程对A河的环境影响，需调查哪些方面的相关资料？

为分析工程对A河的环境影响，需要调查的资料包括：

现有处理厂各种污染物的种类、排放量、排放方式；扩建工程的各种污染物的种类、排放量、排放方式；现有工程改造后削减的各种污染物的排放量；当地A河的水环境容量；通过"三本账"计算出改扩建后的各种污染物的排量与环境容量对比评价。

(3)指出综合评价结论存在的错误，说明理由。

①错误之处　经"以新带老"污染治理措施后，各种污染物可实现达标排放的结论错误。

理由：现有污水处理厂污水排放没有"以新带老"措施，排放不达标。

②错误之处　环境效益改善明显。

理由：基于现有污水处理厂污水排放没有"以新带老"措施，排放不达标，扩建工程新增污水，增加了污染物排放，即环境效益没有改善，按现有方案，A河的水质反而会更加恶化。

③错误之处　工程不涉及重大危险源。

理由：工程涉及重大危险源为1座6 t的氯加药间，氯加药间存储的液氯为6 t，超过《危险化学品重大危险源辨识》规定的临界量5 t。

④错误之处　各种污染物可实现达标排放。

理由：项目有3根15 m高排气筒(涉嫌分摊排放)，应合为一根排气筒监测。

5.10.2　案例二

某炼油厂拟在厂区预留地内进行改扩建工程建设，其中配套公用工程有：在现有罐区扩建1000 m^3苯罐、500 m^3苯乙烯罐、300 m^3液氨罐和50 m^3碱槽各1座：改造现有供水设施，新增供水能力500 m^3/h。现有污水处理场紧靠北厂界，其西面与西厂界相距100 m。拟在污水处理场与西厂界之间的A空地新建危险废物中转场1座，在与污水处理场东面相邻的B空地新建650 m^3/h污水回用装置1套。

改扩建项目新增的生产废水处理依托现有污水处理场，改造前后生产废水的污染物种类和处理后污染物排放浓度不变(《污水综合排放标准》一级)。达标废水通过2 km排污管道排入C河。C河属感潮河流，大潮潮流最大回荡距离约6 km。排污口上游10 km处有一集中式供水饮用水源D，该水源地设有一级、二级保护区，二级保护区的下游边界距水源D取水口为6 km。取水口至炼油厂废水排污口间河段无其他污染源汇入。为防止C河水体污染，当地环保行政主管部门提出，废水排入C河的改建项目须实现增产减污。

厂区地质结构稳定，天然土层防渗性能良好，厂西边界外700 m处有一村庄，其他方位村庄距厂界1000 m以上。

问题：

(1)评价新建公用工程选择在的环境合理性需要做哪些工作?

(2)指出本项目大气和水环境现状调查中应考虑的特征污染因子。

(3)确定排污口上游河段水质现状监测断面位置。

(4)根据当地环保行政主管部门对C河的管理要求，分析本项目的环境可行性(选择COD作指标给出定量结果，计算新增污水量时不计损耗)。

解析

(1)评价新建公用工程选址在的环境合理性需要做哪些工作?

罐区存在大、小呼吸和物料装卸过程跑冒滴漏等无组织排放，需要计算环境防护距离；需要计算卫生防护距离；储存危险化学品，需要计算安全防护距离；

上述防护距离中取最大的防护距离作为评价公用工程与700 m处村庄的合理性。若最大防护距离小于700 m，可以评价为合理。

(2)指出本项目大气和水环境现状调查中应考虑的特征污染因子。

环境空气：苯、苯乙烯、氨、VOCs。水环境：pH值、苯、苯乙烯、氨氮。

(3)确定排污口上游河段水质现状监测断面位置。

上游10 km处(敏感目标)、二级保护区的上下游边界(预测保护区边界达标)、D取水口(敏感目标)。

(4)根据当地环保行政主管部门对C河的管理要求，分析本项目的环境可行性(选择

COD 作指标给出定量结果，计算新增污水量时不计损耗）。

照总量控制要求增产减污，至少要削减：COD=650×24×100÷1 000 000=1.56(t/d)。

5.10.3 案例三

某拟建企业位于A河左岸，1 km范围内没有居民点，河流为单向河流，河道顺直，水环境功能为Ⅲ类。

厂区设置生活区和生产区，生产区主要设置了5个反应车间，分别生产A和B两种化工产品，全年生产300 d。其中原料1和乙烯合成反应生产三氯乙烯，之后与原料2反应合成反应生产产品A(易挥发)和三氯乙烷，工艺流程如图5-6所示。全厂用水平衡如图5-7所示。

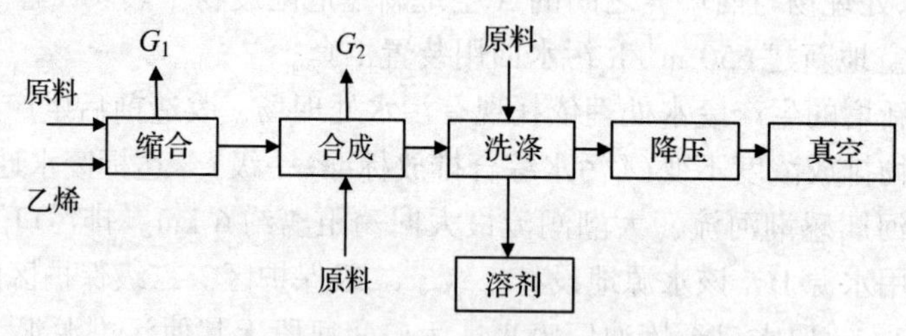

图5-6 A产品工艺流程

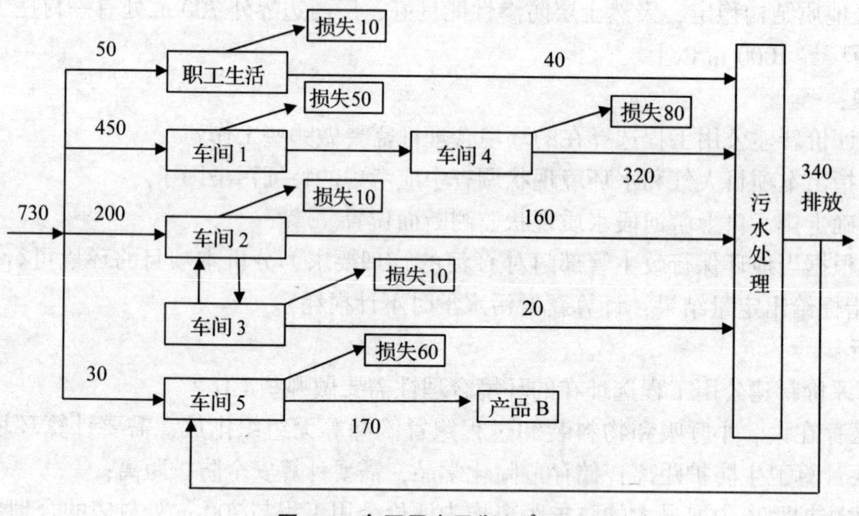

图5-7 全厂用水平衡(m^3/d)

问题：

(1)分别指出图5-6中 G_1 和 G_2 的特征污染因子。

(2)计算本项目工业用水重复利用率。

(3)确定本项目水质现状监测断面位置。

解析

(1)分别指出图5-6中 G_1 和 G_2 的特征污染因子。

G_1：乙烯、三氯乙烯；(非甲烷总烃、VOCs等不是主要的)

G_2：乙烯、产品A(易挥发)、三氯乙烷、三氯乙烯

(2)计算本项目工业用水重复利用率。

①重复利用水量：400+150+180+200=930(m^3/d)；

②工业用水新鲜量：730(m^3/d)；

③工业用水重复利用率=930/(930+730)=56.02%。

(3)确定本项目水质现状监测断面位置。

①A河纳污口上游500 m；

②排污口下游5 km集中式饮用水源地B二级保护区边界；

③排污口下游7 km集中式饮用水源地B一级保护区边界；

④纳污口下游3 km处有河流C汇入A河处；

⑤河流C汇入A河上游500 m处；

⑥排污口下游10 km集中式饮用水B取水口；(非重要)

⑦现状评价范围两端。(非重要)

思考题

1. 简述点源、面源的概念及其特征。
2. 简述地表水环境影响评价的基本工作内容，其评价工作等级如何确定？
3. 简述地表水环境影响评价工作级别的划分依据是什么？
4. 简述各类水域水质取样点位的布置及取样频次。
5. 简述地表水环境影响预测的原则和方法。
6. 简述地表水环境功能区分类及其内容。
7. 简述水体简化和污染源简化的要求。
8. 简述非点源源强预测的类别及方法。
9. 有一个含有COD等有机物的废水排污口，稳定排放在一条水深比较浅而窄的1 km的均匀河段上游，废水排放量为1.2 m^3/s，废水中COD浓度为60 mg/L；排污口上游河段来水的流量为5.6 m^3/s，经水质监测结果表明，河水中COD背景浓度为11.5 mg/L，评价河段的水流流速为1.2 m/s，COD的衰减系数为1.3 d^{-1}，求在该河段出口处河水中COD浓度为多少？
10. 某河段的上断面处有一岸边污水排污口稳定地向河流排放污水，其污水排放特征参数为：Q_E=19 440 m^3/d，$BOD_{5(E)}$=81.4 mg/L。河流水环境参数值为：Q_p=6.0 m^3/s，$BOD_{5(p)}$=6.16 mg/L，B=50.0 m，H=1.2 m，u=0.1 m/s，i=0.9%，K_1=0.3 L/d。计算混合过程段长度？如果忽略污染物质在该段内的沿程河流水量的变化，在距完全混合断面下游10 km的某断面处，河水中的BOD_5浓度是多少？

第6章 地下水环境影响评价

【内容提要】随着社会经济的迅速发展，地下水资源及其水质问题日益突出。为进一步遏制和规范建设项目和区域规划等对当地地下水资源及其水质的影响，我国于2016年出台了《环境影响评价技术导则 地下水环境》(HJ 610—2016)，进一步提高了对地下水资源及其环境保护的力度。本章主要内容包括地下水环境影响评价的工作程序、污染源调查与评价、现状调查与评价、预测与评价，以及地下水环境保护的管理、措施等，重点要求掌握地下水环境影响评价的工作程序、现状调查与评价、预测与评价等基本内容。

6.1 概 述

6.1.1 一般性原则

地下水环境影响评价应对建设项目在建设期、运营期和服务期满后对地下水水质可能造成的直接影响进行分析、预测和评估，提出预防或者减轻不良影响的对策和措施，制订地下水环境影响跟踪监测计划，为建设项目地下水环境保护提供科学依据。

根据建设项目对地下水环境影响的程度，结合《建设项目环境影响评价分类管理名录》，将建设项目分为4类，Ⅰ类、Ⅱ类、Ⅲ类建设项目的地下水环境影响评价应执行该标准，Ⅳ类建设项目不开展地下水环境影响评价。

6.1.2 评价基本任务

地下水环境影响评价应按该标准划分的评价工作等级开展相应评价工作，基本任务包括：识别地下水环境影响，确定地下水环境影响评价工作等级；开展地下水环境现状调查，完成地下水环境现状监测与评价；预测和评价建设项目对地下水水质可能造成的直接影响，提出有针对性的地下水污染防控措施与对策，制订地下水环境影响跟踪监测计划和应急预案。

6.1.3 评价工作程序

地下水环境影响评价工作可划分为准备阶段、现状调查与评价阶段、影响预测与评价阶段和结论阶段，地下水环境影响评价工作程序如图6-1所示。

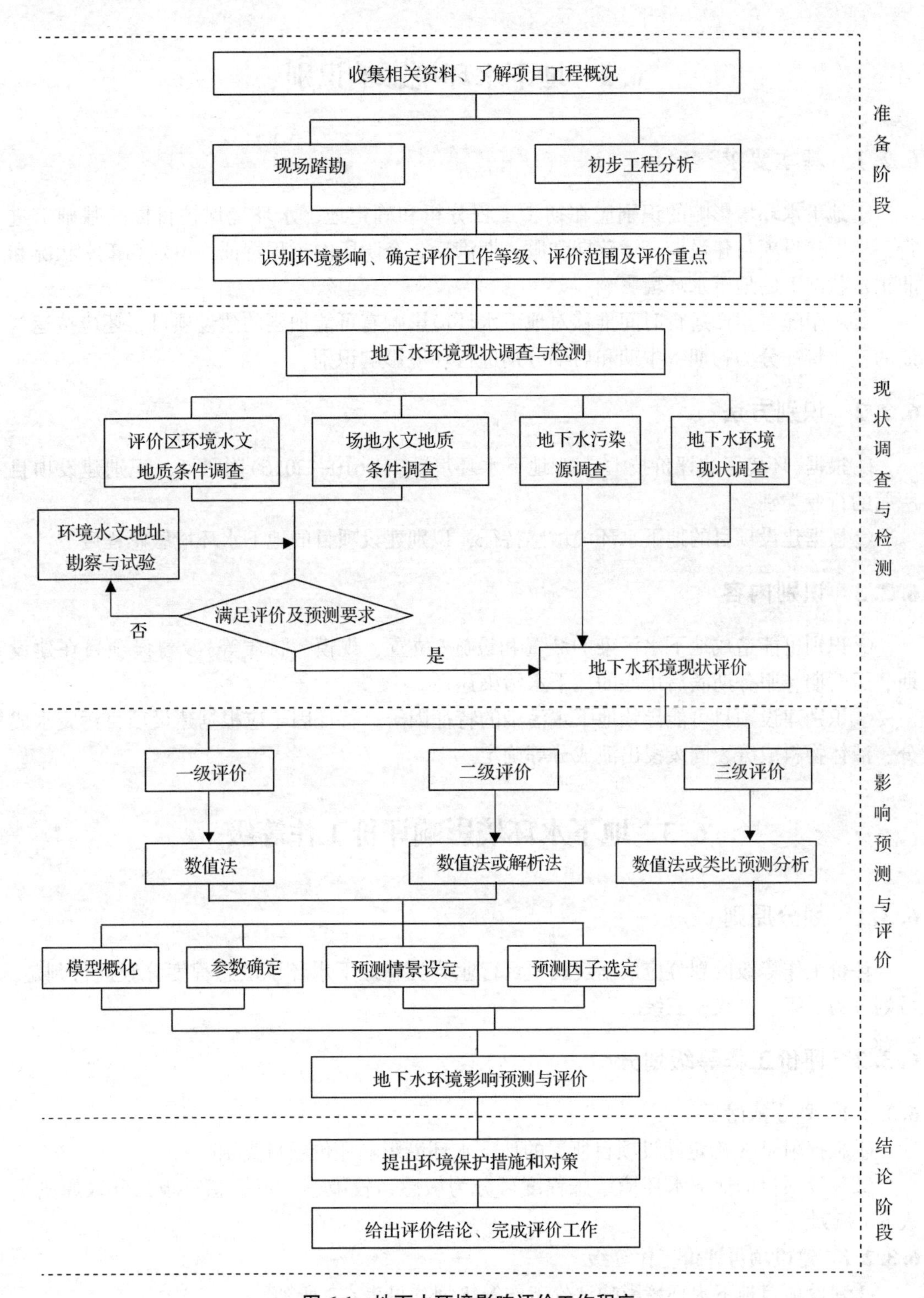

图 6-1　地下水环境影响评价工作程序

6.2 地下水环境影响识别

6.2.1 基本要求

①地下水环境影响的识别应在初步工程分析和确定地下水环境保护目标的基础上进行，根据建设项目建设期、运营期和服务期满后3个阶段的工程特征，识别其正常状况和非正常状况下的地下水环境影响。

②对于随着生产运行时间推移对地下水环境影响有可能加剧的建设项目，还应按运营期的变化特征分为初期、中期和后期分别进行环境影响识别。

6.2.2 识别方法

①根据《环境影响评价技术导则 地下水环境》(HJ 610—2016)附录A，识别建设项目所属的行业类别。

②根据建设项目的地下水环境敏感特征，识别建设项目的地下水环境敏感程度。

6.2.3 识别内容

①识别可能造成地下水污染的装置和设施(位置、规模、材质等)及建设项目在建设期、运营期、服务期满后可能的地下水污染途径。

②识别建设项目可能导致地下水污染的特征因子。特征因子应根据建设项目污废水成分、液体物料成分、固废浸出液成分等确定。

6.3 地下水环境影响评价工作等级

6.3.1 划分原则

评价工作等级的划分应依据建设项目行业分类和地下水环境敏感程度分级进行判定，可划分为一级、二级、三级。

6.3.2 评价工作等级划分

6.3.2.1 划分依据

①根据附录A确定建设项目所属的地下水环境影响评价项目类别。

②建设项目的地下水环境敏感程度可分为敏感、较敏感、不敏感三级，分级原则见表6-1所列。

6.3.2.2 建设项目评价工作等级

①建设项目地下水环境影响评价工作等级划分见表6-2所列。

②对于利用废弃盐岩矿井洞穴或人工专制盐岩洞穴、废弃矿井巷道加水幕系统、人工硬岩洞库加水幕系统、地质条件较好的含水层储油、枯竭的油气层储油等形式的地下储油

表 6-1　地下水环境敏感程度分级表

敏感程度	项目场地的地下水环境敏感特征
敏　感	集中式饮用水水源地(包括已建成的在用、备用、应急水源地，在建和规划的饮用水水源地)准保护区；除集中式饮用水水源地外国家或地方政府设定的与地下水环境相关的其他保护区，如热水、矿泉水、温泉等特殊地下水资源保护区
较敏感	集中式饮用水水源地(包括已建成的在用、备用、应急水源地，在建和规划的饮用水水源地)准保护区以外的补给径流区；未划定准保护区的集中式饮用水水源，其保护区以外的补给径流区；分散式饮用水水源地，特殊地下水资源(如矿泉水、温泉等)保护区外的分布区等其他未列入上述敏感分级的环境敏感区
不敏感	上述地区之外的其他地区

注："环境敏感区"是指《建设项目环境影响评价分类管理名录》中所界定的涉及地下水的环境敏感区。

表 6-2　评价工作等级分级表

敏感程度	Ⅰ类项目	Ⅱ类项目	Ⅲ类项目
敏　感	一	一	二
较敏感	一	二	三
不敏感	二	三	三

库，危险废物填埋场应进行一级评价，不按表 6-2 划分评价工作等级。

③当同一建设项目涉及两个或两个以上场地时，各场地应分别判定评价工作等级，并按相应等级开展评价工作。

④线性工程应根据所涉地下水环境敏感程度和主要站场(如输油站、泵站、加油站、机务段、服务站等)位置进行分段判定评价工作等级，并按相应等级分别开展评价工作。

6.4　地下水环境影响评价技术要求

6.4.1　原则性要求

地下水环境影响评价应充分利用已有资料和数据，当已有资料和数据不满足评价工作要求时，应开展相应评价工作等级要求补充调查，必要时进行勘察试验。

6.4.2　一级评价要求

①详细掌握调查评价区环境水文地质条件，主要包括含(隔)水层结构及其分布特征、地下水补径排条件、地下水流场、地下水动态变化特征、各含水层之间以及地表水与地下水之间的水力联系等，详细掌握调查评价区内地下水开发利用现状与规划。

②开展地下水环境现状监测，详细掌握调查评价区地下水环境质量现状和地下水动态监测信息，进行地下水环境现状评价。

③基本查清场地环境水文地质条件，有针对性地开展勘察试验，确定场地包气带特征

及其防污性能。

④采用数值法进行地下水环境影响预测，对于不宜概化为等效多孔介质的地区，可根据自身特点选择适宜的预测方法。

⑤预测评价应结合相应环保措施，针对可能的污染情景，预测污染物运移趋势，评价建设项目对地下水环境保护目标的影响。

⑥根据预测评价结果和场地包气带特征及其防污性能，提出切实可行的地下水环境保护措施与地下水环境影响跟踪监测计划，制订应急预案。

6.4.3 二级评价要求

①基本掌握调查评价区的环境水文地质条件，主要包括含(隔)水层结构及其分布特征、地下水补径排条件、地下水流场等。了解调查评价区地下水开发利用现状与规划。

②开展地下水环境现状监测，基本掌握调查评价区地下水环境质量现状，进行地下水环境现状评价。

③根据场地环境水文地质条件的掌握情况，有针对性地补充必要的勘察试验。

④根据建设项目特征、水文地质条件及资料掌握情况，采用数值法或解析法进行影响预测，评价对地下水环境保护目标的影响。

⑤提出切实可行的环境保护措施与地下水环境影响跟踪监测计划。

6.4.4 三级评价要求

①了解调查评价区和场地环境水文地质条件。

②基本掌握调查评价区的地下水补径排条件和地下水环境质量现状。

③采用解析法或类比分析法进行地下水环境影响分析与评价。

④提出切实可行的环境保护措施与地下水环境影响跟踪监测计划。

6.4.5 其他技术要求

①一级评价要求场地环境水文地质资料的调查精度应不低于1∶10 000比例尺，调查评价区的环境水文地质资料的调查精度应不低于1∶50 000比例尺。

②二级评价环境水文地质资料的调查精度要求能够清晰地反映建设项目与环境敏感区、地下水环境保护目标的位置关系，并根据建设项目特点和水文地质条件复杂程度确定调查精度，建议以不低于1∶50 000比例尺为宜。

6.5 地下水环境现状调查与评价

6.5.1 调查与评价原则

①地下水环境现状调查与评价工作应遵循资料搜集与现场调查相结合、项目所在场地调查(勘察)与类比考察相结合、现状监测与长期动态资料分析相结合的原则。

②地下水环境现状调查与评价工作的深度应满足相应的工作级别要求。当现有资料不能满足要求时，应通过组织现场监测或环境水文地质勘察与试验等方法获取。

③对于一级、二级评价的改、扩建类建设项目，应开展现有工业场地的包气带污染现状调查。

④对于长输油品、化学品管线等线性工程，调查评价工作应重点针对场站、服务站等可能对地下水产生污染的地区开展。

6.5.2 调查评价范围

6.5.2.1 基本要求

地下水环境现状调查评价范围应包括与建设项目相关的地下水环境保护目标，以能说明地下水环境的现状，反映调查评价区地下水基本流场特征，满足地下水环境影响预测和评价为基本原则。

污染场地修复工程项目的地下水环境影响现状调查参照《建设用地土壤污染状况调查技术导则》(HJ 25.1—2019)执行。

6.5.2.2 调查评价范围确定

(1)建设项目(除线性工程外)

地下水环境影响现状调查评价范围可采用公式计算法、查表法和自定义法确定。

当建设项目所在地水文地质条件相对简单，且所掌握的资料能够满足公式计算法的要求时，应采用公式计算法确定；当不满足公式计算法的要求时，可采用查表法确定。当计算或查表范围超出所处水文地质单元边界时，应以所处水文地质单元边界为宜。

①公式计算法

$$L = \alpha KiT/ne \tag{6-1}$$

式中 L——下游迁移距离，m；

α——变化系数，$\alpha \geqslant 1$，一般取2；

K——渗透系数，m/d；

i——水力坡度，量纲1；

T——质点迁移天数，取 $T \geqslant 5000$ d；

ne——有效孔隙度，量纲1。

采用该方法时应包含重要的地下水环境保护目标，所得的调查评价范围如图6-2所示。

②查表法 参照表6-3。

表6-3 建设项目地下水环境现状评价范围参照表

评价等级	调查评价面积(km^2)	备 注
一级	≥20	应包括重要的地下水环境保护目标，必要时适当扩大范围
二级	6~20	
三级	≤6	

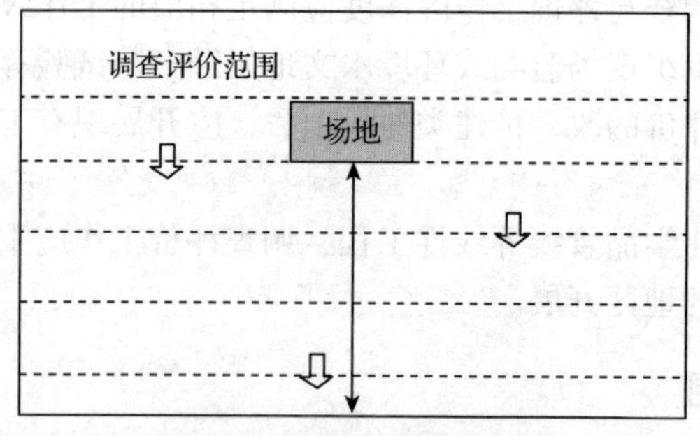

图 6-2　调查评价范围示意

注：虚线表示等水位线；空心箭头表示地下水流向；场地上游距离根据评价需求确定，场地两侧不小于 $L/2$

③自定义法　可根据建设项目所在地水文地质条件自行确定，须说明理由。

(2)线性工程

应以工程边界两侧向外延伸 200 m 作为调查评价范围，穿越饮用水源准保护区时，调查评价范围应至少包括水源保护区。

6.5.3　调查内容与要求

6.5.3.1　水文地质条件调查

在充分收集资料的基础上，根据建设项目特点和水文地质条件复杂程度，开展调查工作，主要内容包括：

①气象、水文、土壤和植被状况。

②地层岩性、地质构造、地貌特征与矿产资源。

③包气带岩性、结构、厚度、分布及垂向渗透系数等。

④含水层岩性、分布、结构、厚度、埋藏条件、渗透性、富水程度等；隔水层(弱透水层)的岩性、厚度、渗透性等。

⑤地下水类型、地下水补径排条件。

⑥地下水水位、水质、水温、地下水化学类型。

⑦泉的成因类型，出露位置、形成条件及泉水流量、水质、水温，开发利用情况。

⑧集中供水水源地和水源井的分布情况(包括开采层的成井密度、水井结构、深度以及开采历史)。

⑨地下水现状监测井的深度、结构以及成井历史、使用功能。

⑩地下水环境现状值(或地下水污染对照值)。

场地范围内应重点调查③。

6.5.3.2　地下水环境现状调查

①调查评价区内具有与建设项目产生或排放同种特征因子的地下水污染源。

②对于一级、二级的改、扩建项目，应在可能造成地下水污染的主要装置或设施附近开展包气带污染现状调查，对包气带进行分层取样，一般在 0~20 cm 埋深范围内取一个样品，其他取样深度应根据污染源特征和包气带岩性、结构特征等确定，并说明理由。样

品进行浸溶试验，测试分析浸溶液成分。

6.5.3.3　地下水环境现状监测

(1)建设项目地下水环境现状监测应通过对地下水水质、水位的监测，掌握或了解调查评价区地下水水质现状及地下水流场，为地下水环境现状评价提供基础资料。

(2)污染场地修复工程项目的地下水环境现状监测参照《建设用地土壤污染风险管控和修复监测技术导则》(HJ 25.2—2019)执行。

(3)现状监测点的布设原则

①地下水环境现状监测点采用控制性布点与功能性布点相结合的布设原则。监测点应主要布设在建设项目场地、周围环境敏感点、地下水污染源以及对于确定边界条件有控制意义的地点。当现有监测点不能满足监测位置和监测深度要求时，应布设新的地下水现状监测井，现状监测井的布设应兼顾地下水环境影响跟踪监测计划。

②监测层位应包括潜水含水层、可能受建设项目影响且具有饮用水开发利用价值的含水层。监测层位应包括潜水含水层、可能受建设项目影响且具有饮用水开发利用价值的含水层。

③一般情况下，地下水水位监测点数以不小于相应评价级别地下水水质监测点数的2倍为宜。

④地下水水质监测点布设的具体要求

• 监测点布设应尽可能靠近建设项目场地或主体工程，监测点数应根据评价工作等级和水文地质条件确定。

• 一级评价项目潜水含水层的水质监测点应不少于7个，可能受建设项目影响且具有饮用水开发利用价值的含水层3~5个。原则上建设项目场地上游和两侧的地下水水质监测点均不得少于1个，建设项目场地及其下游影响区的地下水水质监测点不得少于3个。

• 二级评价项目潜水含水层的水质监测点应不少于5个，可能受建设项目影响且具有饮用水开发利用价值的含水层2~4个。原则上建设项目场地上游和两侧的地下水水质监测点均不得少于1个，建设项目场地及其下游影响区的地下水水质监测点不得少于2个。

• 三级评价项目潜水含水层水质监测点应不少于3个，可能受建设项目影响且具有饮用水开发利用价值的含水层1~2个。原则上建设项目场地上游及下游影响区的地下水水质监测点各不得少于1个。

⑤管道型岩溶区等本文地质条件复杂的地区，地下水现状监测点应视情况确定，并说明布设理由。

⑥在包气带厚度超过100 m的地区或监测井较难布置的基岩山区，当地下水质监测点数无法满足④的要求时，可视情况调整数量，并说明调整理由。一般情况下，该类地区一级、二级评价项目应至少设置3个监测点，三级评价项目可根据需要设置一定数量的监测点。

(4)地下水水质现状监测取样

①应根据特征因子在地下水中的迁移特性选取适当的取样方法；

②一般情况下，只取一个水质样品，取样点深度宜在地下水位以下 1.0 m 左右；

③建设项目为改、扩建项目，且特征因子为 DNAPLs(重质非水相液体)时，应至少在含水层底部取一个样品。

(5)地下水水质现状监测因子

①检测分析地下水中 K^+、Na^+、Ca^{2+}、Mg^{2+}、CO_3^{2-}、HCO_3^-、Cl^-、SO_4^{2-} 浓度。

②地下水水质现状监测因子原则上应包括两类：基本水质因子和特征因子。

a. 基本水质因子：以 pH 值、氨氮、硝酸盐、亚硝酸盐、挥发性酚类、氰化物、砷、汞、铬(六价)、总硬度、铅、氟、铁、锰、溶解性总固体、高锰酸盐指数、硫酸盐、氯化物、总大肠菌群、细菌总数等以及背景值超标的水质因子为基础，可根据区域地下水水质状况、污染源状况适当调整。

b. 特征因子：根据 6.2.3 的识别结果确定，可根据区域地下水水质状况、污染源状况适当调整。

(6)地下水环境现状监测频率要求

①水位监测频率要求　评价工作等级为一级的建设项目，若掌握近 3 年内至少一个连续水文年的枯、平、丰水期地下水水位动态监测资料，评价期内应至少开展一期地下水水位监测；若无上述资料，应依据表 6-4 开展水位监测。

评价工作等级为二级的建设项目，若掌握近 3 年内至少一个连续水文年的枯、丰水期地下水水位动态监测资料，评价期可不再开展地下水水位现状监测；若无上述资料，应依据表 6-4 开展水位监测；

表 6-4　环境现状监测频率参照

分布区	水位监测频率			水质监测频率		
	一级	二级	三级	一级	二级	三级
山前冲(洪)积	枯、平、丰	枯、丰	一期	枯、丰	枯	一期
滨海(含填海区)	二期	一期	一期	一期	一期	一期
其他平原区	枯、丰	一期	一期	枯	一期	一期
黄土地区	枯、平、丰	一期	一期	二期	一期	一期
沙漠地区	枯、丰	一期	一期	一期	一期	一期
丘陵山区	枯、丰	一期	一期	一期	一期	一期
岩溶裂隙	枯、丰	一期	一期	枯、丰	一期	一期
岩溶管道	二期	一期	一期	二期	一期	一期

注：“二期”的间隔有明显水位变化，其变化幅度接近年内变幅。

评价工作等级为三级的建设项目，若掌握近 3 年内至少一期的监测资料，评价期内可不再进行地下水水位现状监测；若无上述资料，应依据表 6-4 开展水位监测。

②基本水质因子的水质监测频率应参照表 6-4，若掌握近 3 年至少一期水质监测数据，基本水质因子可在评价期补充开展一期现状监测；特征因子在评价期内应至少开展一期现状监测。

③在包气带厚度超过 100 m 的评价区或监测井较难布置的基岩山区，若掌握近 3 年内

至少一期的监测资料，评价期内可不进行地下水水位、水质现状监测；若无上述资料，至少开展一期现状水位、水质监测。

(7)地下水样品采集与现场测定

①地下水样品应采用自动式采样泵或人工活塞闭合式与敞口式定深采样器进行采集。

②样品采集前，应先测量井孔地下水水位(或地下水位埋深)并做好记录，然后采用潜水泵或离心泵对采样井(孔)进行全井孔清洗，抽汲的水量不得小于3倍的井筒水(量)体积。

③地下水水质样品的管理、分析化验和质量控制按照《地下水环境监测技术规范》(HJ 164—2020)执行。pH、Eh、DO、水温等不稳定项目应在现场测定。

6.5.3.4 环境水文地质勘察与实验

①环境水文地质勘察与试验是在充分收集已有资料和地下水环境现状调查的基础上，为进一步查明含水层特征和获取预测评价中必要的水文地质参数而进行的工作。

②除一级评价应进行必要的环境水文地质勘察与试验外，对环境水文地质条件复杂且资料缺少的地区，二级、三级评价也应在区域水文地质调查的基础上对场地进行必要的水文地质勘察。

③环境水文地质勘察可采用钻探、物探和水土化学分析以及室内外测试、试验等手段开展，具体参见相关标准与规范。

④环境水文地质试验项目通常有抽水试验、注水试验、渗水试验、浸溶试验及土柱淋滤试验等，有关试验原则与方法参见标准附录C。在评价工作过程中可根据评价工作等级和资料掌握情况选用。

⑤进行环境水文地质勘察时，除采用常规方法外，还可采用其他辅助方法配合勘察。

6.5.4 环境现状评价

6.5.4.1 地下水水质现状评价

①《地下水质量标准》(GB/T 14848—2017)和有关法规及当地的环保要求是地下水环境现状评价的基本依据，对属于(GB/T 14848—2017)水质指标的评价因子，应按其规定的水质分类标准值进行评价；对于不属于(GB/T 14848—2017)水质指标的评价因子，可参照国家(行业、地方)相关标准(如GB 3838—2002, GB 5749—2006, DZ/T 0290—2015等)进行评价。现状监测结果应进行统计分析，给出最大值、最小值、均值、标准差、检出率和超标率等。

②地下水水质现状评价应采用标准指数法。标准指数>1，表明该水质因子已超标，标准指数越大，超标越严重。标准指数计算公式分为以下两种情况：

对于评价标准为定值的水质因子，其标准指数计算方法见式(6-2)：

$$P_i = C_i / Cs_i \tag{6-2}$$

式中 P_i——第i个水质因子的标准指数，量纲为1；

C_i——第i个水质因子的监测浓度值，mg/L；

Cs_i——第i个水质因子的标准浓度值，mg/L。

对于评价标准为区间的水质因子(例如，pH)，其标准指数计算方法见式(6-3)和式

(6-4)：

$$P_{pH}=(7.0-pH)/(7.0-pH_{sd}) \quad (pH\leqslant 7) \tag{6-3}$$

$$P_{pH}=(pH-7.0)/(pH_{su}-7.0) \quad (pH>7) \tag{6-4}$$

式中 P_{pH}——pH 标准指数，量纲为 1；

pH——pH 监测值；

pH_{su}——标准中 pH 上限值；

pH_{sd}——标准中 pH 下限值。

6.5.4.2 包气带环境现状分析

对于污染场地修复工程项目和评价工作等级为一级、二级的改、扩建项目，开展包气带污染现状调查，分析包气带污染状况。

6.6 地下水环境影响预测

6.6.1 预测原则

①建设项目地下水环境影响预测应遵循《建设项目环境影响评价技术导则 总纲》(HJ 2.1—2016)中确定的原则。考虑到地下水环境污染的复杂性、隐蔽性和难恢复性，还应遵循保护优先、预防为主的原则，预测应为评价各方案的环境安全和环境保护措施的合理性提供依据。

②预测的范围、时段，内容和方法均应根据评价工作等级、工程特征与环境特征，结合当地环境功能和环保要求确定，应预测建设项目对地下水水质产生的直接影响，重点预测对地下水环境保护目标的影响。

③在结合地下水污染防控措施的基础上，对工程设计方案或可行性研究报告推荐的选址(选线)方案可能引起的地下水环境影响进行预测。

6.6.2 预测范围

①地下水环境影响预测范围一般与调查评价范围一致。

②预测层位应以潜水含水层或污染物直接进入的含水层为主，兼顾与其水力联系密切且具有饮用水开发利用价值的含水层。

③当建设项目场地天然包气带垂向渗透系数小于 1.0×10^{6} cm/s 或厚度超过 100 m 时，预测范围应扩展至包气带。

6.6.3 预测时段

地下水环境影响预测时段应选取可能产生地下水污染的关键时段，至少包括污染发生后 100 d、1000 d，服务年限或者能反映特征因子迁移规律的其他重要的时间节点。

6.6.4 情景设置

①一般情况下，建设项目须对正常状况和非正常状况的情景分别进行预测。

②已依据《生活垃圾填埋场污染控制标准》(GB 16889—2008),《危险废物贮存污染控制标准》(GB 18597—2001/XG1—2013),《石油化工工程防渗技术规范》(GB/T 50934—2013),《一般工业固体废物贮存和填埋污染控制标准》(GB 18599—2020)等规范设计地下水污染防渗措施的建设项目,可不进行正常状况情景下的预测。

6.6.5 预测因子

预测因子应包括:

①根据6.3.2识别出的特征因子,按照重金属、持久性有机污染物和其他类别进行分类,并对每一类别中的各项因子采用标准指数法进行排序,分别取标准指数最大的因子作为预测因子。

②现有工程已经产生的且改、扩建后将继续产生的特征因子,改、扩建后新增加的特征因子。

③污染场地已查明的主要污染物,按照①筛选预测因子。

④国家或地方要求控制的污染物。

6.6.6 预测源强

地下水环境影响预测源强的确定应充分结合工程分析。

①正常状况下,预测源强应结合建设项目工程分析和相关设计规范确定,如《给水排水构筑物工程施工及验收规范》(GB 50141—2008)等。

②非正常状况下,预测源强可根据地下水环境保护设施或工艺设备的系统老化或腐蚀程度等设定。

6.6.7 预测方法

建设项目地下水环境影响预测方法包括数学模型法和类比分析法。其中,数学模型法包括数值法、解析法等。常用的地下水预测数学模型参见标准附录D。

预测方法的选取应根据建设项目工程特征、水文地质条件及资料掌握程度来确定,当数值法不适用时,可用解析法或其他方法预测。一般情况下,一级评价应采用数值法,不宜概化为等效多孔介质的地区除外;二级评价中水文地质条件复杂且适宜采用数值法时,建议优先采用数值法;三级评价可采用解析法或类比分析法。

①采用数值法预测前,应先进行参数识别和模型验证。

②采用解析模型预测污染物在含水层中的扩散时,一般应满足以下条件:

第一,污染物的排放对地下水流场没有明显的影响。

第二,调查评价区内含水层的基本参数(如渗透系数、有效孔隙度等)不变或变化很小。

③采用类比分析法时,应给出类比条件。类比分析对象与拟预测对象之间应满足以下要求:

第一,两者的环境水文地质条件、水动力场条件相似;

第二,两者的工程类型、规模及特征因子对地下水环境的影响具有相似性。

地下水环境影响预测过程中，对于未采用本导则推荐模式预测评价时，需明确所采用模式的适用条件，给出模型中的各参数物理意义及参数取值，并尽可能地采用本导则中的相关模式进行验证。

6.6.8　预测模型概化

(1)水文地质条件概化

根据调查评价区和场地环境水文地质条件，对边界性质、介质特征、水流特征和补径排等条件进行概化。

(2)污染源概化

污染源概化包括排放形式与排放规律的概化。根据污染源的具体情况，排放形式可以概化为点源、线源、面源；排放规律可以概化为连续恒定排放或非连续恒定排放，以及瞬时排放。

(3)水文地质参数初始值的确定

预测所需的包气带垂向渗透系数、含水层渗透系数、给水度等预测所需参数初始值的获取应以收集评价范围内已有水文地质资料为主，不满足预测要求时需通过现场试验获取。

6.6.9　预测内容

(1)给出特征因子不同时段的影响范围、程度、最大迁移距离。

(2)给出预测期内建设项目场地边界或地下水环境保护目标处特征因子随时间的变化规律。

(3)当建设项目场地天然包气带垂向渗透系数小于 1.0×10^{6} cm/s 或厚度超过 100 m 时，须考虑包气带阻滞作用，预测特征因子在包气带中的迁移规律。

(4)污染场地修复治理工程项目应给出污染物变化趋势或污染控制的范围。

6.7　地下水环境影响评价

6.7.1　评价原则

(1)评价应以地下水环境现状调查和地下水环境影响预测结果为依据，对建设项目各实施阶段(建设期、运营期及服务期满后)不同环节及不同污染防控措施下的地下水环境影响进行评价。

(2)地下水环境影响预测未包括环境质量现状值时，应叠加环境质量现状值后再进行评价。

(3)应评价建设项目对地下水水质的直接影响，重点评价建设项目对地下水环境保护目标的影响。

6.7.2 评价范围

地下水环境影响评价范围一般与调查评价范围一致。

6.7.3 评价方法

①采用标准指数法对建设项目地下水水质影响进行评价，具体方法同6.5.4。

②对属于《地下水质量标准》(GB/T 14848—2017)水质指标的评价因子，应按其规定的水质分类标准值进行评价；对于不属于(GB/T 14848—2017)水质指标的评价因子，可参照国家(行业、地方)相关标准水质标准值，例如，《地表水环境质量标准》(GB 3838—2002)、《生活饮用水卫生标准》(GB 5749—2006)等进行评价。

6.7.4 评价结论

评价建设项目对地下水水质影响时，可采用以下判据评价水质能否满足标准的要求。

(1)以下情况应得出可以满足标准要求的结论

①建设项目各个不同阶段，除场界内小范围以外地区，均能满足《地下水质量标准》(GB/T 14848—2017)或国家(行业、地方)相关标准要求的。

②在建设项目实施的某个阶段，有个别评价因子出现较大范围超标，但采取环保措施后，可满足《地下水质量标准》(GB/T 14848—2017)或国家(行业、地方)相关标准要求的。

(2)以下情况应得出不能满足标准要求的结论

①新建项目排放的主要污染物，改、扩、建项目已经排放的及将要排放的主要污染物在评价范围内地下水中已经超标的。

②环保措施在技术上不可行，或在经济上明显不合理的。

6.8 地下水环境保护措施与对策

6.8.1 基本要求

①地下水环境保护措施与对策应符合《中华人民共和国水污染防治法》和《中华人民共和国环境影响评价法》的相关规定，按照“源头控制、分区防控、污染监控、应急响应”且重点突出饮用水水质安全的原则确定。

②根据建设项目特点、调查评价区和场地环境水文地质条件，在建设项目可行性研究提出的污染防控对策的基础上，根据环境影响预测与评价结果，提出需要增加或完善的地下水环境保护措施和对策。

③改、扩建项目应针对现有工程引起的地下水污染问题，提出“以新带老”措施，有效减轻污染程度或控制污染范围，防止地下水污染加剧。

④给出各项地下水环境保护措施与对策的实施效果，初步估算各措施的投资概算，列

表给出并分析其技术、经济可行性。

⑤提出合理、可行、操作性强的地下水污染防控的环境管理体系，包括地下水环境跟踪监测方案和定期信息公开等。

6.8.2 建设项目污染防控对策

6.8.2.1 源头控制措施

源头控制措施主要包括提出各类废物循环利用的具体方案，减少污染物的排放量；提出工艺、管道、设备、污水储存及处理构筑物应采取的污染防控措施，将污染物跑、冒、滴、漏降到最低限度。

6.8.2.2 分区防控措施

①结合地下水环境影响评价结果，对工程设计或可行性研究报告提出的地下水污染防控方案提出优化调整建议，给出不同分区的具体防渗技术要求。

一般情况下，应以水平防渗为主，防控措施应满足以下要求：

已颁布污染控制标准或防渗技术规范的行业，水平防渗技术要求按照相应标准或规范执行，如《生活垃圾填埋污染控制标准》(GB 16889—2008)、《危险废物填埋污染控制标准》(GB 18598—2019)、《石油化工工程防渗技术规范》(GB/T 50934—2013)等。

未颁布相关标准的行业，应根据预测结果和建设项目场地包气带特征及其防污性能，提出防渗技术要求；或根据建设项目场地天然包气带防污性能、污染控制难易程度和污染物特性，参照表 6-5 提出防渗技术要求。其中污染控制难易程度分级和天然包气带防污性能分级参照表 6-6 和表 6-7 进行相关等级的确定。

②对难以采取水平防渗的建设项目场地，可采用垂向防渗为主、局部水平防渗为辅的防控措施。

表 6-5 地下水污染防渗分区参照

防渗分区	包气带防污性能	污染控制难易程度	污染物类型	防渗技术要求
重点防渗区	弱	易—难	重金属、持久性有机污染	等效黏土防渗层 $Mb \geq 6.0$ m，$K \leq 1.0 \times 10^{-7}$ cm/s，或参照 GB 18598
	中—强	难		
一般防渗区	中—强	易	重金属、持久性有机污染	等效黏土防渗层 $Mb \geq 1.5$ m，$K \leq 1.0 \times 10^{-7}$ cm/s，或参照 GB 18598
	弱	易—难		
	中—强	难	其他类型	
简单防渗区	中—强	易	其他类型	一般地面硬化

表 6-6 污染控制难易程度分级参照

污染控制难易程度	主要特征
难	对地下水环境有污染的物料或污染物泄漏后，不能及时发现和处理
易	对地下水环境有污染的物料或污染物泄漏后，可及时发现和处理

表 6-7 天然包气带防污性能分级参照

分级	包气带岩土的渗透性能
强	$Mb \geq 1.0$ m，$K \leq 1.0 \times 10^{-6}$ cm/s，且分布连续、稳定
中	0.5 m $\leq Mb < 1.0$ m，$K \leq 1.0 \times 10^{-6}$ cm/s，且分布连续、稳定 $Mb \geq 1.0$ m，1.0×10^{6} cm/s $< K \leq 1.0 \times 10^{-4}$ cm/s，且分布连续、稳定
弱	岩(土)层不满足上述“强”和“中”条件

注：Mb 为岩土层单层厚度；K 为渗透系数。

③根据非正常状况下的预测评价结果，在建设项目服务年限内个别评价因子超标范围超出厂界时，应提出优化总图布置的建议或地基处理方案。

6.8.3 地下水环境监测与管理

(1)建立地下水环境监测管理体系，包括制订地下水环境影响跟踪监测计划、建立地下水环境影响跟踪监测制度、配备先进的监测仪器和设备，以便及时发现问题，采取措施。

(2)跟踪监测计划应根据环境水文地质条件和建设项目特点设置跟踪监测点，跟踪监测点应明确与建设项目的位置关系，给出点位、坐标、井结构、监测层位、监测因子及监测频率等相关参数。

①跟踪监测点数量要求

a. 一级、二级评价的建设项目：一般不少于 3 个，应至少在建设项目场地及其上、下游各布设 1 个。一级评价的建设项目，应在建设项目总图布置基础之上，结合预测评价结果和应急响应时间要求，在重点污染风险源处增设监测点。

b. 三级评价的建设项目：一般不少于 1 个，应至少在建设项目场地下游布置 1 个。

②明确跟踪监测点的基本功能，如背景值监测点、地下水环境影响跟踪监测点、污染扩散监测点等，必要时明确跟踪监测点兼具的污染控制功能。

③根据环境管理对监测工作的需要，提出有关监测机构、人员及装备的建议。

(3)制订地下水环境跟踪监测与信息公开计划

①编制跟踪监测报告，明确跟踪监测报告编制的责任主体。跟踪监测报告内容一般应包括：

a. 建设项目所在场地及其影响区地下水环境跟踪监测数据，排放污染物的种类、数量、浓度。

b. 生产设备、管廊或管线、贮存与运输装置、污染物贮存与处理装置、事故应急装置等设施的运行状况、跑冒滴漏记录、维护记录。

②信息公开计划应至少包括建设项目特征因子的地下水环境监测值。

6.8.4 应急响应

制订地下水污染应急响应预案，明确污染状况下应采取的控制污染源、切断污染途径等措施。

6.9　地下水环境影响评价结论

(1)环境水文地质现状

概述调查评价区及场地环境水文地质条件和地下水环境现状。

(2)下水环境影响

根据地下水环境影响预测评价结果，给出建设项目对地下水环境和保护目标的直接影响。给出地下水环境影响预测评价结果，明确建设项目对地下水环境和保护目标的直接影响。

(3)地下水环境污染防控措施

根据地下水环境影响评价结论，提出建设项目地下水污染防控措施的优化调整建议或方案。

(4)地下水环境影响评价结论

结合环境水文地质条件、地下水环境影响、地下水环境污染防控措施、建设项目总平面布置的合理性等方面进行综合评价，明确给出建设项目地下水环境影响是否可接受的结论。

6.10　案例分析

6.10.1　案例一

拟新建一大型铁矿，采选规模 3.5×10^6 t/a，服务年限 25 年。主要建设内容为：采矿系统、选矿厂、精矿输送管线、尾矿输送管线等主体工程，配套建设废石场、尾矿库和充填站。采矿系统包括主立井、副立井、风井和采矿工业场地等设施，主立井参数：井筒直径 5.2 m，井口标高 31 m，井底标高 -520 m。

矿山开采范围 5 km^2，开采深度 -210～-440 m，采用地下开采方式，立井开拓运输方案。采矿方法为空场法嗣后充填。矿石井下破碎，通过主产井提升至地面矿仓，再由胶带运输机输送至选矿厂；废石经副立井提升至地面，由电动机车运输至废石场。

选矿厂位于主立井口西侧 1 km 处，选矿工艺流程为“中碎—细碎—球磨—磁选”；选出的铁精矿浆通过精矿输送管线输送至 15 km 外的钢铁厂；尾矿浆通过尾矿输送管线输送，85%送充填站，15%送尾矿库。精矿输送管线和尾矿输送管线均沿地表铺设，途经农田区，跨越 A 河(水环境功能为Ⅲ类)。跨河管道的两侧各设自动控制阀，当发生管道泄漏时可自动关闭管道输送系统。

经浸出毒性鉴别和放射性检验，废石和尾矿库属于第Ⅰ类一般工业固体废物，符合《建筑材料放射性核素限量》(GB 6566—2010)。

废石场位于副立井附近，总库容 8.6×10^6 m^3，为简易堆放场，设有拦挡坝。施工期剥离表土单独堆存于废石场。尾矿库位于选矿厂东南方向 5.3 km 处，占地面积 80 hm^2，堆高10 m，总库容7.5×10^6 m^3，设有拦挡坝、溢流井、回水池。尾矿库溢流水送回选矿厂重复使用。尾矿库周边200~1000 m范围内有4个村庄，其中B村位于南侧200 m，C村位于北侧300 m，D村位于北侧500 m，E村位于东侧1000 m。拟环保搬迁B村和C村。

矿区位于江淮平原地区，多年平均降水量950 mm。矿区地面标高22~40 m土地利用类型以农田为主。矿区内分布有11个30~50户规模的村庄。矿区第四纪潜层水埋深1~10 m；中下更新统深层水含水层顶板埋深70 m左右。矿区内各村庄均分布有分散式居民饮用水取水井，井深15 m左右，无集中式饮用水取水井。

问题：

(1)说明矿井施工影响地下水的主要环节，并提出相应的对策措施。

(2)拟定的尾矿库周边村庄搬迁方案是否满足环境保护要求？并说明理由。

(3)提出精矿输送管线泄漏事故的环境风险防范措施。

(4)给出本项目地下水环境监测井的设置方案。

解析

(1)说明矿井施工影响地下水的主要环节，并提出相应的对策措施

①井筒在穿透相对隔水层(或隔水顶板，或含水层)环节。

②在施工过程中作止水处理(或封堵，或阻断水力联系)。

分析：本题问的是“矿井”“施工”过程影响“地下水”的“环节”，即题干提到的几类“井”在掘进过程中可能会导致地下水(第四纪潜层水和中下更新统深层水)串层或钻井泥浆污染地下水水质。对策措施则主要是合理选择井场位置，先探明地下水情况，再掘井矿井，发生涌水或串层及时封堵。

(2)拟定的尾矿库周边村庄搬迁方案是否满足环境保护要求？并说明理由

①无法判断(或尚不能确定)。

②理由：应按大气环境污染影响预测及环境风险评价结果确定。尾矿区影响居民的因素主要是溃坝风险、扬尘污染及地下水污染。除距离关系外，还需考虑地面标高、当地风向风力，以及库区地质结构与地下水流向，尾矿库与村庄的防护距离应经环境影响评价来确定，题干并未指出经环境影响评价确定防护距离内只有B村和C村。

(3)提出精矿输送管线泄漏事故的环境风险防范措施

①设置事故收集池。

②环境敏感区域加套管(或设置管沟、备用管道)。

(4)给出本项目地下水环境监测井的设置方案

①在矿区(工业场地、选厂、周围村庄)、废石场、尾矿库区域设置地下水监测井。

②在各区域地下水流向的上游、周边(两侧)、下游布设监测井。

分析：在环评或竣工环境保护验收时，废石场和尾矿库是地下水监测的重点区域，一般是分别在废石场、尾矿库上游布设对照井，在其下游布设污染监控井和污染扩散观测井(可选场、库下居民饮用水井)。

6.10.2 案例二

某市生活垃圾焚烧发电厂规划日处理生活垃圾900 t，分两期建设，一期工程日处理

生活垃圾600 t，二期工程日处理生活垃圾300 t。一期工程已于2007年通过竣工环保验收并投产运行，目前日处理垃圾600 t。现拟建二期工程。

一期工程建设内容包括2台300 t/d机械炉排炉、2套热能利用系统、2套烟气净化系统、1个垃圾贮坑、1套渗滤液处理系统及1套其他废水生化处理系统(敞开式)，一期工程厂房内预留二期工程焚烧炉位置。

垃圾贮坑按照规划总规模设计，贮坑能力14 000 t，已采取封闭负压、防腐防渗、渗滤液导排收集等措施。坑内空气经风机引至焚烧炉作为助燃空气，检修期间垃圾暂存在贮坑内(年停炉检修3 d)。焚烧燃气经半干法+干法除酸，活性炭喷射除二噁英和重金属，布袋除尘净化后经80 m高3管集束(使用2管、预留1管)烟囱排放，排放烟气中颗粒物、SO_2、NO_x、HCl，Hg、CO、二噁英浓度分别为25.5、89.2、320、46.3、0.002、20 mg/m^3和0.03 $ngTEQ/m^3$。

渗滤液处理系统设计规模为300 t/d，处理工艺为“预处理+UASB厌氧反应器+MBR生化处理+纳滤”，现状渗滤液最大处理量180 t/d，运行稳定。出水接管送至稳定运行的城市污水处理厂处理。

焚烧炉渣定期外运至砖厂制砖，焚烧飞灰在场内进行水泥固化(添加螯合剂)后送危废填埋场填埋。经检测，飞灰固化物二噁英含量(1 μgTEQ/kg)和浸出液成分低于生活垃圾填埋场入场要求。

拟建二期工程建设内容包括1台300 t/d机械炉排炉、1套热能利用系统和1套烟气净化系统，与一期工程并联布置。配套建设1个45 m^3氨水储罐，其余公辅工程均依托现有设施。焚烧烟气拟采用SNCR脱硝、半干法+干法除酸、活炭喷射除二噁英和重金属，布袋除尘净化后经预留的1管烟囱排放，设计脱硝效率50%。

拟将二期工程垃圾渗滤液送一期工程渗滤液处理系统处理，对一期工程烟气采用相同脱硝工艺整改，并将一、二期工程飞灰固化物送生活垃圾填埋场填埋。

注：《生活垃圾焚烧污染控制标准》(GB 18485—2014)排放烟气中污染物1 h均值限值要求：颗粒物30 mg/m^3、SO_2 100 mg/m^3、NO_x 300 mg/m^3、HCl 60 mg/m^3、Hg 0.05 mg/m^3、二噁英类0.1 $ngTEQ/m^3$，CO 100 mg/m^3。

问题：

(1)评价二期工程NO_x达标排放情况。

(2)二期工程依托现有渗滤液处理系统是否可行？并说明理由。

(3)给出减少恶臭气体排放的改进措施。

(4)二期工程拟定的飞灰固化物处置去向是否合理？请说明理由。

解析

(1)评价二期工程NO_x达标排放情况

①达标排放。

②类比一期工程估算二期工程NO_x浓度为320 mg/m^3，设计脱硝效率50%，NO_x浓度为160 mg/m^3，低于300 mg/m^3排放标准限值要求。

(2)二期工程依托现有渗滤液处理系统是否可行？并说明理由

①可行。

②理由。

渗滤液处理系统设计处理规模满足二期新增渗滤液处理要求。渗滤液处理系统剩余处理能力120 t/d，类比一期工程渗滤液产生情况，估算二期工程新增渗滤液量为90 t/d，渗滤液处理系统剩余处理能力足够。

渗滤液处理工艺可行，稳定运行，出水浓度满足接管标准要求(或出水接管至稳定运行的城市污水处理厂)。

(3)给出减少恶臭气体排放的改进措施

①增设垃圾坑的除臭装置，停炉检修时将垃圾坑的恶臭气体引入除臭装置处理后排放(或处理后排放)。

②应将其他废水处理系统封闭(敞开式废水处理系统应密闭或废水处理系统应密闭)，恶臭气体收集处理后排放。

(4)二期工程拟定的飞灰固化物处置去向是否合理？请说明理由

①合理。

②理由。

二噁英含量(1 μgTEQ/kg)，满足3 μgTEQ/kg限值要求；浸出液中有害成分满足入场要求；水泥固化，含水率小于30%。

思考题

1. 地下水环境影响评价中将建设项目具体分为哪几类？

2. 地下水环境影响预测的重点包括哪些？

3. 地下水环境影响专题报告书包括哪些主要内容？

4. 在流速方向与轴方向一致的半无限一维均匀的试验孔中连续注入浓度为725 mg/L的示踪剂，若已知地下水实际流速$u=2.6\times10^{-7}$ m/s，弥散系数$D_L=3.2\times10^{-7}$ m/s。试求1年后距试验孔15 m处地下水中示踪剂的浓度。

5. 某一污染源直接同承压含水层有水力联系，已知含水层的实际流速为0.01 m/d，含水层的弥散系数$D_L=1.0$ m^2/d，试根据一维连续注入示踪剂的计算公式预测5年后距离污染源10 m、20 m、30 m、40 m和50 m处地下水中示踪剂浓度的变化值。

6. 在潜水含水层中进行抽水试验。已知含水层厚度$H=8$ m，渗透系数$K=6.74$ m/d，初始水位为6.0 m，抽水井直径为0.152 m，抽水流量$Q=135.6$ m^3/d，当井内水深为3 m时，试求地下水位影响半径r。

第7章 声环境影响评价

【内容提要】环境噪声影响周围人群的正常生活。建设项目和规划声环境影响评价是确定拟开发行动或建设项目发出的噪声对人群和生态环境影响的范围和程度，评价影响的重要性，提出避免、消除和减少其影响的措施，为规划或建设项目方案的优化选择提供依据。本章内容主要包括声音及噪声评价量的相关概念，声环境影响评价的工作程序与要求、现状调查与测量、影响预测和噪声污染防治对策。重点掌握噪声环境现状调查和影响预测的相关方法。

7.1 声和噪声评价量

7.1.1 声和噪声

声音，在物理学上的含义，一方面指弹力介质的压力应力质点位移和质点速度等变化或几种变化的综合，另一方面指上述变化作用于人耳所引起的感觉(指主观听觉)。前者称为声波，后者称为声音。

在物理学上，噪声指的就是由不同频率和强度的声波无规则、杂乱组合的声音。是人们生活、学习和工作时所不需要的声音。

环境噪声是指在工业生产、建筑施工、交通运输和社会生活中所产生的干扰周围生活环境的声音。

环境噪声污染是指所产生的环境噪声超过国家规定的环境噪声排放标准，并干扰他人正常生活、工作和学习的现象。

噪声污染是一种物理污染，噪声污染有其自身的特点：噪声是暂时的，如果声源停止发声，则噪声就会消失；噪声的影响范围是有限的，它只能在一定的距离内对受害人的心理和生理产生危害。因此，环境噪声标准也要根据不同时间、不同地点和人所处的不同行为状态来决定。

7.1.2 声源及噪声分类

声音是由物体(包括固体、液体和气体)振动而产生的，这些振动的物体通常称为声源。物体振动产生的声能，通过周围介质向外界传播，并且被感受目标所接收，例如，人耳是人体的声音接收器官，所以在声学中把声源、介质、接受器称为声音的三要素。

(1)按声源特性分类

可分为固定声源、流动声源。

①固定声源　指在声源发声时段内，声源位置不发生移动的声源。如在环评中，主要指工业(工矿企业和事业单位)和交通运输(包括航空、铁路、城市轨道交通、公路、水运等)固定声源。

②流动声源　指在声源发声时段内，声源位置按一定轨迹移动的声源。如在环评中，主要指在城市道路、公路、铁路、城市轨道交通上行驶的车辆以及从事航空和水运等运输工具。

(2)按声源辐射特性及其传播距离分类

可分为点声源、线声源和面声源3种声学类型。

①点声源(point source)　也称"球面声源"或"简单声源"，为机械声源中最基本的辐射体。在自由场条件下，它向各个方向均匀地辐射声能。当声源的尺度远小于其发射声波的波长时，它的各部分振动的相位近似相同，所产生的声场在以此声源为中心的球面上呈均匀分布，则不管辐射体是什么形状，都可看作点声源。当声源很小(其几何尺寸比声波波长小得多或传播距离小很多)，并且声源的指向性不强时，可以把此声源近似看作点声源。例如，工厂的排气装置、开动的单台机械装置及田野中的收割机等远场分析时可作为点声源(《环境科学大辞典》)。小型设备或设备的几何尺寸比噪声影响预测距离小得多，或研究距离远大于噪声源本身的尺度，都可把这种声源视为点声源。

②线声源(line source)　也称"柱面声源"。由一线状或由无数互不相干的点声源组成的线状声源，在自由声场条件下，其辐射声能均匀分布于以线源为轴心的圆柱面上，均可视为线声源。例如，铁路轨道、车流量很大的交通干线等，成线性排列的水泵、矿山和选煤场的输送系统、繁忙的交通线等，其噪声传播是以近似线状形式向外传播，所以此类声源在近距离范围总体上可以视作线声源。根据实际情况，线声源可分为无限长线声源和有限长线声源。

③面声源(plane source)　为辐射平面声波的振动体，是实际生活中经常遇到的一种声源。面声源的波阵面为平行于与传播方向垂直的平面，波阵面上各点具有相同的振幅和相位。如辐射低频声波的大面积墙面，大型机器设备的振动表面等，噪声往往是从一个面或几个面均匀地向外辐射，在近距离范围内，实际上是按面声源的传播规律向外传播，都可视作面声源；理想的面声源是由无数点声源连续分布组合而成的。面声源又可分为圆形面声源和长方形面声源两类。

(3)若按噪声产生机理来划分

可分为机械噪声、空气动力性噪声和电磁性噪声3种。

(4)若把噪声按其随时间的变化来划分

可分为稳态噪声和非稳态噪声。稳态噪声中又有瞬态的、周期性起伏的、脉冲的和无规则的噪声之分。

(5)按产生噪声的环境来分类

可分为工厂生产噪声、交通噪声、施工噪声、社会生活噪声等。

7.1.3 声音的物理量

(1)频率

声源每秒钟振动的次数称为频率，记为f，单位为赫兹(Hz)。并不是所有频率的声音都能听到，人耳能感觉到的声波频率大约在20~20 000 Hz范围内。频率低于20 Hz的称为次声，高于20 000 Hz的称为超声，次声和超声人耳均听不到。

(2)周期

声源振动一次所经历的时间称为周期，记为T，单位为秒(s)。对正弦波来说，频率和周期互为倒数，即

$$f = 1/T \tag{7-1}$$

(3)波长

沿声波传播方向，振动一个周期所传播的距离，或在波形上相位相同的相邻两点之间的距离称为波长，记为λ，单位为m。

(4)声速

声波在弹性介质中，一秒内传播的距离称为声波速度，简称声速，记为c，单位为m/s。频率、声速和波长三者之间的关系为：

$$c = f\lambda \tag{7-2}$$

声速的大小取决于介质的弹性、密度和温度，与声源无关。如常温下，在空气中的声速为345 m/s；在钢板中的声速为5000 m/s。在空气中声速c与温度t(单位℃)间的关系可用下述经验公式表示：

$$c = 331.4 + 0.607t \tag{7-3}$$

(5)倍频带

通常把宽广的声音频率变化范围划分为若干较小的段落，称为频带或频程。实际应用中，两个不同频率声音相互比较时，起作用的不是它们的差值，而是两个频率之比值。

噪声控制领域对频率作比较的概念称倍频程或倍频带。

如两个频率相差一倍，称这两个频率之间相差一个倍频带。在一个倍频带(程)宽频率范围内声压级的累加称为倍频带声压级。如100与200是相差一个倍频带，在100~200之间有很多频率的声音。这些声音的声压级累加后即是倍频带声压级。实际应用中直接用仪器测得。

可听声波的频率范围较宽，按式(7-4)将可听声波划分为10个频带。

$$f_2 = 2^n f_1 \tag{7-4}$$

式中 f_1——下限频率，Hz；

f_2——上限频率，Hz；

$n = 1$时就是倍频带。

倍频带中心频率可按式(7-5)计算：

$$f_0 = \sqrt{f_1 \cdot f_2} \tag{7-5}$$

对于倍频带，实际使用时通常可用8个频带进行分析。噪声监测仪器中有频谱分析仪器(滤波器)，可测量不同频带的声压级。倍频带的划分范围和中心频率见表7-1所列。

表 7-1 倍频带中心频率和上下限频率

下限频率 f_1	中心频率 f	上限频率 f_2
22.3	31.5	44.5
44.6	63	89
89	125	177
177	250	354
354	500	707
707	1000	1414
1414	2000	2828
2828	4000	5656
5656	8000	11 312
11 312	16 000	22 624

7.1.4 声环境基本评价量

7.1.4.1 量度声波强度的物理量

量度声波强度的几个物理量简要介绍如下。

(1)分贝

分贝(decibel)是量度两个相同单位物理量数量之比例的计量单位，两者之比取以10为底的常用对数乘以10（或20），主要用于度量声音强度。

分贝是一个相对单位，无量纲，符号为“dB”。在声音测量中是很重要的参量。

(2)声压和声压级

声波通过周围介质传播时，引起的周围介质压强的变化称为声压，声压的单位为 N/m^2 或者 Pa，表示声音大小的绝对值。

声压分为瞬时声压和有效声压。瞬时声压是指某瞬时介质中内部压强受到声波作用后的改变。瞬时声压的均方根值称为有效声压。人们通常所说的声压就是指有效声压。

人们日常生活中遇到的声音，若以声压值表示，变化范围非常大，可以达6个数量级以上，同时由于人听觉对声信号强弱刺激反应不是线性的，而是呈对数比例关系，所以采用分贝来表达声学量值。

某声压 P 与基准声压 P_0 之比的常用对数乘以20称为该声音的声压级 m^2，以分贝(dB)计，计算公式为：

$$Lp = 20\lg \frac{P}{P_0}(\text{dB}) \quad (7\text{-}6)$$

空气中的参考声压 P_0 规定为 2×10^{-5}Pa，这个数值是正常人耳对1000 Hz声音刚刚能觉察到的最低声压值(或可听声阈)。使人耳产生疼痛感觉的声压称为人耳的痛阈。人耳可以听闻的声压为 2×10^{-5}Pa，痛域声压为20 Pa，两者相差100万倍。有关人耳对声压级的感觉见表7-2，有关人耳对声压级的要求见表7-3所列。

表 7-2　人耳对声压级的感觉

声压级(dB)	感觉	声压级(dB)	感觉
0	人耳听到蚊子飞过的声音	55	15%的人感到吵
30	农村没电力时，无鸡鸣犬吠	120	飞机发动机噪声
40	感到安静		

表 7-3　一般对本底值的要求(后者为理想型)

环境	声压级(dB)
睡眠	50~30
脑力劳动保护	60~40
有保护性的	90~70

按式(7-6)计算，Lp(听阈)= 0 dB；Lp(痛阈)= 120 dB。正常的人耳能够听到的声音的声压级在 0~120 dB。如表 7-4 所列为典型声源或环境的声压级。

表 7-4　典型声源或环境的声压级

典型环境	声压(Pa)	声压级(dB)
喷气式飞机的喷气口附近	630	150
喷气式飞机附近	200	140
锻锤钉操作位置	63	130
大型球磨机旁	20	120
8-18 型鼓风机附近	6. 3	110
纺织车间	2	100
4-72 型风机附近	0. 63	90
公共汽车内	0. 2	80
繁华街道上	0. 063	70
普通说话声	0. 02	60
微电机附近	0. 0063	50
安静房间	0. 002	40
轻声细语	0. 000 63	30
树叶落下的沙沙声	0. 0002	20
农村静夜	0. 000 063	10
人耳刚能听到	0. 000 02	0

如测量得到的是某一中心频率倍频带上限和下限频率范围内的声压级，则可称其为某中心频率倍频带的声压级，由可听声范围内 10 个中心频率倍频带的声压级经对数叠加可得到总声压级。

(3)声功率和声功率级

声功率是指单位时间内声源辐射出来的总声能量，或单位时间内通过某一面积的声能，单位是瓦(W)，记作 w。

$$w = \frac{Sp_e^2}{p_o c} \quad (7\text{-}7)$$

式中 S——包围声源的面积，m^2；

$p_o c$——媒质的特性阻抗，单位为瑞利，即帕秒/米(Pa·s/m)；

p_e——有效声压，某时间段内的瞬时声压的均方根值，后面用 p 表示 Pa。

某声源的声功率与基准声功率之比的常用对数乘以 10，称为该声源的声功率级，以分贝(dB)计，计算公式为：

$$Lw = 10\lg \frac{w}{w_0} (\text{dB}) \quad (7\text{-}8)$$

式中 $w_0 = 10^{-2}\text{W}$。

声压级和声功率级的关系可由下式表示：

$$Lp = Lw - 10\lg S \quad (7\text{-}9)$$

式中 S——包围声源的面积，m^2。

(4)声强和声强级

声强 W：在声波传播方向上与该方向垂直的单位面积、单位时间内通过的声能量(单位为 W/m^2)。

$$I = \frac{p^2}{\rho_0 c_0} \quad (7\text{-}10)$$

式中 ρ_0——空气密度；

c_0——空气中声速；

一般 $\rho_0 c_0 = 415 \text{N/S} \cdot \text{m}^2$。

$$L_I = 10\lg \frac{I}{I_0} \quad (7\text{-}11)$$

式中 L_I——相对声功率级；

I——被度量声功率；

I_0——基准声功率，等于 10^{-12} W/m^2。

(5)响度级和等响曲线

根据人耳特性，同时考虑声压和频率，仿照声压级引出的一个概念，单位为“方”(phon)，其值等于 1000 Hz 的纯音的声压级。

利用与基准声音相比较的方法，即可得到可听范围的纯音响度级。

例题一 某声音的声压为 0. 02 Pa，其声压级为(　　)dB。

解析 $L = 20\lg \frac{0.02}{2\times10^{-5}} = 20\times3 = 60(\text{dB})$

例题二 强度为 80 dB 的噪声，其相应的声压为(　　)Pa。

解析 $Lp = 20\lg \frac{p}{p_0}$，则 $p = p_0 10^{\frac{Lp}{20}}$；所以，$p = 2\times10^{-5}\times10^{\frac{80}{20}} = 0.2(\text{Pa})$

7.1.4.2 A 声级 L_A 和最大 A 声级 L_{Amax}

环境噪声的度量，不仅与噪声的物理量有关，还与人对声音的主观听觉有关。人耳对声音的感觉不仅和声压级大小有关，而且和频率的高低有关。声压级相同而频率不同的声音，听起来不一样响，高频声音比低频声音响，这是人耳听觉特性所决定的。为了能用仪器直接测量出人的主观响度感觉，研究人员为测量噪声的仪器——声级计设计了一种特殊的滤波器，称为 A 计权网络。通过 A 计权网络测得的噪声值更接近人的听觉，这个测得的声压级称为 A 计权声级，简称 A 声级，以 L_{PA} 或 L_A 表示，单位为 dB（A）。由于 A 声级能较好地反映出人们对噪声吵闹的主观感觉，因此，它几乎已成为一切噪声评价的基本量。

设各个倍频带声压级为 Lp_i，那么 A 声级为：

$$LA = 10\lg\left[\sum_{i=1}^{n} 10^{0.1(Lp_i - \Delta L_i)}\right] \tag{7-12}$$

式中 ΔL_i——第 i 个倍频带的 A 计权网络修正值，dB；

n——总倍频带数。

63~16 000 Hz 范围内的 A 计权网络修正值见表 7-5 所列。

表 7-5　A 计权网络修正值

频率(Hz)	63	152	500	1000	2000	4000	800	16 000
ΔL_i(dB)	-26.2	-16.1	-3.2	0	1.2	1.0	-1.1	-6.6

A 声级一般用来评价噪声源。对特殊的噪声源在测量 A 声级的同时还需要测量其频率特性，频发、偶发噪声，非稳态噪声往往需要测量最大 A 声级 $L_{A\max}$ 及其持续时间，而脉冲噪声应同时测量 A 声级和脉冲周期。

7.1.4.3　连续等效 A 声级 L_{Aeq} 或 L_{eq}

A 声级用来评价稳态噪声具有明显的优点，但是在评价非稳态噪声时又有明显的不足。因此，人们提出了等效连续 A 声级(简称“等效声级”)，即将某一段时间内连续暴露的不同 A 声级变化，用能量平均的方法以 A 声级表示该段时间内的噪声大小，单位为 dB（A）。

等效连续 A 声级的数学表达式：

$$L_{eq} = 10\lg\left[\frac{1}{T}\int_0^T 10^{0.1L_A(t)\,dt}\right] \tag{7-13}$$

式中 L_{eq}——在 T 段时间内的等效连续 A 声级，dB（A）；

$L_A(t)$——t 时刻的瞬时 A 声级，dB（A）；

T——连续取样的总时间，min。

等效连续 A 声级是应用较广泛的环境噪声评价量。我国制定的《声环境质量标准》(GB 3096—2008)、《工业企业厂界环境噪声排放标准》(GB 12348—2008)、《建筑施工场界噪声限值》(GB 12523—2011)、《铁路边界噪声限值及其测量方法》(GB 12525—1990)、《社会生活环境噪声排放标准》(GB 22337—2008)等多项环境噪声排放标准，均采用该评价量作为标准，只是根据环境噪声实际变化情况确定不同的测量时间段，将其测量结果代表某段时间的环境噪声状况。

(1)昼夜等效声级

昼夜等效声级是考虑到噪声在夜间对人影响更为严重，将夜间噪声增 10 dB 加权处理后，用能量平均的方法得出 24 h A 声级的平均值 L_{dn}，单位为 dB(A)。可用如下公式计算：

$$L_{dn}=10\lg\left\{\frac{1}{24}\left[\sum_{i=1}^{16}10^{0.1L_i}+\sum_{j=1}^{8}10^{(0.1L_j+10)}\right]\right\} \tag{7-14}$$

式中 L_i——昼间 16 h 中第 i 小时的等效声级；

L_j——夜间 8 h 中第 j 小时的等效声级。

(2)统计噪声级

统计噪声级是指某点噪声级有较大波动时，用于描述该点噪声变化状况的统计量。一般用 L_{10}、L_{50}、L_{90} 表示。L_{10} 表示在取样时间内 10%的时间超过的噪声级，相当于噪声平均峰值；L_{50} 表示在取样时间内 50%的时间超过的噪声级，相当于噪声的平均值；L_{90} 表示在取样时间内 90%的时间超过的噪声级，相当于噪声的背景值。

用得较多的是噪声污染级 PNL：

$$PNL=L_{50}+\frac{d^2}{60} \tag{7-15}$$

$$d=L_{10}-L_{90}$$

7.1.4.4 计权等效连续感觉噪声级 L_{WECPN} 或 $WECPNL$

计权等效连续感觉噪声级是在有效感觉噪声级的基础上发展起来，用于评价航空噪声的方法，其特点在于既考虑了在全天 24 h 的时间内飞机通过某一固定点所产生的有效感觉噪声级的能量平均值，同时也考虑了不同时间段内的飞机数量对周围环境所造成的影响。

一日计权等效连续感觉噪声级的计算公式如下：

$$WECPNL=\overline{EPNL}+10\lg(N_1+3N_2+10N_3)-39.4 \tag{7-16}$$

式中 $\overline{EPNL}$——N 次飞行的有效感觉噪声级的能量平均值，dB；

N_1——7~19 h 的飞行次数；

N_2——19~22 h 的飞行次数；

N_3——22~7 h 的飞行次数。

计算式中所需参数如飞机噪声的 $EPNL$ 与距离的关系，一般采用美国联邦航空局提供的数据或通过类比实测得到。具体的计算步骤可依据《机场周围飞机噪声测量方法》(GB 9661—1988)进行。

计权等效连续感觉噪声级仅作为评价机场飞机噪声影响的评价量，其对照评价的标准是《机场周围飞机噪声环境标准》(GB 9660—1988)。

7.1.5 声环境质量评价量

7.1.5.1 声环境质量评价量

根据《声环境质量标准》(GB 3096—2008)，声环境功能区的环境质量评价量为昼间等效声级 L_d、夜间等效声级 L_n，突发噪声的评价量为最大 A 声级 L_{max}。

根据《机场周围飞机噪声环境标准》(GB 9660—1988)，机场周围区域受飞机通过(起飞、降落、低空飞越)噪声环境影响的评价量为计权等效连续感觉噪声级 L_{WECPN}。

7.1.5.2 声源源强表达量

A 声功率级 L_{Aw}，或中心频率为 63 Hz~8 kHz 8 个倍频带的声功率级 L_w；距离声源 r 处的 A 声级 $L_A(r)$ 或中心频率为 63 Hz~8 kHz 8 个倍频带的声压级 $L_p(r)$；等效感觉噪声级 L_{EPN}。

7.1.5.3 厂界、边界、边界噪声评价量

根据《社会生活环境噪声排放标准》(GB 22337—2008)，社会生活噪声源边界噪声评价量为昼间等效声级 L_d、夜间等效声级 L_n，内噪声倍频带声压级、非稳态噪声的评价量为最大 A 声级 L_{max}。

7.2 声环境影响评价的工作程序和要求

7.2.1 工作程序

根据《环境影响评价技术导则 声环境》(HJ 2.4—2009)的要求，声环境影响评价工作程序如图 7-1 所示。

7.2.1.1 评价类别

按评价对象划分，可分为建设项目声源对外环境的环境影响评价和外环境声源对建设项目的环境影响评价。

按声源种类划分，可分为固定声源和流动声源的环境影响评价。

①固定声源的环境影响评价 主要指工业(工矿企业和事业单位)和交通运输(包括航空、铁路、城市轨道交通、公路、水运等)固定声源的环境影响评价。

②流动声源的环境影响评价 主要指在城市道路、公路、铁路、城市轨道交通上行驶的车辆以及从事航空和水运等运输工具在行驶过程中产生的噪声环境影响评价。

7.2.1.2 评价时段

建设项目声环境影响评价时段可分为施工期和运行期 2 个时段评价。

建设项目运行期声环境评价时段划分与声源有关，通常按以下情况进行划分：

①固定声源 将固定声源投产运行后作为环境影响评价时段。

②流动声源 将工程预测的代表性时段(一般分为运行近期、中期、远期)分别作为环境影响评价时段。

7.2.1.3 噪声环境影响专题报告内容

①总论 包括编制依据、噪声评价工作等级、评价范围、有关噪声标准、声敏感目标等。

②工程分析 主要论述建设项目与噪声有关的内容，声源数量、位置、源强和拟采取的噪声控制措施。

③环境噪声现状调查与评价 评价范围建设内主要声源、声源功能区划分情况；监测点位的名称与数量；说明监测仪器、监测时间、监测方法及监测结果；分析敏感目标现状噪音超标情况、超标原因、受影响人口数量分布；相邻的各功能区噪声、建设项目边界噪

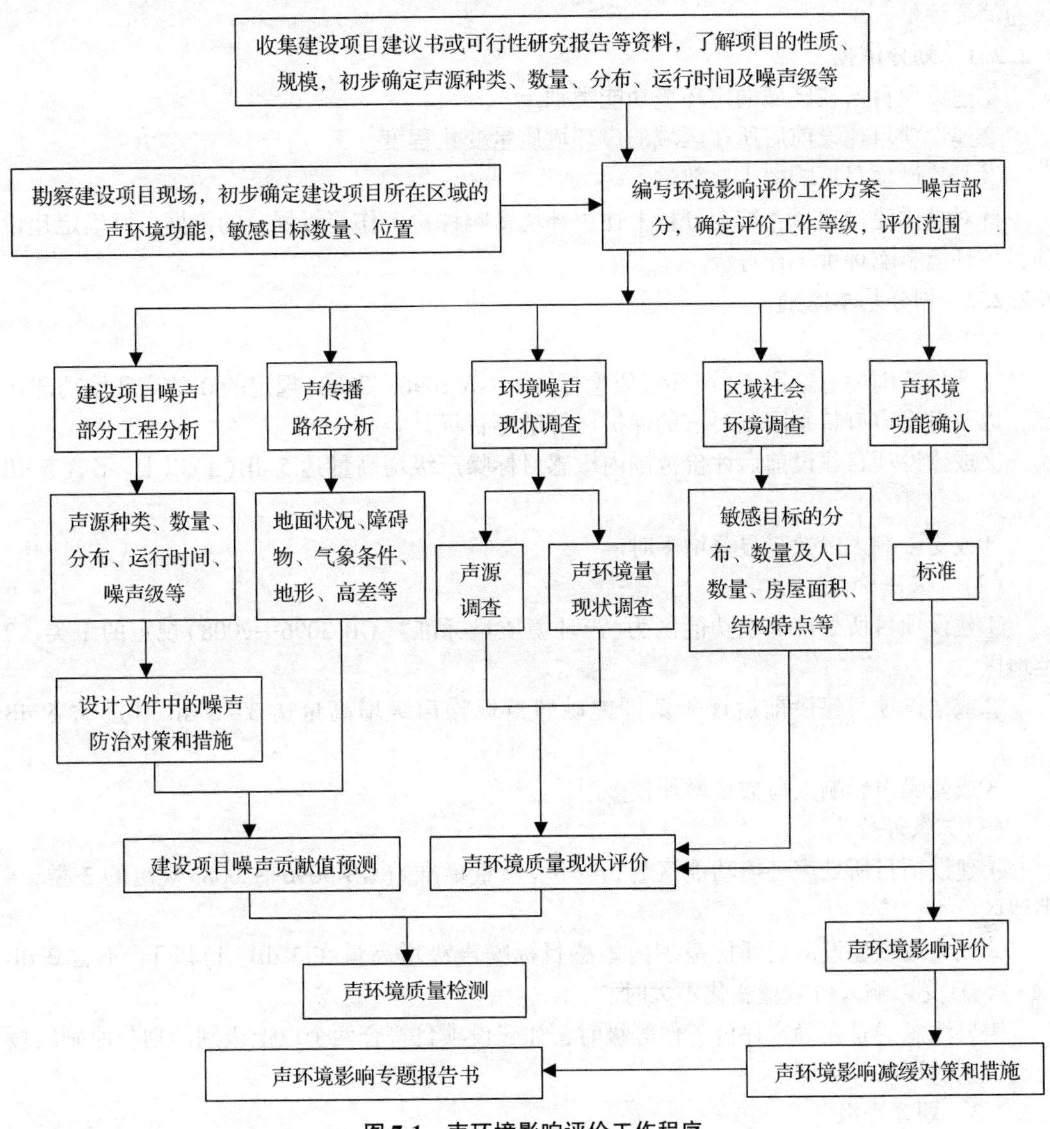

图7-1 声环境影响评价工作程序

声的超标情况和主要噪声源等。

④噪声环境影响预测和评价　包括预测时段、预测基础资料、预测方法(类比预测法、模式计算法及其参数选择、预测模式验证等)，声源数量、源强；给出建设项目不同时段下边界、厂界噪声达标、超标情况及原因；敏感目标超标情况及影响人数等。

⑤噪声防治措施与控制技术　包括防治噪声超标的措施和给出各项措施的降噪效果、各种措施的投资估计等。替代方案的噪声影响降低情况、噪声污染管理、噪声监测计划建议。

7.2.2　评价工作等级划分要求

声环境影响评价工作等级一般分为三级，其中一级为详细评价，二级为一般评价，三级为简要评价。

7.2.2.1 划分依据

①建设项目所在区域的声环境功能类别。

②建设项目建设前后所在区域的声环境质量变化程度。

③受建设项目影响的人口数量。

针对具体建设项目，综合分析上述声环境影响评价工作等级划分的依据，可确定建设项目声环境影响评价工作等级。

7.2.2.2 划分基本原则

(1)一级评价

①评价范围内有适用于《声环境质量标准》(GB 3096—2008)规定的0类声环境功能区域，以及对噪声有特别限制要求的保护区等敏感目标。

②或建设项目建设前后评价范围内敏感目标噪声级增高量达5 dB(*A*)以上[不含5 dB(*A*)]。

③或受影响人口数量显著增多时。

(2)二级评价

①建设项目所处声环境功能区为《声环境质量标准》(GB 3096—2008)规定的1类、2类地区。

②或建设项目建设前后评价范围内敏感目标噪声级增高量达3~5 dB(*A*)[含5 dB(*A*)]。

③或受噪声影响人口数量增加较多时。

(3)三级评价

①建设项目所处声环境功能区为《声环境质量标准》(GB 3096—2008)规定的3类、4类地区。

②或建设项建设前后评价范围内敏感目标噪声级增高量在3 dB(*A*)以下[不含3 dB(*A*)]，且受影响人口数量变化不大时。

需要注意的是在确定评价工作等级时，如建设项目符合两个以上级别的划分原则，按较高级别的评价等级评价。

7.2.2.3 划分等级

依据《声环境质量标准》(GB 3096—2008)，分3级。环境噪声影响评价工作等级要求如下：

1级：0类声环境功能区域，敏感目标，建设前后噪声级增高量达5 dB(*A*)[不含5 dB(*A*)]，或影响人口数量显著增多时。

2级：1、2类地区，建设前后噪声级增高量达3~5 dB(*A*)，或影响人口数量增加较多时。

3级：3、4类地区，建设前后噪声级增高量达3 dB(*A*)[不含3 dB(*A*)]，或影响人口数量变化不大时。

7.2.3 评价工作范围

声环境影响评价范围依据评价工作等级确定。

(1)对于以固定声源为主的建设项目(如工厂、港口、施工工地、铁路站场等)

①满足一级评价的要求，一般以建设项目边界向外200 m为评价范围。

②二级、三级评价范围可根据建设项目所在区域和相邻区域的声环境功能区类别及敏感目标等实际情况适当缩小。

③如依据建设项目声源计算得到的贡献值到200 m处，仍不能满足相应功能区标准值时，应将评价范围扩大到满足标准值的距离。

(2)城市道路、公路、铁路、城市轨道交通地上线路和水运线路等建设项目

①满足一级评价的要求，一般以道路中心线外两侧200 m以内为评价范围。

②二级、三级评价范围可根据建设项目所在区域和相邻区域的声环境功能区类别及敏感目标等实际情况适当缩小。

③如依据建设项目声源计算得到的贡献值到200 m处，仍不能满足相应功能区标准值时，应将评价范围扩大到满足标准值的距离。

(3)机场周围飞机噪声评价范围

①应根据飞行量计算到L_{WECPN}为70 dB的区域。

②满足一级评价的要求，一般以主要航迹离跑道两端各6~12 km、侧向各1~2 km的范围为评价范围。

③二级、三级评价范围可根据建设项目所处区域的声环境功能区类别及敏感目标等实际情况适当缩小。

7.2.4 评价工作基本要求

7.2.4.1 一级评价工作基本要求

(1)声环境质量现状

评价范围内具有代表性的敏感目标的声环境质量现状需要实测。对实测结果进行评价，并分析现状声源的构成及其对敏感目标的影响。

(2)工程分析

给出建设项目对环境有影响的主要声源的数量、位置和声源源强，并在标有比例尺的图中标识固定声源的具体位置或流动声源的路线、跑道等位置。在缺少声源源强的相关资料时，应通过类比测量取得，并给出类比测量的条件。

(3)噪声预测

①要覆盖全部敏感目标，给出各敏感目标的预测值。

②给出厂界(或场界、边界)噪声值。

③等声级线　固定声源评价、机场周围飞机噪声评价、流动声源经过城镇建成区和规划区路段的评价应绘制等声级线图，当敏感目标高于(含)3层建筑时，还应绘制垂直方向的等声级线图。

④环境影响　给出建设项目建成后不同类别的声环境功能区内受影响的人口分布、噪声超标的范围和程度。给出项目建成后各噪声级范围内受影响的人口分布、噪声超标的范围和程度。

(4)预测时段

不同代表性时段噪声级可能发生变化的建设项目，应分别预测其不同时段的噪声级。

(5)方案比选

对工程可行性研究和评价中提出的不同选址(选线)和建设布局方案，应根据不同方案噪声影响人口的数量和噪声影响的程度进行比选，并从声环境保护角度提出最终的推荐方案。

(6)噪声防治措施

针对建设项目的工程特点和所在区域的环境特征提出噪声防治措施，并进行经济、技术可行性论证，明确防治措施的最终降噪效果和达标分析。

7.2.4.2　二级评价工作基本要求

(1)声环境质量现状

评价范围内具有代表性的敏感目标的声环境质量现状以实测为主，可适当利用评价范围内已有的声环境质量监测资料，并对声环境质量现状进行评价。

(2)工程分析

给出建设项目对环境有影响的主要声源的数量、位置和声源源强，并在标有比例尺的图中标识固定声源的具体位置或流动声源的路线、跑道等位置。在缺少声源源强的相关资料时，应通过类比测量取得，并给出类比测量的条件。

(3)噪声预测

①预测点应覆盖全部敏感目标，给出各敏感目标的预测值。

②给出厂界(或场界、边界)噪声值。

③等声级线：根据评价需要绘制等声级线图。

④给出建设项目建成后不同类别的声环境功能区内受影响的人口分布、噪声超标的范围和程度。

(4)预测时段

不同代表性时段噪声级可能发生变化的建设项目，应分别预测其不同时段的噪声级。

(5)噪声防治措施

从声环境保护角度对工程可行性研究和评价中提出的不同选址(选线)和建设布局方案的环境合理性进行分析。针对建设项目的工程特点和所在区域的环境特征提出噪声防治措施，并进行经济、技术可行性论证，给出防治措施的最终降噪效果和达标分析。

7.2.4.3　三级评价工作基本要求

①重点调查评价范围内主要敏感目标的声环境质量现状，可利用评价范围内已有的声环境质量监测资料，若无现状监测资料时应进行实测，并对声环境质量现状进行评价。

②在工程分析中，给出建设项目对环境有影响的主要声源的数量、位置和声源源强，并在标有比例尺的图中标识固定声源的具体位置或流动声源的路线、跑道等位置。在缺少声源源强的相关资料时，应通过类比测量取得，并给出类比测量的条件。

③噪声预测应给出建设项目建成后各敏感目标的预测值及厂界(或场界、边界)噪声值，分析敏感目标受影响的范围和程度。

④针对建设项目的工程特点和所在区域的环境特征提出噪声防治措施，并进行达标分析(技术导则，2018)。

7.3 噪声环境现状调查与测量

7.3.1 现状调查内容

(1)影响声波传播的环境要素调查

调查建设项目所在区域的主要气象特征：年平均风速和主导风向、年平均气温、年平均相对湿度等。

收集评价范围内1：2000~1：50 000地理地形图，说明评价范围内声源和敏感目标之间的地貌特征、地形高差及影响声波传播的环境要素。

(2)评价范围内现有敏感目标调查

调查评价范围内的敏感目标的名称、规模、人口的分布等情况，并以图、表相结合的方式说明敏感目标与建设项目的关系(如方位、距离、高差等)。

(3)声环境功能区划和声环境质量现状调查

调查评价范围内不同区域的声环境功能区划情况，调查各声环境功能区的声环境质量现状。

(4)现状声源调查

建设项目所在区域的声环境功能区的声环境质量现状超过相应标准要求或噪声值相对较高时，需对区域内现有主要声源的名称、数量、位置、影响的噪声级等相关情况进行调查。

有厂界(或场界、边界)噪声的改、扩建项目，应说明现有建设项目厂界(或场界、边界)噪声的超标、达标情况及超标原因。

调查得出评价范围内各噪声功能区的环境噪声现状、各功能区环境噪声超标情况、边界噪声超标以及受噪声影响人口分布。

7.3.2 现状调查方法

7.3.2.1 基本方法

环境现状调查的基本方法是：收集资料法、现场调查法、现场测量法。评价时，应根据评价工作等级的要求确定需采用的具体方法。

为了提高环境现状调查的效果，在调查中可运用照相、录音、录像等直观显示的手段。

7.3.2.2 使用仪器

等级为一、二级时，必须使用积分声级计或具有相同功能的其他测量仪器测等效连续*A*声级。

等级为三级时，也可使用非积分式声级计测等效连续*A*声级。

7.3.3 现状监测布点

7.3.3.1 布点范围

为充分了解评价范围内声环境质量现状，布设的现状监测点应能覆盖整个评价范围，覆盖整个评价范围并不是要求评价范围内的每个敏感目标都要监测，而是要求选择的监测点，其监测结果能够描述出评价范围内的声环境质量。为达到上述目标，评价范围内的厂界(或场界、边界)和敏感目标的监测点位均应在调查的基础上合理布设。由于声波传播过程中受地面建筑物和地面对声波吸收的影响，同一敏感目标不同高度上的声级会有所不同，因此当敏感目标高于3层(含3层)建筑时，还应选取有代表性的不同楼层设置测点。

7.3.3.2 环境现状监测布点

在实际评价中评价范围内有的没有明显的声源，有的有明显噪声源，如工业噪声、交通运输噪声、建筑施工噪声、社会生活噪声等。布点时应根据声源的不同情况采用不同的布点方法。

(1)评价范围内无明显声源，声级一般较低

环境中的噪声主要来自风声等自然声，不同地点的声级不会有很大不同，因此可选择有代表性的区域布设测点。

(2)评价范围内有明显的声源，并对敏感目标的声环境质量有影响

例如，建设项目为改、扩建工程，应根据声源种类采取不同的监测布点原则。

①当声源为固定声源时，现状测点应重点布设在既可能受到现有声源影响，又受到建设项目声源影响的敏感目标处，以及有代表性的敏感目标处；为满足预测需要，也可在距离现有声源不同距离处加设监测点，以测量出噪声随距离的衰减。

②当声源为流动声源，且呈现线声源特点时，例如，公路、铁路噪声，现状测点位置选取应兼顾敏感目标的分布状况、工程特点及线声源噪声影响随距离衰减的特点。例如，对于道路，其代表性的敏感目标可布设在车流量基本一致，地形状况和声屏蔽基本相似，距线声源不同距离的敏感目标处。

为满足预测需要，得到随距离衰减的规律，也可选取若干线声源的垂线，在垂线上距声源不同距离处布设监测点。

③对于改、扩建机场工程，测点一般布设在距机场跑道不同距离的主要敏感目标处，可以在跑道侧面和起、降航线的正下方和两侧设点；设置的测点应能监测到飞机起飞和降落时的噪声。测点数量可根据机场飞行量及周围敏感目标情况确定，现有单条跑道、两条跑道或三条跑道的机场可分别布设3~9个，9~14个或12~18个飞机噪声测点，跑道增多可进一步增加测点。由于难于对机场评价范围内所有敏感点进行监测，机场其余敏感目标的现状 *WECPNL* 可通过实测点 *WECPNL* 或 *EPNL* 验证后，经计算求得。

7.3.4 声环境现状评价的主要内容

①以图、表结合的方式给出评价范围内的声环境功能区及其划分情况，以及现有敏感目标的分布情况。

②分析评价范围内现有主要声源种类、数量及相应的噪声级、噪声特性等，明确主要

声源分布。

③分别评价不同类别的声环境功能区内各敏感目标的超标、达标情况，说明其受到现有主要声源的影响状况。

④给出不同类别的声环境功能区噪声超标范围内的人口数及分布情况(技术导则，2018)。

7.3.5 评价方法

环境噪声现状评价包括噪声源现状评价和声环境质量现状评价，其评价方法是对照相关标准评价达标或超标情况并分析其原因，同时评价受到噪声影响的人口分布情况。

①对于噪声源现状评价，应当评价在评价范围内现有噪声源种类、数量及相应的噪声级、噪声特性，并进行主要噪声源分析等。

②对于环境噪声现状评价应当就评价范围内现有噪声敏感区、保护目标的分布情况、噪声功能区的划分情况等，来评价范围内环境噪声现状，包括各功能区噪声级、超标状况及主要影响的噪声源分析；各边界的噪声级、超标状况，并进行主要噪声源分析。此外，还要说明受噪声影响的人口分布状况。

③环境噪声现状评价结果应当用表格和图示来表达清楚。说明主要噪声源位置、各边界测量点和环境敏感目标测量点位置，给出相关距离和地面高差。对于改、扩建飞机场，需要绘制现状 *WECPNL* 的等声级线图，说明周围敏感目标受不同声级的影响情况。

④对厂界噪声，其评价方法一般取厂界噪声的等效声级 L_{eq} 与 GB 中的标准值对比评价。

⑤对于工厂噪声的现状评价，根据工厂噪声污染源调查，工厂噪声对周围环境影响的调查，即可作出噪声环境质量现状评价的结论。

⑥影响较大时，应该提出对策措施，使之达到标准要求。

7.3.6 典型工程噪声现状调查与评价

7.3.6.1 工矿企业、铁路、公路等建设项目声环境现状调查

(1)工矿企业环境噪声环境现状调查

①噪声现状水平调查　现有车间的噪声现状调查，重点为85 dB (*A*) 以上的噪声源分布及声级分析。

a. 厂区内：噪声水平调查一般采用网格法，每间隔 10~50 m 划分正方形网格(大型厂区可取 50~100 m)，在交叉点(或中心点) 布点测量，测量结果标在图上供数据处理用。

b. 厂界：噪声水平调查测量点布置在厂界外 1 m 处，间隔可以为 50~100 m，大型项目也可以取 100~300 m，具体测量方法参照相应的标准规定。

c. 生活居住区：噪声水平调查，也可将生活区划成网格测量，进行总体水平分析，或针对敏感目标，参照《声环境质量标准》(GB 3096—2008) 布置测点，调查敏感点处噪声现状水平。

工厂企业噪声对周围环境影响的具体调查方法：

第一，测量的方法。

测量的条件：天气正常，风力小于4级，工厂正常生产。

时间划分：白天计16 h(即6:00—22:00)，测3次，每次30 min。晚上计8 h(22:00—6:00)，测2次，每次30 min。

使用仪器：一般用积分声级计。

放置位置：测量仪器固定在围墙上方1m处，或围墙外1.2 m处，两点间隔20 m。

第二，对工厂区附近居民主观反映调查(走访与座谈)。

调查对象：受影响的机关、学校、医院、文化设施等，老年人、年轻人、儿童、学生、病人等。

调查内容：包括感觉、耳聋、心血管病及神经系统等疾病的调查。

②工厂企业噪声源的调查　对工厂内的噪声源，按其分布情况，分别测定源强度，找出主要噪声源。

对各种工业机器设备和操作的噪声强度范围列表登记，例如，鼓风机，噪声强度在80~100 dB(*A*)。

③噪声环境质量现状评价　主要对噪声源种类及其超标状况，受影响的人群做出总结，如对周边有较大影响的，必须提出要求工厂采取必要措施，包括对重要噪声源的控制和其他隔声(降噪)措施。

所有调查数据按有关标准选用的参数进行数据统计和计算，所得结果供现状评价用。

(2)公路、铁路环境噪声现状水平调查

公路、铁路为线路型工程，其噪声现状水平调查应重点关注沿线的环境噪声敏感目标，其具体方法：调查评价范围内有关城镇、学校、医院、居民集中区或农村生活区在沿线的分布和建筑情况以及相应执行的噪声标准。

通过测量调查环境噪声背景值，若敏感目标较多时，应分路段测量环境噪声背景值(逐点或选典型代表点布点)。

若存在现有噪声源(包括固定源和流动源)，应调查其分布状况和对周围敏感目标影响的范围和程度。环境噪声现状水平调查一般测量等效连续*A*声级。必要时，除给出昼间和夜间背景噪声值外，还需给出噪声源影响的距离、超标范围和程度，以及全天24 h等效声级值，作为现状评价和预测评价依据。

(3)飞机场环境噪声现状水平调查

在机场周围进行环境调查时，需调查评价范围内声环境功能区划、敏感目标和人口分布，噪声源种类、数量及相应的噪声级。当评价范围内没有明显噪声源，且声级较低(<45 dB)时，噪声现状监测点可依据评价等级分别选择3~6个测点，测量等效连续*A*声级。

改扩建工程，应根据现有飞机飞行架次、飞行程序和机场周围敏感点分布，分别选择3~18个测点进行飞机噪声监测；无敏感点的可在机场近台、远台设点监测。在每个测点分别测量不同机型起飞、降落时的最大*A*声级、持续时间(最大声级下10 dB的持续时间)或*EPNL*，对于飞机架次较多的机场可实施连续监测，并根据飞越该测点的不同机型和架次，计算出该测点的*WECPNL*。同时给出年日平均飞行架次和机型，绘制现状等声级线图。

(4)城市居住区环境噪声现状水平调查

一般采用网格布点法，网格点大小多用250 m×250 m，如果范围大时，可定为500 m×500 m，范围小时，也可定为200 m×200 m，取样点设在网格中心或网格相交点上，如果取样点上是建筑物，须在较开阔的一面设点，一般总网格数不小于100个。如果受交通噪声影响，在主要交通干线两侧和靠近交通要道处的居住建筑物外1 m处增设若干测点，同时记录车流量(辆/h)。测量方法同上。如果居住区中有噪声敏感小区(如疗养院、重要办公楼)应昼夜连续测量；测点可在该小区和交通干线上各选一点，每隔5 s读取一个A声级瞬时值，连续24 h；然后统计每半小时或一小时L_{10}、L_{50}、L_{90}和计算的L_{eq}，再画出24 h内噪声水平变化曲线。如果声源周围有高层建筑，测点布设应反映噪声对其中居民影响。

7.3.6.2 工厂企业及城市居住区环境噪声现状评价

(1)评价范围

评价范围内现有噪声敏感区保护目标的分布情况、噪声功能区的划分情况等。

(2)评价内容

评价范围内现有噪声源种类、数量及相应的噪声级噪声特性、主要噪声源分析等。

(3)评价方法

一般采用污染分指数法，计算公式为：

$$PN = \frac{\overline{L}_{eq}}{L_b} \tag{7-17}$$

式中 $\overline{L}_{eq}$——连续等效声级的均值；

L_b——基准值，一般在区域评价中取75 dB(A)。

(4)评价结论

评价结论包括各功能区噪声级超标状况及主要噪声源；边界噪声级、超标状况及主要噪声源，受噪声影响的人口分布。

7.3.7 相关环境标准

7.3.7.1 声环境质量标准

(1)适用范围

该标准规定了5类声环境功能区的环境噪声限值及测量方法。

该标准适用于声环境质量评价与管理。

机场周围区域受飞机通过(起飞降落、低空飞越)噪声的影响，不适用于该标准。

(2)声环境功能区分类

该标准按区域的使用功能特点和环境质量要求，将声功能区分为以下5种类型：

0类环境功能区：指康复疗养区等特别需要安静的区域。

1类环境功能区：指以居民住宅、医疗卫生、文化教育、科研设计、行政办公为主要功能，需要保持安静的区域。

2类环境功能区：适用于居住、商业、工业混杂区。指以商业金融、集市贸易为主要功能，或者居住、商业、工业混杂，需要维护住宅安静的区域。

3类环境功能区：适用于工业区。指以工业生产、仓储物流为主要功能，需要防止工业噪声对周围环境产生严重影响的区域。

4类环境功能区：指交通干线两侧一定距离之内，需要防止交通噪声对周围环境产生严重影响的/区域，包括4a类和4b类2种类型。4a类为高速公路、一级公路、二级公路、城市快速路、城市主干路、城市次干路、城市轨道交通(地面段)、内河航道两侧区域；4b类为铁路干线两侧区域。

(3)环境噪声限值

①各类声环境功能区适用表7-6规定的环境噪声等效声级限值。

表7-6 环境噪声限值 dB(A)

声环境功能区类别		时段	
		昼间	夜间
0类		50	40
1类		55	45
2类		60	50
3类		65	55
4类	4a	70	55
	4b	70	60

②表中4b类声环境功能区环境噪声限值，适用于2011年1月1日起环境影响评价文件通过审批的新建铁路(含新开廊道的增减铁路)干线建设项目两侧区域。

③在下列情况下，铁路干线两侧区域不通过列车时的环境背景噪声限值，按昼间70 dB(A)、夜间55 dB(A)执行：

a. 穿越城区的既有铁路干线。

b. 对穿越城区的既有铁路干线进行改建、扩建的铁路建设项目。既有铁路是指2010年12月31日前已建成运营的铁路或环境影响评价文件已通过审批的铁路建设项目。

④各类声环境功能区夜间突发噪声，其最大声级超过环境噪声限值的幅度不得高于15 dB(A)。

(4)环境噪声监测点选择条件

根据监测对象和目的，可选择以下3种测点条件(指传声器所置位置)进行环境噪声的测量。

①一般户外　距离任何反射物(地面除外)至少3.5 m外测量，距地面高度1.2 m以上。必要时可置于高层建筑上，以扩大监测受声范围。使用监测车辆测量，传声器应固定在车顶部1.2 m高处。

②噪声敏感建筑物户外　距墙壁或窗户1 m处，距地面高度1.2 m以上。

③噪声敏感建筑物室内　距离墙面和其他反射面至少1 m，距窗约1.5 m处，距地面1.2~1.5 m高。

(5) 声环境功能区划分要求

①城市声环境功能区的划分　城市区域应按照《声环境功能区划分技术规范》(GB/T 15190—2014)的规定划分声环境功能区，分别执行该标准规定的0、1、2、3、4类声环境功能区环境噪声限值。

②乡村声环境功能的确定　乡村区域一般不划分声环境功能区，根据环境管理的需要，县级以上人民政府环境保护行政主管部门可按以下要求确定乡村区域适用的声环境质量要求。

- 位于乡村的康复疗养区执行0类声环境功能区要求。
- 村庄原则上执行1类声环境功能区要求，工业活动较多的村庄以及有交通干线经过的村庄(指执行4类声环境功能区要求以外的地区)可局部或全部执行2类声环境功能区要求。
- 集镇执行2类声环境功能区要求。独立于村庄、集镇之外的工业、仓储集中区执行3类声环境功能区要求。
- 位于交通干线两侧一定距离[参考《声环境功能区划分技术规范》(GB/T 15190—2014) 第8.3条规定内的噪声敏感建筑物执行4类声环境功能区要求。

7.3.7.2　城区环境振动标准

城区环境振动标准值见表7-7所列。

表7-7　城市各类区域铅垂向Z振级标准值　dB

适用地带范围	昼　间	夜　间
特殊住宅区	65	65
居民区、文教区	70	67
混合区、商业中心区	75	72
工业集中区	75	72
交通干线道路两侧	75	72
铁路干线两侧	80	80

注：特殊住宅区是指特别需要安静的住宅区。
居民区、文教区是指纯居民区和文教、机关区。
混合区是指一般商业与居民混合区；工业、商业、少量交通与居民混合区。
商业中心区是指商业集中的繁华地区。
工业集中区是指在一个城市或区域内规划明确确定的工业区。
交通干线道路两侧是指车流量每小时100辆以上的道路两侧。
铁路干线两侧是指距每日车流量不少于20列的铁道外轨30 m外两侧的住宅区。

7.3.7.3　机场周围飞机噪声标准

(1) 评价量

该标准采用一昼夜的计权等效连续感觉噪声级作为评价量，用 L_{WECPN} 表示，单位为dB。

(2)标准值和适用区域(表 7-8)

表 7-8　机场周围飞机噪声环境标准值　dB

适用区域	标准值
一类区域	≤70
二类区域	≤75

注：一类区域：特殊住宅区；居住区、文教区。
二类区域：除一类区域以外的生活区。

7.3.7.4　工业企业厂界环境噪声排放限值

夜间频发噪声的最大声级超过限值的幅度不得高于 10 dB（A）。

夜间偶发噪声的最大声级超过限值的幅度不得高于 15 dB（A）。

工业企业若位于未划分声环境功能区的区域，当厂界外有噪声敏感建筑物时，由当地县级以上人民政府参照《声环境质量标准》(GB 3096—2008）和《声环境功能区划分技术规范》(GB/T 15190—2014)的规定确定厂界外区域的声环境质量要求，并执行相应的厂界环境噪声排放限值。

当厂界与噪声敏感建筑物距离小于 1 m 时，厂界环境噪声应在噪声敏感建筑物的室内测量，并将表 7-9 中相应的限值减 10 dB（A）作为评价依据。

表 7-9　工业企业厂界环境噪声排放限值表　dB（A）

时段 厂界外昼声环境功能区类别	昼　间	夜　间
0	50	40
1	55	45
2	60	50
3	65	55
4	70	55

7.3.7.5　铁路边界噪声限值及测量方法

(1)适用范围

该标准规定了城市铁路边界处铁路噪声的限值及其测量方法。

该标准适用于对城市铁路边界噪声的评价。铁路边界是指距铁路外轨轨道中心线 30 m 处。

(2)铁路边界噪声限值

①既有铁路边界铁路噪声按表 7-10 的规定执行。既有铁路是指 2010 年 12 月 31 日前已建成运营的铁路或环境影响评价文件已通过审批的铁路建设项目。

表 7-10　既有铁路边界铁路噪声限值　等效声级 L_{eq}

时　段	噪声限值[dB（A）]
昼　间	70
夜　间	70

②改、扩建既有铁路，铁路边界铁路噪声按表7-10的规定执行。

③新建铁路(含新开廊道的增建铁路)边界铁路噪声按表7-11的规定执行。新建铁路是指自2011年1月1日起环境影响评价文件通过审批的铁路建设项目(不包括改、扩建既有铁路建设项目)。

表7-11　新建铁路边界铁路噪声限值　　等效声级 L_{eq}

时　段	噪声限值[dB (A)]
昼　间	70
夜　间	60

④昼间和夜间时段的划分按《中华人民共和国环境噪声污染防治法》的规定执行，或者按铁路所在地人民政府根据环境噪声污染防治需要所作的规定执行。

7.4　声环境影响预测

7.4.1　预测范围

一般与所确定的噪声评价等级所规定的范围相同，也可稍大于评价范围。

7.4.2　预测点确定的原则

建设项目厂界(或场界、边界)和评价范围内的敏感目标应作为预测点。

7.4.3　预测的基础资料

7.4.3.1　建设项目的声源资料

声源资料指声源种类与数量、各声源的噪声级与发声持续时间、声源的空间位置、噪声级、频率特性、声源的持续时间段、对敏感目标的作用时间段。这些均由设计单位提供或从工程设计书中获得。

7.4.3.2　声波传播的各种参量

①包括当地常年平均风速、主导风向，年平均气温和平均相对湿度。

②预测范围内声波传播的遮挡物(建筑物、围墙等；声源位于室内，还包括门、窗等)的位置及长、宽、高等数据。

③声源和预测点间树林、灌木等分布情况、地面覆盖情况等。

④声源和预测点间的地形、高差。

这些参量一般通过现场或同类类比现场调查获得。

7.4.4　噪声级(分贝)的计算

7.4.4.1　噪声级(分贝)的相加

在实际工作中，进行噪声的叠加计算就是进行噪声级的相加即求分贝和。如果已知两个声源在某一预测点单独产生的声压级(L_1，L_2)，这两个声源合成的声压级(L_{1+2})就要进行声级(分贝)的相加。在具体计算时可应用公式法或查表法。

(1)公式法

分贝相加一定要按能量(声功率或声压平方)相加，求两个声压级合成的声压级 L_{1+2}，可按下列步骤计算：

①因 $L_1=20\lg(p_1/p_0)$ 和 $L_2=20\lg(p_2/p_0)$，运用对数换算得：

$$p_1=p_0 10^{L_1/20},\ p_2=p_0 10^{L_2/20} \tag{7-18}$$

②合成声压 p_{1+2}，按能量相加则 $(p_{1+2})=p_1{}^2+p_2{}^2$，即

$$(p_{1+2})^2=p_0^2(10^{L_1/10}+10^{L_2/10}) \quad 或 \quad (p_{1+2}/p_0)^2=10^{L_1/10}+10^{L_2/10} \tag{7-19}$$

③按声压级的定义合成的声压级

$$L_{1+2}=20\lg(p_{1+2}/p_0)=10\lg(p_{1+2}/p_0)^2$$

即

$$L_{1+2}=10\lg(10^{L_1/10}+10^{L_2/10}) \tag{7-20}$$

几个声压级相加的通用式为：

$$L_{总}=10\lg\left(\sum_{i=1}^{n}10^{\frac{L_i}{10}}\right) \tag{7-21}$$

式中 $L_{总}$——几个声压级相加后的总声压级，dB；

L_i——某一个声压级级，dB。

若上式的几个声压级均相同，即可简化为：

$$L_{总}=L_p+10\lg N \tag{7-22}$$

式中 L_p——单个声压级，dB；

N——相同声压级的个数。

(2)查表法

利用分贝和的增值表直接查出不同声级值加和后的增加值，然后计算加和结果。在一般有关工具书均附有该表，本教材列有简表见表 7-12：

表 7-12 分贝和的增值表

声压级差 L_1-L_2(dB)	0	1	2	3	4	5	6	7	8	9	10
增值 ΔL	3.0	2.5	2.1	1.8	1.5	1.2	1.0	0.8	0.6	0.5	0.4

例如，$L_1=100$ dB，$L_2=98$ dB，求 $L_{1+2}=$？先算出两个声音的声压级(分贝)差，$L_1-L_2=2$ dB，再查表 7-12 找出 2 dB 相对应的增值 $\Delta L=2.1$dB，然后加在分贝数大的 L_1 上，得出 L_1 与 L_2 的和 $L_{1+2}=100+2.1=102.1$dB，可取整数为 102 dB。

例题三 某工厂内有 4 种机器，声压级分别是 84 dB、82 dB、86 dB、89 dB，它们同时运行时的声压级是(　　)dB。

解析 用公式法计算：

$$\begin{aligned} L &= 10\lg(1084/10+1082/10+1086/10+1089/10) \\ &= 10\lg1\ 602\ 113\ 367.7=92(\text{dB}) \end{aligned}$$

例题四 室内吊扇工作时，测得噪声声压 $p=0.002$ Pa；电冰箱单独开动时声压级是 46 dB，两者同时开动时的合成声压级是(　　)dB。

解析 吊扇单独工作时声压级为：$l_1=20\lg\frac{0.002}{2\times10^{-5}}=20\times2=40$ dB；

电冰箱声压级 $l_2=46$ dB；$l_2-l_1=6$ dB，查分贝和的增值表，得 $\Delta l=1$ dB；则两者同时工作时的合成声压级 $l=46+1=47$(dB)。

例题五 已知 $L_1=85$ dB，$L_2=85$ dB，则合成声压级 L_{1+2} 是(　　)dB。

解析 $L_2-L_1=0$ dB，查分贝和的增值表，得 $\Delta L=3$ dB；则合成声压级 $L_{1+2}=85+3=88$(dB)。

7.4.4.2 噪声级(分贝)的相减

如果已知两个声源在某一预测点产生的合成声压级 $L_合$ 和其中一个声源在预测点单独产生的声压级 L_2，则另一个声源在此点单独产生的声压级 L_1 可用下式计算：

$$L_1=10\lg(10^{0.1L_合}-10^{0.1L_2}) \tag{7-23}$$

例题六 室内有两个噪声源，同时工作时总声压级为73 dB，当其中一个声源停止工作时，测得室内声压级为72 dB，另一声源的声压级是(　　)dB。

解析 用公式法计算：$L_2=10\lg(10^{0.1\times73}-10^{0.1\times72})=66$dB

7.4.5 噪声随传播距离的衰减

噪声在传播过程中由于距离增加而引起的发散衰减与噪声固有的频率无关。

7.4.5.1 点声源随传播距离(几何发散)的衰减

(1)实际声源近似为点声源的条件

在声学计算中大量采用点声源的方法进行计算，我国国家标准《声学 户外声传播的衰减 第2部分：一般计算方法》(GB/T 17247.2—1998)也是以点声源为基础进行计算的。为此需要知道实际声源简化为点声源的基本要求。

点声源的定义为以球面波形式辐射声波的声源，辐射声波的声压幅值与声波传播距离 r 呈反比。从理论上可以认为任何形状的声源，只要声波波长远远大于声源几何尺寸，该声源就可视为点声源。

点声源确定原则：当声波波长比声源尺寸大得多或是预测点离开声源的距离 d 比声源本身尺寸大得多($d>2$ 倍声源最大尺寸)时，声源可作点声源处理，等效点声源位置在声源本身的中心。如各种机械设备、单辆汽车、单架飞机等可简化为点声源。

(2)已知点声源声功率级时的距离发散衰减

自由声场是指均匀各向同性的媒质中，边界影响可以不计的声场。在自由声场中，声波将声源的辐射特性向各个方向不受阻碍和干扰地传播。自由声场是在声波传播的空间中无反射面，声源在该声场中发声，在声场中的任一点只有直达声，无反射声的声场。

理想的自由声场很难实现，人们只能获得满足一定测量误差要求的近似的自由声场，如消声室中的声场。消声室是一种专门设计的声学房间。这种房间边界有效地吸收了入射声波，反射对声场的影响基本上可以忽略，所以在一定的频率范围内，这种房间中的声场基本上可以认为是自由场。若消声室地面用作反射面，则这时的声场为半自由场。

在自由声场(自由空间) 条件下，点声源的声波遵循着球面发散规律，按声功率

$$\Delta L=10\lg(1/4\pi r^2) \tag{7-24}$$

式中 ΔL——距离增加产生的衰减值，dB；

r——点声源至受声点的距离，m。

如果已知点声源的 A 声功率级 L_{WA}（也可为声功率级），且声源处于自由空间，则 r 处的 A 声级可由下式求得：

$$L_A(r) = L_{WA} - 20\ \lg r - 11 \tag{7-25}$$

如果声源处于半自由空间，则 r 处的 A 声级可由下式求得：

$$L_A(r) = L_{WA} - 20\ \lg r - 8 \tag{7-26}$$

由上述公式可推出，在距离点声源 r_1 处至 r_2 处的衰减值：

$$\Delta L = 20\ \lg(r_1/r_2) \tag{7-27}$$

当 $r_2=2r_1$ 时，$\Delta L=6$ dB，即点声源声传播距离增加 1 倍，衰减值是 6 dB。

(3) 已知靠近点声源 r_0 处声级时的几何发散衰减

无指向性点声源几何发散衰减的基本公式是：

$$L(r) = L(r_0) - 20\ \lg(r/r_0) \tag{7-28}$$

式中 $L(r)$，$L(r_0)$——r，r_0 处的声级。

如果已知 r_0 处的 A 声级，则下式与上式等效：

$$L_A(r) = L_A(r_0) - 20\ \lg(r/r_0) \tag{7-29}$$

以上两式中第二项代表了点声源的几何发散衰减：

$$A_{div} = 20\ \lg(r/r_0) \tag{7-30}$$

(4) 具有指向性点声源的几何发散衰减

计算见式(7-31)或式(7-32)：

$$L(r) = L(r_0) - 20\ \lg(r/r_0) \tag{7-31}$$

$$L_A(r) = L_A(r_0) - 20\ \lg(r/r_0) \tag{7-32}$$

式(7-31)、式(7-32)中，$L(r)$ 与 $L(r_0)$，$L_A(r)$ 与 $L_A(r_0)$ 必须是在同一方向上的声级。如 r_0，r 是距指向性声源不同方向上的距离，则不能用式(7-31)和式(7-32)直接计算。

7.4.5.2 线声源随传播距离增加引起的衰减

(1) 无限长线声源的几何发散衰减

在自由声场条件下，无限长线声源的声波遵循着圆柱面发散规律，按声功率级作为线声源评价量，则 r 处的声级 $L(r)$ 可由下式计算：

$$L(r) = L_W - 10\ \lg(1/2\pi r) \tag{7-33}$$

式中 L_W——单位长度线声源的声功率级，dB；

r——线声源至受声点的距离，m。

经推算，在距离无限长线声源 r_1 至 r_2 处的衰减值为：

$$\Delta L = 10\ \lg(r_1/r_2) \tag{7-34}$$

当 $r_2=2r_1$ 时，由上式可计算出 $\Delta L=-3$ dB，即线声源声传播距离增加 1 倍，衰减值是 3 dB。

已知垂直于无限长线声源的距离 r_0 处的声级，则 r 处的声级可由式(7-35)计算得到：

$$L(r) = L(r_0) - 10\lg(r/r_0) \tag{7-35}$$

如果已知 r_0 处的 A 声级则式(7-36)与式(7-35)等效：

$$L_A(r)=L_A(r_0)-10\lg(r/r_0) \tag{7-36}$$

式(7-35)和式(7-36)中第二项表示了无限长线声源的几何发散衰减：

$$A_{div}=10\lg(r/r_0) \tag{7-37}$$

(2)有限长线声源的几何发散衰减

设线声源长为 l_0，单位长度线声源辐射的声功率级为 L_W。在线声源垂直平分线上距声源 r 处的声级为：

$$L_P(r)=L_W+10\lg\left[\frac{1}{r}\arctan\left(\frac{l_0}{2r}\right)\right]-8 \tag{7-38}$$

或：

$$L_P(r)=L_P(r_0)+10\lg\left[\frac{\frac{1}{r}\arctan\left(\frac{l_0}{2r}\right)}{\frac{1}{r_0}\arctan\left(\frac{l_0}{2r_0}\right)}\right] \tag{7-39}$$

当 $r>l_0$ 且 $r_0>l_0$ 时，式(7-39)近似简化为：

$$L_P(r)=L_P(r_0)-20\lg(r/r_0) \tag{7-40}$$

即在有限长线声源的远场，有限长线声源可当作点声源处理。

当 $r<l_0/3$ 且 $r_0<l_0/3$ 时，式(7-40)近似简化为：

$$L_P(r)=L_P(r_0)-10\lg(r/r_0) \tag{7-41}$$

即在近场区，有限长线声源可当作无限长线声源处理。

当 $l_0/3<r<l_0$ 时，可作近似计算：

$$L_P(r)=L_P(r_0)-15\lg(r/r_0) \tag{7-42}$$

例题七 已知某线声源长 10 km，在距线声源 10 m 处测得噪声值为 90 dB，则 30 m 处的噪声值为(　　)dB。

解析 当 $r/l<1/10$ 时，可视为无限长线声源，其计算公式为：

$10\lg r_1/r_2=10\lg 10/30=-10\lg 3=-4.8$ dB。

例题八 有一列 500 m 火车正在运行。若距铁路中心线 20 m 处测得声压级为 90 dB，距铁路中心线 40 m 处有一居民楼，则该居民楼的声压级是(　　)dB。

解析 该题是一个有限长线声源的题目。按《环境影响评价技术导则 声环境》有 3 种简化计算方式。当 $r<l_0/3$ 且 $r_0<l_0/3$ 时，按无限长线声源处理。此题 20<500/3 且 40<500/3，因此可按无限长线声源衰减公式计算居民楼的声压级：

$$L_P(40)=L_P(20)-10\lg(40/20)=90-3=87(\text{dB})$$

例题九 有一列 500 m 火车正在运行。若距铁路中心线 600 m 处测得声压级为 70 dB，距铁路中心线 1200 m 处有疗养院，则该疗养院的声压级是(　　)dB。

解析 该题也是一个有限长线声源的题目。按《环境影响评价技术导则 声环境》，当 $r>l_0$ 且 $r_0>l_0$ 时，按点声源处理。此题 600>500 且 1200>500，因此可按点声源衰减公式计算，该疗养院的声压级：

$$L_P(1200)=L_P(600)-20\lg(1200/600)=70-6=64(\text{dB})$$

例题十 某工厂冷却塔外 1 m 处，噪声级为 100 dB(A)，厂界值要求标准为 60 dB

(A)，在不考虑屏障衰减的情况下，厂界与冷却塔的最小距离应为(　　)。

解析　据点声源衰减公式 $A=20\lg(r/r_0)$，$100-60=20\lg(r/1)$，$r=100$ m。

7.4.5.3　面声源随传播距离增加引起的衰减

面声源随传播距离的增加引起的衰减值与面源形状有关。一个大型机器设备的振动表面、车间透声的墙壁，在距离振动表面一定范围内可以认为是面声源。如果已知面声源单位面积的声功率为 W，各面积元噪声的位相是随机的，则面声源可看作由无数点声源连续分布组合而成，预测点的合成声级可由单个点声源的预测声级，按能量叠加法求出。

作为一个整体的长方形面声源($b>a$)，中心轴线上的几何发散声衰减可近似如下(图7-2)：

预测点和面声源中心距离 $r<a/\pi$ 时，几何发散衰减 $A_{div}\approx0$；

当 $a/\pi<r<b/\pi$，距离加倍衰减 3 dB 左右，类似线声源衰减 $A_{div}\approx10\lg(r/r_0)$；

当 $r>b/\pi$ 时，距离加倍衰减趋近于 6 dB，类似点声源衰减 $A_{div}\approx20\lg(r/r_0)$。

图 7-2 为长方形面声源中心轴线上的声衰减曲线(图中虚线为实际衰减量)。

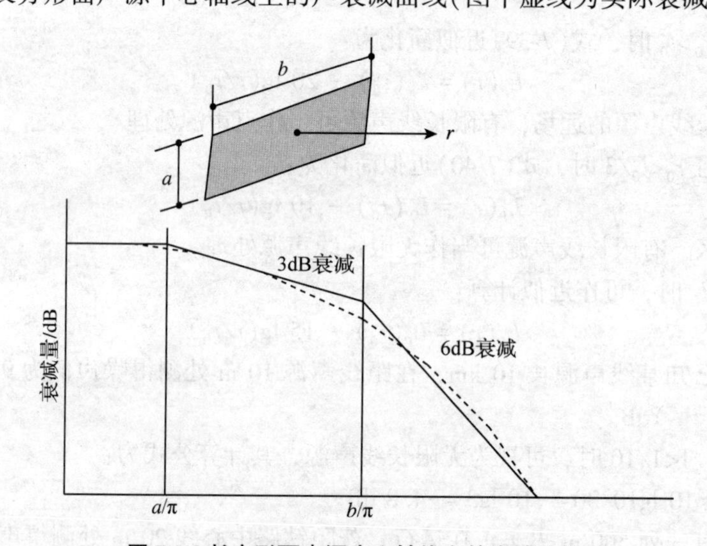

图 7-2　长方形面声源中心轴线上的衰减特性

7.4.5.4　噪声从室内向室外传播

(1)室内和室外声级差的计算

当声源位于室内，设靠近开口处(或窗户)室内和室外的声级分别为 L_1 和 L_2，如图 7-3 所示。若声源所在室内声场近似扩散声场，且墙的隔声量远大于窗的隔声量，则室内和室外的声级差为：

$$NR=L_1-L_2=TL+6 \tag{7-43}$$

式中　TL——窗户的隔声量，dB；

NR——室内和室外的声级差，或称插入损失，dB。

TL、NR 均和声波的频率有关。其中 L_1 可以是测量值或计算值，若为计算值时，按下式计算：

$$L_1 = L_{W1} + 10\lg\left(\frac{Q}{4\pi r^2} + \frac{4}{R}\right) \tag{7-44}$$

式中 L_{W1}——某个室内声源在靠近围护结构处产生的倍频带声功率级；

r——某个室内声源与靠近围护结构处的距离；

Q——指向性因数(通常对无指向性声源，当声源放在房间中心时，$Q=1$；当放在一面墙的中心时，$Q=2$；当放在两面墙夹角处时，$Q=4$；当放在三面墙夹角处时，$Q=8$)；

L_1——靠近围护结构处的倍频带声压级；

R——房间常数。

$$R = S\alpha/(1-\alpha) \tag{7-45}$$

式中 S——房间内表面面积，m^2；

α——平均吸声系数。

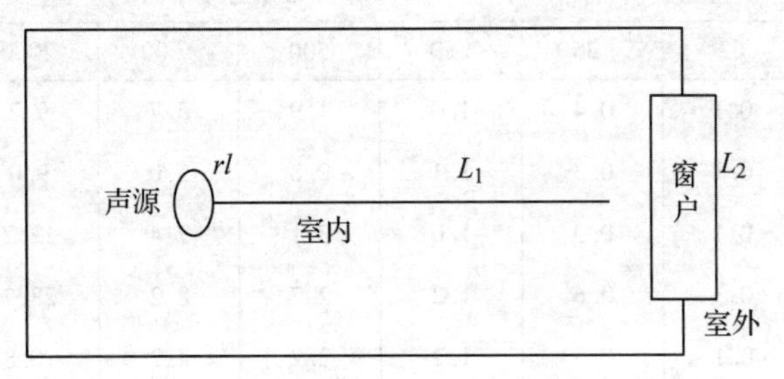

图7-3 室内外声级差示意

(2)等效室外声源的声功率级计算

等效室外声源声功率级的计算过程如下：首先用式(7-44)计算出某个声源在某个室内围护结构处(如窗户)的倍频带声压级，其次按式(7-46)计算出所有室内声源在围护结构处产生的 i 倍频带叠加声压级：

$$L_{P1i}(T) = 10\lg\left(\sum_{j=1}^{N} 10^{0.1L_{P1ij}}\right) \tag{7-46}$$

式中 $L_{P1i}(T)$——靠近围护结构处室内 N 个声源 i 倍频带的叠加声压级，dB；

L_{P1ij}——室内 j 声源 i 倍频带的声压级，dB；

N——室内声源总数。

在室内近似为扩散声场时，按式(7-44)计算出靠近室外围护结构处的声压级。然后计算出所有室内声源在靠近围护结构处产生的总倍频带声压(按噪声级叠加计算求和)，再将室外声级 L_2 和透声面积换算成等效室外声源，计算出等效声源的倍频带声功率级：

$$L_{W2} = L_2(T) + 10\lg S \tag{7-47}$$

式中 S——透声面积，m^2。

然后可按室外声源预测方法计算预测点处的 A 声级，等效声源的中心位置位于透声面积的中心。

7.4.6 空气吸收引起的衰减(A_{atm})

空气吸收引起的衰减按式(7-48)计算:

$$A_{atm} = \frac{a(r - r_0)}{1000} \tag{7-48}$$

式中 a——温度、湿度和声波频率的函数,预测计算中一般根据建设项目所处区域常年平均气温和相对湿度选择相应的空气吸收衰减系数(表 7-13)。

r_0——参考位置距离,m;

r——预测点距声源的距离,m。

表 7-13 倍频带噪声的空气吸收衰减系数 a

温度(℃)	相对湿度(%)	空气吸收衰减系数 a(dB/km)							
		倍频带中心频率(Hz)							
		63	125	250	500	1000	2000	4000	8000
10	70	0.1	0.4	1.0	1.9	3.7	9.7	32.8	117.0
20	70	0.1	0.3	1.1	2.8	5.0	9.0	22.9	76.6
30	70	0.1	0.3	1.0	3.1	7.4	12.7	23.1	59.3
15	20	0.3	0.6	1.2	2.7	8.2	28.2	28.8	202.0
15	50	0.1	0.5	1.2	2.2	4.2	10.8	36.2	129.0
15	80	0.1	0.3	1.1	2.4	4.1	8.3	23.7	82.8

7.4.7 地面衰减(A_{gr})

地面类型可分为:

①坚实地面,包括铺筑过的路面、水面、冰面以及夯实地面。

②疏松地面,包括被草或其他植物覆盖的地面,以及农田等适合于植物生长的地面。

③混合地面,由坚实地面和疏松地面组成。

声波越过不同地面时,其衰减量是不一样的。

声波越过疏松地面或大部分为疏松地面的混合地面传播时,在预测点仅计算 A 声级的前提下,地面效应引起的倍频带衰减可用式(7-49)计算。

$$A_{gr} = 4.8 - \left(\frac{2h_m}{r}\right)\left[17 + \left(\frac{300}{r}\right)\right] \tag{7-49}$$

式中 r——声源到预测点的距离,m;

h_m——传播路径的平均离地高度,m,可按图 7-4 进行计算。

$$h_m = F/r \tag{7-50}$$

式中 F——面积,m^2。

若 A_{gr} 计算出负值,则 A_{gr} 可用“0”代替。

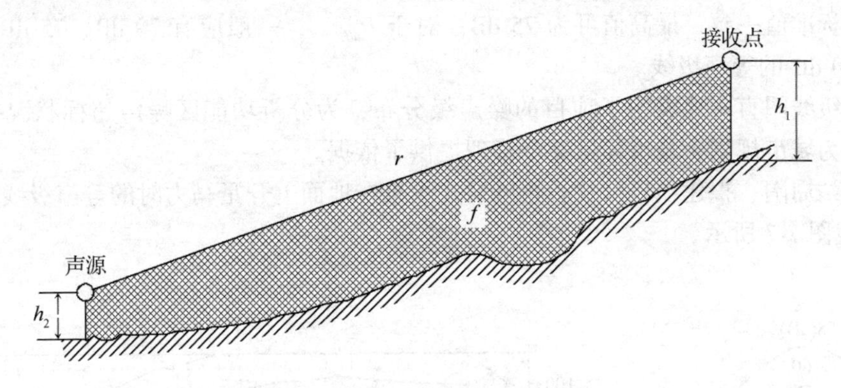

图7-4 估计平均高度 h_m 的方法

7.4.8 预测点噪声级计算和等声级图

(1)计算程序

①选定坐标。

②计算各声源在预测点产生的 A 声级。

③确定持续时间。

④计算预测点等效连续声级，勾画等效声级图。

(2)预测点噪声级计算的基本步骤和方法

选择一个坐标系，确定出各声源位置和预测点位置(坐标)，并根据预测点与声源之间的距离把声源简化成点声源或线状声源、面声源。

根据已获得的声源噪声级数据和声波从各声源到预测点的传播条件，计算出噪声从各声源传播到预测点的声衰减量，由此计算出各声源单独作用时在预测点产生的 A 声级 L_{Ai}。

确定预测计算的时段 T，并确定各声源的发声持续时间 t_i。

按式(7-51)计算建设项目声源在预测点产生的等效连续 A 声级贡献值：

$$L_{Aeqg} = 10\lg\left(\frac{\sum_{i=1}^{n} t_i 10^{0.1L_{Ai}}}{T}\right) \tag{7-51}$$

然后计算预测点的预测等效声级(L_{eq})计算公式：

$$L_{eq} = 10\lg(10^{0.1L_{eqg}} + 10^{0.1L_{eqb}}) \tag{7-52}$$

式中 L_{eqg}——建设项目声源在预测点的等效声级贡献值，dB(A)；

L_{eqb}——预测点的背景值，dB(A)。

在噪声环境影响评价中，因为声源较多，预测点数量比较大，因此常用电脑完成计算工作。各类声源的预测模型见《环境影响评价技术导则声环境》的有关附录。

(3)等声级线图绘制

计算出各网格点上的噪声级(如 L_{eq}、L_{WECPNL})后，再采用某种数学方法(如双三次拟合法，按距离加权平均法，按距离加权最小二乘法)计算并绘制出等声级线。

等声级线的间隔应不大于 5 dB (一般选 5 dB)。对于 L_{eq}，等声级线最低值应与相应功能区夜间标准值一致，最高值可为 75 dB；对于 L_{WECPN}，一般应有 70 dB、75 dB、80 dB、85 dB、90 dB 的等声级线。

等声级线图直观地表明了项目的噪声级分布，为分析功能区噪声超标状况提供了方便，同时为城市规划、城市环境噪声管理提供了依据。

变电站周围、拟建项目以及涡轮风扇式飞机在地面上开足马力时的等声级线图，分别如图 7-5~图 7-7 所示。

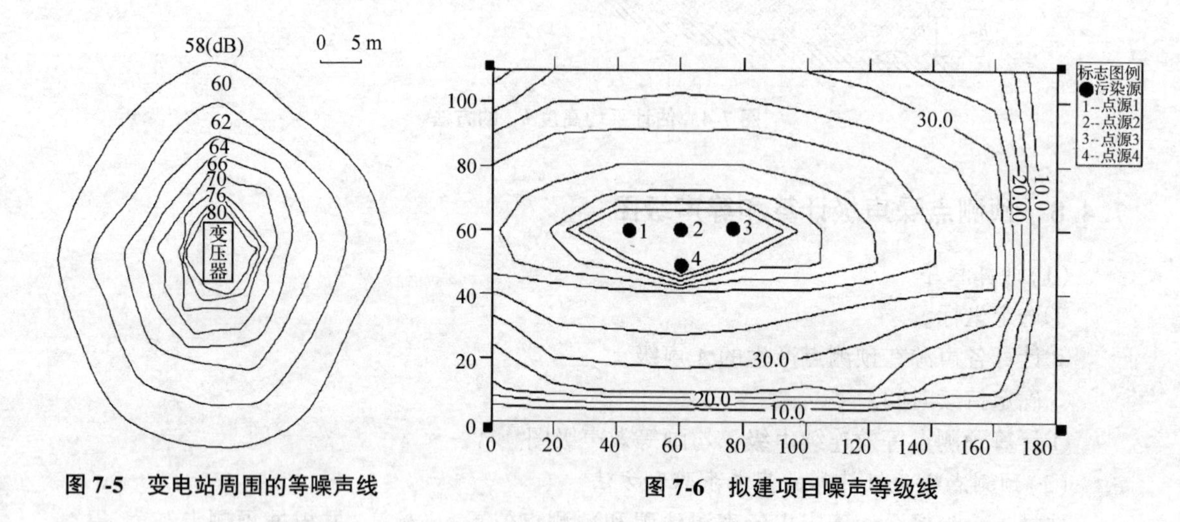

图 7-5 变电站周围的等噪声线

图 7-6 拟建项目噪声等级线

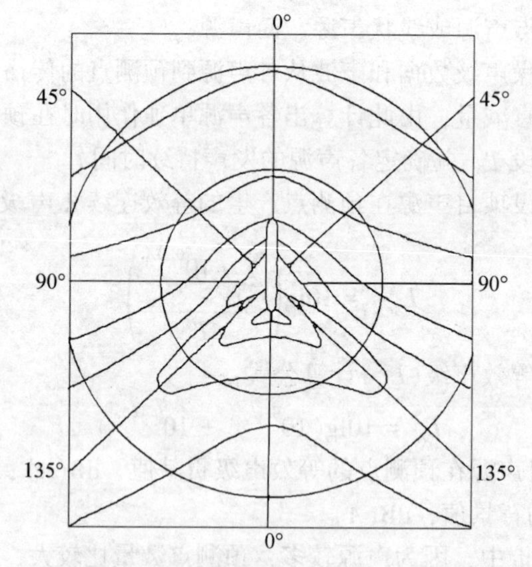

图 7-7 涡轮风扇式飞机在地面上(起飞)开足马力时的噪声

7.4.9 建设项目噪声环境影响预测

7.4.9.1 预测工作的准备

收集有关资料，包括工程概况、噪声源声学数据、自然环境条件等；还要调查现有车间、厂区、厂界、生活区噪声现状。

7.4.9.2 预测点的布置

预测的受声点均选择在现状监测点的同一位置，以比较敏感点的噪声变化水平。新建项目还应在生活规划区及噪声敏感点布设受声点。

7.4.9.3 预测项目及内容

厂界环境噪声影响预测：各受声点的噪声预测值应为背景噪声值与新增噪声值的叠加。对于改扩建工程，若有声源拆除时，应相应减掉。计算通式如下：

预测值=(背景值)+(新增值)-(拆除值)

厂区外噪声敏感点的预测：使用类似的方法给出计算点的预测值，并按表7-14格式填写各噪声敏感点的预测结果。再根据表中结果阐明各敏感点的最高声级值、最低声级值和平均声级值。如果预测值超过环境噪声要求，应结合控制措施最好进行复测。

表7-14 厂界外噪声敏感点的噪声预测值

测点编号	测点位置	昼间声级		夜间声级	
		背景值	预测值	背景值	预测值

7.4.9.4 声能衰减的模式化处理

对拟建项目的噪声源辐射噪声的影响按下述原则进行模式化处理。

简化其计算工作，抓住主要影响因素。噪声源只统计85 dB(A)以上的高噪声发声点、在满足工程精度的前提下保留一定的安全系数，预测计算中要考虑厂区内各声源所在的厂房围护结构的屏蔽效应和声源至受声点的距离衰减，以及空气吸收等主要衰减因子，可以忽略地面效应、雨、雪、雾和温度等影响因素。

各噪声源强只考虑常规降噪声措施。

7.4.9.5 环境噪声预测模型

噪声从声源传播到受声点，因传播发散、空气吸收、阻挡物的反射和屏障等因素的影响，会使其产生衰减。为了保证噪声影响预测和评价的准确性，对于由上述各因素所引起的衰减值都要计算，不能任意忽略。

(1)工矿企业生产噪声预测

工矿企业中的噪声源可以分成室内声源和室外声源2种，其噪声影响预测应分别对待。

①室外声源

a. 计算第i个噪声在第j个预测点的倍频带声压$L_{at_{ij}}$为：

$$L_{at_{ij}}(r)=L_{at_{ij}}(r_0)-(A_{at_{div}}+A_{at_{bir}}+A_{at_{am}}+A_{at_{cie}}) \tag{7-53}$$

式中 $L_{at_{ij}}(r_0)$——第i个噪声源在参考位置r_0处的倍频带声压级，dB；

$A_{at_{div}}$——发散衰减量，dB；

$A_{at_{bir}}$——屏障衰减量，dB；

$A_{at_{am}}$——空气吸收衰减量，dB；

$A_{at_{cie}}$——附加衰减量，dB。

如果已知噪声源的倍频带声功率级为 $L_{W_{icyi}}$，并假设声源位于地面上(半自由场)，则

$$L_{at_i}(r_0) = L_{W_{icyi}} - 20\lg r_0 - 8 \tag{7-54}$$

b. 把计算出来的倍频带声压级合成为 A 声级

$$L_{Aij}(out) = L_{Ai}(r_0) - (A_{div} + A_{bar} + A_{atm} + A_{cre}) \tag{7-55}$$

如果已知该噪声源的 A 声功率级为 L_{WAi}，则

$$L_{Ai}(r_0) = L_{WAi} - 20\lg r_0 - 8 \tag{7-56}$$

②室内声源

假如某厂房内共有 k 个噪声源，对预测点的影响可看作相当于若干个等效室外声源。其计算步骤如下：

a. 计算厂房内第 i 个声源在室内靠近围护结构处的声级 L_{pit}：

$$L_{pit} = L_{Wi} + 10\lg\left(\frac{Q}{4\pi r_i} + \frac{4}{R}\right) \tag{7-57}$$

式中 L_{Wi}——该厂房内第 i 个声源的声功率级；

Q——声源的方向性因数，在一般情况下，位于地面上声源的 Q 值等于 2；

r_i——室内点距声源的距离；

R——房间常数。

b. 计算厂房内 k 个声源在室内靠近围护结构处的声级 L_{p_1}：

$$L_{p_1} = 10\lg\left(\sum_{i=1}^{k} 10^{0.1L_{pil}}\right) \tag{7-58}$$

c. 计算厂房外靠近围护结构处的声级 L_{p_2}：

$$L_{p_2} = L_{p_1} - (TL + 6) \tag{7-59}$$

式中 TL——围护结构的传声损失。

d. 把围护结构当作等效室外声源，再根据声级 L_{p_2} 和围护结构(一般为门、窗)的面积，计算等效室外声源的声功率级。

e. 按照上述室外声源的计算方法，计算该等效室外声源在第 j 个预测点的声级 $L_{AKj}(in)$。如果室外声源有 n 个，等效室外声源为 m 个，则第 j 个预测点的总声级为：

$$L_{Aj} = 10\lg\left[\sum_{i=1}^{n} 10^{0.1L_{Aij(out)}} + \sum_{i=1}^{m} 10^{0.1L_{AKj(in)}}\right] \tag{7-60}$$

(2)铁路噪声预测模型

铁路环境噪声的预测还没有成熟的模型，目前比较常用的有比例预测法和模型预测法 2 种。

①比例预测法　该方法主要是针对扩建工程，以现状监测数据为基础进行预测。

$$L_{eq2} = L_{eq1} + 10\lg\frac{N_2L_2}{N_1L_1} + \Delta L \tag{7-61}$$

式中 L_{eq1}——扩建前某预测点的等效声级，dB；

L_{eq2}——扩建后某预测点的等效声级，dB；

N_1——扩建前列车通过次数；

N_2——扩建后列车通过次数；

L_1——扩建前列车平均长度，m；

L_2——扩建后列车平均长度，m；

ΔL——因铁路状况或线路结构变化而引起的声级变化量，dB。

②模型预测法　模型预测的基本思路是把评价项目看作一个由多个声源组成的复合声源。每个点声源对受声点的声级为：

$$L_p = L_{p_0} + 20\lg\frac{r}{r_0} - \Delta L \tag{7-62}$$

式中　L_{p_0}——参考位置 V_s 处的声级，dB；

r——受声点与点声源之间的距离，m；

r_0——参考位置与点声源之间的距离，m；

ΔL——附加衰减量。

每个线声源对受声点的声级为：

$$L_p = L_{p_0} + 10\lg\frac{r}{r_0} - \Delta L \tag{7-63}$$

多个声源共同作用的总等效声级为：

$$L_{eq(\text{按})} = 10\lg\left(\sum_{i=1}^{n} 10^{0.1L_{eqi}}\right) \tag{7-64}$$

(3)公路噪声预测模型

公路噪声与机动车类型、路面行驶速度等因素有关。表7-15给出了机动车的分类。

表7-15　机动车分类

车　型	标定载重	标定座位
小型车	2 t以下货车	19座以下客车
中型车	2.5~7.0 t货车	20~49座客车
大型车	7.5 t以下货车	50座以下客车

不同类型的机动车辆，距行驶路面中心7.5 m处的平均辐射噪声级为：

小型车　　$L_S = 59.3 + 0.23v$

中型车　　$L_M = 62.6 + 0.32v$

大型车　　$L_H = 77.2 + 0.18v$

式中　v——车辆平均行驶速度，km/h。

如果设计车速为100 km/h，120 km/h，则 v 取设计车速的65%；如果设计车速为80 km/h，则 v 取设计车速的90%。

各类车型在受声点处的噪声为：

$$L_{eqi} = L_i + 10\lg\left(\frac{Q_i}{v_i T}\right) + K\lg\left(\frac{7.5}{R}\right)^{1+a} + \Delta S - 13 \tag{7-65}$$

式中　L_{eqi}——第 i 类车辆在受声点 r 处的噪声级，dB；

L_i——第 i 类车辆距行驶路面中心7.5 m处的平均辐射噪声级；

Q_i——第 i 类车辆的车流量，辆/h；

v_i——第 i 类车辆的平均行驶速度，km/h；

T——评价小时数，取 $T=1$；

R——受声点距路面中心的距离，m；

K——车流密度修正系数，按线一点声源考虑，取10~20；

a——地面吸收，衰减因子；

ΔS——附加衰减，含路面性质、坡度及屏障等影响。

各类车辆在受声点处的噪声预测值的总和为：

$$L_{eq(公)} = 10\ \lg\left(\sum_{i=1}^{N} 10^{0.1L_{eqi}}\right) \tag{7-66}$$

(4)工程施工噪声预测

施工过程发生的噪声与其他重要的噪声源不同。一是噪声由许多不同种类的设备发出；二是这些设备的运作是间歇性的，因此所发噪声也是间歇性和短暂的；三是一般规定施工应在白天进行，因此对睡眠干扰较少。在做施工噪声影响评价时应充分考虑上述特点。

预测和评价施工噪声影响的步骤如下：

①应用表7-16确定各类工程在各个施工阶段场地上发出的等效声级 L_{eq}。

表7-16　施工场地上能量等效声级[dB(A)]的典型范围

工程类型	住房建设		办公建筑，旅馆，学校，医院，公用建筑		工业小区，停车场，宗教，娱乐，休息，商店，服务中心		公共工程，道路与公路，下水道和管沟	
施工阶段	Ⅰ*	Ⅱ**	Ⅰ	Ⅱ	Ⅰ	Ⅱ	Ⅰ	Ⅱ
挖地清理	83	83	84	84	84	83	84	84
开　挖	88	75	89	79	89	71	88	78
基　础	81	81	78	78	77	77	88	88
上层建筑	81	65	87	75	84	72	79	78
完　工	88	72	89	75	89	74	84	84

注：*所有重要的施工设备都在现场；

**只有极少数必需的设备在现场。

数据来源于陆书玉，2001。

②用下式确定整个施工过程中的场地上的 L_{eq}：

$$L_{eq} = 10\lg \frac{1}{T}\sum_{i=1}^{N} T_i (10)^{L_i/10} \tag{7-67}$$

式中　L_i——第 i 阶段(表7-16)的 L_{eq}；

T_i——第 i 阶段延续的总时间；

T——从开始阶段($i=1$)到施工结束($i=2$)的总延续时间；

N——施工阶段数。

③在离施工场地 x 距离处的 $L_{eq}(x)$ 的修正系数为：

$$ADJ = -20\lg\left(\frac{x}{0.328} + 250\right) + 48ADJ = -20\lg\left(\frac{x}{0.328} + 250\right) + 48 \tag{7-68}$$

则

$$L_{eq}(x) = L_{eq} - ADJ \tag{7-69}$$

式中 x——离场地边界的距离，m。

④在适当的地图上画出场地周围 L_{eq} 的廓线。

(5)机场环境噪声的预测

机场噪声预测时间是以 24 h 为单位，分 3 个不同阶段对某一点一日的预测模型采用 *WECPNL* 公式：

$$WECPNL = \overline{EPNL} + 10\lg(N_1 + 3N_2 + 10N_3) - 40;$$

$$\overline{EPNL} = 10\lg(1/N_1 + N_2 + N_3)(\sum 100.1EPNL_i)$$

式中 $\overline{EPNL}$——N 次飞行的有效感觉噪声级的能量平均值，dB；

N_1——7：00~19：00 的飞行次数；

N_2——19：00~22：00 的飞行次数；

N_3——22：00~7：00 的飞行次数。

计算式中所需参数如飞机噪声的 *EPNL* 与距离的关系，一般采用美国联邦航空局提供的数据或通过类比实测得到。具体的计算步骤可依据《机场周围飞机噪声测试方法》(GB 9661—1988)进行。

评价要点：

①绘制机场周围噪声等声级曲线，按 5dB(*A*)间隔给出。

②重点评述机场噪声对周围环境影响范围和程度，说明受害种类的数量。

③阐明机场建设的可行性，并提出建设性建议和要求。

7.4.10 声环境影响评价

7.4.10.1 基本要求和方法

声环境影响评价基本要求和方法包括以下几方面：

①评价项目建设前环境噪声现状。

②根据噪声预测结果和相关环境噪声标准，评价建设项目在建设期(施工期)、运行期(或运行不同阶段)噪声影响的程度，超标范围及超标状况(以敏感目标为主)。

③分析受影响人口的分布状况(以受到超标影响的为主)。

④分析建设项目的噪声源分布和引起超标的主要噪声源或主要超标原因。

⑤分析建设项目的选址(选线)、设备布置和选型(或工程布置)的合理性，分析项目设计中已有的噪声防治措施的适用性和防治效果。

⑥为使环境噪声达标，评价必须增加或调整适用于本工程的噪声防治措施(或对策)，分析其经济、技术的可行性。

⑦提出针对该项工程有关环境噪声监督管理、环境监测计划和城市规划方面的建议。

7.4.10.2　工矿企业声环境影响评价

除上述的评价基本要求和方法，工矿企业声环境影响评价还应着重分析说明以下问题。

①按厂区周围敏感目标所处的环境功能区类别评价噪声影响的范围和程度，说明受影响人口情况。

②分析主要影响的噪声源，说明厂界和功能区超标原因。

③评价厂区总图布置和控制噪声措施方案的合理性与可行性，提出必要的替代方案。

④明确必须增加的噪声控制措施及其降噪效果。

7.4.10.3　公路、铁路环境影响评价

①针对项目建设期和不同运行阶段，评价沿线评价范围内各敏感目标(包括城镇、学校、医院和集中生活区等)，按标准分析要求预测声级的达标及超标状况，并分析受影响人口的分布情况区。

②对工程沿线两侧的城镇规划中受到噪声影响的范围绘制等声级曲线，明确合理的噪声控制距离和规划建设控制要求。

③结合工程选线和建设方案布局，评述其合理性和可行性，必要时提出环境替代方案。

④对提出的各种噪声防治措施需进行经济技术论证，在多方案比选后规定应采取的措施并说明降噪效果。

7.4.10.4　机场飞机噪声环境影响评价

除上述的评价基本要求和方法，机场飞机噪声环境影响评价还需着重分析说明以下问题：

①针对项目不同运行阶段，依据《机场周围飞机噪声环境标准》(GB 9661—1988 评价 *WECPNL* 评价量 70 dB，75 dB，80 dB，85 dB，90 dB 等值线范围内各敏感目标(城镇、学校、医院、集中生活区等)的数目和受影响人口的分布情况。

②结合工程选址和机场跑道方案布局，评述其合理性和可行性，必要时提出环境替代方案。

③对超过标准的环境敏感地区，按等值线范围的不同提出不同的降噪措施，并进行经济技术论证。

7.5　环境噪声污染防治对策

噪声环境影响评价中，噪声防治对策和措施主要有规划防治对策、技术防治措施和管理措施。其中技术措施包括声源上降低噪声措施、噪声传播途径上降低噪声措施和敏感目标自身防护措施。通过评价提出的噪声防治对策和措施，必须符合针对性、具体性、经济合理性和技术可行性原则。

7.5.1　规划防治对策

科学统筹进行城乡建设规划，明确土地使用功能分区，合理安排城市功能区和建设布

局，预防环境噪声污染。

在进行规划建筑布局时，划定建筑物与交通干线合理的防噪声距离，采取相应的建筑设计要求，避免产生环境噪声影响。对于具体建设项目来说，应当符合城市规划功能要求，不应该也不能造成违反相应功能要求的环境噪声影响。

7.5.2 技术防治对策

7.5.2.1 声源上降低噪声的措施

其方法主要包括：

①设计制造产生噪声较小的低噪声设备，对高噪声产品规定噪声限值标准，在工程设计和设备选型时尽量采用符合要求的低噪声设备。

②在工程设计中改进生产工艺和加工操作方法，降低工艺噪声。

③在生产管理和工程质量控制中保持设备良好运转状态，不增加不正常运行噪声等。

④对工程实际采用的高噪声设备或设施，在投入安装使用时，应当采用减振降噪或加装隔声罩等方法降低声源噪声。

7.5.2.2 传播途径上降低噪声的措施

①采用“闹静分开”和“合理布局”的设计原则，使高噪声敏感设备尽可能远离噪声敏感区。

②利用自然地形物(例如，位于噪声源和噪声敏感区之间的山丘、土坡、地堑、围墙等)降低噪声。

③合理布局噪声敏感区中的建筑物功能和合理调整建筑物平面布局，即把非噪声敏感建筑或非噪声敏感房间靠近或朝向噪声源。

④采取声学控制措施，例如，对声源采用消声、隔振和减振措施、在传播途径上增设吸声、隔声等措施。

⑤通过评价提出的噪声防治对策，必须符合针对性、具体性、经济合理性和技术可行性原则。

7.5.2.3 针对保护对象采取降噪措施

当以上几种方法和手段仍不能保证受噪声影响的环境敏感目标达到相应的环境要求时，则不得不针对保护对象采取降噪措施。这类措施的实施并非是为了实现环境要求，而是使在敏感目标中生活的人群有一个可以保证其健康和安宁的室内环境。以上各类防治环境噪声污染的措施和手段，应当通过声环境影响评价，明确需要降低噪声的要求和通过经济技术论证分析实际可达到的效果，必须符合针对性、具体性、经济合理性和技术可行性原则。

7.5.3 管理措施

主要包括提出环境噪声管理方案(如制订合理的施工方案、优化飞行程序等)，制订噪声监测方案，提出降噪减噪设施的运行使用、维护保养等方面的管理要求，提出跟踪评价要求等。

7.5.4　环境噪声污染防治对策的一般原则

(1)从声音的三要素为出发点控制环境噪声的影响，以从声源上或从传播途径上降低噪声为主，以受体保护作为最后不得已的选择。这一原则体现出环境噪声污染防治按照法律要求应当是区域环境噪声达标，即室外环境符合相应的声环境功能区的环境质量要求。但室内环境并非环境保护要求，而是人群生活的健康与安宁的基本需求。

(2)以城市规划为先，避免产生环境噪声污染影响。这也是体现《中华人民共和国环境噪声污染防治法》有关规定的原则。合理的城市规划有明确的环境功能分区和噪声控制距离要求，而且严格控制各类建设布局，避免产生新的环境噪声污染。无论是新建项目还是改扩建项目，都应当符合城市规划布局的相关规定。

(3)关注环境敏感人群的保护，体现“以人为本”。国家制定声环境质量标准和相应的环境噪声排放标准，都是为了保护不同生活环境条件下的人群免受环境噪声影响。因此，凡是有人群生活的地方就有环境噪声需要达标的要求，若超过相应标准就需要采取环境噪声污染防治措施，以保护人们生存的环境权益。

(4)以管理手段和技术手段相结合控制环境噪声污染。应当说，控制环境噪声污染并不仅仅依靠工程措施来实现，有力的和有效的环境管理手段同样可以起到很好效果。它包括行政管理和监督、合理规划布局、企业环境管理和对相关人员的宣传教育等。将有效的管理手段和有针对性的工程技术手段有机结合起来，是采取防治对策的一项重要原则。

(5)针对性、具体性、经济合理性、技术可行性原则。《环境影响评价技术导则 声环境》(HJ 2.4—2009)确定的这一原则是一条普遍适用的原则。不管采取哪种环境噪声污染防治对策措施，最终都是为了达到降噪目标。因此，要保证对策措施必须针对实际情况且具体可行，符合经济合理性和技术可行性。

7.5.5　防治环境噪声污染的具体技术措施

防治环境噪声污染的技术措施是以声学原理和声波传播规律为基础提出的。它自然与噪声产生的机理和传播形式有关。一般来说，噪声防治很少有成套或者说成型的供直接选择的设备或设施。原因是噪声源类型繁多、安装使用形式不同，周边环境状况不一，没有或者很难找到某种标准化设计成型的设备或者设施来适用各种不同的情况。

因此，大多数治理噪声的技术措施都需要现场调查并根据实际进行现场设计，即非标化设计。这也是从事该项工作的艰难之处。当然，也有一些发出噪声的设备配有固定的降噪声设施，如机动车排气管消声器、某种大型设备的隔声罩和一些可以振动发声的设备的减振垫等。这些一般是随设备一起配套安装使用的，属于设备噪声性能的一部分，评价时已经在工程分析的设备噪声源强中给出了。如汽车整车噪声包括发动机噪声、排气噪声和轮胎噪声等，城市轨道交通系统的减振扣件已经对列车运行产生的轮轨噪声源强起了应有作用。

于是，若对超标需采取环境噪声污染防治措施，则只要针对如何降低预测评价值，降低噪声源强或者在传播途径上如何降低噪声采取适当的对策。这时，除了必要的行政管理手段，那就是采取必要的技术措施。降低噪声的技术措施大致有以下几种，但需要针对不同发声对象综合考虑使用。

7.5.5.1 减振、隔声

对以振动、摩擦、撞击等引发的机械噪声，一般采取减振、隔声措施。如对设备加装减振垫、隔声罩等。有条件进行设备改造或工艺设计时，可以采用如将某些设备传动的硬连接改为软连接等，使高噪声设备变为低噪声设备，将高噪声的工艺改为低噪声的工艺等。对于以这类设备为主的车间厂房，一般采用吸声、消声的措施。一方面在其内部墙面、地面以及顶棚采取涂布吸声涂料，吊装吸声板等消声措施；另一方面通过如墙体、门窗设计上使用隔声效果好的建筑材料，或是减少门窗面积从围护结构，以减低透声量等措施，来降低车间厂房内的噪声对外部的影响。一般材料隔声效果可以达到15~40 dB，可以根据不同材料的隔声性能选用。

7.5.5.2 安装消声器

对由空气柱振动引发的空气动力性噪声的治理，一般采用安装消声器的措施。该措施效果是增加阻尼，改变声波振动幅度、振动频率，当声波通过消声器后减弱能量，达到减低噪声的目的。一般工程需要针对空气动力性噪声的强度、频率，是直接排放还是经过一定长度、直径的通风管道，以及排放出口影响的方位进行消声器设计。这种设计应当既不使正常排气能力受到影响，又能使排气口产生的噪声级满足环境要求。一般消声器可以实现10~25 dB降噪量，若减少通风量还可能提高设计的消声效果。

7.5.5.3 设备安装远离人群

对某些用电设备产生的电磁噪声，一般是尽量使设备安装远离人群，一是保障电磁安全；二是利用距离衰减降低噪声。当距离受到限制，则应考虑对设备做隔声设计，采取隔声措施，或对设备本身，或对设备安装的房间，以符合环境要求。

7.5.5.4 屏蔽性措施

针对环境保护目标采取的环境噪声污染防治技术工程措施，主要是以隔声、吸声为主的屏蔽性措施，以使保护目标免受噪声影响。如可利用天然地形、地物作为噪声源和保护对象之间的屏障，或是依靠已有的建筑物或构筑物(应是非噪声敏感的)做隔离屏蔽，或是根据噪声对保护目标影响的程度设计声屏障等。这些措施对声波产生了阻隔、屏蔽效应，使得声波经过后声级明显降低，敏感目标处的声环境需求得到满足。一般人工设计的声屏障可以达到5~12 dB实际降噪效果。这是指在屏障后一定距离内的效果，近距离效果好，远距离效果差，因为声波有绕射作用。声屏障可以选用的材料有多种，如墙砖、木板、金属板、透明板、水泥混凝土板等是以隔声为主的；微穿孔板、吸声材料(如，加气砖、泡沫陶瓷、石棉)以及废旧轮胎等是以消声、吸声为主的；或是隔声、吸声材料结合使用，经过设计都可以达到预期降噪效果。声屏障外观形式也有多种，它不仅考虑美观实用，更重要的是要保证实际降噪量。如直立型声屏障，可以设计成下半部吸声、上半部隔声，这样可以达到更好的效果。又如，直立声屏障顶部改为半折角式，可以提高屏障有效高度，增加声影区的覆盖面积，扩大声屏障保护的距离和范围。有时针对保护对象的需要，也可以设计建造全封闭式的声屏障。这一类的声屏障隔声降噪效果可能达到20~30 dB，但外观应当与周围环境景观协调一致。

7.5.6 典型工程噪声防治对策和措施

7.5.6.1 工业噪声的防治对策和措施

工业噪声防治以固定的工业设备噪声源为主。对项目整体来说，可以从工程选址、总图布置、设备选型、操作工艺变更等方面考虑尽量减少声源可能对环境产生的影响。对声源已经产生的噪声，则根据主要声源影响情况，在传播途径上分别采用隔声、隔振、消声、吸声以及增加阻尼等措施降低噪声影响，必要时需采用声屏障等工程措施降低和减轻噪声对周围环境和居民的影响。而直接对敏感建筑物采取隔声窗等噪声防护措施，则是最后的选择。

在考虑降噪措施时，首先应该关注工程项目周围居民区等敏感目标分布情况和项目邻近区域的声环境功能需求。若项目噪声影响范围内无人群生活，按照国家现行法规和标准规定，原则上不要求采取噪声防治措施。但若工程项目所处地区的地方政府或地方环境保护行政主管部门对项目周边有土地使用规划功能要求或环境质量要求的，则应采取必要措施保证达标或者给出相应噪声控制要求，例如，噪声控制距离或者规划土地使用功能等要求。在符合《中华人民共和国城乡规划法》(以下简称《城乡规划法》)中规定的可对城乡规划进行修改的前提下，提出厂界(或场界、边界)与敏感建筑物之间的规划调整建议。提出噪声监测计划等对策建议。在此类工程项目报批的环境影响评价文件中，应当将项目选址结果、总图布置、声源降噪措施、需建造的声屏障及必要的敏感点建筑物噪声防治措施等分项给出，并分别说明项目选址的优化方案及其论证原因、总图布置调整的方案情况及其对项目边界和受影响敏感点的降噪效果。分项给出主要声源各部分的降噪措施、效果和投资，声屏障以及敏感建筑物本身防护措施的方案、降噪效果及投资等情况。

7.5.6.2 公路、城市道路交通的噪声防治对策和措施

公路、城市道路交通噪声影响主要对象是线路两侧的以人群生活(包括居住、学习等)为主的环境敏感目标。其防治对策和措施主要有：线路优化比选，进行线路和敏感建筑物之间距离的调整；线路路面结构、路面材料改变；道路和敏感建筑物之间的土地利用规划以及临街建筑物使用功能的变更、声屏障和敏感建筑物本身的防护或拆迁安置等；优化运行方式(包括车辆选型、速度控制、鸣笛控制和运行计划变更等)以降低和减轻公路和城市道路交通产生的噪声对周围环境和居民的影响。在符合我国《城乡规划法》中规定的可对城乡规划进行修改的前提下，提出城镇规划区段线路与敏感建筑物之间的规划调整建议；给出车辆行驶规定及噪声监测计划等对策建议。

7.5.6.3 铁路、城市轨道交通噪声防治对策和措施

通过不同选线方案声环境影响预测结果，分析敏感目标受影响的程度，提出优化的选线方案建议；根据工程与环境特征，给出局部线路和站场调整，敏感目标搬迁或功能置换，轨道、列车、路基(桥梁)、道床的优选，列车运行方式、运行速度、鸣笛方式的调整，设置声屏障和对敏感建筑物进行噪声防护等具体的措施方案，检测其降噪效果，并进行经济、技术可行性论证；在符合《城乡规划法》中明确的可对城乡规划进行修改的前提下，提出城镇规划区段铁路(或城市轨道交通)与敏感建筑物之间的规划调整建议；给出车辆行驶规定及噪声监测计划等对策建议。

7.5.6.4 机场飞机噪声的防治对策和措施

机场飞机噪声影响与其他类别工程项目噪声影响形式不同，主要是非连续的单个飞行事件的噪声影响，而且使用的评价量和标准也不同。可通过机场位置选择，跑道方位和位置的调整，飞行程序的变更，机型选择，昼间、晚上、夜间飞行架次比例的变化，起降程序的优化，敏感建筑物本身的噪声防护或使用功能更改，拆迁，噪声影响范围内土地利用规划或土地使用功能的变更等措施减少和降低飞机噪声对周围环境和居民的影响。在符合我国《城乡规划法》中明确的可对城乡规划进行修改的前提下，提出机场噪声影响范围内的规划调整建议；给出飞机噪声监测计划等对策建议。

思考题

1. 简述声环境影响评价的基本任务和工作程序。
2. 简述声环境影响评价工作等级和范围确定的依据和基本原则。
3. 简述声环境噪声现状调查与评价的内容和方法。
4. 简述声环境影响预测的步骤和方法。
5. 简述声环境影响评价的基本内容。
6. 简述常用的噪声污染防治措施。
7. 某车间3个噪声源，在测试点产生的声压级分别为96 dB、95 dB、85 dB，求测试点的总声压级。
8. 某机修车间共有13台机器设备，其中1台冲床在车间中央点的噪声贡献值为78 dB，2台钻床各自单独产生75 dB，10台车床单独产生71 dB，试求机器全部运行时，车间中央点的总噪声级。
9. 一测点距离平直公路中心线20 m，测得等效声级68 dB，试求距中心线200 m处的等效声级。若在路旁建一医院，医院位于声环境质量1类功能区内，在不考虑背景噪声环境下，问至少应距公路中心线多远处方能使噪声达标？

第 8 章

土壤环境影响评价

【内容提要】土壤环境影响评价的基本任务是从保护环境的目的出发，通过调查、预测等手段，分析、判断和评估建设项目在建设施工期和建成后生产期及服务期所排放的污染物对土壤环境质量影响的程度和范围。为建设项目的厂(场)址和路线选择、施工工艺、土壤污染防治措施制度以及其他有关的工程设计提供科学依据或指导性意见。本章主要内容包括土壤环境影响评价的基本程序，污染源调查、土壤退化与土壤资源破坏状况调查，环境质量现状调查评价和预测评价，防治土壤污染、土壤退化、土壤资源破坏的对策和措施。

8.1 概 述

8.1.1 土壤特征和影响土壤环境质量的因素

8.1.1.1 土壤特征

土壤是自然界赋予人类的宝贵资源，是环境的重要组成部分，也是地球陆地表面具有肥力、能够生长植物的疏松表层。它是由岩石风化而成的矿物质、动植物残体腐解产生的有机质以及水分、空气等组成，呈不完全连续的状态存在于陆地表面。可以说，土壤是万物生长的重要基础，也是人类生存、发展、工作和生活的重要场所。

土壤基本特征主要包括以下几个方面：

①具有生产力　能够不断供应和协调植物生长所必须的养分、水分、空气和热量的能力。

②具有生命力　土壤中生物多样性最丰富、是能量交换、物质循环最活跃的地球表层，土壤中有细菌、真菌、动植物等生命体。

③具有缓冲性　土壤通过抵抗、缓冲土壤中酸性物质和碱性物质，对大气降水和水温有调节和缓冲作用，并具有调节和平衡向大气中释放的 CO_2、SO_2 等温室气体的能力。

④具有净化功能　土壤是由气相、液相、固相三相组成的一个多相体系；是个疏松多孔体，存在多种化合物、无机和有机胶体还有微生物。进入土壤的污染物，容易被土壤吸附，进行物理、化学、生物的变化过程，使污染物浓度降低或者毒性降低。

⑤中心环境要素　在人类环境系统中占据着特有的空间地位，处于大气圈、生物圈、岩石圈和水圈的交接地带。

8.1.1.2 土壤环境

土壤环境(soil environment)是指受自然或人为因素作用的，由矿物质、有机质、水、空气、生物有机体等组成的陆地表面疏松综合体，包括陆地表层能够生长植物的土壤层和污染物能够影响的松散层等。

建设项目对于土壤的环境影响可分为土壤环境生态影响和土壤环境污染影响。

①土壤环境生态影响(ecological impact on soil environment) 是指由于人为因素引起土壤环境特征变化致其生态功能变化的过程或状态。

②土壤环境污染影响(contaminative impact on soil environment) 是指因人为因素导致某种物质进入土壤环境，引起土壤物理、化学、生物等方面特性的改变，导致土壤质量恶化的过程或状态。

8.1.1.3 污染影响型对土壤环境质量的影响

土壤环境质量是指土壤环境适宜人类健康的程度。影响土壤环境质量的因素有建设项目的类型、影响的性质。

对于环境污染型来说，由外界进入土壤中的污染物，对土壤环境产生化学性、物理性或生物性污染危害。污染源的特征与排放强度、污染途径以及土壤类型、特性和区域地理环境特征等。不同的建设项目，排放的污染物类型不同。有色金属冶炼或矿山，主要污染物为重金属和酸性物质；化学工业或油田，主要污染物是矿物油和其他有机污染物；以煤为能源的火电厂，主要污染物为粉煤灰等固体废物。不同的污染因子，性质不同，对环境的危害也不同。不同的污染源，污染类型不同，对环境的影响范围也不同；工业污染源以点源污染为主，污染特征为污染区域小，影响范围窄，而以农业和交通为主的污染源，主要为面源污染和线源污染，具有污染面大、影响范围宽的特点。污染源的排放强度与污染程度和污染范围有关。污染物通过大气与水的传输，扩散速度快，对土壤的污染地域宽；而垃圾和污泥等固体废物进入土壤后，污染的范围相对较小。土壤所处的区域地理环境条件决定了土壤的类型、性质和土壤演化，从而影响污染物进入土壤的速度、浓度和范围，继而影响土壤被污染的程度。

土壤污染是指人为因素有意或无意地将人类本身和其他生命体有害的物质施加到土壤中，使其某种成分含量明显高于原有含量、并引起现存的或潜在的土壤环境质量恶化的现象。

土壤污染的特点主要包括：

(1)土壤污染比较隐蔽

大气和水体污染比较直观，有时通过人的感官可以发现。而土壤污染往往是通过作物吸收，如蔬菜、水果及家禽等食品污染后，才有机会引起人中毒和健康的危害。从开始污染到导致后果，有一段很长的间断→直接→积累的隐蔽过程。

(2)土壤被污染后难以恢复

土壤被污染后，其净化过程需要很长的时间，尤其是重金属的污染是个不可逆的过程，末端治理技术非常有限。因此，对于土壤的保护，应提倡清洁生产的概念，以避免污染为前提条件。

(3)土壤污染后果严重

严重的污染通过食物链积累危及动物和人，甚至使人畜失去赖以生存的基础。

(4)土壤污染持久性强

许多有机磷或者有机氯农药在自然土壤环境中具有持久性。12种持久性有机污染物中的8种是农业上使用的杀虫剂。虽然目前已禁止生产和使用，但以往的长期、大量使用，这些污染物在土壤和水里残存了几十年。因此，这类污染物还会在很长的一段时间内继续影响着土壤质量。

8.1.1.4 生态影响型对土壤环境质量的影响

对于环境生态影响型来说，可分为2类：

(1)土壤退化型

由于人类活动导致的土壤中各组分之间，或土壤与其他环境要素之间的正常自然物质、能量循环过程遭到破坏，而引起土壤肥力、土壤质量和承载力下降的影响。

(2)土壤资源破坏型

由于人类活动或由其引起的自然活动，导致土壤被占用、淹没和破坏，包括由于土壤过度侵蚀或严重污染而使土壤完全丧失原有功能被废弃的情况。

由于人类对土地的不合理利用和过度开发，将引起土壤系统的严重退化。农业生产中的不合理的耕作方式和过度施肥，不仅不能增加土壤的肥力，反而会引起土壤的退化。例如，平原区的过度灌溉，引起地下水位上升，发生土壤沼泽化，在地下水矿化度较高地区，则引起土壤的次生盐渍化；草原的过度放牧，牧草被破坏，引起土壤沙化；丘陵、山区的过度垦殖，林地破坏，则导致土壤的严重侵蚀，造成水土流失；开发区的建设，工矿企业的发展，在占用大量的土地，减少土壤资源的同时，也破坏了成土因素之间的平衡，导致土壤退化和破坏。

对土壤环境质量的影响造成土壤不同形式的定性和定量的变化，主要包括土壤侵蚀和土壤污染。要提高土壤环境质量和使用价值，必须系统全面地进行土壤环境质量的现状评价与影响评价。开发行动或建设项目的土壤环境影响评价是从预防性环境保护目的出发，通过监测调查，识别各种污染和破坏因素对土壤可能产生的影响，预测影响的范围、程度及变化趋势，提出避免、消除和减轻土壤侵蚀与污染的对策，为制定环境管理政策和综合防治污染提供科学决策和依据。

8.1.2 土壤环境影响评价规程

土壤环境影响评价工作可划分为准备阶段、现状调查与评价阶段、预测分析与评价阶段和结论阶段。土壤环境影响评价工作程序如图8-1所示。

(1)准备阶段

收集分析国家和地方土壤环境相关法律、法规、政策、标准及规划等资料；了解建设项目工程概况，结合工程分析，识别建设项目对土壤环境可能造成的影响类型，分析可能造成土壤环境影响的主要途径；开展现场踏勘工作，识别土壤环境敏感目标；确定评价等级、范围与内容。

(2)现状调查与评价阶段

采用相应标准与方法，开展现场调查、取样、监测和数据分析与处理工作，进行环境现状评价。

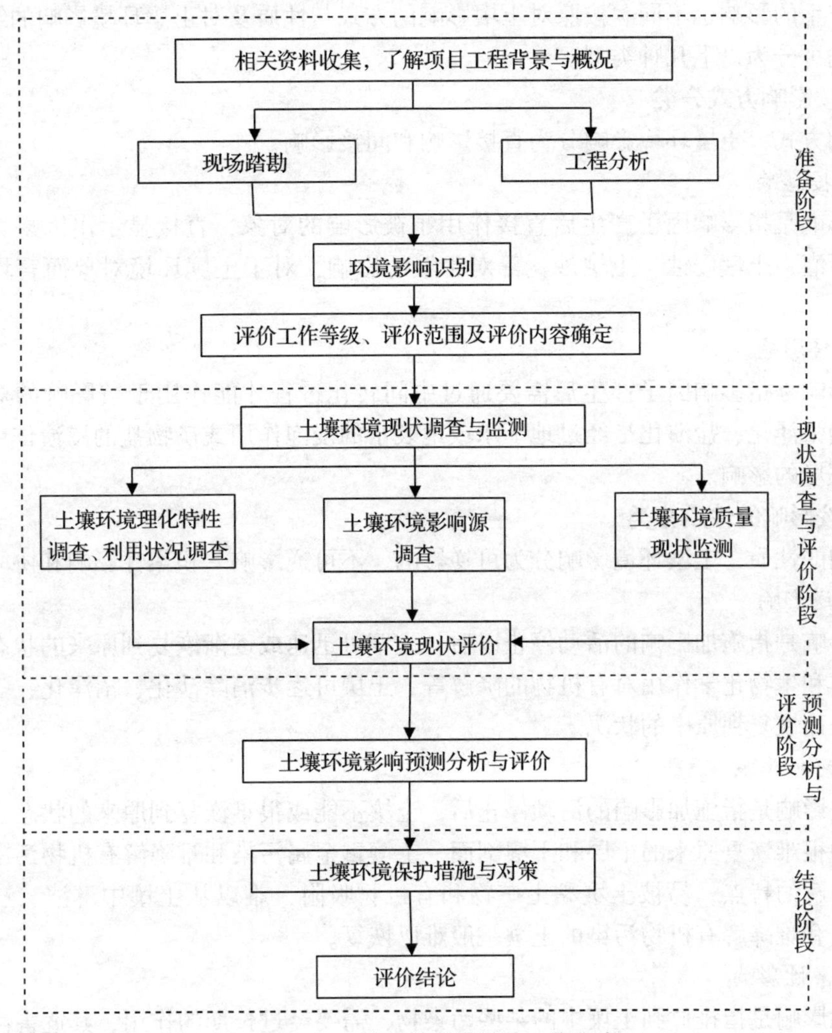

图 8-1　土壤环境影响评价工作程序

(3)预测分析与评价阶段

依据该标准制定的或经论证有效的方法，预测分析与评价建设项目对土壤环境可能造成的影响。

(4)结论阶段

综合分析各阶段成果，提出土壤环境保护措施与对策，对土壤环境影响评价结论进行总结。

8.2　土壤环境影响识别

8.2.1　土壤环境影响的类型

土壤作为人类生存环境中不可分割的组成部分，必然会受到人类活动的影响。不同活动对土壤产生的影响也不同。按照对土壤影响的方式与性质及对土壤环境影响的结果，土壤环境影响可分为以下几种类型。

8.2.1.1 按影响方式分类

按影响方式，土壤环境影响分为直接影响和间接影响。

(1)直接影响

直接影响是指影响因子产生后直接作用于被影响的对象，直接显示出因果关系。例如，土壤污灌、土壤侵蚀、土壤沙化等对土壤的影响，对于土壤环境对象而言均为直接影响。

(2)间接影响

间接影响是指影响因子产生后需要通过中间转化过程才能作用于被影响的对象。例如，土壤的沼泽化、盐渍化是经过地下水或地表水的浸泡作用或矿物盐的浸渍作用后产生的对土壤环境的影响。

8.2.1.2 按影响的性质分类

按影响的性质，土壤环境影响分为可逆影响、不可逆影响、积累性影响和协同影响。

(1)可逆影响

可逆影响是指施加影响的活动停止以后，土壤可迅速或逐渐恢复到原来的状态，如经过恢复植被和生物化学作用对有机物的降解等，土壤可逐步消除沙化、沼泽化、盐渍化和有机物污染而恢复到原来的状况。

(2)不可逆影响

不可逆影响是指施加影响的活动停止后，土壤不能或很难恢复到原来的状态。如严重的土壤侵蚀很难恢复原来的土层和土壤剖面。土壤重金属污染和难降解有机物污染具有持久性、难降解的特点，易被土壤黏土矿物和有机物吸附，难以从土壤中淋溶、迁移，因此，重金属和难降解有机物污染的土壤一般难以恢复。

(3)积累性影响

积累性影响是指排放到土壤中的某些污染物，需要经过长期的作用，其危害性直到积累的浓度超过其临界值时才能表现出来，如土壤重金属污染对作物的污染就是积累性影响。

(4)协同影响

协同影响是指两种以上的污染物同时作用于土壤时所产生的影响大于每一种污染物单独影响的总和。

8.2.1.3 按影响的结果分类

生态环境部发布的《环境影响评价技术导则 土壤环境》(HJ 964—2018)中根据建设项目对土壤环境可能产生的影响，将土壤环境影响类型划分为生态影响型与污染影响型。

(1)土壤环境生态影响

土壤环境生态影响是指由于人为因素引起土壤环境特征变化导致其生态功能变化的过程与状态。土壤环境生态影响是由生产建设活动本身的特性对土壤环境条件的改变而导致的土壤退化、破坏。如矿石开采将改变矿区的水文、地质及地貌条件，破坏植被，从而引起矿区的土壤侵蚀、水土流失，甚至造成地面塌陷等。水利工程建设、交通工程建设和森林开采等均属于这种类型的影响。在《环境影响评价技术导则 土壤环境》中土壤生态环境影响重点指土壤环境的盐化、酸化、碱化等。

(2)土壤环境污染影响

土壤环境污染影响是指因人为因素导致某种物质进入土壤环境，引起土壤物理、化学、生物等方面特性的改变，导致土壤质量恶化的过程状态。在生产建设活动排出的有毒有害污染物对土壤环境产生的污染危害，如工业生产排放的重金属元素对土壤的污染和化工生产释放的有机污染物对土壤的危害等均属这种类型。

8.2.2 土壤环境影响识别的内容

在工程分析结果的基础上，结合土壤环境敏感目标，根据建设项目建设期、运营期和服务期满后(可根据项目情况选择)3个阶段的具体特征，识别土壤环境影响类型与影响途径、影响源和影响因子；对于运营期内土壤环境影响识别源可能发生变化的建设项目，还应按其变化特征分阶段进行环境影响识别。

《环境影响评价技术导则 土壤环境》中规定，根据建设项目所属行业特点和项目规模识别土壤环境影响评价项目类别，具体见表8-1所列。

表8-1 土壤环境影响评价项目类别

行业类别		项目类别			
		Ⅰ类	Ⅱ类	Ⅲ类	Ⅳ类
农林牧渔业		灌溉面积大于50万亩的灌区工程	新建5万亩至50万亩的、改造30万亩及以上的灌区工程，年出栏生猪10头(其他畜禽种类折合猪的养殖规模)及以上的畜禽养殖场或养殖小区	年出栏生猪5000头(其他畜禽种类折合猪的养殖规模)及以上的畜禽养殖场或养殖小区	其他
水利		库容1×10^8 m^3及以上水库；长度大于1000 km的引水工程	库容$1000\times10^4\sim1\times10^8$ m^3的水库；跨流域调水的引水工程	其他	
采矿业		金属矿、石油、页岩油开采	化学矿采选；石棉矿采选；煤矿采选、天然气开采、页岩气开采、砂岩气开采、煤层气开采(含净化、液化)	其他	
制造业	纺织、化纤、皮革等及服装、鞋制造	制革、毛皮鞣制	化学纤维制造；有洗毛、染整、脱胶工段及产生缫丝废水、精炼废水的纺织品；有湿法印花、染色、水洗工艺的服装制造；使用有机溶剂的制鞋业	其他	
	造纸和纸制品		纸浆、溶解浆、纤维等制造；造纸(含制浆工艺)	其他	

（续）

行业类别		项目类别			
		Ⅰ类	Ⅱ类	Ⅲ类	Ⅳ类
制造业	设备制造、金属制品、汽车制造及其他用品制造[a]	有电镀工艺的；金属制品表面处理及热处理加工的；使用有机涂层的（喷粉、喷塑和电泳除外）；有钝化工艺的热镀锌	有化学处理工艺的	其他	
制造业	石油、化工	石油加工、炼焦；化学原料和化学制品制造；农药制造；涂料、染料、颜料、油墨及其类似产品制造；合成材料制造；炸药、火工及焰火产品制造；水处理剂等制造；化学药品制造；生物、生化制品制造	半导体材料、日用化学品制造；化学肥料制造	其他	
制造业	金属冶炼和压延加工及非金属矿物制品	有色金属冶炼（含再生有色金属冶炼）	有色金属铸造及合金制造；炼铁；球团；烧结炼钢；冷轧压延加工；铬铁合金制造；水泥制造；平板玻璃制造；石棉制品；含焙烧的石墨、碳素制品	其他	
电力热力燃气及水生产和供应业		生活垃圾及污泥发电	火力发电；火力发电（燃气发电除外）；矸石、油页岩、石油焦等综合利用发电；工业废水处理；燃气生产	生活污水处理；燃煤锅炉总容量65 t/h（不含）以上的热力生产工程；燃油锅炉总容量65 t/h（不含）以上的热力生产工程	其他
交通运输仓储邮政业			油库（不含加油站的油库）；机场的供油工程及油库；涉及危险品、化学品、石油、成品油储罐区的码头及仓库；石油及成品油的输送管线	公路的加油站；铁路的维修场所	其他
环境和公共设施管理业		危险废物利用及处置	采取填埋和焚烧方式的一般工业固体废物处置及综合利用；城镇生活垃圾（不含餐厨废弃物）集中处置	一般工业固体废物处置及综合利用（除采取填埋和焚烧方式以外）；废旧资源加工、再生利用	其他
社会事业与服务业				高尔夫球场；加油站；赛车场	其他
其他行业					全部

注：1. 仅切割组装、单纯混合和分装的、编织物及其制品制造的，列入Ⅳ类。

2. 建设项目土壤环境影响评价项目类别不在本表的，可根据土壤环境影响源、影响途径、影响因子的识别结果，参照相近或相似项目类别确定。

a 其他用品制造包括①木材加工和木、竹、藤、棕、草制品业；②家具制造业；③文教、工美、体育和娱乐用品制造业；④仪器仪表制造业等制造业。

8.2.3 人类活动对土壤环境的影响

土壤系统是在地球演变过程中形成的，它受自然与人类的双重影响，特别是近百年来人类的影响是巨大的。

(1)全球气候变化和人工改变局地小气候

如人工降雨、农田灌溉补水和排水等对土壤的影响是有利的；而气温升高、使土壤过分暴晒和水土流失等对土壤影响加大则是不利的。

(2)改变植被和生物分布状况

如合理控制土地上动植物种群，松土犁田增加土壤中的氧，施加粪便和各种有机肥，休耕和有控制烧田去除有害的昆虫和杂草等的影响是有利的；过度放牧和种植减少土壤有机物含量，施用化学农药杀虫、除草，用含有害污染物的废水灌溉则产生不利影响。

(3)改变地形

如土地平整并重铺植被，营造梯田，在裸土上覆盖或铺砌植被等是有利的；湿地排水和开矿及地下水过量开采引起地面沉降和加速土壤侵蚀，以及开山、挖地生产建筑材料则是不利的。

(4)改变成土母质

如在土壤中加入水产和食品加工厂的贝壳粉、动物骨骸，清水冲洗盐渍土等是有利的；将含有害元素矿石和碱性粉煤灰混入土壤，农业收割带走的矿物营养超过了补给量等则有不利影响。

(5)改变土壤自然演化的时间

如通过水流的沉积作用将上游的肥沃母质带到下游，对下游土壤是有利的；过度放牧和种植作物会快速移走成土母质中的矿物营养，造成土壤退化，将土壤埋于固体废物之下则其影响是不利。

在考虑土壤影响时，必须与地区的地质信息联系起来。

8.2.4 开发建设活动的土壤环境影响识别

8.2.4.1 工业工程建设项目的土壤环境影响识别

该类工程项目涉及原辅材料的开采、加工、运输、使用和废物处置等，各个过程可能都会通过废气、废水和固废等形式进入并污染土壤环境。

(1)废气对土壤环境的影响

工业生产过程中烟气的排放来源于作为生产动力的矿石燃料，以及生产过程本身产生的烟气。这些废气有的成分可能导致酸雨、有的具有毒害作用，在大气中通过降水或降尘后最终落入表层土壤中，导致土壤特性的改变或污染土壤。

(2)废水对土壤环境的影响

工业项目的废水若未经处理或简单的处理后用于农业灌溉或就近排放，将会造成当地土壤环境的污染。特别是对含有重金属的废水排放进入土壤环境的，会严重影响当地的土壤、作物品质及地下水质，造成了“血铅儿童”等多起重大事件。

(3)固废对土壤环境的影响

工业工程项目中固体废弃物产生量较大，这些废弃物一方面占用大量土地资源进行堆放，另一方面在堆放过程中会通过降水渗滤等途径使污染物质进入土壤环境，在一些矿物开采或冶炼生产中产生的废弃物可能还具有放射性，如钢渣、瓦斯泥、煤矸石、污水厂的污泥等。

2005年4月至2013年12月，环境保护部会同国土资源部开展了首次全国土壤污染状况调查。报告显示：

①重污染企业用地。

②工业废弃地　在调查的81块工业废弃地的775个土壤点位中，超标点位占34.9%，主要污染物为锌、汞、铅、铬、砷和多环芳烃，主要涉及化工业、矿业、冶金业等行业。

③工业园区　在调查的146家工业园区的2523个土壤点位中，超标点位占29.4%。其中，金属冶炼类工业园区及其周边土壤主要污染物为镉、铅、铜、砷和锌，化工类园区及周边土壤的主要污染物为多环芳烃。

④固体废物集中处理处置场地　在调查的188处固体废物处理处置场地的1351个土壤点位中，超标点位占21.3%，以无机污染为主，垃圾焚烧和填埋场有机污染严重。

⑤采油区　在调查的13个采油区的494个土壤点位中，超标点位占23.6%，主要污染物为石油烃和多环芳烃。

⑥采矿区　在调查的70个矿区的1672个土壤点位中，超标点位占33.4%，主要污染物为镉、铅、砷和多环芳烃。有色金属矿区周边土壤镉、砷、铅等污染较为严重。

⑦污水灌溉区　在调查的55个污水灌溉区中，有39个存在土壤污染。在1378个土壤点位中，超标点位占26.4%，主要污染物为镉、砷和多环芳烃。

⑧干线公路两侧　在调查的267条干线公路两侧的1578个土壤点位中，超标点位占20.3%，主要污染物为铅、锌、砷和多环芳烃，一般集中在公路两侧150 m范围内。

8.2.4.2　水利工程建设项目对土壤环境影响识别

水利工程在产生巨大的社会经济效益的同时也带来了各种环境问题，尤其对土壤环境的影响主要表现在以下几个方面：

(1)占用土地资源

虽然水利工程的主体建在水体中，但其附属工程以及施工期的作业面占用了大量的土地资源，施工期的材料堆放场所、施工队伍的生活区、施工机械的停放场所破坏了土壤的植被和其他野生动植物，这部分占用土地在施工活动结束后大部分可以得到恢复或补偿，而许多附属工程将永久占用土地资源。

(2)诱发土壤流失

大型水利工程在建设期间，由于土石的开挖，破坏了原有的土壤层和岩石结构，可能造成水土流失、滑坡、崩塌和泥石流等环境灾害；水库建成蓄水后，水位的上升可能引起土壤淹没、岸坡冲刷、植被破坏等，甚至引起水岸山林的崩塌、滑坡和泥石流等灾害发生。另外，大型水利工程的建设还可能造成库区内移民至其他区域，造成了其他区域土壤及植被环境和使用功能的改变。

(3)造成土壤盐渍化

水坝建成后拦河蓄水，水库水位剧增，同时引起水库附近地下水位抬升，引起土壤返盐。另外，农田灌溉面积增加，大部分水分通过蒸腾、蒸发作用散失，而盐分则停留在土壤中，危害作物的生长。水库蓄水后，下游河道水量减少，河口地区海水入侵，同时海水沿河道上溯倒灌引起河道两侧的土壤发生盐渍化。

(4)促进土壤沼泽化

水利工程的影响可能延伸于工程所在的整个流域。水坝拦河蓄水后，可能造成下游众多需要补给的河湖塘坝水量减少甚至干枯，造成这些土壤的沼泽化。

(5)造成下游土壤肥力下降

水坝建成后，使得原有河道的下泄流量和流速都减小，河道向下游输送泥沙的能力也同时减小，原有河岸与沿河两岸沉积之间的平衡被打破，下游土壤得不到原有水平的水肥补给，土壤肥力逐年下降。

8.2.4.3 矿业工程建设项目对土壤环境影响识别

任何矿业工程都可能对自然环境产生破坏作用，对覆盖在表层的土壤同样造成影响，主要表现在以下几个方面：

(1)损失土壤资源

矿业开采中，侵占大面积的土地是一个显著的问题。若采用露天开采，首先要剥离覆盖在表层的土壤、岩层，剥离层的面积远大于开采矿物资源的面积，在煤矿开采中开采面积占地与矿区配套设施占地比例为5∶1。

(2)污染土壤环境

矿山开采常用炸药爆破，露天矿山的爆破产生的粉尘可飘落10~20 km远，特大型矿山在数千米直径范围内降落的粉尘可达数百吨。这些粉尘一般含有硫分或者重金属成分，随着干湿沉降进入土壤环境，污染土壤甚至破坏土壤的基本特征。例如，煤矸石中含有汞、锌和砷等元素。

(3)引起土壤退化和破坏

矿业工程建设的挖掘采剥改变了矿区的地质、地貌和植被等环境条件。如地表植被被破坏，松散的土石暴露于地表，大幅地加剧了水土流失。矿区开采完毕后，较深的塌陷可以通过长期的积水成为湖泊，浅层的塌陷，在地表将形成裂缝，形成地下水漏斗，地下水漏掉流失将加快水分的损失，影响农作物的生长。另外，矿山开采还可能引发地震、崩塌、滑坡和泥石流等次生地质灾害。在露天开采中剥离的大面积表土与松散物等易诱发泥石流、滑坡等地质灾害，造成大面积的土壤损失。

8.2.4.4 农业工程建设项目对土壤环境影响识别

(1)农业机械化工程建设项目

农业上为实现机械化作业以提高作业效率，往往将农田连成一片，中间的灌丛、林带和田埂草皮等隔离物需被清除。失去保护的农田大面积直接暴露。水蚀、风蚀的概率增加。另外，大型的农业机械压实了土壤，水分下渗能力下降，形成较大的径流，可能加速土壤的侵蚀和养分流失。

(2)农业排灌工程

土壤的排水工程可能产生不利的影响，如排水系统排水强度过高，地表径流加快、河道洪峰提前，增加了泛滥的风险。另外，土壤长期排水会使土壤的质量下降，有机土壤水位的下降可引起泥炭材料的氧化，最后使土壤中的有机养分和泥炭的消失。灌溉水渠的建设产生的主要环境影响是次生盐渍化。灌溉水渠的投入使用后，由于水的测压和静水压力的补偿作用，干渠两侧的地下水位即可抬高，引起土壤返盐现象。

(3)农业垦殖工程

农业垦殖工程中化肥的逐年使用逐渐改变了土壤的组成和化学特性，也可引起污染问题。长期施用化肥可对土壤的酸度产生影响，加快了土壤中有机碳的消耗。化肥中还含有各种副成分，如重金属、有机化合毒物、放射性物质等，在土壤中长期积累造成土壤污染的隐患，并可能通过食物链进入人体。

8.2.4.5 交通工程建设项目对土壤环境影响识别

交通工程建设项目包括公路、桥梁建设项目、隧道、高架道路、航道、港口、码头以及机场建设等。其中对土壤产生直接影响的是陆地上的水泥公路建设，需要征用大量的土地，山区的道路建设还需砍伐部分森林，这种影响将是永久的。交通工程建设期间，大量的土地裸露，并且由于车辆的运输与开挖引起很大的扰动，土壤极易发生侵蚀，其程度相当于自然侵蚀或农业侵蚀的数倍。但建设活动结束后，其侵蚀速度可逐步恢复到建设前水平。公路建成运营后，机动车辆尾气排放产生的氮氢化合物、硫化物等，通过干湿沉降污染土壤，致使土壤酸化。矿石的运输还可能引起矿尘、重金属对土壤环境的污染，进而影响作物生长和人体健康。

8.2.4.6 能源工程建设项目对土壤环境影响识别

能源工程项目包括化石燃料(煤、油、气)的开采、炼制、运输和使用，火力发电、水力发电、核能发电等建设项目。在石油的开采、炼制、储运和使用过程中，原油和各种石油制品通过各种途径进入环境造成环境污染。陆地石油开采一般包括多个油井，每个油井都是独立的污染源，多个油井形成面污染源，对土壤环境影响较大，其中勘探期的排污量最大，变化最快。石油工业及其输运管道还占用大量的土地资源，油管的意外破损容易造成附近土壤的石油污染。石油对土壤的污染途径还有采用被石油烃污染的水灌溉农田，另外挥发进入大气的石油也能通过沉降作用进入土壤环境。在石油产品的运输、使用和储藏过程中可能发生渗漏、溢油现象，甚至在原有的开采过程中发生井喷施工，大量的石油进入土壤造成土壤污染。

8.3 土壤环境影响评价工作等级

8.3.1 划分依据

土壤环境影响评价工作等级划分为一级、二级、三级。《环境影响评价技术导则土壤环境》中根据土壤环境影响类型的不同有不同的划分依据。

8.3.1.1 生态影响型

建设项目所在地土壤环境敏感程度分为敏感、较敏感、不敏感，判别依据见表8-2所列；同一建设项目涉及两个或两个以上场地或地区，应分别判定其敏感程度；产生两种或两种以上生态影响后果的，敏感程度按相对最高级别判定。

表8-2 生态影响型敏感程度分级表

敏感程度	判断依据		
	盐化	酸化	碱化
敏感	建设项目所在地干燥度[a]>2.5且常年地下水位平均埋深<1.5 m的地势平坦区域；或土壤含盐量>4 g/kg的区域	pH≤4.5	pH≥9.0
较敏感	建设项目所在地干燥度>2.5且常年地下水位平均埋深≥1.5 m的，或1.8<干燥度≤2.5且常年地下水位平均埋深<1.8 m的地势平坦区域；建设项目所在地干燥度>2.5或常年地下水位平均埋深<1.5 m的平原区；或2 g/kg<土壤含盐≤4 g/kg的区域	4.5<pH≤5.5	8.5≤pH<9.0
不敏感	其他	5.5<pH<8.5	

注：[a]是指采用E601观测的多年平均水面蒸发量与降水量的比值，即蒸降比值。

根据表8-1识别的土壤环境影响评价项目类别与表8-2敏感程度分级结果划分评价工作等级，详见表8-3所列。

表8-3 生态影响型评价工作等级划分

评价工作等级 / 项目类别 / 敏感程度	Ⅰ类	Ⅱ类	Ⅲ类
敏感	一级	二级	三级
较敏感	二级	二级	三级
不敏感	二级	三级	—

注："—"表示可不开展土壤环境影响评价工作。

8.3.1.2 污染影响型

将建设项目占地规模分为大型（≥50 hm^2）、中型（5~50 hm^2）、小型（≤5 hm^2），建设项目占地主要为永久占地。建设项目所在地周边的土壤环境敏感程度分为敏感、较敏感、不敏感，判断依据见表8-4所列。

表8-4 污染影响型敏感程度分级表

敏感程度	判别依据
敏感	建设项目周边存在耕地、园地、牧草地、饮用水水源或居民区、学校、医院、疗养院等土壤环境敏感目标的
较敏感	建设项目周边存在其他土壤环境敏感目标的
不敏感	其他情况

根据土壤环境影响评价项目类别、占地规模与敏感程度划分评价工作等级，详见表8-5所列。

表 8-5　污染影响型评价工作等级划分

评价工作等级 / 敏感程度 \ 项目类别	Ⅰ类			Ⅱ类			Ⅲ类		
	大	中	小	大	中	小	大	中	小
敏感	一级	一级	一级	二级	二级	二级	三级	三级	三级
较敏感	一级	一级	二级	二级	二级	三级	三级	三级	—
不敏感	一级	二级	二级	二级	三级	三级	三级	—	—

注：“—”表示可不开展土壤环境影响评价工作。

8.3.2　划分要求

建设项目同时涉及土壤环境生态影响型与污染影响型时，应分别判定评价工作等级，并按相应等级分别开展评价工作。当同一建设项目涉及两个或两个以上场地时，各场地应分别判定评价工资等级，并按相应等级分别开展评价工作。线性工程重点针对主要站场位置(如输油站、泵站、阀室、加油站、维修场所等)参照表 8-4 分段判定评价等级，并按相应等级分别开展评价工作。

8.4　土壤环境现状调查与评价

8.4.1　土壤环境质量现状调查与监测

8.4.1.1　土壤环境质量现状调查评价范围

调查评价范围应包括建设项目可能影响的范围，能满足土壤环境影响预测和评价要求；改、扩建类建设项目的现状调查评价范围还应兼顾现有工程可能影响的范围。建设项目(除线性工程外)土壤环境影响现状调查评价范围可根据建设项目影响类型、污染途径、气象条件、地形地貌、水文地质条件等确定并说明，可参考表 8-6 确定。建设项目同时涉及土壤环境生态影响与污染影响时，应各自确定调查评价范围。危险品、化学品或石油等输送管线应以工程边界两侧向外延伸 0.2 km 作为调查评价范围。

表 8-6　现状调查范围

评价工作等级	影响类型	调查范围[a]	
		占地[b] 范围内	占地范围外
一级	生态影响型	全部	5 km 范围内
	污染影响型		1 km 范围内
二级	生态影响型		2 km 范围内
	污染影响型		0.2 km 范围内
三级	生态影响型	全部	1 km 范围内
	污染影响型		0.05 km 范围内

注：[a] 涉及大气沉降途径影响的，可根据主导风向下风向的最大落地浓度点适当调整。
[b] 矿山类项目指开采区与各场地的占地；改、扩建类的指现有工程与拟建工程的占地。

8.4.1.2　土壤环境质量调查

土壤调查包括资料调查、理化特性调查和影响源调查。

(1)资料调查

资料调查主要是从有关管理、研究和行业信息中心以及图书馆和情报所收集材料。可以根据建设项目特点、可能产生的环境影响和当地环境特征，有针对性收集调查评价范围内的相关资料，主要内容包括：

①自然环境特征，如气象、地形地貌、水文和植被等资料。

②土壤及其特性，包括成土母质(成土母岩和成土母质类型)；土壤类型、组成、特性。

③土地利用现状图以及土地利用规划图，包括城镇、工矿、交通用地面积等。

④水土侵蚀类型、面积及分布和侵蚀模数等。

⑤土壤元素背景值资料。

⑥当地植物种类、分布及生长情况。

(2)理化特性调查

在充分收集资料的基础上，根据土壤环境影响类型、建设项目特征与评价需要，有针对性地选择土壤理化特性调查内容，主要包括土体构型、土壤结构、土壤质地、阳离子交换量、氧化还原电位、饱和导水率、土壤容重、孔隙度等；土壤环境生态影响建设项目还应调查植被、地下水位埋深、地下水溶解性总固体等。评价工作等级为一级的建设项目应填写土壤剖面调查表。

(3)影响源调查

应调查与建设项目产生同种特征因子或造成相同土壤环境影响后果的影响源。改、扩建的污染影响型建设项目，其评价工作等级为一级、二级的，应对现有工程的土壤环境保护措施情况进行调查，并重点调查主要装置或设施附近的土壤污染现状。

8.4.1.3　土壤环境污染监测

(1)布点原则

土壤环境现状监测点布设应根据建设项目土壤环境影响类型、评价工作等级，评价区内土壤的类型及分布，土地利用及地形地貌条件，采用均布性与代表性相结合的原则，使各种土壤类型、土地利用及地形地貌条件均有一定数量的采样点，还要设置对照点。最后，要使土样采集点的布设在空间分布均匀并有一定密度，从而保证土壤环境质量调查的代表性和精度，能够充分反映建设项目调查评价范围内的土壤环境现状。

调查评价范围内的每种土壤类型应至少设置1个表层样监测点，应尽量设置在未受人为污染或相对未受污染的区域。生态影响型建设项目应根据建设项目所在地的地形特征、地面径流方向设置表层样监测点。涉及入渗途径影响的，主要产污装置区应设置柱状样监测点，采样深度需至装置底部与土壤接触剖面以下，根据可能影响的深度适当调整。涉及大气沉降影响的，应在占地范围外主导风向的上、下风向各设置1个表层样监测点，可在最大落地浓度点增设表层样监测点。涉及地面漫流途径影响的，应结合地形地貌，在占地范围外的上、下游各设置1个表层样监测点。线性工程应重点在站场位置(如输油站、泵站、阀室、加油站及维修场所等)设置监测点，涉及危险品、化学品或石油等输送管线的应根据评价范围内土壤环境敏感目标或厂区内的平面布局情况确定监测点布设位置。评价工作等级为一级、二级的改、扩建项目，应在现有工程厂界外可能产生影响的土壤环境敏感目标处设置监测点。涉及大气沉降影响的改、扩建项目，可在主导向下风向适当增加监测点位，以反映降尘对土壤环境的影响。

建设项目占地范围及其可能影响区域的土壤环境已沉溺在污染风险的，应结合用地历害资料和现状调查情况，在可能受影响最重的区域布设监测点；取样深度应根据其可能影响的情况确定。建设项目现状监测点设置应兼顾土壤环境影响跟踪监测计划。

(2)现状监测点数量要求

建设项目各评价工作等级的监测点数不少于表 8-7 要求。生态影响型建设项目可优化调整占地范围内、外监测点数量，保持总数不变；占地范围超过 5000 hm^2的，每增加 1000 hm^2增加 1 个监测点。污染影响型建设项目占地范围超过 100 hm^2的，每增加 20 hm^2增加 1 个监测点。

(3)现状监测频次要求

基本因子：评价工作等级为一级的建设项目，应至少开展 1 次现状监测；评价工作等级为二级、三级的建设项目，若掌握 3 年至少 1 次的监测数据，可不再进行现状监测。

特征因子：应至少开展 1 次现状监测。

表 8-7 现状监测布点类型与数量

评价工作等级		占地范围内	占地范围外
一级	生态影响型	5 个表层样点[a]	6 个表层样点
	污染影响型	5 个柱状样点[b]，2 个表层样点	4 个表层样点
二级	生态影响型	3 个表层样点	4 个表层样点
	污染影响型	3 个柱状样点，1 个表层样点	2 个表层样点
三级	生态影响型	1 个表层样点	2 个表层样点
	污染影响型	3 个表层样点	—

注：“—”表示无现状监测布点类型与数量的要求。

[a] 表层样应在 0~0.2 m 取样。

[b] 柱状样通常在 0~0.5 m、0.5~1.5 m、1.5 ~3 m 分别取样，3 m 以下每 3 m 取 1 个样，可根据基础埋深、土体构型适当调整。

(4)现状监测取样方法

土壤样品的采集一般采用网格法、对角线、梅花形、棋盘形、蛇形等采样方法，多点采样，均匀混合，最后得到代表采样地点的土壤样品。还应调查评价区植物和污染源状况。植物监测调查，主要是观察研究自然植物和作物等在评价区内不同土壤环境条件下，各生育期的生长状况及产量、质量变化。污染源调查，主要是调查现有的各种人为破坏植被和地貌造成土壤侵蚀的活动，包括工业、农业污染源和污水灌溉情况。

(5)评价因子的确定

土壤环境现状监测因子分为基本因子和建设项目的特征因子。基本因子为《土壤环境质量标准 农用地土壤污染风险管控标准》(GB 15618—2018)和《土壤环境质量标准 建设用地土壤污染风险管控标准》(GB 36600—2018)中规定的基本项目，分别根据调查评价范围内的土地利用类型选取；特征因子为建设项目产生的特有因子，一般是根据监测调查掌握的土壤中现有污染物和拟建项目将要排放的主要污染物，按毒性大小与排放量多少采用等标污染负荷比法进行筛选。

8.4.2 土壤环境质量现状评价

8.4.2.1 评价目的

土壤环境质量现状评价的目的是了解一个地区土壤环境现时污染水平，为保护土壤，为制定土壤保护规划、地方土壤保护法规提供科学依据；为拟建工程进行土壤环境影响评价提供土壤背景资料。提高土壤环境影响预测的可信度，为提出减少拟建工程对土壤环境污染的措施服务，使拟建工程对土壤的污染控制到评价标准允许的范围内。

8.4.2.2 评价标准的确定

由于土壤污染物不像大气和水污染那样，可以直接进入人体，危害健康，土壤中的污染物是通过食物链，主要通过粮食、蔬菜、水果、奶、蛋、肉进入人体。土壤和人体之间的物质平衡关系比较复杂，制定土壤污染物的环境质量标准难度很大，限制了土壤环境质量标准的制定工作的开展。因此，目前国外只有少数国家(德国、英国、芬兰、瑞典、丹麦、挪威、俄罗斯、日本、美国)分别给出了几项重金属、非金属毒物和放射性元素的土壤污染标准。重金属有汞、镉、铬、铅、锌、铜、镍、锰、钴、钼、钒。非金属毒物有砷、硒、硼。放射性元素有铯、铀。

(1)国标中规定的评价因子

生态环境部于2018年修订颁布了《土壤环境质量 农用地土壤污染风险管控标准》(GB 15618—2018)，其中规定了农用地土壤中镉、汞、砷、铅、铬、铜、镍、锌等基本项目，以及六六六、滴滴涕、苯并[a]等其他项目的风险筛选值(表8-8和表8-9)和农用地土壤中镉、汞、砷、铅、铬的风险管制值(表8-10)。

表8-8 农用地土壤污染风险筛选值 基本项目(GB 15618—2018) mg/kg

序号	污染物项目①②		风险筛选值			
			pH≤5.5	5.5<pH≤6.5	6.5<pH≤7.5	pH>7.5
1	镉	水田	0.3	0.4	0.6	0.8
		其他	0.3	0.3	0.3	0.6
2	汞	水田	0.5	0.5	0.6	1.0
		其他	1.3	1.8	2.4	3.4
3	砷	水田	30	30	25	20
		其他	40	40	30	25
4	铅	水田	80	100	140	240
		其他	70	90	120	170
5	铬	水田	250	250	300	350
		其他	150	150	200	250
6	铜	果园	150	150	200	200
		其他	50	50	100	100
7	镍		60	70	100	190
8	锌		200	200	250	300

注：①重金属和类金属砷均按元素总量计。

②对于水旱轮作地，采用其中较严格的风险筛选值。

表 8-9　农用地土壤污染风险筛选值 其他项目(GB 15618—2018)　mg/kg

序号	污染物项目	风险筛选值
1	六六六总量①	0.10
2	滴滴涕总量②	0.10
3	苯并[a]芘	0.55

注：①六六六总量为α-六六六、β-六六六、γ-六六六 4 种异构体的含量总和。

②滴滴涕总量为 p，p′-滴滴伊、p，p′-滴滴滴、o，p′-滴滴涕、p，p′-滴滴涕 4 种衍生物的含量总和。

农用地土壤污染风险筛选值指农用地土壤中污染物含量等于或者低于该值的，对农产品质量安全、农作物生长或土壤生态环境的风险低，一般情况下可以忽略；超过该值的，对农产品质量安全、农作物生长或土壤生态环境可能存在风险，应当加强土壤环境监测和农产品协同监测，原则上应当采取安全利用措施。

农用地土壤污染风险管制值指农用地土壤中污染物含量超过该值，食用农产品不符合质量安全标准等农用地土壤污染风险高，原则上应采取严格管控措施。

当土壤中污染物含量等于或者低于表 8-8 和表 8-9 规定的风险筛选值时，农用地土壤污染风险低，一般情况下可以忽略不计；高于表 8-8 和表 8-9 规定的风险筛选值时，可能存在农用地土壤污染风险，应加强土壤监测、环境监测和农产品协同监测。

表 8-10　农用地土壤污染风险管制值(GB 15618—2018)　mg/kg

序号	污染物项目	风险筛选值			
		pH≤5.5	5.5<pH≤6.5	6.5<pH≤7.5	pH>7.5
1	镉	1.5	2.0	3.0	4.0
2	汞	2.0	2.5	4.0	6.0
3	砷	200	150	120	100
4	铅	400	500	700	4000
5	铬	800	850	1000	1300

当土壤中镉、汞、砷、铅、铬的含量高于表 8-9 规定的风险筛选值、等于或者低于表 8-10 规定的风险管制值时，可能存在食用农产品不符合质量安全标准等土壤污染风险，原则上应当采取农艺调控、替代种植等安全利用措施。

当土壤中镉、汞、砷、铅、铬的含量高于表 8-10 规定的风险管制值时，食用农产品不符合质量安全标准等农用地土壤污染风险高，且难以通过安全利用措施降低食用农产品不符合质量安全标准等农用地土壤污染风险，原则上应当采取禁止种植食用农产品、退耕还林等严格管控措施。

(2)国标中未规定的评价因子

由于我国土壤环境质量标准中规定标准值的污染物项目少，给土壤环境质量评价工作带来了困难，除土壤环境质量标准规定的标准值外，对于其他污染指标多选用具有不同含义的土壤环境背景值作为评价标准。常见的有如下几种。

①以区域土壤环境背景值作为标准　区域土壤环境背景值是指一定区域内，远离工矿、城镇和道路(公路和铁路)，无明显“三废”污染，也无群众反映有过“三废“影响的土壤中有毒物质在某一保证率下的含量。其计算式为：

$$C_{oi} = \bar{C}_i \pm S \tag{8-1}$$

$$S = \sqrt{\frac{\sum_{i=1}^{n}(C_i - \overline{C_i})^2}{N - 1}} \tag{8-2}$$

式中 C_{oi}——区域土壤中第 i 种有毒物质的背景值；

C_i——区域土壤中第 i 种有毒物质的平均值；

$\bar{C}_i$——区域土壤中第 i 种有毒物质实测值的平均值；

S——标准差；

N——统计样品数。

②以区域性土壤自然含量为评价标准 区域性土壤自然含量，是指在清水灌区内，选用与污灌区的自然条件、耕作栽培措施大致相同，土壤类型相同，土壤中有毒物质在一定保证率下的含量，其计算公式：

$$C_{ai} = C_i \pm 2S \tag{8-3}$$

符号含义同前。

③以土壤对照点含量为评价标准 土壤对照点一般选在与污染区的自然条件、土壤类型和利用方式大致相同，而又未受污染的地区内。对照点可选一个或几个，以对照点的有毒物质平均含量作为评价标准。

④以土壤和作物中污染物质的相关含量为评价标准 土壤中某种污染物质的含量和作物中该种污染物积累量之间有一定的相关关系。农牧业产品和食品的卫生标准和污染分级是可以制定的。以这种卫生标准和污染分级推断土壤中该种污染物的相关含量和污染分级，把这种相关含量作为评价标准。这种方法是通过食物链把土壤中的污染物与人体健康联系起来制定评价标准的，它反映了土壤污染物危害人体健康的实际途径，是一种好方法，但目前此项研究还有待今后发展。

上述不同含意的背景值从不同侧面反映了未受污染的土壤环境质量，在具体选用时，应根据评价地区土壤的实际情况、评价要求、评价范围、评价时间等因素确定。

(3) 土壤盐化、酸化、碱化分级标准

《土壤环境质量 农用地土壤污染风险管控标准》中给出了土壤盐化、酸化、碱化等的分级标准(表 8-11 和表 8-12)。

表 8-11 土壤盐化分级标准

分 级	土壤含盐量(SSC)(g/kg)	
	滨海、半湿润和半干旱地区	干旱、半荒漠和荒漠地区
未盐化	SSC<1	SSC<2
轻度盐化	1≤SSC<2	2≤SSC<3
中度	2≤SSC<4	3≤SSC<5
重度盐化	4≤SSC<6	5≤SSC<10
极重度盐化	SSC≥6	SSC≥10

注：根据区域自然背景状况适当调整。

表 8-12　土壤酸化、碱化分级标准

土壤 pH 值	土壤酸化、碱化强度	土壤 pH 值	土壤酸化、碱化强度
pH< 3.5	极重度酸化	8.5≤pH<9.0	轻度碱化
3.5≤pH<4.0	重度酸化	9.0≤pH<9.5	中度碱化
4.0≤pH<4.5	中度酸化	9.5≤pH<10.0	重度碱化
4.5≤pH<5.5	轻度酸化	pH≥10.0	极重度碱化
5.5≤pH<8.5	无酸化或碱化		

注：土壤酸化、碱化强度指受人为影响后呈现的土壤 pH 值，可根据区域自然背景状况适当调整。

8.4.2.3　评价因子的选择

评价因子选择的合理与否，直接关系到土壤环境质量现状评价结果的科学性和可靠性。选择评价因子应综合考虑评价目的和评价区域土壤环境污染物的类型等因素。一般选择的基本因子有以下几种。

(1)重金属元素及无机毒物：如 Hg、As、Cd、Ni、Pb、Cu、Zn、F、CN^-等。

(2)有机毒物：酚、苯并[a]芘、DDT、六六六、三氯乙醛、多氯联苯等。

(3)土壤 pH 值、全氮量、硝态氮量等。

(4)有害微生物：如肠细菌、肠寄生虫卵、破伤风菌、结核菌等。

(5)放射性元素：如^{370}Cs、^{90}Sr。

(6)附加因子：氧化还原电位、有机质、土壤质地、总阳离子可交换量和不同价态的重金属含量。附加因子可反映土壤污染物质的积累、迁移和转化特征，用于研究土壤中污染物质的运动规律，但一般不参与评价。

8.4.2.4　评价方法

土壤环境质量现状评价方法常采用标准指数法，并进行统计分析，给出样本数量、最大值、最小值、均值、标准值、检出率和超标率、最大超标倍数等。

(1)单元型污染指数

$$I_i = \frac{C_i}{S_i} \tag{8-4}$$

式中　I_i——土壤中污染物 i 的污染指数；

C_i——土壤中污染物 i 的实测浓度的统计平均值；

S_i——污染物 i 的评价标准。

本法用于确定单个土壤质量参数的污染情况。

(2)分级污染指数

按照土壤污染的程度，以不同指数进行描述。土壤污染程度可用污染物不同浓度值表征。

①土壤显著受污染的起始值　指土壤中某污染物的评价标准值，以 X_a 表示。

②土壤轻度污染的起始值　指土壤污染物超过一定限度，使作物体内污染物相应增加，以致作物开始遭受污染(即作物中污染物的含量超过其背景值)，此时土壤中污染物的含量，即为轻度污染起始值，以 X_c 表示。

③土壤重度污染起始值　指土壤污染物继续积累，作物受害加深，作物中污染物含量

达到食品卫生标准，以 X_p 表示。

根据上述 X_a、X_c、X_p 确定污染等级和污染指数范围：

非污染 $C_i \leqslant X_a$，$P_i \leqslant 1$ 轻污染 $X_a < C_i < X_c$，$1 < P_i < 2$

中度污染 $X_c < C_i < X_p$，$2 < P_i < 3$ 重污染 $C_i \geqslant X_p$，$P_i > 3$

按以上污染指数范围，再求具体的污染指数，这样可以消除在用式(8-4)计算时，由于各污染物的评价标准不同，I_i 可能相差极大的现象。具体计算如下：

$$C_i \leqslant X_a,\ P_i = \frac{C_i}{X_a}$$

$$X_a < C_i < X_c,\ P_i = 1 + \frac{C_i - X_a}{X_c - X_a}$$

$$X_c < C_i < X_p,\ P_i = 2 + \frac{C_i - X_c}{X_p - X_c}$$

$$C_i \geqslant X_p,\ P_i = 3 + \frac{C_i - X_p}{X_p - X_c}$$

(3)综合污染指数

综合指数有以下形式。

①叠加型综合指数

$$P = \sum_{i=1}^{n} I_i \tag{8-5}$$

②内梅罗(N. L. Nemerow)污染综合指数

$$P = \sqrt{\frac{I_i^{\ 2} + I_{i\max}^{\ \ 2}}{2}} \tag{8-6}$$

③加权平均型综合指数

$$P = \sum W_i P_i \tag{8-7}$$

式中 W_i——i 污染物的权重；

P_i——i 污染物的分指数。

④污染指数分级 根据 P 值分级，$P \leqslant 1$，未受污染；$P > 1$，已受污染。根据 P 值的变化幅度，结合植物受害程度，再划分为轻污染、中污染、重污染等级别。例如，北京西郊土壤环境评价，根据 P 值的分级见表 8-13 所列。

表 8-13 北京西郊土壤质量分级表

级 别	土壤污染综合指数	主要区域
Ⅰ清洁	<0.2	广大清水灌溉区
Ⅱ微污染	0.2~0.5	北灰水管区，莲花河系污灌区外 47.5 km^2
Ⅲ轻污染	0.5~1	莲花河系污灌区附近土壤 18 km^2
Ⅳ中污染	>1	莲花河上游主河道两侧污灌区 1.5 km^2

8.5 土壤环境影响预测

土壤环境影响预测的主要任务，是根据建设项目所在地区的土壤环境现状，拟建项目可能造成的土壤侵蚀、退化，以及由于排放的污染物在土壤中迁移与积累，应用预测模型计算土壤的侵蚀量以及主要污染物在土壤中的累积或残留数量，预测未来的土壤环境质量状况和变化趋势。

8.5.1 土壤环境影响预测的基本原则与要求

土壤环境影响预测要根据影响识别与评价工作等级，结合当地土地利用规划确定影响预测的范围、时段、内容和方法。要选择适宜的预测方法，预测评价建设项目各实施阶段不同环节与不同环境影响防控措施下的土壤环境影响，给出预测因子的影响范围与程度，明确建设项目对土壤环境的影响结果。应重点预测评价建设项目对占地范围外土壤环境敏感目标的累积影响，并根据建设项目特征兼顾对占地范围内的影响预测。

建设项目导致土壤潜育化、沼泽化、潴育化和土地沙漠化等影响的，可根据土壤环境特征，结合建设项目特点，分析土壤环境可能受到影响的范围和程度。根据建设项目土壤环境影响识别结果，确定重点预测时段。在影响识别的基础上，根据建设项目特征设定预测情景。

8.5.2 土壤中污染物的运动及其变化趋势预测

8.5.2.1 预测污染物在土壤中累积和污染趋势的一般方法和步骤

(1)计算土壤污染物的输入量

土壤污染物的输入量取决于评价区已有污染物和建设项目新增加污染物之和。因此，对于污染物输入量的计算，除必须进行污染源现状调查外，还应根据工程分析，大气及地面水等专题评价资料核算污染物输入土壤的数量，弄清形态和污染途径。

(2)计算土壤污染物的输出量

①根据土壤侵蚀模数与土壤中的污染物含量计算随土壤侵蚀的输出量；

②根据作物收获量与作物中污染物浓度计算污染物被作物吸收的输出量；

③根据淋溶流失量计算污染物随降水淋溶流失的输出量；

④根据污染物生物降解、转化试验的结果，求出污染物在土壤中的降解、转化速率，并以此来计算污染物因降解、转化而输出的量。

(3)计算土壤污染物的残留率

土壤污染物的输出途径十分复杂。直接计算比较困难，一般是通过与评价区的土壤侵蚀、作物吸收、淋溶与降解等条件相似的地区、地块进行模拟试验，求取污染物通过输出途径后的残留率。

(4)预测土壤污染趋势

土壤污染趋势的预测是根据土壤中污染物的输入量与输出量相比，或根据土壤中污染物输入量和残留率的乘积来说明土壤污染状况及污染程度。也可以根据污染物输入量和土壤环境容量比较说明污染积蓄及趋势。

8.5.2.2 农药残留模式

农药输入土壤后，在各种因素作用下，会产生降解或转化，其最终残留量可以按下式计算：

$$R = Ce^{-kt} \tag{8-8}$$

式中 R——农药残留量；

C——农药施用量；

k——常数；

t——时间。

从式(8-8)可以看出，连续施用农药，土壤中的农药累积量会不断增加，但不会无限增加。达到一定值后便趋于平衡。假如一次施用农药时，土壤中的农药的浓度为 C_0，一年后的残留量为 C_1，则农药残留率(f)可以用下式表示：

$$f = C_1/C_0 \tag{8-9}$$

如果每年一次连续施用农药时，则农药在土壤中数年后的残留总量又可用下式计算：

$$R_n = (1 + f^1 + f^2 + f^3 + \cdots + f^{n-1})C_0 \tag{8-10}$$

式中 R——残留总量；

f——残留率,%；

C_0——一次施用农药在土壤中的浓度；

n——连续施用年数。

当 $n \to \infty$ 时，则有：

$$R_a = \left(\frac{1}{1-f}\right)C_0 \tag{8-11}$$

此式可计算农药在土壤中达到平衡时的残留量。

8.5.2.3 土壤中重金属污染物累积模式

通过各种途径进入土壤的重金属，由于土壤的吸附、络合、沉淀和阻留等作用，绝大多数都残留、累积在土壤中。根据重金属污染物的这种输入、累积特点一般用以下模式进行预测：

$$W = K(B + E) \tag{8-12}$$

式中 W——污染物在土壤中的年累积量，mg/kg；

B——区域土壤背景值，mg/kg；

E——污染物的年输入量，mg/kg；

K——污染物在土壤中的年残留率,%。

若需要计算数年后污染物在土壤中的累积量时，可用下式计算：

$$W_n = K_n\{K_{n-1}[\cdots K_2[K_1(B+E_1)+E_1]+\cdots+E_{n-1}]+E_n\}$$

$$= BK_1 \cdot K_2 \cdots K_n + E_1K_1 \cdot K_2 \cdots K_n + E_2K_2 \cdot K_3 \cdots K_n + \cdots E_n \cdot K_n$$

当 $K_1 = K_2 = K_3 = \cdots = K_n = K$

$E_1 = E_2 = E_3 = \cdots = E_n = E$

则 $W_n = BK^n + EK^n + EK^{n-1} + EK^{n-2} + \cdots + EK + E$

即 $W_n = BK^n + EK\frac{1-K^n}{1-K}$

从上式可见，K 值对计算结果影响很大，在不同地区，因土壤特性各异，K 值也不完全相同，所以在不同地区、不同土壤类型的条件下应用时，应根据小区盆栽模拟试验，求出准确的残留率(据研究，一般重金属在土壤中不易被自然淋溶，残留率一般在 90%左右)。

如果缺乏资料时，有关污水灌溉的土壤中污染物累积量预测，也可利用下式计算：

$$W = N_W \cdot X + W_0$$

$$N_W = \frac{C_R - W_0}{X} \tag{8-13}$$

$$X = \frac{W_0 - B}{N_0}$$

式中 W——预计年限内的土壤污染物累积量，mg /kg；

N_W——预计污水灌溉年限；

X——土壤中污染物的平均年增值，mg/kg；

W_0——土壤中污染物当年累积量，mg/kg；

C_R——土壤环境标准值，mg/kg；

B——土壤环境背景值，mg/kg；

N_0——土壤已污染年限。

8.5.2.4 土壤环境容量计算模式

土壤环境容量，一般是指土壤受纳污染物而不会产生明显的不良生态效应的最大数量，计算公式如下：

$$Q = (C_R - B) \times 2250 \tag{8-14}$$

式中 Q——土壤环境容量，g/hm^2；

C_R——土壤临界含量，mg/kg；

B——区域土壤背景值，mg/kg；

2250——每公顷土地耕作层土壤重量，t/hm^2。

由上式可以看出，当评价区域的 B 值确定以后，土壤环境容量便与土壤临界含量密切相关。因而，判定适宜的土壤临界含量至关重要。计算土壤环境容量，再结合土壤污染物输人量，可以反映土壤污染程度，说明土壤达到严重污染的时间，并可以从总量控制方面找出有效防治对策。

8.5.2.5 土壤污染型影响广度和深度分析

土壤环境影响广度分析是指对建设项目土壤污染在空间范围、时间尺度上进行分析。土壤污染型影响的广度分析主要包括：项目开发前不同污染级别的土壤面积及其与评价区总面积的百分比；建设项目开发后，不同污染级别土壤面积的变化趋势和速率、主要污染物在土壤剖面各层次中的浓度变化趋势、在水平方向上扩散范围的大小等。

土壤环境影响的深度分析是指土壤污染所造成的土壤肥力、质量和承载力的下降的程度，以及对其他环境要素和人类社会经济生活造成的影响程度进行分析。污染物在土壤各层次中运动情况和累积分布特点，在土壤生态系统中的迁移转化行为，对其相邻区域环境影响的范围和程度，以及对其他环境要素(大气、水等)、对人类社会经济活动的影响等。例如，分析重金属污染土壤后在土壤各层次中的分布；对土壤生态系统各要素(特别是土壤微生物和动物)抑制作用的大小；可能对整个土壤生态系统造成危害的程度；增强土壤营养元素的淋滤作用，加速土壤肥力下降的幅度；通过食物链富集进入农作物和人体，造成进一步的危害的可能性和程度；进入地下水，污染地下水源，进入地表水，污染河流、湖泊水体，进而对水生生物造成危害等。

8.5.3 土壤退化趋势预测

土壤退化预测主要预测建设项目开发引起土壤沙化、土壤盐渍化、土壤沼泽化、土壤侵蚀等土壤退化现象的发生和程序、发展速率及其危害，预测方法一般用类比分析或建立预测模型估算。

8.5.3.1 土壤侵蚀预测

目前，国内外提出的土壤侵蚀模式很多，但应用最广泛的模型是由 Wischmeier 和 Smith 提出的通用土壤侵蚀方程(Universal Soil Loss Equation，USLE)，它是建立在土壤侵蚀理论和大量实地观测数据统计分析基础上的一个经验模型。

通用土壤侵蚀方程表达式：

$$A = R \times K \times L \times S \times C \times P \tag{8-15}$$

式中 A——土壤侵蚀量，$t/(hm^2 \cdot a)$；

R——降雨侵蚀力指标；

K——土壤侵蚀度，$t/(hm^2 \cdot a)$；

L——坡长；

S——坡度；

C——耕种管理因素；

P——土壤保持措施因素。

式中各参数的意义求法如下：

(1)土壤侵蚀量(A)

土壤侵蚀量，也称土壤流失量，一般用侵蚀模数来表示，单位为 $t/(km^2 \cdot a)$。目前我国普遍采用的侵蚀模数分级标准见表 8-14 所列。

表 8-14 水利部制定的全国普遍采用的水土流失侵蚀模数

级 别	年平均侵蚀模数 [$t/(km^2 \cdot a)$]	级 别	年平均侵蚀模数 [$t/(km^2 \cdot a)$]
微度侵蚀	<2500	极强度侵蚀	8000~15 000
中度侵蚀	2500~5000	剧烈侵蚀	>15 000
强度侵蚀	5000~8000		

(2)降雨侵蚀系数(R)

降雨侵蚀系数等于在预测期内全部降雨侵蚀指数的总和。

对于一次暴雨来说，其计算公式为：

$$R = \sum [(2.29 + 1.15\lg x_i)/D_i] \cdot I \tag{8-16}$$

式中 D_i——在历时 i 的降水量，mm；

I——在这场暴雨中强度最大的 30min 的降雨强度，mm/ h；

x_i——降雨强度，mm/h。

对于一年的降雨来说，可采用 Wischmeier 的经验公式计算：

$$R = \sum_{i=1}^{12} 1.735 \times 10^{\left(1.5\lg\frac{p_i^2}{p} - 0.8188\right)} \tag{8-17}$$

式中 p——年降水量，mm；

p_i——各月平均降水量，mm。

(3) 土壤可侵蚀性系数(K)

土壤可侵蚀性系数也称土壤侵蚀度，其定义是一块长 22.13m、坡度 9%，经过多年连续种植过的休耕地上每单位降雨系数的侵蚀率。不同的土壤有不同的 K 值，它反映了土壤对侵蚀的敏感性及降水所产生的径流量与径流速率的大小。现在已有很多种估算 K 值的方法，一般在较小的区域内，可以根据实测的 A 值，根据通用土壤侵蚀方程来反求 K 值。表 8-15 是一般土壤 K 的平均值。

表 8-15 土壤可侵蚀性系数

土壤类型	有机物含量		
	<0.5%	2%	4%
砂	0.05	0.03	0.02
细砂	0.16	0.14	0.10
特细砂土	0.42	0.36	0.28
壤性砂土	0.12	0.10	0.08
壤性细砂土	0.24	0.20	0.16
壤性特性细砂土	0.44	0.38	0.30
砂壤土	0.27	0.24	0.19
细砂壤土	0.35	0.30	0.24
很细砂壤土	0.47	0.41	0.33
壤土	0.38	0.34	0.29
粉砂壤土	0.48	0.42	0.38
粉砂	0.60	0.52	0.43
砂性黏壤土	0.27	0.25	0.21
黏壤土	0.28	0.25	0.21
粉砂黏壤土	0.37	0.32	0.26
砂性黏土	0.44	0.13	0.12
粉砂黏土	0.25	0.23	0.19
黏土		0.13~0.29	

(4)坡长系数(L)和坡度系数(S)

一般将 L 和 S 的乘积称为地形因子，计算公式为：

$$L \cdot S = \left(\frac{L}{221}\right)^{M}(65\sin^2 S + 4.56\sin S + 0.065) \tag{8-18}$$

$\sin S>5\%$时，$M=0.5$；

$\sin S=5\%$时，$M=0.4$；

$\sin S=3.5\%$时，$M=0.3$；

$\sin S<1.0\%$时，$M=0.1$。

式中 L——开始发生径流的一点到坡度下降至泥沙开始沉积或径流进入水道，这其间的长度；

M——坡长指数；

S——坡度。

(5)耕种管理系数(C)

耕种管理系数也称植被覆盖因子或作物种植系数，说明地表覆盖情况(以 C 表示)，如植被类型、作物和种植类型等对土壤侵蚀的影响。不同植被类型的 C 值见表 8-16 所列。

表 8-16 地面不同植被的 C 值表

植 被	地面覆盖率(%)					
	0	20	40	60	80	100
草 地	0.45	0.24	0.15	0.09	0.043	0.011
灌 木	0.40	0.22	0.14	0.085	0.040	0.011
乔灌混合	0.39	0.20	0.11	0.06	0.027	0.007
茂密森林	0.10	0.08	0.08	0.02	0.004	0.001

(6)实际侵蚀控制系数(P)

实际侵蚀控制系数也称为水土保持因子，说明不同的土地管理技术或水土保持措施，如构筑梯田、平整、夯实土地对土壤侵蚀的影响。表 8-17 列出了不同管理技术对 P 值的影响。

表 8-17 实际侵蚀控制系数

实际情况	土地坡度(%)	P
无措施	—	1.00
等高耕作	1.1~2.0	0.6
	2.1~7.0	0.5
	7.1~12.0	0.6
	12.1~18.0	0.8
	18.1~24.0	0.9
带状间作	1.1~2.0	0.45
	2.1~7.0	0.40
	—	0.45

（续）

实际情况	土地坡度(%)	P
隔坡梯田	7.1~12.0	0.45
	12.1~18.0	0.60
	18.1~24.0	0.70
	1.1~2.0	0.45
	2.1~7.0	0.40
	7.1~12.0	0.45
	12.1~18.0	0.60
	18.1~24.0	0.70
直行耕作		1.00

土壤通用侵蚀方程适用于土壤侵蚀、面蚀(或片蚀)和细沟侵蚀量的推算，但不适于预测流域土壤侵蚀量、切沟侵蚀、河岸侵蚀与农耕地侵蚀。

此公式可用于影响评价中推算侵蚀速率的差别，例如，对于给定区域和土壤，R、K为常数，L、S一般也为常数，随着工程的进展，年侵蚀速率的变化为：

$$A_1 = A_0 \frac{C_1 P_1}{C_0 P_0} \tag{8-19}$$

式中 A_0——工程前侵蚀速度；

A_1——工程后侵蚀速度；

C_0、C_1——工程前后的耕种管理因子；

P_0、P_1——工程前后的土壤保持措施因子。

另外，对土壤侵蚀的预测，不但需要预测建设项目开发引起土壤侵蚀的总量，还应由此预测对该区域土壤环境质量和环境承载力下降的影响(如土层变薄、肥力下降、净化能力下降等)，以及对沉积地区土壤的影响。

8.5.3.2 土壤酸化和碱化预测方法

(1)适用范围

适用于某种酸性或碱性物质以可概化为面源形式进入土壤环境造成土壤酸化或碱化的影响预测。

(2)方法与步骤

①可通过工程分析计算土壤中某种物质的输入量。

②土壤中某种物质的输出量主要包括淋溶或径流排出、土壤缓冲消耗等两部分；植物吸收量通常较小，不予考虑；涉及大气沉降影响的，可不考虑输出量。

③分析比较输入量和输出量，计算土壤中某种物质的增量。

④将土壤中某种物质的增量与土壤现状值进行叠加后，进行土壤环境影响预测。

(3)具体计算方法

①单位质量土壤中某种物质的增量可用下式计算：

$$\Delta S = n(I_S - L_S - R_S)/(\rho_b \times A \times D) \tag{8-20}$$

式中 ΔS—— 表层土壤中游离酸或游离碱浓度增量，mmol/kg；

I_S——预测评价范围内单位年份表层土壤中游离酸、游离碱输入量，mmol；

L_S——预测评价范围内单位年份表层土壤中经淋溶排出的游离酸、游离碱的量，mmol；

R_S——预测评价范围内单位年份表层土壤中经径流排出的游离酸、游离碱的量，mmol；

ρ_b—— 表层土壤容量，kg/m^3；

A—— 预测评价范围，m^2；

D—— 表层土壤深度，一般取0.2 m，可根据实际情况适当调整；

n—— 持续年份，a。

②酸性物质或碱性物质排放后表层土壤pH的预测值，可根据表层土壤游离酸或游离碱浓度的增量进行计算，公式如下：

$$pH = pH_b \pm \Delta S/BC_{pH} \tag{8-21}$$

式中 pH_b——土壤pH现状值；

BC_{pH}—— 缓冲容量，mmol/(kg·pH)；

pH—— 土壤pH预测值。

缓冲容量(BC_{pH})测定方法：采集项目区土壤样品，样品加入不同量游离酸或游离碱后分别进行pH测定，绘制不同浓度游离酸或游离碱和pH值之间的曲线，曲线斜率即为缓冲容量。

根据预测值的pH值查询土壤酸化和碱化分级标准，判断土壤酸化或碱化状况。

8.5.3.3 物质输入型土壤盐渍化预测方法

(1)适用范围

适用于某种盐分物质以可概化为面源形式进入土壤环境造成土壤盐化的影响预测。

(2)方法与步骤

①物质输入型土壤盐渍化预测步骤与土壤酸化和碱化预测步骤类似，具体计算公式如下：

$$\Delta S = n(I_S - L_S - R_S)/(\rho_b \times A \times D) \tag{8-22}$$

式中 ΔS——单位质量表层土壤中物质的增量，g/kg；

I_S——预测评价范围内单位年份表层土壤中某种物质的输入量，g；

L_S——预测评价范围内单位年份表层土壤中某种物质经淋溶排出的量，g；

R_S——预测评价范围内单位年份表层土壤中物质经径流排出的量，g；

ρ_b——表层土壤容量，kg/m^3；

A——预测评价范围，m^2；

D——表层土壤深度，一般取0.2 m，可根据实际情况适当调整；

n——持续年份，a。

②单位质量土壤中某种物质的预测值可根据其增量叠加现状值进行计算，公式如下：

$$S = S_b + \Delta S \tag{8-23}$$

式中 S_b——单位质量土壤中某种物质的现状值，g/kg；

S——单位质量土壤中某种物质的预测值，g/kg。

根据预测值 S 查询土壤盐渍化分级标准，判断土壤盐化状况。

8.5.3.4 综合因素影响下土壤盐渍化预测方法

根据工程类型、水文地质、气象、地形地貌条件，结合地下水位等影响因素的变化量或预测值对土壤盐化主要影响因素进行综合分析，按照土壤盐化综合评价表(表 8-18)，进行影响因素指标综合评价，获得盐化影响分值(Sa)，公式如下：

$$Sa = \sum_{i=1}^{n} Wx_i \times Ix_i \tag{8-24}$$

式中 n——影响因素指标数目；

Wx_i——影响因素 i 指标评分；

Ix_i——影响因素 i 指标权重。

表 8-18 土壤盐化影响因素赋值表

影响因素	分值				权重
	0分	2分	4分	6分	
地下水位埋深(GWD)(m)	GWD ≥2.5	1.5 ≤ GWD<2.5	1.0≤ GWD<1.5	GWD<1.0	0.35
干燥度(蒸降比值)(EPR)	EPR<1.2	1.2 ≤ EPR<2.5	2.5 ≤ EPR<6	EPR ≥ 6	0.25
土壤本地含盐量(SSC)(g/kg)	SSC<1	1 ≤ SSC < 2	2 ≤ SSC < 4	SSC ≥ 4	0.15
地下水溶解性总固体 (TDS)(g/L)	TDS<1	1 ≤TDS <2	2 ≤ TDS <5	TDS ≥5	0.15
土壤质地	黏土	沙土	壤土	沙壤、粉土、砂粉土	0.10

将影响因素指标综合评分值与表 8-19 进行对比，进行土壤盐渍化评估预测。

表 8-19 土壤盐化预测表

土壤盐化综合评分值(Sa)	Sa<1	1 ≤Sa < 2	2 ≤Sa < 3	3 ≤Sa < 4.5	Sa≥ 4.5
土壤盐化综合评分预测结果	未盐化	轻度盐化	中度盐化	重度盐化	极重度盐化

8.5.4 土壤资源破坏和损失预测

土壤资源破坏和损失是指随着开发建设项目的实施，不可避免地要占据(工程建筑、住房、交通用地)、破坏(挖掘、堆积)。淹没(如水库)一部分土壤，以及在一些生态脆弱的地区，建设项目引起的极度的土壤侵蚀也会造成一些土地(如耕地、草地等)因土壤表层过度流失丧失原有的功能而被废弃；极为严重的污染(如 Hg、Cd 等重金属污染)也会使土壤丧失生产功能，被迫转为他用，使土壤总量也随之减少。

土壤资源破坏和损失往往是和土地利用类型的变化联系在一起的。土地比土壤的概念更加广泛，它是包括土壤、地质、地貌、气候、水文、植被等自然要素的“自然综合体”。因为土地利用现状能全面反映土壤环境质量，所以在土壤环境影响评价中，常把土地利用类型变化作为预测的重要内容，并以此来推算土壤资源的破坏和损失。土壤资源破坏和损失的预测，一般以类比调查为主，共分两步。

8.5.4.1 对土地利用类型进行现状调查

调查项目按全国土地利用类型划分规定，包括以下部分：

(1)耕地面积　即种植农作物的土地面积。

(2)园地面积　包括专门种植茶、果、桑树以及菜用植物的土地面积。

(3)林地面积　即营造林木的土地，包括天然，人工森林和再生林地面积。

(4)草地面积　即生长草本植物的土地面积。

(5)城镇用地面积　包括工矿建筑用地。

(6)交通用地面积　包括铁路、公路、机场等建设用地。

(7)水域面积　包括河流、湖泊、水库、干渠等。

(8)未利用的土地面积　包括难利用的土地、裸岩、砂砾地等。调查结果应绘成土地利用类型图。

8.5.4.2 对建设项目造成的土地利用类型变化和土壤破坏和损失进行预测

预测内容包括：占用、淹没、破坏土地资源的面积，包括项目基建占用、配套设施(如公路、铁路)占地、水库淹没、移民搬迁占地等；因表层土壤过度侵蚀造成的土地废弃面积；地貌改变而损失和破坏的面积，包括地表塌陷、沟谷堆填、坡度变化等；因严重污染而废弃或改为他用的耕地面积。

土壤资源破坏和损失预测以大型水利工程项目为例，说明土地类型变化及土壤资源损失预测的内容。大型水利工程项目的影响预测重点是水库及库区周围，以及下游因河流水文特征变化，以及库区移民、周围生态环境改变而引起的土地利用类型变化和土壤资源损失。这主要与水库的类型(如峡谷型、湖泊型等)、坝高与库容量、面积、地理位置等有关。主要预测内容有：水库淹没、浸渍的土地面积；水库四周塌岸损失的土地面积；修建大坝工程建筑、交通设施占用的土地面积；新兴或搬迁城镇、居民点建设占用的土地面积。

8.5.4.3 土壤环境质量变化评价

土壤环境质量变化评价是指在土壤质量现状评价的基础上，根据土壤污染、退化和破坏的预测值，土壤环境影响深度分析和广度分析的结论。对建设项目开发前后的土壤环境质量进行对比，评价土壤环境质量变化的程度和发展趋势，并结合评价区的环境条件和土壤类型，以及土壤环境背景值、土壤环境容量、土壤抗逆能力等各种影响因素，综合分析建设项目对土壤环境影响的大小，是否可以接受，并根据区域和项目的具体情况提出适当的土壤污染、退化、破坏的防治对策措施和建议，最后给出评价结论。

8.5.5 土壤环境影响预测评价结论

(1)以下情况可得出建设项目土壤环境影响可接受结论

①建设项目各不同阶段，土壤环境敏感目标处且占地范围内各评价因子均满足相关标准。

②生态影响型建设项目各不同阶段，出现加重土壤盐化、酸化、碱化等为题，但采取

防控措施后，可满足相关标准要求的。

③污染影响型建设项目各不同阶段，土壤环境敏感目标处或占地范围内有个别点位、层位或评价因子出现超标，但采取必要措施后，可满足土壤污染防治相关管理规定。

(2)以下情况不能得出建设项目土壤环境影响可接受结论

①生态影响型建设项目，土壤盐化、酸化、碱化等对预测评价范围内土壤原有生态功能造成重大不可逆影响的。

②污染影响型建设项目各不同阶段，土壤环境敏感目标处或占地范围内多个点位、层位或评价因子出现超标，采取必要不同措施后，仍无法满足土壤污染防治相关管理规定的。

8.6 土壤环境保护对策

8.6.1 加强土壤资源法制管理

进行土壤资源法制管理的宣传教育。宣传、普及有关土壤保护、防治土壤污染、退化和破坏的有关政策和法规知识，提高全民土壤保护法制管理意识。

严格执行土壤保护的有关法规和条例。严格执行《中华人民共和国宪法》《中华人民共和国环境保护法》《中华人民共和国土地管理法》《中华人民共和国矿产资源法》《中华人民共和国水土保持法》以及《土地复垦规定》《土地管理法实施条例》等有关土壤保护的法规和条例。

8.6.2 加强规划和建设项目的环境管理

重视建设项目选址的评价。选择对土壤环境影响最小，占用农、牧、林业土地最少的地区进行建设项目开发。

加强清洁生产意识。对建设项目的工艺流程、施工设计、生产经营方式，提出减少土壤污染、退化和破坏的替代方案，减小对土壤环境的影响。

执行建设项目的“三同时”管理。认真执行建设项目相关的防治土壤污染、退化和破坏的措施，必须与主要工程同时设计、同时施工、同时投产的“三同时”管理制度。

8.6.3 建设项目环境保护措施

8.6.3.1 建设项目环境保护措施基本要求

土壤环境保护措施与对策应包括：保护对象、目标，措施的内容、设施的规模及工艺、实施部位和时间、实施的保证措施、预期效果分析等，在此基础上估算(概算)环境保护投资，并编制环境保护措施布置图。在建设项目可行性研究提出的影响防控对策基础上，结合建设项目特点、调查评价范围内的土壤环境质量现状，根据环境影响预测与评价结果，提出合理、可行、操作性强的土壤环境影响防控措施。改、扩建项目应针对现有工程引起的土壤环境影响问题，提出“以新带老”措施，有效减轻影响程度或控制影响范围，防止土壤环境影响加剧。涉及取土的建设项目，所取土壤应满足占地范围内对应的土壤环境相关标准要求，并说明其来源；弃土应按照固体废物相关规定进行处理处置，确保不产生二次污染。

8.6.3.2　土壤环境质量现状保护措施

对于建设项目占地范围内的土壤环境质量存在点位超标的，应依据土壤污染防治相关管理办法、规定和标准，采取有关土壤污染防治措施。

8.6.3.3　源头控制措施

生态影响型建设项目应结合项目的生态影响特征、按照生态系统功能优化的理念、坚持高效适用的原则提出源头防控措施。污染物影响型建设项目应针对关键污染源、污染物的迁移途径提出源头控制措施。

8.6.3.4　过程防控措施

建设项目根据行业特点与占地范围内的土壤特性，按照相关技术要求采取过程阻断、污染物削减和分区防控措施。

(1)生态影响型

涉及酸化、碱化影响的可采取相应措施调节土壤 pH 值，以减轻土壤酸化、碱化的程度；涉及盐化影响的，可采取排水排盐或降低地下水位等措施，以减轻土壤盐化的程度。

(2)污染影响型

涉及大气沉降影响的，占地范围内应采取绿化措施，以种植具有较强吸附能力的植物为主；涉及地面漫流影响的，应根据建设项目所在地的地形特点优化地面布局，必要时设置地面硬化、围堰或围墙，以防止土壤环境污染；涉及入渗途径影响的，应根据相关标准规范要求，对设备设施采取相应的防渗措施，以防止土壤环境污染。

8.6.3.5　加强土壤环境的监测和管理跟踪

建设项目开发单位应设置专职监测人员和监测机构，保证监测任务和管理的执行。

(1)完善监测制度，定期进行污染源和土壤环境质量的常规监测。

(2)加强事故或灾害风险的及时监测，制定事故灾害风险发生的应急措施。

(3)开展土壤环境质量变化发展的跟踪监测措施。在土壤环境质量监测的基础上，开展土壤环境质量的回顾评价，或后评估等跟进工作。

土壤环境跟踪监测措施包括制订跟踪监测计划、建立跟踪监测制度，以方便及时发现问题，采取措施。土壤环境跟踪监测计划应明确监测点位、监测指标、监测频次以及执行标准等。监测点位应布设在重点影响区和土壤环境敏感目标附近。监测指标应选择建设项目特征因子。评价工作等级为一级的建设项目一般每 3 年内开展 1 次监测工作，二级的每 5 年内开展 1 次监测工作，三级的必要时可开展跟踪监测。生态影响型项目跟踪监测应尽量在农作物收割后开展。

思 考 题

1. 简述土壤污染的特点和污染类型。

2. 简述土壤环境影响类型。
3. 简述土壤环境质量现状评价标准。
4. 简述土壤环境质量现状评价的方法。
5. 简述土壤环境影响预测的具体步骤和方法。
6. 简述土壤退化趋势预测、土壤资源破坏和损失预测的主要内容。
7. 简述土壤环境影响评价分析的内容。

第9章 生态影响评价

【内容提要】生态影响评价是指一切对环境有影响的政府政策、规划、开发建设项目可能导致的生态环境影响进行分析与预测，并提出减少影响或改善生态环境的策略和措施。本章主要指建设项目对生态系统及其组成因子所造成的影响的评价。区域和规划的生态影响评价可参照使用。内容主要包括生态影响评价的基本概念、生态影响评价项目工程分析、生态现状调查与评价、生态影响预测与评价、生态风险评价和生态影响的防护、恢复、补偿及替代方案。

9.1 基本概念

9.1.1 生态影响评价的基本概念

9.1.1.1 生态影响

生态影响是指经济社会活动对生态系统及其生物因子或非生物因子所产生任何有益的或有害的作用。广义的生态影响评价是指一切对环境有影响的政府政策、规划、开发建设项目可能导致的生态环境影响进行分析与预测，并提出减少影响或改善生态环境的策略和措施。本章介绍建设项目的生态影响评价。区域和规划的生态影响评价可参照使用。

生态影响可划分为不利影响和有利影响，直接影响、间接影响和累积影响，可逆影响和不可逆影响。

直接生态影响是指经济社会活动所导致的不可避免的、与该活动同时同地发生的影响。间接生态影响是指经济社会活动及其直接生态环境影响所诱发的、与该活动不在同一地点或不在同一时间发生的影响。

累积生态影响是指经济社会活动各个组成部分之间或该活动与其他相关活动(包括过去、现在和未来)之间造成生态影响的相互叠加。

人类对生态影响的认识常常是滞后的。生态系统具有一定的适应干扰、调节和恢复功能，这使很多生态影响的后果呈现缓慢的渐进性特点，甚至跨越代际，出现父辈破坏生态、子代品尝苦果的问题。生态环境影响具有一定的“阈值”，即影响超过某种限度后，会突然地出现不可逆转的后果，这使人类经常付出沉重的代价。生态环境影响可通过研究其历史变迁，进行类比调查分析而被认识。

9.1.1.2 生态影响评价

生态影响评价是指对人类开发建设活动可能导致的生态影响进行分析和预测，并提出减少影响或改善生态环境的策略和措施。生态影响评价可以是指评价的全过程，也可特指进行影响预测与判断的评价的一个程序阶段。作为评价全过程的生态环境影响评价，包含认识生态环境现状、预测影响趋势和结果、判断发生影响的程度和可接受性，以及研究应采取的减缓影响的措施。评价的目的是避免或减轻开发建设活动的生态影响，最终目的是保障经济社会的可持续发展。

9.1.2 生态影响评价的基本内容及工作程序

9.1.2.1 生态影响的基本内容

(1)生态环境现状调查与评价；

(2)建设项目工程分析；

(3)确定生态影响评价等级和评价范围；

(4)环境影响识别与评价因子筛选；

(5)选址选线的环境合理性分析，尤其是与规划的协调性的分析与论证；

(6)拟建项工程方案环境合理性论证，促进采取环境友好的建设方案与工艺技术；

(7)建设项目全过程的生态影响评价和动态管理；

(8)敏感保护目标的影响评价，研究保护措施；

(9)消除和减缓影响的对策措施，包括环境监理和生态监测，并进行技术经济论证。

9.1.2.2 生态环境影响评价基本程序

生态环境影响评价的基本程序如图 9-1 所示。

9.1.3 生态影响评价工作级别与范围

9.1.3.1 生态评价工作级别

(1)评价工作等级的划分

依据影响区域的生态敏感性和评价项目的工程占地(含水域)范围，包括永久占地和临时占地，将生态影响评价工作等级划分为一级、二级和三级(表 9-1)。位于原厂界(或永久用地)范围内的工业类改扩建项目，可只做生态影响分析。

根据评价项目对生态影响的程度和影响范围的大小，将生态影响评价工作级别划分为1、2、3 级；选择 1~3 个方面，以评价级别高的为准熟悉生态环境影响评价工作等级的划分与调整。

表 9-1 生态影响评价工作等级划分

工程占地(含水域)范围 / 影响区域生态敏感性	面积≥20 km^2 或长度≥100 km	面积 2~2 km^2 或长度 50~100 km	面积≤2 km^2 或长度≤50 km
特殊生态敏感区	一级	一级	一级
重要生态敏感区	一级	二级	三级
一般区域	二级	三级	三级

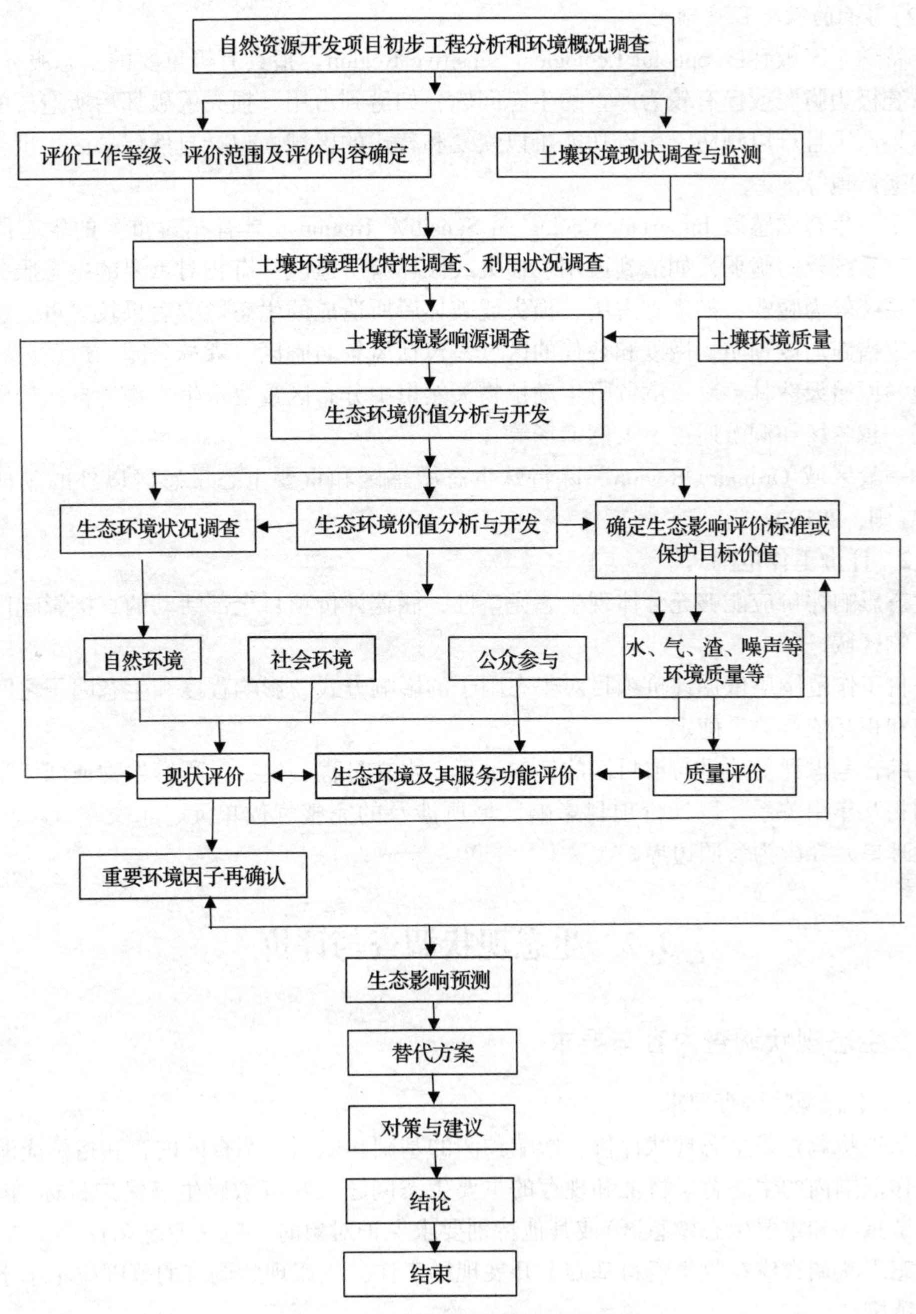

图 9-1　生态环境影响评价基本程序

在矿山井工开采可能导致矿区土地利用类型明显改变，或拦河闸坝建设可能明显改变水文情势等情况下，评价工作等级应上调一级。

当工程占地(水域)范围的面积或长度分别属于两个不同评价工作等级时，原则上应按其中较高的评价工作等级进行评价。改扩建工程的工程占地范围以新增占地(水域)面积或长度计算。

(2)影响的敏感程度确定

①特殊生态敏感区 Special Ecological Sensitive Region　指具有极重要的生态服务功能，生态系统极为脆弱或已有较为严重的生态问题，如遭到占用、损失或破坏后所造成的生态影响后果严重且难以预防、生态功能难以恢复和替代的区域，包括自然保护区、世界文化和自然遗产地等。

②重要生态敏感区 Important Ecological Sensitive Region　具有相对重要的生态服务功能或生态系统较为脆弱，如遭到占用、损失或破坏后所造成具有相对重要的生态服务功能或生态系统较为脆弱，如遭到占用、损失或破坏后所造成的生态影响后果较严重，但可以通过一定措施加以预防、恢复和替代的区域，包括风景名胜区、森林公园、地质公园、重要湿地、原始天然林、珍稀濒危野生动植物天然集中分布区重要水生生物的自然产卵场及索饵场、越冬场和洄游通道、天然渔场等。

③一般区域 Ordinary Region　除特殊生态敏感区和重要生态敏感区以外的其他区域(环评导则，2018)。

9.1.3.2　评价工作范围

生态影响评价应能够充分体现生态完整性，涵盖评价项目全部活动的直接影响区域和间接影响区域。

评价工作范围应依据评价项目对生态因子的影响方式、影响程度和生态因子之间的相互影响和相互依存关系确定。

可综合考虑评价项目与项目区的气候过程、水文过程、生物过程等生物地球化学循环过程的相互作用关系，以评价项目影响区域所涉及的完整气候单元、水文单元、生态单元、地理单元界限为参照边界。

9.2　生态现状调查与评价

9.2.1　生态现状调查内容与要求

9.2.1.1　生态现状调查要求

生态现状调查是生态现状评价、影响预测的基础和依据，调查的内容和指标应能反映评价工作范围内的生态背景特征和现存的主要生态问题。在有敏感生态保护目标(包括特殊生态敏感区和重要生态敏感区)或其他特别要求保护对象时，应做专题调查。

生态现状调查应在收集资料基础上开展现场工作，生态现状调查的范围应不小于评价工作的范围。

一级评价应给出采样地样方实测、遥感等方法测定的生物量、物种多样性等数据，给出主要生物物种名录、受保护的野生动植物物种等调查资料；二级评价的生物量和物种多样性调查可依据已有资料推断，或实测一定数量的、具有代表性的样方予以验证；三级评价可充分借鉴已有资料进行说明。

9.2.1.2 调查内容

(1)生态背景调查

根据生态影响的空间和时间尺度特点，调查评价区域内涉及的生态系统类型、结构、功能和过程，以及相关的非生物因子(如气候、土壤、地形地貌、水文及水文地质等)，重点调查受保护的珍稀濒危物种、关键种、土著种、建群种和特有种，天然的重要经济物种等。例如，涉及国家级和省级保护物种、珍稀濒危物种和地方特有种时，应逐个或逐类说明其类型、分布、保护级别、保护状况等；如涉及特殊生态敏感区和重要生态敏感区时，应逐个说明其类型、等级、分布、保护对象、功能区划、保护要求等。

(2)主要生态问题调查

调查影响区域内已存在的制约本区域可持续发展的主要生态问题，例如，水土流失、沙漠化、石漠化、盐渍化、自然灾害、生物入侵和污染危害，指出其类型、成因、空间分布、发生特点等(环评导则，2018)。

9.2.1.3 生态现状调查方法

(1)资料收集法

资料收集法即收集现有的能反映生态现状或生态背景的资料，从表现形式上分为文字资料和图形资料，从时间上可分为历史资料和现状资料，从收集行业类别上可分为农、林、牧、渔和环境保护部门，从资料性质上可分为环境影响报告书、有关污染源调查、生态保护规划、规定、生态功能区划、生态敏感目标的基本情况以及其他生态调查材料等。

使用资料收集法时，应保证资料的现时性，引用资料必须建立在现场校验的基础上。

(2)现场勘查法

现场勘查应遵循整体与重点相结合的原则，在综合考虑主导生态因子结构与功能的完整性的同时，突出重点区域和关键时段的调查，并通过对影响区域的实际踏勘，核实收集资料的准确性，以获取实际资料和数据。

(3)专家和公众咨询法

专家和公众咨询法是对现场勘查的有益补充。通过咨询有关专家，收集评价工作范围内的公众、社会团体和相关管理部门对项目影响的意见，发现现场踏勘中遗漏的生态问题。专家和公众咨询应与资料收集和现场勘查同步开展。

(4)生态监测法

当资料收集、现场勘查、专家和公众咨询提供的数据无法满足评价的定量需要，或项目可能产生潜在的或长期累积效应时，可考虑选用生态监测法。生态监测应根据监测因子的生态学特点和干扰活动的特点确定监测位置和频次，有代表性地布点。生态监测方法与技术要求须符合国家现行的有关生态监测规范和监测标准分析方法；对于生态系统生产力的调查，必要时需现场采样、实验室测定。

(5)遥感调查法

当涉及区域范围较大或主导生态因子的空间等级尺度较大，通过人力踏勘较为困难或难以完成评价时，可采用遥感调查法。遥感调查过程中必须辅助必要的现场勘查工作。

9.2.1.4 自然环境特征和生态环境问题调查

自然环境基本特征的调查内容包括：评价区内气象气候因素、水资源、土地资源、动植物资源，评价区内人类活动历史对生态环境的干扰方式和强度，自然灾害及其对生境的干扰破坏情况，生态环境演变的基本特征等。

生态环境问题的调查内容包括水土流失、沙漠化、盐渍化、环境污染的生态影响及自然灾害等。这类生态环境问题须重视其动态和发展趋势，许多生态环境问题发展到一定程度就以灾害的形式表现出来，例如，严重的水土流失导致洪灾和泥石流灾害，土地沙漠化导致沙尘暴和土地与城镇的沙埋等。

9.2.1.5 植物的样方调查和物种重要值

自然植被经常需进行现场的样方调查，样方调查中首先须确定样地大小，一般草本的样地在 1 m^2以上；灌木样地在 10 m^2 以上，乔木样地在 100 m^2 以上，样地大小依据植株大小和密度确定。其次，须确定样地数目，样地的面积须包括群落的大部分物种，一般可用种与面积和关系曲线确定样地数目。样地的排列有系统排列和随机排列两种方式。样方调查中“压线”植物的计量须合理。

在样方调查(主要是进行物种调查、覆盖度调查)的基础上，可依下列方法计算植被中物种的重要值：

(1)密度=个体数目/样地面积

$$相对密度=\frac{一个种的密度}{所有种的密度}\times 100\% \tag{9-1}$$

(2)优势度=底面积(或覆盖面积总值)/样地面积

$$相对优势度=\frac{一个种优势度}{所有种优势度}\times 100\% \tag{9-2}$$

(3)频度$=\dfrac{包括该种样地数}{样地总数}$

$$相对频度=\frac{一个种的频度}{所有种的频度}\times 100\% \tag{9-3}$$

(4)重要值=相对密度+相对优势度+相对频度 (9-4)

9.2.1.6 水生生态环境调查

水生生态系统有海洋生态系统与淡水生态系统之别。淡水生态系统又有河流(流水)生态系统与湖泊(静水)生态系统之别。

建设项目的水生生态环境调查，一般应包括水质、水温、水文和水生生物群落的调查，并且应包括鱼类产卵场、索饵场、越冬场、洄游通道、重要水生生物及渔业资源等特别区域的调查。水生生态调查一般按规范的方法进行，例如，海洋水质和底泥监测须按《海洋调查规范》(GB 17378.4—2007)和(GB 17378.3—2007)执行，海洋生物调查按《海洋调查规范》(GB 12673.6—2007)执行，该规范对样品采集、保存和分析方法都做了规定。

水生生态调查一般包括初级生产力、浮游生物、底栖生物、游泳生物和鱼类资源等，有时还有水生植物调查等。

(1)初级生产量的测定方法

①氧气测定法(即黑白瓶法) 用 3 个玻璃瓶，一个用黑胶布包上，再包以铅箔。从

待测的水体深度取水，保留一瓶(初始瓶IB)以测定水中原来溶解氧量。将另一对黑白瓶沉入取水样深度，经过24 h或其他适宜时间，取出进行溶解氧测定。根据初始瓶(IB)、黑瓶(DB)、白瓶(LB)溶氧量，即可求得：

$$LB - IB = 净初级生产量$$

$$IB - DB = 呼吸量$$

$$LB - DB = 总初级生产量$$

昼夜氧曲线法是黑白瓶法的变形。每隔2~3 h测定一次水体的溶解氧和水温，作昼夜氧曲线图。白天由于水体自养生物的光合作用，溶解氧逐渐上升；夜间由于全部好氧生物的呼吸，溶氧量逐渐减少。这样，就能根据溶氧的昼夜变化，来分析水体群落的代谢情况。因为水中溶解氧还随温度而变化，因此，必须对实际观察的昼夜氧曲线进行校正。

②CO_2测定法　用塑料帐将群落的一部分罩住，测定进入和抽出的空气中CO_2含量。例如，用黑白瓶方法比较水中溶解氧，本方法也要用暗罩和透明罩，也可用夜间无光条件下的CO_2增加量来估计呼吸量。测定空气中CO_2含量的仪器是红外气体分析仪。

③叶绿素测定法　通过薄膜将自然水进行过滤，然后用丙酮提取，将丙酮提出物在分光光度计中测定光吸收，再通过计算，转化为每平方米含叶绿素多少克。叶绿素测定法最初用于海洋和其他水体，比用^{14}C和氧测定方法简便，花费时间也较少。

(2)浮游生物调查

浮游生物包括浮游植物和浮游动物，也包括鱼卵和小鱼。许多水生生物在虫卵期都是以浮游状态存在，营浮游生活。浮游生物调查指标包括：

①种类组成及分布　包括种及其类属和门类。不同水域的种类数。

②细胞总量　平均总量及其区域分布、季节分析。

③生物量　单位体积水体中的浮游生物总重量。

④主要类群　按各种类的浮游生物的生态属性和区域分布特点进行划分。

⑤主要优势种及分布　细胞密度最大的种类及其分布。

⑥鱼卵和小鱼的数量及种类、分布。

(3)底栖生物调查

底栖生物活动范围少，常可作为水环境状态的指示性生物。底栖生物的调查指标包括：

①总生物量和密度。

②种类及其生物量、密度　各种类的底栖生物及其相应的生物量、密度。

③种类—组成—分布。

④群落与优势种　群落组成、分布及其优势种。

⑤底质　类别。

(4)鱼类

鱼类是水生生物调查的重点，一般调查方法为网捕，也附加市场调查法等。鱼类调查既包括鱼类种群的生态学调查，也包括鱼类作为资源的调查。一般调查指标有：

①种类组成与分布　区分目、科、属、种，相应的分布位置。

②渔获密度、组成与分布　渔获密度，相应的种类、地点。

③渔获生物量、组成与分布　渔获生物量及相应的种类、地点。

④鱼类区系特征　不同温度区及其适宜鱼类种类，不同水层中分布，不同水域鱼类分布。

⑤经济鱼类和常见鱼类　种类、生产力。

⑥特有鱼类　地方特有鱼类种类、生活史、特殊生境要求与利用，种群动态。

⑦保护鱼类　列入国家和省级一、二类保护名录中的鱼类、分布、生活史、种群动态及生境条件。

9.2.1.7　遥感—地理信息系统—全球定位系统技术的应用

遥感—地理信息系统—全球定位系统技术，即“3S”技术。在生态学调查与研究中具有重要的应用。在生态调查中由于绿色植被具有显著的、独特的光谱特征，遥感作为植被调查的信息源主要是通过植物的反射光谱特征来实现的。不同的植物以及同一种植物在不同的生长发育阶段，其反射光谱曲线形态和特征不同，由于病虫害、施肥以及灌溉等条件的不同也会引起植物反射光谱曲线的变化。利用植物这一特征准确获得群落植被的遥感影像特征信息，GPS 可以实时、快速、准确地提供植被的空间位置结合少量的实地调查，通过对遥感影像的处理，增加必要的地理信息。通过 GIS 的综合分析，可对区域的植被类型、植物季相节律、植被演化等进行监测、分析，了解植被演化的动态，从而在短时间内掌握植被结构、环境特征、区系组成及其演变规律。

9.2.2　生态现状评价

(1)评价要求

在区域生态基本特征现状调查的基础上，对评价区的生态现状进行定量或定性的分析评价，评价应采用文字和图件相结合的表现形式。图件制作应遵照导则关于生态影响评价图鉴的规范要求。

(2)评价内容

在阐明生态系统现状的基础上，分析影响区域内生态系统状况的主要原因。评价生态系统的结构与功能状况(如水源涵养、防风固沙、生物多样性保护等主导生态功能)、生态系统面临的压力和存在的问题、生态系统的总体变化趋势等。

分析和评价受影响区域内动、植物等生态因子的现状组成、分布；当评价区域涉及受保护的敏感物种时，应重点分析该敏感物种的生态学特征；当评价区域涉及特殊生态敏感区或重要生态敏感区时，应分析其生态现状、保护现状和存在的问题等。

(3)评价方法

生态环境影响预测与评价方法均可适用于生态环境现状评价方法。

9.3　生态影响预测与评价

9.3.1　生态环境影响预测内容

生态环境影响预测包括 3 个方面的分析：影响因素(如建设项目)分析，即工程影响因素分析；生态环境受体分析，即受影响对象的确定；生态影响效应的分析，即发生了什么问题。后两个问题往往因生态系统类型的不同而不同。

自然生态系统影响可概括为整体性影响和敏感性影响两大主要问题，并有自然资源影响乃至区域或流域影响等问题。

(1)生态整体性影响预测

生态整体性影响可从区域或流域、景观生态、生态系统或生物群落等不同的层次作分析。应用景观生态学方法作分析时，主要回答的问题是：对生态环境起控制作用的自然生态体系(生态系统或群落)稳定性如何、其生物总量增加还是减少、其第一性生产力是增加还是削弱。换句话说，其恢复稳定性(一般以植被生物量度量)是否增加，其阻抗稳定性(如物种多样性、景观多样性、连通性与面积等)是否增加等。

应用传统生态学方法作分析时，需要回答：系统是否毁灭或生态环境是否严重恶化？系统是否可正向演替或自然恢复？生物多样性(主要是生境多样性和物种多样性)是否减少？在作生态系统因子层次的影响分析时，还会涉及是否影响关键性生态因子，如生态系统建群生物和生态系统限制性因子等。有无替代或可否恢复也是经常分析的问题。

(2)生态环境敏感性问题常是影响预测的重点

这类敏感保护目标(或重点保护对象)有的是法定的，有的是科学评价认定的，还有来自社会或局部地域的。有的法定保护目标也需作科学评定，例如，很多自然遗迹(地质学的、地理学的等)因其内容复杂，法规难以一一列举，对其重要性的认识也差距较大，都需在评价中科学地认识。

(3)自然资源影响预测

自然资源影响问题，有的有法律规定，如基本农田保护区，有的有规划，也纳入保护中。环境中最需作影响分析的是那些地域性特产、稀缺资源以及不可恢复性资源，如景观资源等。

(4)生态环境问题预测

区域或流域内存在的生态环境问题，如水土流失、沙漠化、自然灾害等，也都是影响分析的重要内容。任何开发建设活动，都不应加剧这类问题。

(5)其他

生态环境脆弱性的分析，有时是十分重要的。

9.3.2 生态环境影响评价内容

(1)对生态系统结构与功能的影响评价

通过对影响预测结果包括整体性的变化、生物量的变化、净生产能力的变化、生物多样性的变化、景观多样性的变化、土地生态适宜性的变化等的分析，明确建设项目对生态系统结构与功能的影响。

(2)对敏感保护目标的影响评价

通过建设项目对敏感保护目标影响的预测结果的深入分析，明确影响的性质和程度。

(3)对自然资源的影响评价

主要评价建设项目对区域土地资源、特殊性资源、稀缺资源和不可再生资源等的影响。明确这些资源受影响的范围、性质和受损的程度。

(4)对区域生态环境问题的影响评价

通过对预测结果的评价，给出建设项目是否加剧了区域生态环境问题以及加剧的程度和可能产生的严重后果。

(5)对区域社会经济环境的影响评价

主要评价建设项目的实施对区域农业生产、经济结构和人群健康等方面的影响。

(6)对其他问题的影响评价

如生态限制因子与生态脆弱性、阻抗稳定性、区域投资环境等的影响。

(7)生态保护措施(减缓影响措施和替代方案)的经济技术可行性论证。

(8)提出合理可行且有效的对策与措施。

9.3.3 生态影响预测与评价方法

生态影响预测与评价方法应根据评价对象的生态学特性，在调查、判定该区主要的、辅助的生态功能以及完成功能必须的生态过程的基础上，分别采用定量分析与定性分析相结合的方法进行预测与评价。

常用的方法包括列表清单法、图形叠置法、生态机理分析法、景观生态学法、指数法与综合指数法、类比分析法、系统分析法和生物多样性评价等。

9.3.3.1 列表清单法

列表清单法是 Little 等人于 1971 年提出的一种定性分析方法。该方法的特点是简单明了，针对性强，列表清单法适合于规模较小，工程简单的项目。

①方法　列表清单法的基本做法是将拟实施的开发建设活动的影响因素与可能受影响的环境因子分别列在同一张表格的行与列内，逐点进行分析，并逐条阐明影响的性质、强度等。由此分析开发建设活动的生态影响。

②应用　进行开发建设活动对生态因子的影响分析；进行生态保护措施的筛选；进行物种或栖息地重要性或优先度比较。

9.3.3.2 图形叠置法

(1)图形叠置法

图形叠置法是把两个以上的生态信息叠合到一张图上，构成复合图，用以表示生态变化的方向和程度。本方法的特点是直观、形象，简单明了，图形叠加法一般适合具有区域性质的大型项目，如大型水利工程、交通建设等。

(2)图形叠置法的 2 种基本制作手段

①指标法　确定评价区域范围；进行生态调查，收集评价工作范围与周边地区自然环境、动植物等的信息，同时收集社会经济和环境污染及环境质量信息；进行影响识别并筛选拟评价因子，其中包括识别和分析主要生态问题；研究拟评价生态系统或生态因子的地域分异特点与规律，对拟评价的生态系统、生态因子或生态问题建立表征其特性的指标体系，并通过定性分析或定量方法对指标赋值或分级，再依据指标值进行区域划分；或定量方法对指标赋值或分级，再依据指标值进行区域划分；将上述区划信息绘制在生态图上。

②“3S”叠图法　选用地形图，或正式出版的地理地图，或经过精校正的遥感影像作

为工作底图，底图范围应略大于评价工作范围；在底图上描绘主要生态因子信息，如植被覆盖、动物分布、河流水系、土地利用和特别保护目标等；进行影响识别与筛选评价因子；运用“3S”技术，分析评价因子的不同影响性质、类型和程度；将影响因子图和底图叠加，得到生态影响评价图。

(3)图形叠置法应用

主要用于区域生态质量评价和影响评价；用于具有区域性影响的特大型建设项目评价中，如大型水利枢纽工程、新能源基地建设、矿业开发项目等；用于土地利用开发和农业开发中。

9.3.3.3 生态机理分析法

生态机理分析法是根据建设项目的特点和受其影响的动、植物的生物学特征，依照生态学原理分析、预测工程生态影响的方法。生态机理分析法的工作步骤如下：

①调查环境背景现状和收集工程组成和建设等有关资料；

②调查植物和动物分布、动物栖息地和迁徙路线；

③根据调查结果分别对植物或动物种群、群落和生态系统进行分析，描述其分布特点、结构特征和演化等级等；

④识别有无珍稀濒危物种及重要经济、历史、景观和科研价值的物种；

⑤预测项目建成后该地区动物、植物生长环境的变化；

⑥根据项目建成后的环境(水、气、土和生命组分)变化，对照无开发项目条件下动物、植物或生态系统演替趋势，预测项目对动物和植物个体、种群和群落的影响，并预测生态系统演替趋势。

评价过程中有时要根据实际情况进行相应的生物模拟试验，如环境条件、生物习性模拟试验、生物毒理学试验、实地种植或放养试验等；或进行数学模拟，如种群增长模型的应用。

该方法需与生物学、地理学、水文学、数学及其他多学科合作评价，才能得出较为客观的结果。

9.3.3.4 景观生态学法

景观生态学法是通过研究某一区域、一定时段内的生态系统类群的格局、特点、综合资源状况等自然规律，以及人为干预下的演替趋势，揭示人类活动在改变生物与环境方面的作用的方法。景观生态学对生态质量状况的评判是通过两个方面进行的，一是空间结构分析；二是功能与稳定性分析。景观生态学认为，景观的结构与功能是相当匹配的，且增加景观异质性和共生性也是生态学和社会学整体论的基本原则。

空间结构分析基于景观，是高于生态系统的自然系统，是一个清晰的和可度量的单位。景观由斑块、基质和廊道组成，其中基质是景观的背景地块，是景观中一种可以控制环境质量的组分。因此，基质的判定是空间结构分析的重要内容。判定基质有3个标准，即相对面积大、连通程度高、有动态控制功能。基质的判定多借用传统生态学中计算植被重要值的方法。决定某一斑块类型在景观中的优势，也称优势度值 D_0。优势度值由密度 R_d、频率 R_f 和景观比例 L_p 3个参数计算得出。其数学表达式如下：

$$R_d(\%) = (\text{斑块 } i \text{ 的数目} / \text{斑块总数}) \times 100 \quad (9\text{-}5)$$

$$R_f(\%) = (\text{斑块 } i \text{ 出现的样方数} / \text{总样方数}) \times 100 \tag{9-6}$$

$$L_p(\%) = (\text{斑块 } i \text{ 的面积} / \text{样地总面积}) \times 100 \tag{9-7}$$

$$D_0(\%) = 0.5 \times [0.5 \times (R_d + R_f) + L_p] \times 100 \tag{9-8}$$

上述分析同时反映自然组分在区域生态系统中的数量和分布，因此能较准确地表示生态系统的整体性。景观的功能和稳定性分析包括如下4个方面内容：

第一，生物恢复力分析。分析景观基本元素的再生能力或高亚稳定性元素能否占主导地位。

第二，异质性分析。基质为绿地时，由于异质化程度高的基质很容易维护它的基质地位，从而达到增强景观稳定性的作用。

第三，种群源的持久性和可达性分析。分析动、植物物种能否持久保持能量流、养分流，分析物种流可否顺利地从一种景观元素迁移到另一种元素，从而增强共生性。

第四，景观组织的开放性分析。分析景观组织与周边生境的交流渠道是否畅通。开放性强的景观组织可以增强抵抗力和恢复力。景观生态学方法既可以用于生态现状评价，也可以用于生境变化预测，目前是国内外生态影响评价学术领域中较先进的方法。

9.3.3.5 指数法与综合指数法

指数法是利用同度量因素的相对值来表明因素变化状况的方法，是建设项目环境影响评价中规定的评价方法，指数法同样可将其拓展而用于生态影响评价中。指数法简明扼要，且符合人们所熟悉的环境污染影响评价思路，但困难点在于需明确建立表征生态质量的标准体系，且难以赋权和准确定量。综合指数法是从确定同度量因素出发，把不能直接对比的事物变成能够同度量的方法。

(1)单因子指数法

选定合适的评价标准，采集拟评价项目区的现状资料，可进行生态因子现状评价。例如，以同类型立地条件的森林植被覆盖率为标准，可评价项目建设区的植被覆盖现状情况；也可进行生态因子的预测评价，如以评价区现状植被盖度为评价标准，可评价建设项目建成后植被盖度的变化率。

(2)综合指数法

①分析研究评价的生态因子的性质及变化规律；

②建立表征各生态因子特性的指标体系；

③确定评价标准；

④建立评价函数曲线，将评价的环境因子的现状值(开发建设活动前)与预测值(开发建设活动后)转换为统一的无量纲的环境质量指标。用1~0表示优劣(“1”表示最佳的、顶极的、原始的或人类干预甚少的生态状况，“0”表示最差的、极度破坏的、几乎无生物性的生态状况)，由此计算出开发建设活动前后环境因子质量的变化值；

⑤根据各评价因子的相对重要性赋予权重；

⑥将各因子的变化值综合，提出综合影响评价值：

$$\Delta E = \sum (E_{hi} - E_{qi}) \times W_i \tag{9-9}$$

式中 ΔE——开发建设活动日前后生态质量变化值；

E_{hi}——开发建设活动后 i 因子的质量指标；

E_{qi}——开发建设活动前 i 因子的质量指标；

W_i——因子的权值。

特别说明：建立评价函数曲线须根据标准规定的指标值确定曲线的上、下限。对于空气和水这些已有明确质量标准的因子，可直接用不同级别的标准值作上、下限；对于无明确标准的生态因子，须根据评价目的、评价要求和环境特点选择相应的环境质量标准值，再确定上、下限。

9.3.3.6 类比分析法

类比分析法是一种比较常用的定性和半定量评价方法，一般有生态整体类比、生态因子类比和生态问题类比等。

该方法是根据已有的开发建设活动(项目、工程)对生态系统产生的影响来分析或预测拟进行的开发建设活动(项目、工程)可能产生的影响。选择好类比对象(类比项目)是进行类比分析或预测评价的基础，也是该法成败的关键。

(1)类比对象的选择条件

工程性质、工艺和规模与拟建项目基本相当，生态因子(地理、地质、气候、生物因素等)相似，项目建成已有一定时间，所产生的影响已基本全部显现。

类比对象确定后，则需选择和确定类比因子及指标，并对类比对象开展调查与评价，再分析拟建项目与类比对象的差异。根据类比对象与拟建项目的比较，做出类比分析结论。

(2)应用

①进行生态影响识别和评价因子筛选；

②以原始生态系统作为参照，可评价目标生态系统的质量；

③进行生态影响的定性分析与评价；

④进行某一个或几个生态因子的影响评价；

⑤预测生态问题的发生与发展趋势及其危害；

⑥确定环保目标和寻求最有效、可行的生态保护措施。

9.3.3.7 系统分析法

系统分析法是把要解决的问题作为一个系统，对系统要素进行综合分析，找出解决问题可行方案的咨询方法。具体步骤包括：限定问题、确定目标、调查研究、收集数据、提出备选方案和评价标准、备选方案评估和提出最可行方案。

系统分析法因其能妥善地解决一些多目标动态性问题，目前已广泛应用于各行各业，尤其在进行区域开发或解决优化方案选择问题时，系统分析法显示出其他方法所不能达到的效果。

在生态系统质量评价中使用系统分析的具体方法有专家咨询法、层次分析法、模糊综合评判法、综合排序法、系统动力学法、灰色关联法等，这些方法原则上都适用于生态影响评价。这些方法的具体操作过程可查阅有关文献。

9.3.3.8 生物多样性评价法

生物多样性评价法是通过实地调查，分析生态系统和生物种的历史变迁、现状和存在主要问题的方法，评价目的是有效保护生物多样性。

生物多样性通常用香农—威纳指数(Shannon-Wiener Index)表征：

$$H = -\sum_{i=1}^{S} P_i \ln(P_i) \tag{9-10}$$

式中 H——样品的信息含量(彼得/个体)=群落的多样性指数;

S——种数;

P_i——样品中属于第 i 种的个体比例,如样品总个体数为 N,第 i 种个体数为 n_i 则 $P_i=n_i/N$。

9.3.3.9 生产力评价法

①生物量 一定地段面积内某个时期生存着的活有机体的重量。

②标定相对生物量 P_b 各级生物量与标定生物量的比值:

$$P_b = \frac{B_m}{B_{m_O}} \tag{9-11}$$

式中 B_m——生物量,t/hm^2;

B_{m_O}——标定生物量,t/hm^2。

P_b 增大,环境质量趋好。

③物种量 单位空间(面积)内的物种数量。

④标定相对物种量 P_S 物种量与标定物种量的比值:

$$P_S = \frac{B_S}{B_{S_O}} \tag{9-12}$$

式中 B_S——物种量,物种数$/hm^2$;

B_{S_O}——标定物种量,物种数$/hm^2$。

P_S 增大,环境质量趋好。

9.3.4 生态影响判定依据

①国家、行业和地方已颁布的资源环境保护等相关法规、政策、标准、规划和区划等确定的目标、措施与要求。

②科学研究判定的生态效应或评价项目实际的生态监测、模拟结果。

③评价项目所在地区及相似区域生态背景值或本底值。

④已有性质、规模以及区域生态敏感性相似项目的实际生态影响类比。

⑤相关领域专家、管理部门及公众的咨询意见。

9.3.5 生态影响评价图件规范与要求

生态影响评价图件是指以图形、图像的形式,对生态影响评价有关空间内容的描述、表达或定量分析。生态影响评价图件是生态影响评价报告的必要组成内容,是评价的主要依据和成果的重要表示形式,是指导生态保护措施设计的重要依据。

9.3.5.1 图件构成

生态影响评价图件不仅是现状调查、评价和预测成果的展示,而且是提高对生态时空特征的整体认识、深化对评价各要素研究的有力手段。根据评价项目自身特点、评价工作等级以及影响区域生态敏感性不同,将生态影响评价图件分为基本图件和推荐图件两部分;又根据不同评价等级要求的工作深度不同,将生态影响评价图件划分为三级,见表 9-2 和表 9-3 所列。

表 9-2　不同评价等级的基本图件构成

评价等级			基本图件
一级	二级	三级	(1)项目区域地理位置图 (2)工程平面图 (3)土地利用图 (4)典型生态保护措施平面布置示意图 (5)地表水系图 (6)特殊生态敏感区和重要生态敏感区空间分布图 (7)主要评价因子的评价成果和预测图 (8)植被类型图 (9)生态监测布点图

表 9-3　生态影响评价图件构成要求

评价等级	基本图件	推荐图件
一级	(1)项目区域地理位置图 (2)工程平面图 (3)土地利用现状图 (4)地表水系图 (5)植被类型图 (6)特殊生态敏感区和重要生态敏感区空间分布图 (7)主要评价因子的评价成果和预测图 (8)生态监测布点图 (9)典型生态保护措施平面示意图	(1)当评价工作范围内涉及山岭重丘区时，可提供地形地貌图、土壤类型图和土壤侵蚀分布图 (2)当评价工作范围内涉及河流、湖泊等地表水时，可提供水环境功能区划图；当涉及地下水时，可提供水文地质图件等 (3)当评价工作范围涉及海洋和海岸带时，可提供海域岸线图、海洋功能区划图，根据评价需要选做海洋渔业资源分布图、主要经济鱼类产卵场分布图、滩涂分布现状图 (4)当评价工作范围内已有土地利用规划时，可提供已有土地利用规划图和生态功能分区图 (5)当评价工作范围内涉及地表塌陷时，可提供塌陷等值线图 (6)此外，可根据评价工作范围内涉及的不同生态系统类型，选作动植物资源分布图、珍稀濒危物种分布图、基本农田分布图、绿化布置图、荒漠化土地分布图等
二级	(1)项目区域地理位置图 (2)工程平面图 (3)土地利用现状图 (4)地表水系图 (5)特殊生态敏感区和重要生态敏感区空间分布图 (6)主要评价因子的评价成果和预测图 (7)典型生态保护措施平面布置示意图	(1)当评价工作范围内涉及山岭重丘区时，可提供地形地貌图和土壤侵蚀分布图 (2)当评价工作范围内涉及河流、湖泊等地表水时，可提供水环境功能区划图；当涉及地下水时，可提供水文地质图件 (3)当评价工作范围内涉及海域时，可提供海域岸线图和海洋功能区划图 (4)当评价工作范围内已有土地利用规划时，可提供已有土地利用规划图和生态功能分区图 (5)评价工作范围内，陆域可根据评价需要选做植被类型图或绿化布置图

9.3.5.2　制图数据来源时效要求

(1)信息源选择

生态影响评价制图数据的来源必须准确可靠，通常的数据来源包括：已有图件资料、采样、实验、地面勘测和遥感信息等。如通过对现有背景图件的扫描、配准矢量化或者数据格式的转换获取背景专题数据；从测绘数据中获取 DEM、等高线、河流水系等数据；通过采样获取生物量、生物群落等数据；通过生物习性模拟、生物毒理实验等获取受影响生态因子的变化机理数据；通过生态监测获取受保护物种生境、物种迁徙及非生物因子的变化趋势等数据；从统计年鉴中获取人口、经济、环境质量等数据；遥感解译获取植被类型、植被覆盖度、土地利用等数据；从水文、地质、土壤等专题数据库中提取区域部分专题数据等。

①实地采样、实验、现场监测和地面勘测应遵循相关标准规范的要求。

②已有图件资料选择　已有图件资料获取后，应从资料的现势性、完备性、精确性、可靠性等方面，分析其与评价项目生态影响是否匹配，确定资料的使用价值和程度。只有当图件资料的精度高于或相当于评价精度要求时，才能在本项目中直接引用；否则，需经实地调查、监测，对数据重新校正后使用。

③遥感信息源选择　随着遥感技术的飞速发展，遥感信息的获取趋向全波段、全天候、全球覆盖和高分辨率，突破了时间和空间的局限，遥感信息已成为生态影响评价的主要数据源之一。在遥感信息源选择中，图像的空间分辨率、波谱分辨率和时间分辨率是主要指标。

(2)数据时效要求

图件基础数据来源应满足生态影响评价的时效要求，选择与评价基准时段相匹配的数据源。当图件主题内容无显著变化时，制图数据源的时效要求可在无显著变化期内适当放宽，但必须经过现场勘验校核。

区别于污染类项目，生态影响类项目往往具有工程涉及范围广、影响程度大、时间周期长等特点，在数据收集和监测上存在一定困难。因此，在以往的生态影响评价工作中，评价单位多采用前期相关研究成果作为评价的基础数据来源，这就涉及数据的现势性和准确性。《环境影响评价技术导则 生态影响》(HJ 19—2011)要求只有当评价对象无显著变化时方可使用其相关数据源，而且应经过现场勘验校核才可以。例如，从土地利用来看，东部沿海城市的土地利用变化剧烈，西部内陆城市的土地利用变化则稍缓，一年前的土地利用调查数据在西部内陆经过校核后还可以使用，在东部沿海可能已经完全改变。

9.3.5.3　制图与成图精度要求

为保证生态影响评价的准确性和科学性，生态影响评价制图的工作精度一般不低于工程可行性研究制图精度，成图精度应满足生态影响判别和生态保护措施的实施。

(1)制图精度要求

制图比例决定着图上量测的精度和表示评价对象的详略程度。制图比例要求由生态影响评价范围、评价尺度确定，其基本原则为：评价范围越大，制图比例尺越低；评价尺度越小，制图比例尺越高。由于正常人的眼睛只能分辨出图上大于 0.1 mm 的距离，图上 0.1 mm 的长度，在不同比例尺地图上的实地距离是不一样的，如 1∶5 万图为 5 m，1∶10 万图为 10 m。制图比例与成图范围见表 9-4 所列。

表 9-4　制图比例尺与成图范围

比例尺	图上 1 cm 代表实地距离	实地面积 100 km^2 的区域成图大小
1∶25 万	2.5 km	4 cm×4 cm
1∶10 万	1 km	10 cm×10 cm
1∶5 万	0.5 km	20 cm×20 cm
1∶1 万	0.1 km	1 m×1 m
1∶5000	0.05 km	2 m×2 m

(2)成图精度要求

为了能够准备、清晰的反映评价内容，成图比例不应低于表9-5中的规范要求(项目区地理位置图除外)。当成图范围过大时，可采用点线面相结合的方式，分幅成图；当涉及敏感生态保护目标时，应分幅单独成图，以提高成图精度。

表9-5　不同评价等级的成图比例

成图范围		成图比例尺		
		一级评价	二级评价	三级评价
面积	≥100 km^2	≥1∶10万	≥1∶10万	≥1∶25万
	20~100 km^2	≥1∶5万	≥1∶5万	≥1∶10万
	2~20 km^2	≥1∶1万	≥1∶1万	≥1∶2.5万
	≤2 km^2	≥1∶5000	≥1∶5000	≥1∶1万
长度	≥100 km	≥1∶25万	≥1∶25万	≥1∶25万
	50~100 km	≥1∶10万	≥1∶10万	≥1∶25万
	10~50 km	≥1∶5万	≥1∶10万	≥1∶10万
	≤10 km	≥1∶1万	≥1∶1万	≥1∶5万

生态影响成图比例结合我国生态类型项目特点，重点参考了我国基本地形图的比例尺系列，成图比例尺包括1∶5000、1∶1万、1∶2.5万、1∶5万、1∶10万、1∶25万共6种。我国规定8种比例尺为国家基本地形图的比例尺系列，含1∶5000、1∶1万、1∶2.5万、1∶5万、1∶10万、1∶25万、1∶50万、1∶100万地形图。其中，1∶5000和1∶1万地形图主要用于小范围内详细研究和评价地形用；1∶2.5万地形图主要用于较小范围内详细研究和评价地形用；1∶5万地形图是我国国民经济各部门和国防建设的基本用图，主要用于一定范围内较详细研究和评价地形用；1∶10万地形图主要用于一定范围内较详细研究和评价地形用；1∶25万地形图用于较大范围内的宏观评价和地理信息研究，可供区域规划、经济布局、生产布局和资源开发利用地图；1∶50万地形图和1∶100万地形图用于大范围内进行宏观评价和研究地理信息，可作为各部门进行经济建设总体规划，经济布局、生产布局、国土资源开发利用工作地图。

9.4　生态风险评价

9.4.1　生态风险评价的概述

9.4.1.1　生态风险概述

(1)风险的属性和类别

①风险的属性主要有3个　具有不确定性；带来不希望发生的后果或损失；事件链。

②风险的类别　按存在的性质划分，分为客观风险和主观风险；按风险产生的原因划分，分为自然风险、社会风险、经济风险和技术风险；按风险的性质划分，分为静态风险和动态风险；按对风险的承受能力划分，分为可接受的风险和不可接受的风险等。根据需要采用不同的依据，能够进行不同的风险类别划分。

(2)生态风险的概念和特点

生态风险是根据受体对象进行的风险划分，即生态风险是生态系统及其组成所承受的风险。

①生态风险的概念　由人体健康风险演进而来的，是对人体健康风险的拓展，即将受体范围由人类转向包括人类在内的生态系统。人们通常所说的环境风险可以认为是生态风险的一个发展较为完善的子系统，环境风险更多地关注污染物带来的风险，生态风险将这一范围拓展至自然灾害(如生物入侵、滑坡、地震、火灾、洪水等)、人类活动(如土地利用、生物技术应用等)更广的范围。

②生态风险的特点

• 目标性：生态风险控制具有一定的目标，生态系统保护也具有一定的目标，生态风险是相对于生态系统保护目标或生态风险控制目标的；

• 不确定性：风险源、传送路径、风险受体、风险关联、风险事故属性及危害都具有不确定性，但具有一定的统计学规律；

• 动态性：由于生态系统具有动态演进过程，且生态系统是一个开放系统，而作用于生态系统的要素也是处于动态变化中，生态系统及作用于其上的因素之间的关系也是动态变化的；

• 复杂性：生态系统具有个体、种群、群落、生态系统和景观等不同层次，也具有结构、格局、过程、功能和服务等多种属性，且不同层级之间、不同物种之间、生物与非生物之间、水域和陆域生态系统之间存在复杂的关联和响应机制；

• 内在价值性：生态系统的价值不仅在于人类在乎的服务功能，更在于其自身的结构完整和功能完备，因此其价值难以用简单的物质或经济损失来衡量；

• 危害性：生态风险关注的是有负面影响的事件，这些负面影响包括生态系统结构和功能损伤、生态过程的阻滞或异常、生态系统逆向演替、生态服务功能下降等；

• 客观性：虽然生态风险的研究和管理面临诸多困难，但生态风险是客观存在的，因此需要加深对生态风险的理解和认识，按照客观规律，采用科学的技术方法进行分析和研究。

9.4.1.2　生态风险评价概述

(1)生态风险评价的发展

虽然近年来我国生态风险评价已经受到广泛重视，我国的生态风险评价和研究目前总体处于快速发展阶段，然而生态风险管理总体仍处于起步阶段，与国外比较，还有较大差距。

生态风险评价研究工作起步于20世纪80年代。早期的人体健康评价和环境风险评价重点关注某一种有害物质的风险，如重金属污染风险、农药污染风险等，随着研究的深入，逐渐由单一因素的风险评价向多因素的复合风险评价发展，由只关注人群健康向关注环境安全过渡，再逐步向关注生态系统安全和区域尺度发展。虽然近年来生态风险评价研究已经成为了研究的热点，发展也很快，但跟踪管理和应用仍然存在较大差距。目前我国经济快速发展，人类活动造成的生态系统退化严重，生态风险评价的重要性正在快速上升，需要不断加强生态风险评价和生态风险管理研究。

(2)生态风险评价的概念

虽然对于生态风险评价国内外已有不少定义，这些定义对评价的技术手段、量化方法、不确定性和负面效应等生态风险属性、评价目的等方面进行了界定，但并未得到大家一致认同，关键在于生态风险评价的目标或标准没有明确，而没有标尺即难以评价和管理，这也是我国生态风险评价和管理与国外的差距所在。

综合考虑生态风险评价已有的定义，我们认为生态风险评价可以定义为：基于一定时间节点和一定生态保护目标，预测、分析和评价具有不确定性的灾害或事件对生态系统及其组分可能造成的损伤。生态风险评价可以采用生态学、环境学、地理学、生物学、毒理学等多学科的知识，也可以采用"3S"技术、概率分析技术、成本效益分析技术等多种技术。

生态风险评价与生态影响评价的区别在于：生态影响评价强调因果关系，突出必然性；生态风险评价强调不确定性，突出风险程度。

(3)生态风险评价的内容

生态风险评价的内容包括生态风险评价标准的确定、生态风险源分析、生态风险传递路径分析、生态风险受体分析、生态风险表征、生态风险决策、生态风险监测和生态风险管理。

①生态风险评价标准是生态风险评价中的关键性内容，也是生态风险评价中的难点和重点之一。生态风险评价标准可认为是可接受的生态系统风险或期望达到的生态系统风险控制目标，它有别于生态终点。生态终点是指由于风险事件(通常为人类活动或自然灾害)对生态系统的作用而导致的后果，生态风险评价标准就是测量生态终点的标尺。由于生态系统本身的复杂性和风险事件的多源性、风险源到生态系统的多路径特征以及响应关系的模糊性，使生态风险评价标准需要在研究界定受体(即某生态系统)地位、边界、结构和功能等前提下进行。

②生态风险源分析是对可能影响生态系统的风险源进行定量化和结构化的辨识，即分析风险源的数量、组成、结构、分布、特征、类型等。生态风险源辨识是生态风险管理和评价的基础。由于风险源的属性是时间的函数，因此风险源辨识是一个不断反复的过程，一些风险源会随时间而消失，一些新的风险源会随时间而产生。因此，生态风险源分析是一个动态过程，它也随生态系统变化而变化。

③生态风险传递路径分析是分析从风险源到风险受体的路径，这个路径可能是单一路径，也可能是多路径。当涉及多风险源时，路径之间可能还存在着某种关联。对于某些生态风险而言，其传递的路径即是生态过程所经历的路径，具体情况需要综合研究。

④生态风险受体分析是分析和界定受体生态系统的边界、属性、对源的暴露和响应特征等。健康风险评价是以人类本身为受体，生态风险评价是以生态系统为受体。由于生态系统的外延扩展，在某些情况下，生态系统也可以理解为包括人类社会在内的社会—经济—自然复合生态系统。

⑤生态风险表征是根据源—路径—受体—暴露分析和生态系统响应分析结果，确认面临的风险及进行风险解释。生态风险表征包括两个部分：风险评估：进行风险评估，研究不确定性，估计不利效应的可能性；风险描述：归纳和解释评估结果。

⑥生态风险决策和生态风险管理虽然不属于生态风险评价的内容，但却是生态风险评价的目的。只有将生态风险评价结果应用于生态风险决策和生态风险管理，才能体现生态风险评价的价值。根据生态风险评价结果，做出相应的产业布局、规模、污染控制、生态系统保护的决策，设计和落实生态风险防范和生态风险管理的方案，有时甚至需要进行生态风险相关的监测。

9.4.2 生态风险评价进展

9.4.2.1 国外生态风险评价进展

美国的生态风险评价是在人体健康风险评价的基础上发展起来的，因此其最初的生态风险评价方法是引入人体健康风险评价的方法。经过多年的发展和完善，美国国家环保局(USEPA)颁布了《生态风险评价指南》，提出了风险评价“三步法”，即问题形成、问题分析和风险表征。美国生态风险评价要求首先制定一个生态风险评价规划，然后进行生态风险评价。

英国的生态风险评价要求遵循国家可持续发展战略，强调预防“为主”的原则。对于可能存在的重大风险，即使科学证据并不充分，也须采取行动预防和减缓潜在的危害行为。

荷兰的生态风险评价强调应用阈值来判断特定的风险水平是否能接受。它利用不同水平的风险指标，以数值方式明确表达了最大可接受或可忽略的风险水平。

除了评价框架和评价方法方面的发展，国外在模型构建与应用、多因子生态风险评价、区域生态风险评价和生态风险综合评价方法方面均取得了较大的进步。

9.4.2.2 中国生态风险评价进展

我国从20世纪90年代以来，开始加快引进国外生态风险评价研究成果，对于推动中国的生态风险评价研究和应用起到了很好的作用。中国尚处在环境污染事故高发期，环境风险评价仍然处于非常重要的地位。中国生态保护和建设虽然取得了很大的成绩，但生态系统退化、生态功能下降及进一步巩固生态保护和建设成果及推进新一轮的生态保护和建设的难度加大，生态风险问题日益突出，生态风险研究和应用正面临难得的发展机遇，也面临诸多挑战。中国的生态风险研究和应用总体上处于快速发展阶段，但在理论技术研究和生态风险管理方面需要不断加大力度。由于生态风险的外在性，目前生态风险主要由国家承担，未来需要加强企业和社会生态风险及责任分担的意识。由于现行环境管理体制中对污染物的生态风险控制还没有具体的、可操作的规定，因此生态风险评价在建设项目环境保护管理中的应用还很少。中国区域生态风险评价研究发展较快，但仍然远不能满足应用和管理的需求，需要在国家层面上发展和完善满足区域生态风险评价的技术框架、理论技术和方法以及推动应用和纳入管理。

9.4.2.3 生态风险评价发展的方向

未来生态风险评价需要进一步把握其特征，区别于人体健康风险评价和环境风险评价，不断拓展生态系统受体的内涵和外延，向生态风险综合评价、基于生态保护目标的定量化评价、基于污染源、自然灾害和人类活动的多源生态风险评价、基于区域或流域的中大尺度生态风险评价、基于决策和管理的生态风险评价应用等多方面发展。

(1)目标和阈值研究

借鉴荷兰的生态风险评价方法，加强生态保护目标的研究，作为生态风险评价的标准。生态保护目标根据实际情况可以用不同的生态风险指标进行表示，这些生态风险指标及其指标值(可能是一些临界响应值或管理期望值或生态系统特征值)需要不断加强研究积累。生态保护目标和阈值的研究是支撑生态风险评价研究的重要抓手和风险评价的标尺。

(2)风险源研究

生态风险评价目前考虑的仍然以单因子为主，且多以污染物为主。虽然对多因子、多风险源(包括自然灾害和各种人类活动)的生态风险评价进行了一些尝试，但尚需进一步研究多风险源相互作用情景下的生态风险评价技术和方法。

(3) 风险传递路径研究

风险传递路径是生态风险评价的重要组成部分，虽然美国生态风险评价流程考虑了暴露分析和生态效应，但并未明确提出风险传递路径的概念。由于风险传递往往与生态过程存在较为密切的关联，因此可以利用生态过程研究成果，作为风险传递路径的研究基础。加强生态过程与风险传递路径关系的研究，对于推动生态风险评价具有重要而深远的意义。特别关注多源多路径情况下的生态风险评价研究。

(4) 风险受体研究

虽然很多时候人们仅采用了一个或少数几个物种作为受体进行评价和研究，但对于生态风险评价而言，风险受体往往是整个生态系统。认真界定风险受体的边界，深入认识和研究受体的各种属性，包括受体对风险源的响应属性、受体的自然演替属性等，是受体研究的关键内容。通过风险管理，实现风险受体——生态系统的可持续发展是风险评价的目标所在。

(5) 风险评价研究

生态风险评价方法正在由单一指标的评价向综合评价方向发展，由定性向定性与定量相结合的方向发展，由污染源导致的生态风险评价向自然灾害、各种人类干扰活动导致的生态风险评价方向发展。

早期的生态风险评价多涉及某一种化学物质和某一种个体，因此采用的指标也多为单一指标，采用的方法多为定量评价方法。随着风险源由污染物质扩展到自然灾害和各种人类干扰活动、风险受体由个体、种群、群落扩展到生态系统甚至景观水平、评价范围由建设项目扩展到区域尺度，不确定性显著增加，压力—响应关系变得非常复杂，基于由源到受体的环境风险评价思路受到了挑战，定量评价从技术到方法都受到了严峻的考验，迫切需要适应于这些变化的半定量或定性和定量相结合的综合评价方法。

(6) 生态风险评价的未来发展

综上所述，未来生态风险评价研究需要加强的领域包括：①加强区域生态风险的评价和研究工作，推动由区域生态保护目标到风险源控制评价框架的构建和完善，加强生态风险指标的研究；②由于生态风险与生态过程的密切关联及生态风险的尺度效应，应特别加强生态风险传递路径及路径关联、路径控制的研究；③在化学物质生态风险评价的基础上，积极拓展自然灾害、人类干扰活动带来的生态风险评价和研究；④以个体生态毒理学试验为基础的生态风险评价向种群、群落、生态系统、景观水平甚至全球水平的生态风险评价拓展；⑤发展各种外推模型(包括尺度、类别、层级、不确定性等)、生物效应模型、生态风险路径模型、生态风险决策支撑模型等，拓展 GIS、RS、GPS、计算机技术等各种技术和系统学、数学、运筹学、管理学、经济学等各种学科方法在生态风险评价中的应用，逐步实现定性与定量相结合的评价和生态风险定量评价；⑥加强突发性生态风险评价研究，避免重大生态风险事故发生；⑦生态风险评价是为生态风险管理服务的，要加强生态风险决策和管理研究，逐步建立生态风险评价的标准方法和技术指南以及科学的生态风险决策管理法律和法规。

9.4.3 生态风险评价框架

生态风险评价框架各有不同。美国的生态风险评价强调提前做好生态风险评价规划。英国的生态风险评价强调“预防为主”的原则。荷兰的生态风险评价强调阈值的应用。我国学者殷浩文提出水环境生态风险评价框架。许学工等提出了区域生态风险评价框架。

9.4.3.1 美国的生态风险评价的框架

美国的生态风险评价是在人体健康风险评价的基础上发展起来的，1998 年美国国家环保局正式颁布了《生态风险评价指南》，并不断修订和完善，提出生态风险评价“三步法”，即问题形成、分析和风险表征，同时要求在正式的科学评价之前，首先制定一个总体规划，以明确评价的目的（图 9-2）。在范围上也从人类健康风险评估扩展到气候变化、生物多样性丧失、多种化学品对生物影响的风险评估。

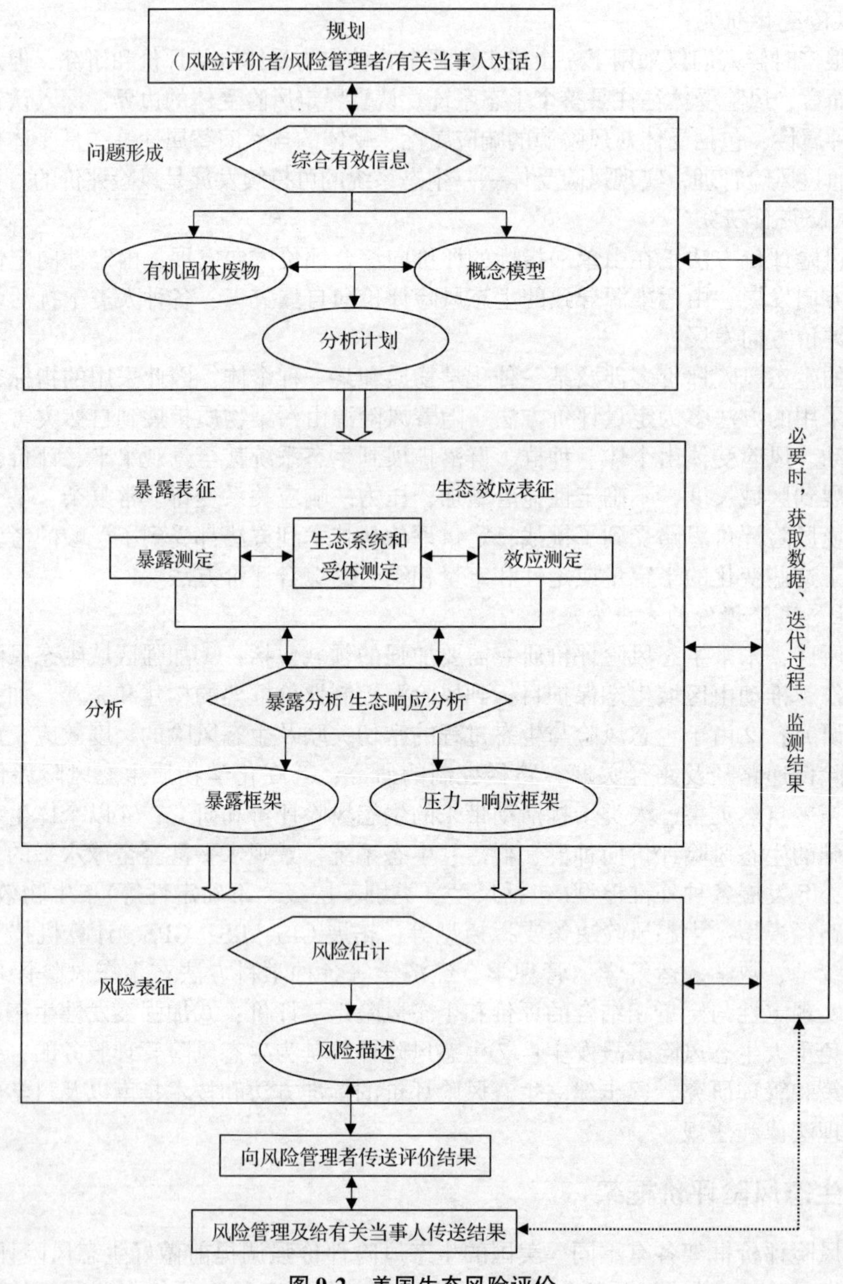

图 9-2 美国生态风险评价

9.4.3.2 英国的生态风险评价的框架

英国的生态风险评价要求遵循国家可持续发展战略，强调“预防为主”的原则。对于可能存在的重大风险，即使科学证据并不充分，也须采取行动预防和减缓潜在的危害行为（图 9-3）。

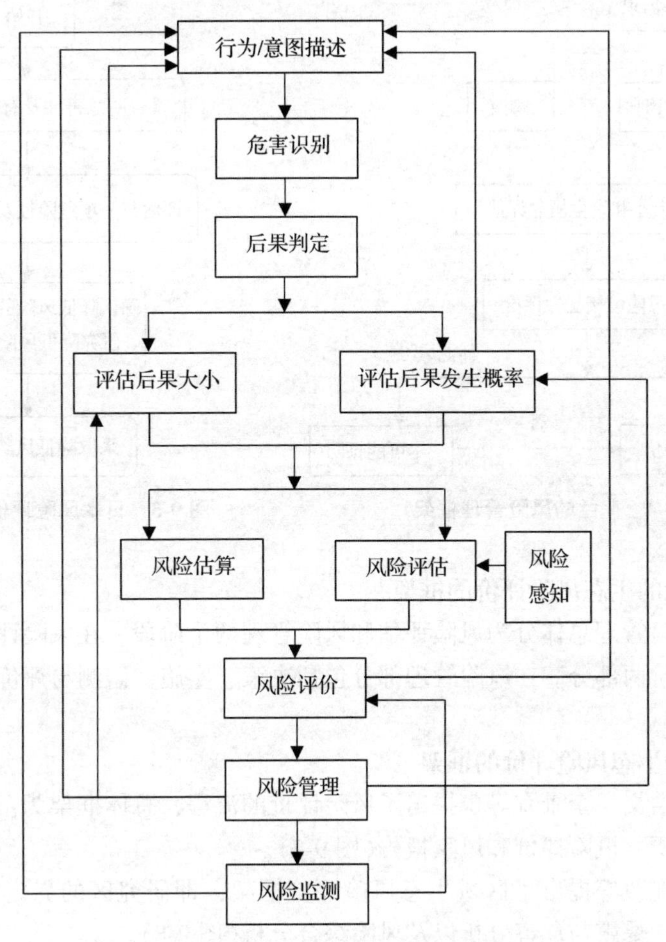

图 9-3 英国风险评价与管理流程

9.4.3.3 荷兰的生态风险评价的框架

荷兰的生态风险评价强调应用阈值来判断特定的风险水平是否能接受。它利用不同水平的风险指标，以数值方式明确表达了最大可接受或可忽略的风险水平。荷兰的生态风险评价分为 3 步：影响评价——根据毒性数据评估无影响浓度水平；暴露评价——根据监测数据预测建模，计算预期环境浓度；风险表征——计算预期浓度与无影响浓度的商。荷兰的生态风险评价框架如图 9-4 所示。

9.4.3.4 日本的生态风险评价的框架

日本最初对危害性评价较为重视，在 20 世纪 90 年代中期开始环境管理中引入风险评价。日本政府修订自来水中消毒副产物和大气中苯的基准是以风险评价结果为基础的，可接受风险水平设定在 10^{-5}。参照 10^{-5} 的终生暴露风险水平，苯的大气环境基准值设定为年平均 3 μg/m^3。1999 年日本开发了 ChemPHESA21 风险评价系统，内容包括生态风险评价。

日本风险评价的程序包括查明危险性和有害性的风险、评估每一项风险、确认降低风险的优先程度、研究和采取降低风险的措施(图 9-5)。

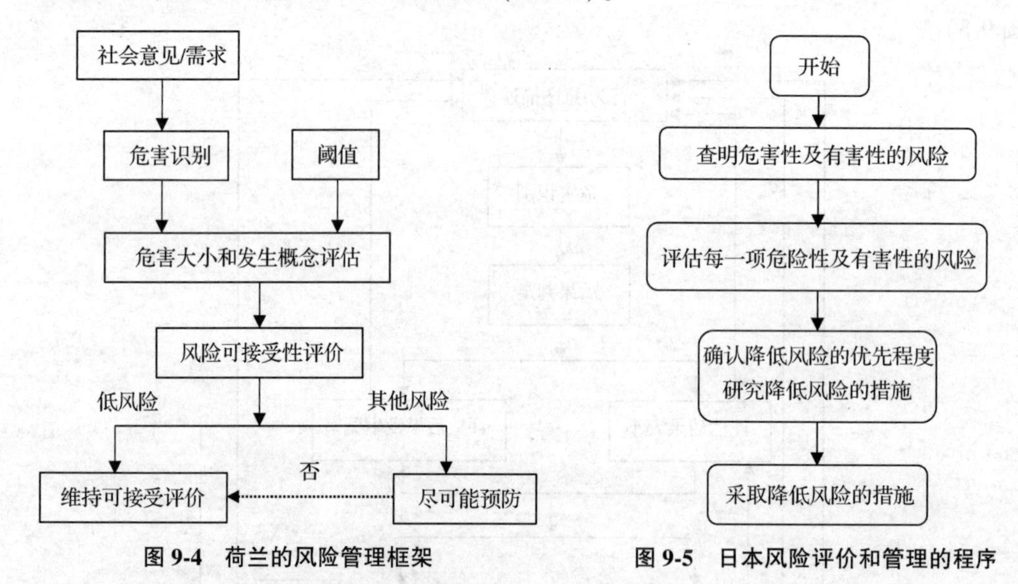

图 9-4　荷兰的风险管理框架　　**图 9-5　日本风险评价和管理的程序**

9.4.3.5　加拿大的生态风险评价的框架

加拿大的风险管理总体分为风险评估和风险管理两个阶段。在风险评估部分又分为风险分析和风险评价两部分。在风险管理部分包括决策、实施、监测与评价、复查 4 个部分(图 9-6)。

9.4.3.6　我国的生态风险评价的框架

我国学者殷浩文、李景宜等也提出了风险评价的流程，总体框架为：风险源分析、风险识别、风险分析、风险评价和风险报告(图 9-7)。

许学工、付在毅等提出了区域生态风险评价框架，即研究区的界定与分析、受体分析、风险源分析、暴露与危害分析以及风险综合分析(图 9-8)。

区域生态风险评价由于具有更大的不确定性、长期性和复杂性，而且生态风险与生态过程具有某种内在关联，因此认为区域生态风险评价流程应是从区域生态保护目标—生态风险受体—生态风险传递路径—生态风险源，强调目标是相对于某一时间节点或时段、相对于某一地理空间的。

9.4.4　生态风险评价方法

生态风险评价方法按框架可以分为生态风险评价标准的确定方法、生态风险识别方法、生态风险损失计算方法、生态风险路径分析方法、生态风险受体分析方法和生态风险源分析方法；按风险层级可以分为项目层次的生态风险评价方法和区域层次的生态风险评价方法；根据方法的属性可以分为一般评价方法和综合评价方法。下面简单介绍其中一些方法。

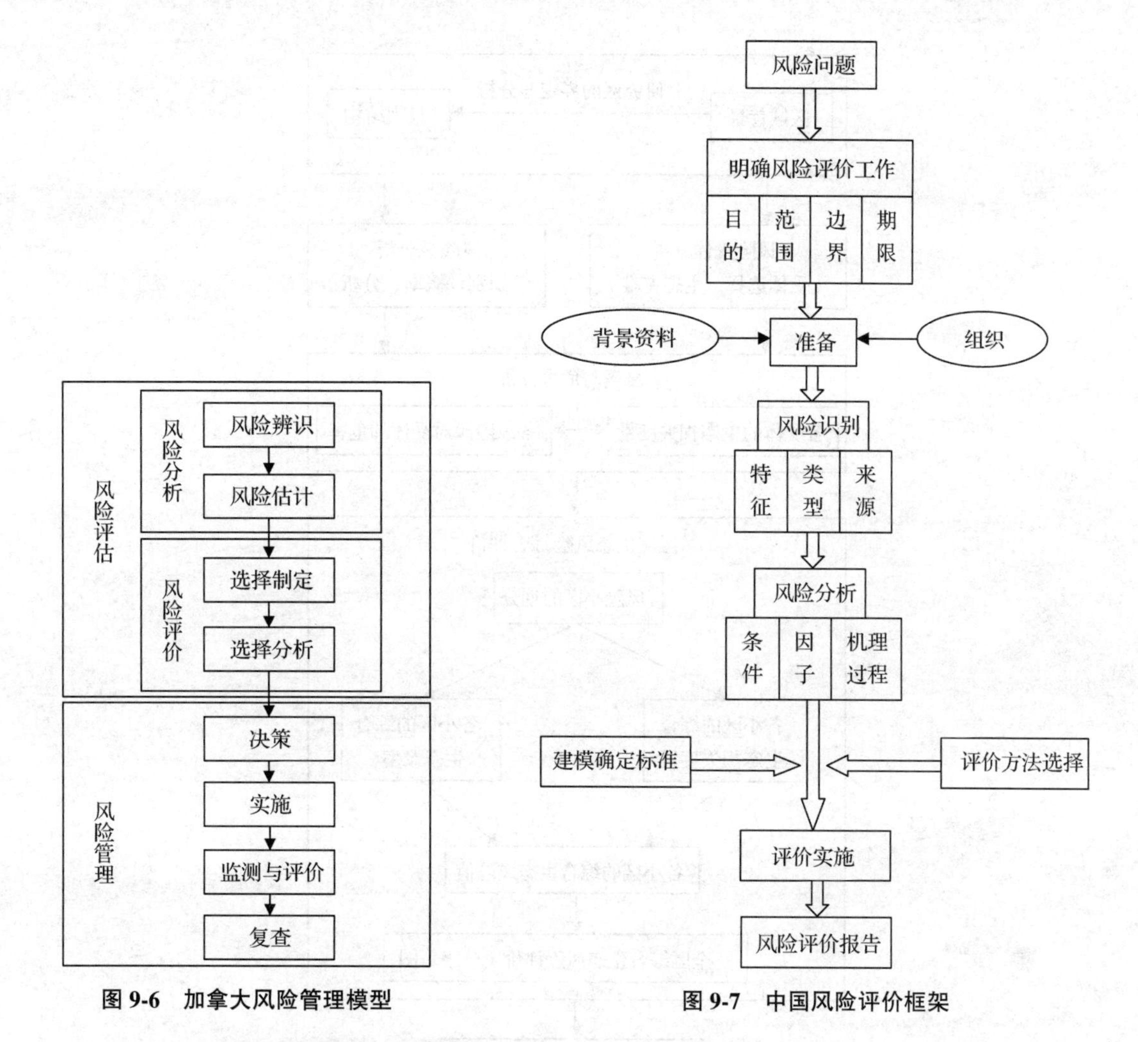

图 9-6 加拿大风险管理模型

图 9-7 中国风险评价框架

9.4.4.1 生态风险评价终点的确定

国外的生态风险评价强调评价终点的确定。但在评价终点的可测度性及对风险管理目标的表征上，仍然存在困难。可以根据终点的生态相关、终点对有关压力的敏感性和终点是否代表了管理目标 3 条原则来选择。

从社会—经济—自然复合生态系统的角度看，生态风险评价终点不只是一个技术问题，也是一个社会问题。风险评价者需要与风险管理者进行生态风险评价的充分交流与沟通，并达成一致。这是生态风险评价终点确定是否取得成效的标志。对于一个建设项目而言，衡量其生态风险需要对风险的终点有一个确认，要回答诸如底栖生物是否受影响、生物繁殖及地球生化循环是否阻断等问题。需要在一系列生态毒理试验结果的基础上做出一个综合性的结论。但是以系统试验为基础的风险评价需要大量的人力和物力支撑，因此，通常并不采用系统试验的方法进行，而是采用文献研究和实验验证相结合的方法。

9.4.4.2 生态风险识别的方法

生态风险识别的方法很多，常用方法包括问卷调查法、德尔菲法、头脑风暴法、风险因素预先分析法、环境分析法等。具体方法可以参见相关专业书籍。

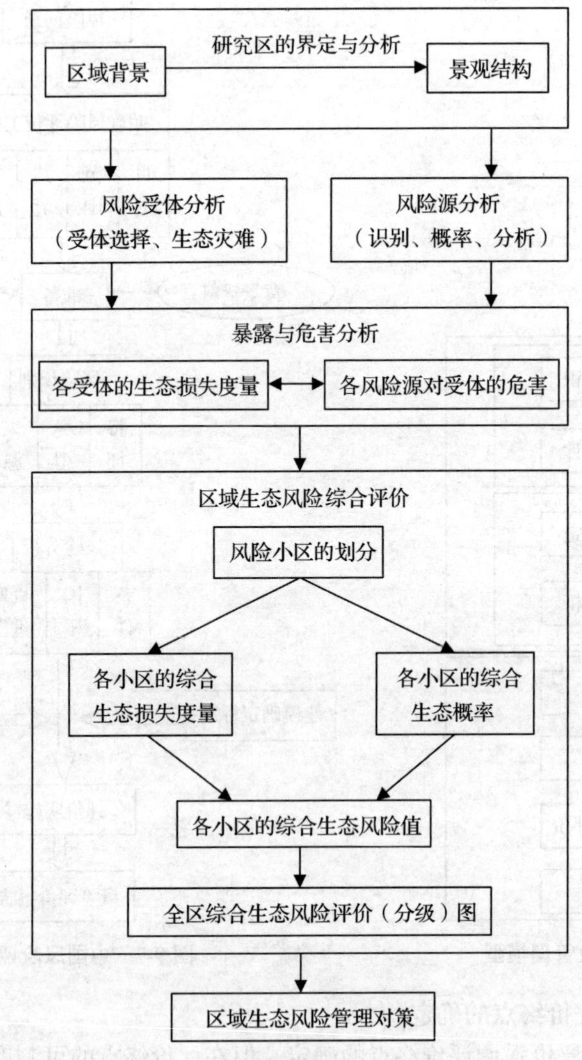

图 9-8 中国区域生态风险评价框架

风险评价是在风险识别的基础上进行的，针对不同类型的风险需要使用不同的评价方法。影响风险评价方法选择的因素有开展评价的动机、所需评价结果的类型、可用于评价的信息类型、所分析问题的特征、已发觉与评价对象有关的风险。风险评价方法的选择是由问题导向的。

9.4.4.3 生态风险测度方法

生态风险测度方法包括单因素生态系统风险的测度和多因素生态风险测度方法。

(1)单因素生态系统风险的测度

对生态风险发生的测试有平均指标和变异指标两类指标。平均指标表示风险变量的集中趋势，变异指标表示风险变量的离散趋势。一般平均指标为风险变量的期望值，变异指标为风险变量的标准差或变异系数。变异系数为标准差和期望值之比。

(2)多因素生态系统风险的测度

总体风险值用来表示生态系统在不良事件影响下的整体损失。对于特定系统的生态风险需要考虑各类风险的联合分布。联合分布的标准差可以表示总体风险的绝对大小，但在无法判断各风险因子是否为独立随机变量或无法获得各风险因子的比重时，只有借助蒙特卡罗法总体风险的标准差。对于景观尺度，可以考虑从景观组分所占的比例与该组分的风险强度两方面入手。

9.4.4.4 区域生态风险评价方法

区域生态风险评价涉及的风险源和风险后果具有区域性，即区域生态风险评价主要研究大范围的区域中各生态系统所承受的风险。由于区域具有广泛的空间异质性，因此区域生态风险评价应充分考虑生态系统的空间异质性。区域性带来的风险评价尺度的扩大及多风险源、多压力因子、多风险后果的特征，使其风险评价与项目层次的风险评价要求不同。常用的区域生态风险评价概念模型主要有因果分析法、等级动态框架法和生态等级风险评价法等。

因果分析法是以压力因子和可能影响之间的因果关系为基础的，它需要大量的历史数据构建这种因果关系，并以此为基础进行预测评价。由于区域尺度上多“因”和多“果”广泛存在，因此有时应用也面临较大的困难。

等级动态框架法是一个概念框架，假设等级存在于生态系统结构中，且等级间相互关系产生了标志生态系统特征的属性，从而将时空相互作用关系结合起来。

生态等级风险评价法是在缺乏大量野外观测数据的情况下进行风险评价的有效方法。它将风险评价分为3个部分：初级评价、半定量的区域评价和定量的局地评价。

此外，在区域生态风险评价中应用最多的评价统计模型是基于因子权重法的相对风险评价方法。

9.5 生态影响的防护、恢复、补偿及替代方案

9.5.1 生态影响的防护、恢复与补偿原则

(1)应按照避让、减缓、补偿和重建的次序提出生态影响防护与恢复的措施；所采取措施的效果应有利修复和增强区域生态功能。

(2)凡涉及不可替代、极具价值、极敏感、被破坏后很难恢复的敏感生态保护目标(如特殊生态敏感区、珍稀濒危物种)时，必须提出可靠的避让措施或生境替代方案。

(3)涉及采取措施后可恢复或修复的生态目标时，也应尽可能提出避让措施；否则，应制定恢复、修复和补偿措施。各项生态保护措施应按项目实施阶段分别提出，并提出实施时限和估算经费。

9.5.2 替代方案

替代方案主要指项目中的选线、选址替代方案；项目的组成和内容替代方案；工艺和生产技术的替代方案；施工和运营方案的替代方案；生态保护措施的替代方案。

评价应对替代方案进行生态可行性论证，优先选择生态影响最小的替代方案，最终选定的方案至少应该是生态保护可行的方案。

9.5.3 生态保护措施

(1)生态保护措施应包括保护对象和目标，内容、规模及工艺，实施空间和时序，保障措施和预期效果分析，绘制生态保护措施平面布置示意图和典型措施设施工艺图。估算或概算环境保护投资。

(2)对可能具有重大、敏感生态影响的建设项目、区域、流域开发项目，应提出长期的生态监测计划、科技支撑方案，明确监测因子、方法、频次等。

(3)明确施工期和运营期管理原则与技术要求。可提出环境保护工程分标与招投标原则，施工期工程环境监理，环境保护阶段验收和总体验收、环境影响后评价等环保管理技术方案。

9.5.4 结论与建议

从生态影响及生态恢复、补偿等方面，对项目建设的可行性提出结论与建议。

9.6 案例分析

9.6.1 工程概况

某地拟对一山区河流进行水电梯级开发，河流长度约 380 km，河床坡降较陡，天然落差大，水能资源丰富，流域面积 4 万 km，农田相对较少，且分散，区域社会经济发展水平较低，对外交通不发达。河流中经济鱼类较多，山丘植被均为次生林，野生动植物资源较为丰富，流域内有自然保护区 3 处(其中，国家级野生动物自然保护区 1 处)，风景名胜区 5 处，但均为山丘区，从规划报告来看，水库淹没对自然保护区、风景名胜区影响不突出。规划报告提供了 3 个开发建设方案。规划报告从工程经济技术角度推荐了自上而下建设“一库七级”水电站方案，开发方式既有引水也有堤坝式，还有混合式。规划方案实施后需迁移人口 5 万人，涉及 2 个县的 9 个乡镇 21 个村。

9.6.2 工程分析

水电站的运行生产属清洁生产，运行期基本不排放污染物。但上游水库蓄水、电站管理及电站的日常排放，可能带来一些生态环境问题；施工期产生的“三废一噪”等对环境有一定的影响。应采取一定措施使不利影响得到减缓。

9.6.3 生态环境现状调查与评价

野生动植物资源较为丰富，流域内有自然保护区 3 处(其中，国家级野生动物自然保护区 1 处)，风景名胜区 5 处，但均为山丘区；从规划报告来看，水库淹没对自然保护区、风景名胜区影响不突出。

(1) 生态现状评价需要的图件

地理位置图、遥感影像图、规划总平面图、地形图、土地利用图、植被类型图、自然保护区、风景名胜区、生态敏感区空间分布图及其功能区划图、土壤侵蚀图。

(2) 生态现状评价和预测评价因子

根据水电站的建设和运行特点，结合工程地区各生态环境系统的重要性和可能受到的影响，对生态影响评价的评价因子进行识别分析，确定主要评价因子分为两部分：

①陆生动植物种类及其珍稀保护物种分布现状、数量；水生动物种类及其珍稀保护物种数量与分布；生态系统类型及其结构与功能；水土流失现状；景观体系构成。

②水电规划项目建设及运行对水、陆生动植物影响方式、程度及范围；对生态系统演变趋势的影响；水土流失及其控制措施分析，景观破坏程度及恢复措施分析。

9.6.4 生态影响识别

(1) 本规划实施的敏感问题及环境制约因素

①流域内社会经济背景主要是地方经济落后，人民生活水平低下。

②对外交通不发达，基础设施薄弱。

③可能存在天然林破坏、陡坡开垦农田而造成的一定的生态破坏与水土流失。

④可能存在的自然灾害。

⑤流域开发有较大的移民安置量，且涉及2个县9个乡镇21个村，有跨界影响问题。

⑥河流中有重要经济鱼类需要保护。

⑦流域内重要生态敏感保护目标，即自然保护区和风景名胜区，其中国家级自然保护区一处，需要特别保护。

(2) 主要不利影响

①水资源影响　有水量与水质两个方面，主要是水资源的重新分配及其影响，水质污染影响。

②生态影响　陆生生态与水生生态影响，特别是对陆生珍稀野生动植物、自然保护区、风景名胜区的影响；水文情势变化对水生生物，特别是重要经济鱼类的影响。

③水土流失与地质灾害　规划实施后由于淹没及冲蚀等造成的水土流失与地质灾害影响。

9.6.5 生态影响预测与评价

本项目的主要生态保护目标有保护流域的生物多样性，保护区域陆生、水生生态环境及重要物种的栖息地，重点保护自然保护区和风景名胜区，保护生物的群落结构及种群密度，维护区域生产力，尽可能保持流域景观生态体系。

评价指标以定量与定性指标相结合。可选取重要野生动植物物种是否消失，规划建设项目与重要生境的区位关系及可能受到的影响，规划工程对珍稀保护物种的影响，分析、评价是否会因本规划而发生陆生生态系统结构与功能的变化，分析与流域内生态保护规划的协调程度，工程建设土石方工程对水土流失的影响。

(1)生态影响评价的主要内容

①陆生生态　主要从流域生态完整性，流域生物多样性，对局地气候、环境敏感对象自然保护区、风景名胜区的影响方式、程度与范围等方面进行分析、评价，对规划方案可能影响的珍稀、保护陆生动植物进行评价。

②水生生态　分析评价区域内水域生态条件、水生生物组成特点、种群数量以及下游河段中水生生物及鱼类的影响，重点是重要经济鱼类"三场"种群处洄游性鱼类的调查及影响评价。

③水土流失与地质灾害　分析评价区水土流失现状、成因及危害、预测分析规划实施各建设项目对水土流失的影响，评价水库建成导致大规模地质灾害的可能性，以及施工区特别是渣场布置的环境可行性。

(2)主要生态影响及评价

自然河流变成了一条受人工控制的河流，梯级开发将一条完整的河流分割成几段不同水文特征和水生生态的河段。其中以生态影响最为明显，部分河段出现减(脱)水段，生态系统将发生较为明显的变化，陆地生态与水生生态均将受到不利影响。

①规划项目实施对河流、水资源、水环境及水生生态产生一定不利影响，主要是水资源的重新分配及其影响，水质污染影响，以及对河流完整性的分割及区域水资源利用的不利影响，对鱼类及其他水生生物及其生境的不利影响，特别是洄游性鱼类"三场"及虾、蟹的通道的阻断影响。

②规划实施后梯级开发淹没损失及对陆生生态的不利影响，包括对农田、村庄及有关建筑、林草地等植被的淹没，对陆生野生动物的生境分割与阻隔，对自然保护区、风景名胜区等重要生态保护目标的不利影响。

该规划环境影响评价总体上需充分考虑规划实施可能对相关区域、流域生态系统产生的整体性影响，以及可能对环境和人体健康产生的累积性或叠加影响。

9.6.6　生态环境保护措施

(1)梯级开发联合调度，确保下泄一定的生态流量，保证减(脱)水河段鱼类生存的基本条件，以及流域其他方面基本的需水要求。要考虑河流生态需水量，主要包括维持生物栖息地需水、河流自净需水、景观需水、人畜生活用水、农业灌溉用水、工业取水，不包括区间汇流。

(2)各水电站大坝应建设针对洄游性鱼类的过鱼通道。

(3)加强渔政管理，保护鱼类种质资源；必要时建立鱼类增殖放流站，开展人工增殖放流。

(4)加强流域绿化、禁止陡坡开垦、控制水土流失、防止水污染。

9.6.7　评价结论

该项目的建成有利于缓解区域电力供应不足的问题，使本地区的水能资源优势转化为经济效益，促进社会经济发展。该水电站的建设会对生态环境造成一定程度的不利影响。工程建设单位必须严格实施环评所提出的各项环境保护对策措施及环境管理、监理和监测要求，以减少和避免水电站建设所引发的不利影响。在此前提下，该水电站建设从环境角度评价是可行的。

（根据贾生元主编的《环境影响评价案例分析试题解析》中的案例改编）

思考题

1. 简述生态影响评价的内容。
2. 试述生态环境现状调查的主要内容和常用的调查方法。
3. 简述生态环境现状评价的内容与要求。常用的生态环境现状评价方法有哪些?
4. 简述生态环境影响评价的内容。
5. 简述生态影响预测的定义及内容。
6. 简述生态风险的定义及类型。
7. 简述生态风险的内容。

第10章

固体废物环境影响评价

【内容提要】固体废物本身是一个综合性的污染源，因此要依据固体废物的种类、产生量及其管理的全过程可能造成的环境影响进行针对性地分析和预测。本章内容主要包括固体废物的概念、固体废物中污染物进入环境的方式及迁移转化、焚烧处置固体废物和垃圾填埋场产生的环境影响及评价、固体废物处理处置措施与固体废物管理，固体废物污染控制标准。

10.1 固体废物来源及分类

一般的固体废物的概念：不适当堆置产生有毒有害气体和扬尘污染周围大气；经雨水淋溶或地下水浸泡，有毒有害物质随淋滤水迁移，污染附近江河湖泊及地下水；同时淋滤水的渗透、破坏土壤团粒结构和微生物的生存条件，影响植物生长发育；大量未经处理的人畜粪便和生活垃圾又是病原菌的孳生地。

《中华人民共和国固体废物污染环境防治法》中定义固体废物为：固体废物，是指在生产、生活和其他活动中产生的丧失原有利用价值或者虽未丧失利用价值但被抛弃或者放弃的固态、半固态和置于容器中的气态的物品、物质以及法律、行政法规规定纳入固体废物管理的物品、物质。该法同时规定，液态废物的污染防治，适用本法；但是，排入水体的废水的污染防治适用有关法律，不适用本法。为了加强对固体废物的管理，国家颁布了《固体废物鉴别标准 通则》(GB 34330—2017)及《危险废物鉴别标准 腐蚀性鉴别》(GB 5085.1—2007)等系列危险废物鉴别标准，进一步明确了鉴别准则。

10.1.1 固体废物来源

固体废物来自人类活动的许多环节，主要包括生产过程和生活活动的一些环节。表10-1列出从各类发生源产生的主要固体废物。

表10-1 从各类发生源产生的主要固体废物

产生源	产出的主要固体废物
居民生活	食物、垃圾、纸、木、布、庭院植物修剪物、金属、玻璃、塑料、陶瓷、燃料灰渣、脏土、碎砖瓦、废器具、粪便、杂品等
商业、机关	除上述废物外，另有管道、碎砌体、沥青及其他建筑材料，含有易爆、易燃腐蚀性、放射性废物以及废汽车、废电器、废器具等

（续）

产生源	产出的主要固体废物
市政维护、管理部门	脏土、碎砖瓦、树叶、死畜禽、金属、锅炉灰渣、污泥等
矿业	废石、尾矿、金属、废木、砖瓦、水泥、砂石等
冶金、金属结构、交通、机械等工业	金属、渣、砂石、模型、芯、陶瓷、涂料、管道、绝热和绝缘材料、黏结剂、污垢、废木、塑料、橡胶、纸、各种建筑材料、烟尘等
建筑材料工业	金属、水泥、黏土、陶瓷、石膏、石棉、砂石、纸、纤维等
食品加工业	肉、谷物、蔬菜、硬壳果、水果、烟草等
橡胶、皮革、塑料等工业	橡胶、塑料、皮革、布、线、纤维、染料、金属等
石油化工工业	化学药剂、金属、塑料、橡胶、陶瓷、沥青、油毡、石棉、涂料等
电器、仪器仪表等工业	金属、玻璃、木、橡胶、塑料、化学药剂、研磨料、陶瓷、绝缘材料等
纺织服装工业	布头、纤维、金属、橡胶、塑料等
造纸、木材、印刷等工业	刨花、锯末、碎木、化学药剂、金属填料、塑料等
核工业和放射性医疗单位	金属、含放射性废渣、粉尘、污泥、器具和建筑材料等
农业	秸秆、蔬菜、水果、果树枝条、糠秕、人和畜禽粪便、农药等

10.1.2 固体废物的分类

固体废物可以按照污染特性和来源分别分类。

(1)按污染特性分类

①一般废物　比较常见的、对环境和人体相对安全的废弃物。如粉煤灰、生活垃圾等。

②危险废物　具有腐蚀性、急性毒性、浸出毒性、反应性、易燃性、传染性、放射性等一种及一种以上危害特征的废物。医疗废物也属于危险废物，包括酸和碱废物、含金属污泥、医院垃圾等。

《中华人民共和国固体废物污染环境防治法》中危险废物的定义，是指列入国家危险废物名录或者根据国家规定的危险废物鉴别标准和鉴别方法认定的具有危险特性的固体废物。

(2)按废物来源分类

①城市固体废物　生活垃圾、城建渣土、商业固体废物、粪便。

②农业固体废物　来自农业生产、畜禽饲养、农副产品加工所产生的废物，如农作物秸秆、农用薄膜、畜禽排泄物等。

③工业固体废物　冶金工业固废、能源工业固废、石化工业固废、矿业固废、轻工业固废、其他工业固废。

2004年各地工业固体废物产生量及2014年各省(自治区、直辖市)工业危险废物产生情况分别如图10-1及图10-2所示。

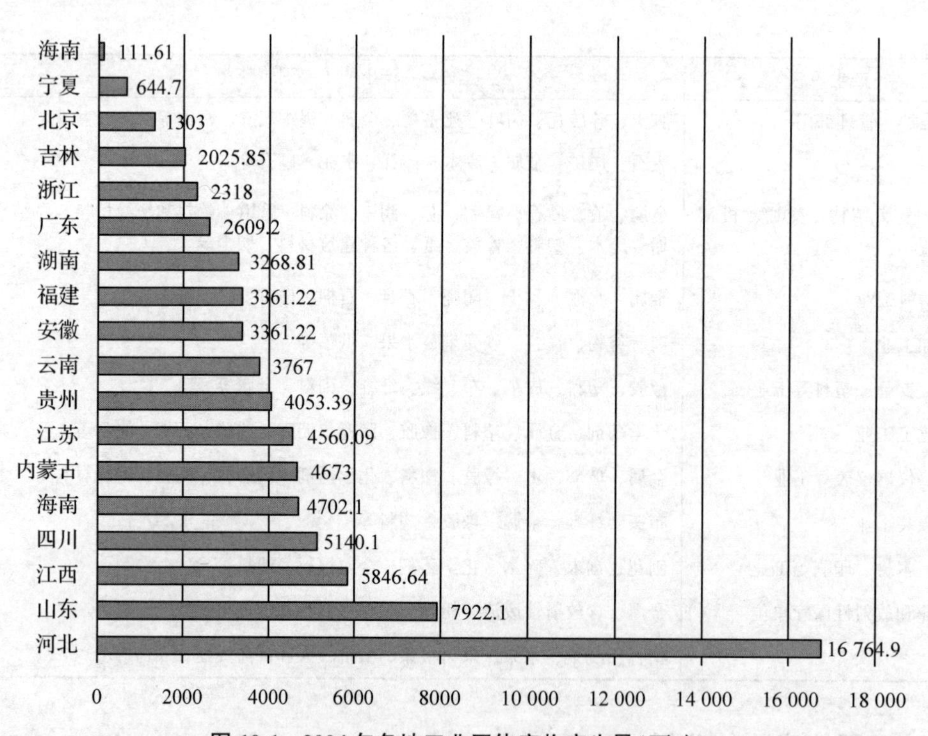

图 10-1　2004 年各地工业固体废物产生量(万吨)

资料来源：北京国际城市发展研究院数据中心

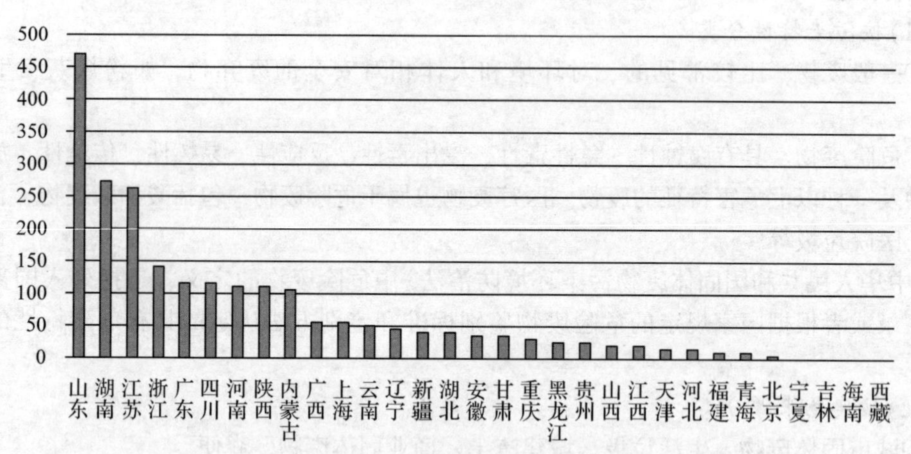

图 10-2　2014 年各省(自治区、直辖市)工业危险废物产生情况(万吨)

资料来源：2015 年全国大、中城市固体废物污染环境防治年报

2014 年一般工业固体废物产生量排名前 10 位的城市见表 10-2 所列；244 个大、中城市中，城市生活垃圾产生量居前 10 位的城市见表 10-3 所列。城市生活垃圾产生量最大的是上海市，产生量为 742.7×10^4 t，其次是北京、重庆、深圳和成都，产生量分别为 733.8×10^4 t、635.0×10^4 t、541.1×10^4 t 和 460.0×10^4 t。前 10 位城市产生的城市生活垃圾总量为 4818.1×10^4 t，占全部发布城市产生总量的 28.7%。

表 10-2　2014 年一般工业固体废物产生量排名前 10 位的城市

序号	城市名称	产生量(万吨)
1	辽宁省辽阳市	8397.7
2	四川省攀枝花市	5801.1
3	内蒙古鄂尔多斯市	5735.3
4	山西省忻州市	4313.2
5	内蒙古呼伦贝尔市	3773.4
6	山西省朔州市	3676.8
7	山西省大同市	3549.1
8	河南省洛阳市	3640.5
9	广西百色市	3186.4
10	重庆市	3067.8
合计		44 961.3

表 10-3　2014 年城市生活垃圾产生量排名前 10 位的城市

序号	城市名称	城市生活垃圾产生量(万吨)
1	上海市	742.7
2	北京市	733.8
3	重庆市	635.0
4	广东省深圳市	541.1
5	四川省成都市	460.0
6	广东省广州市	430.2
7	浙江省宁波市	342.1
8	浙江省杭州市	330.5
9	广东省佛山市	307.7
10	湖北省武汉市	295.0
合计		4818.1

资料来源：2015 年全国大、中城市固体废物污染环境防治年报。

10.2　固体废物中污染物进入环境的方式

10.2.1　固体废物中污染物进入大气环境的方式及释放方式

10.2.1.1　污染物进入大气环境的方式

(1)堆放的固体废物中的细微颗粒、粉尘等可随风飞扬，从而对大气造成污染。

(2)一些有机固体废物，在适宜的温度和湿度下被微生物分解，释放出有害气体，可不同程度上产生毒气和恶臭，造成地区性空气污染。

(3)粉尘、HCl、Cl 甚至二噁英采用焚烧法处理固体废物，排出等污染物，已成为一些国家的大气污染的主要来源之一。

10.2.1.2 污染物释放到大气的方式

(1)挥发——指把化学物质从液体转到气体相，大部分不可控制

大气释放源主要来自有害废物处置场、储存罐、贮留池以及垃圾填埋场浸出液的释放。

挥发部分依赖于温度、蒸汽压及液相和气相间的浓度差。

(2)颗粒物质排放

废物处理操作会产生颗粒物排放，焚烧可以直接排放颗粒物质。

更大的灰尘产生源是含有土壤处理的修铺工作(如垃圾填埋场的开挖、覆盖)。

10.2.2 固体废物中污染物进入水环境的方式及对水的危害

(1)污染物进入水环境的3种方式

①固体废物弃置于水体，将使水质直接受到污染，严重危害水生生物的生存条件。

②向水体倾倒固体废物，将缩减江河湖面有效面积，降低其排洪和灌溉能力。

③在陆地堆积或简单填埋的固体废物，经雨水的浸渍和废物本身的分解，将会产生含有有害化学物质的渗滤液，对附近地区地表水和地下水造成危害。

(2)固体废物填埋场产生渗滤液的情形

①如果降水直接落入填埋场、地表水或地下水进入填埋场，形成渗滤液；处置在填埋场中的废物中含有部分水。

②浸入废物的水首先是被固体废物材料吸着，当废物含水率达到饱和状态时，水就通过重力运动流出，填埋场渗滤液中污染物。

渗滤液中污染物的成分和含量与废物成分、浸入速率、污染物溶解度、废物与水的接触表面积、接触时间和pH等因素有关。

10.2.3 固体废物中污染物进入土壤环境的方式

固体废物堆放，其中有害成分容易污染土壤。工业固体废物特别是有害固体废物，经风化、雨雪淋溶、地表径流的侵蚀，产生高温和有毒液体渗入土壤，能杀害土壤中的微生物，改变土壤性质和土壤结构，破坏土壤的腐解能力，导致草木不生。

10.3 固体废物中污染物的迁移转化

10.3.1 固体废物对人体健康影响的途径

固体废物露天存放、处理或处置过程中，其中的有害成分在物理、化学和生物的作用下会发生浸出，含有害成分的浸出液可通过地表水、地下水、大气和土壤等环境介质直接或间接被人体吸收，从而对人体健康造成威胁。

固体废物往往不是环境介质，但常常是多种污染成分存在的终态而长期存在于环境中，在一定条件下会发生化学的、物理的或生物的转化，对周围环境造成一定的影响。如

果处理、处置管理不当，污染物成分就会通过水、气、土壤、食物链等途径污染环境，危害人体健康(图 10-3)。

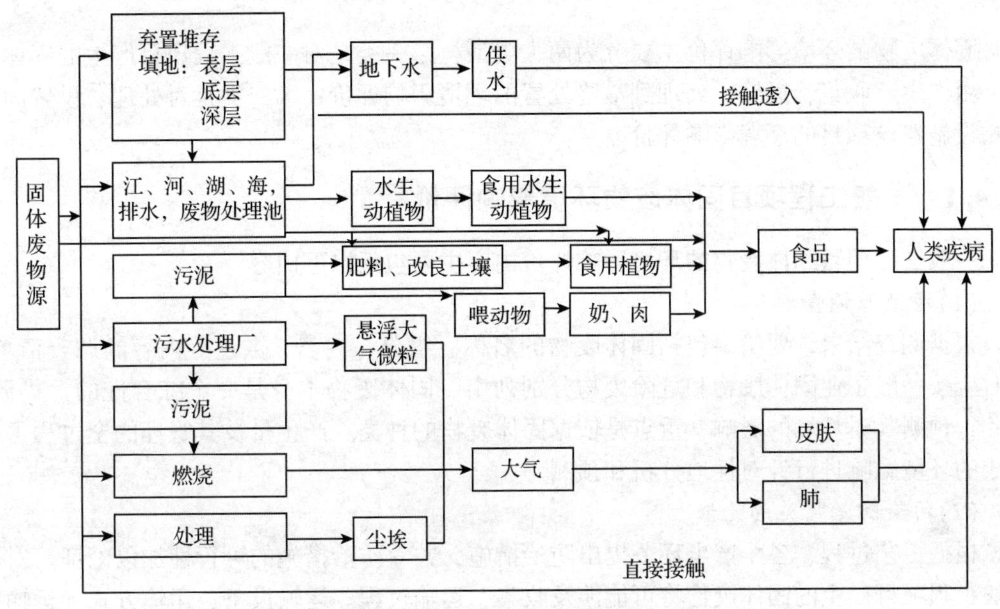

图 10-3　固体废物传播疾病的途径

10.3.2　填埋场渗滤液中污染物的迁移转化

(1)渗滤液实际渗流速度

$$V = \frac{q}{\eta_e} \tag{10-1}$$

式中　V——渗滤液实际渗流速度，cm/s；

q——单位时间渗漏率，cm/s；

η_e——多孔介质的有效孔隙度。

(2)污染物迁移速度

$$V' = \frac{V}{R_d} \tag{10-2}$$

式中　V'——污染物迁移速度；

V——地下水的迁移速度；

R_d——污染物在介质中的滞留因子，无量纲。

(3)滞留因子

$$R_d = 1 + \frac{\rho_b}{\eta_e}K_d \tag{10-3}$$

式中　ρ_b——土壤堆积干容重；

K_d——吸附平衡分配系数；

η_e——多孔介质的有效孔隙度。

10.4 固体废物环境影响评价的主要内容

固体废物的环境影响评价主要分为两大类型，第一类是对一般工程项目产生的固体废物，由产生、收集、运输、处理到最终处置的环境影响评价；第二类是对处理、设置固体废物设施建设项目的环境影响评价。

10.4.1 一般工程项目固体废物环境影响评价

一般工程项目固体废物的环境影响评价内容主要包括以下内容：

(1)污染源调查

根据调查结果，要给出包括固体废物的名称、组分、性态、数量等内容的调查清单，同时应按一般工业固体废物和危险废物分别列出。固体废物本身是一个综合性的污染源，因此，预测其对环境的影响，重点是依据固体废物的种类、产生量及其管理的全过程可能造成的环境影响进行针对性地分析和预测。

(2)污染防治措施的论证

根据工艺过程、各个产出环节提出防治措施，并对防治措施的可行性加以论证。对于一般工程项目产生的固体废物将可能涉及收集、运输过程。运输设备、运输方式、运输距离、运输途径等，运输可能对路线周围环境敏感目标造成影响，如何规避运输污染防治也是环评的主要任务。

(3)提出最终处置措施方案如综合利用、填埋、焚烧等

为了保证固体废物处理、处置设施的安全稳定运行，必须建立一个完整的收集、贮存、运输体系，因此在环评中这个体系是与处理、处置设施构成一个整体的。固体废物的分类收集，有害与一般固体废物、生活垃圾的混放对环境的影响；包装、运输过程中散落、泄漏的环境影响；堆放、贮存场所的环境影响；综合利用、处理、处置的环境影响。因此要对固体废物最终处置案的评价要与废物产收集运输环节整体进行评价。

10.4.2 处理、处置固体废物设施的环境影响评价的主要内容

根据固体废物处理、处置的工艺特点，依据《环境影响评价技术导则》，执行相应的污染控制标准进行环境影响评价，例如，一般工业废物贮存、处置场，危险废物贮存场所，生活垃圾填埋场，生活垃圾焚烧厂，危险废物填埋场，危险废物焚烧厂等。在这些工程项目污染物控制标准中，对厂(场)址选择、污染控制项目、污染物排放限制等都有相应的规定，是环境影响评价必须严格予以执行的。在预测分析中，需对固体废物堆放、贮存、转移及最终处置(如建设项目自建焚烧炉、自设填埋场)可能造成的对大气、水体、土壤的污染影响及人体、生物的危害进行充分的分析与预测，避免产生二次污染。

10.4.3 焚烧处置固体废物产生的主要环境影响

焚烧法是一种高温热处理技术，即以一定的过剩空气量与被处理的有机废物在焚烧炉内进行氧化分解反应，废物中的有毒有害物质在高温中氧化、热解而被破坏。

(1)焚烧烟气中常见的空气污染物

粒状污染物、酸性气体、氮氧化物、重金属、一氧化碳与有机氯化物等。

(2)焚烧处理方法

焚烧处置的特点是可以实现无害化、量化、资源化。

焚烧的主要目的是尽可能焚毁废物，使被焚烧的物质变成无害和最大限度地减容，并尽量减少新的污染物质的产生，避免造成二次污染。

焚烧不但可以处置城市垃圾和一般工业废物，而且可以用于处置危险废物。

(3)焚烧厂址选择原则

各类焚烧场不允许建设在：①地表水环境质量Ⅰ、Ⅱ类区，环境空气质量Ⅰ类区；②集中式危险废物焚烧场不允许建在人口密集的居住区、商业区和文化区；③各类焚烧场不允许建设在居民区主导风向的上风向地区。

(4)焚烧处置技术的两个问题

预处理工艺：进入焚烧炉之前需粉碎、焚烧前进行热值分析、防止不相容的废物混合；控制二噁英的生成。

10.4.4 垃圾填埋场对环境的主要影响

10.4.4.1 垃圾填埋场的主要污染源

垃圾填埋场的主要污染源是渗滤液和填埋气体。

渗滤液：生活垃圾填埋场是高负荷且表现出很强的综合污染特征、成分复杂的高浓度有机废水；可生化性差，含重金属。

填埋场释放气体：甲烷、二氧化碳、一氧化碳、氢气、硫化氢、氨、氮气等。

10.4.4.2 垃圾填埋场主要环境影响

垃圾填埋场主要环境影响有多个方面，运行中主要包括：

(1)填埋场渗滤液对地下水及地表水的污染。

(2)气体排放对大气的污染。

(3)对周围景观的不利影响。

(4)填埋作业及垃圾堆体对周围地质环境的影响。

(5)填埋机械噪声对公众的影响。

(6)滋生的害虫及在填埋场觅食的鸟类和其他动物可能传播疾病。

(7)填埋垃圾中的塑料袋、纸张及尘土在覆土压实之前可能飘出场外，造成环境污染和景观破坏。

(8)流经填埋场的地表径流可能受到污染。封场后的填埋场对环境的影响小，但填埋场植被恢复过程种植于填埋场顶部覆盖层上的植物可能受到污染。

10.5 固体废物处理处置措施与固体废物管理

10.5.1 固体废物污染控制的主要原则

《中华人民共和国固体废物污染环境防治法》确定了固体废物污染防治的原则为“减量

化、资源化、无害化”。

(1)减量化——清洁生产

通过改善工艺和设备设计，以及加强管理，来降低原料、能源的消耗量；通过改变消费和生活方式，减少产品的过度包装和一次性制品的大量使用，最大限度地减少固体废物产生量。

(2)资源化——综合利用

将固体废物视为“放错了地方的资源”，或是尚未找到利用技术的“新材料”，通过综合利用，使有利用价值的固体废物变废为宝，实现资源的再循环利用。

固体废物的回收利用、资源化：①工业固废(煤矸石、锅炉渣、粉煤灰、钢渣等)适当加工后可制成水泥、建筑材料等；②生活垃圾(玻璃、塑料、有机质)分拣后再利用。

(3)无害化——安全处置

对无利用价值的固体废物的最终处置(焚烧和填埋)，应在严格的管理控制下，按照特定要求进行，实现无害于环境的安全处置。

处置的概念：是指将固体废物焚烧和用其他改变固体废物的物理、化学、生物特性的方法，达到减少已产生的固体废物数量、缩小固体废物体积、减少或者消除其危险成分的活动，或者将固体废物最终置于符合环境保护规定要求的填埋场的活动。

例如，一般工业固体废物综合利用。2014 年，244 个大、中城市一般工业固体废物产生量达 19.2×10^8 t，其中，综合利用量 12.0×10^8 t，处置 4.8×10^8 t，贮存量 2.6×10^8 t，倾倒丢弃量 13.5×10^4 t：一般工业固体废物综合利用量占利用处置总量的 61.9%，处置和贮存分别占 24.7%和 13.4%，综合利用仍然是处理一般工业固体废物的主要途径，部分城市对历史堆存的固体废物进行了有效的利用和处置。

10.5.2 固体废物处置常用方法概述

2013 年 9 月 26 日，环境保护部发布了《固体废物处理处置工程技术导则》(HJ 2035—2013)，可作为固体废物处理处置工程环境影响评价、环境保护验收及建成后运行与管理的技术依据。

10.5.2.1 预处理方法

城市固体废物的种类复杂，大小、形状、状态、性质千差万别，一般需要进行预处理。常用的预处理技术有 3 种：

(1)压实

用物理的手段提高固体废物的聚集程度，减少其容积，以便于运输和后续处理，主要设备为压实机。例如，在对固体废物进行资源化处理的过程中，废物的交换和回收利用均需将原来松散的废物进行压实、打包，然后将从废物产生地运往废物回收利用地。在城市生活垃圾的收集运输过程中，许多纸张、塑料和包装物，具有很小的密度，占有很大的体积，必须经过压实，才能有效地增大运输量，减少运输费用。

(2)破碎

用机械方法破坏固体废物内部的聚合力，减少颗粒尺寸，为后续处理提供合适的固相粒度。

破碎的目的是为了使上述操作能够或容易进行，或更加经济有效。固体废物经过破碎，尺寸减小，粒度均匀，这对于固体废物的焚烧和堆肥处理均有明显的好处。

(3)分选

根据固体废物不同的物质性质，在进行最终处理之前，分离出有价值的和有害的成分，实现"废物利用"。

据物料的物理性质或化学性质，这些性质包括粒度、密度、重力、磁性、电性、弹性等。分别采用不同的方法，包括人工手选、风力分选、筛分、跳汰机、浮选、磁选、电选等分选技术。

10.5.2.2 生物处理方法

生物处理是通过微生物的作用，使固体废物中可降解有机物转化为稳定产物的处理技术。微生物能降解的有机废物，如垃圾、粪便。生物处理分为好氧堆肥和厌氧消化。

好氧堆肥是在充分供氧的条件下，利用好氧微生物分解固体废物中有机物质的过程，产生的堆肥是优质的土壤改良剂和农肥(图10-4)。

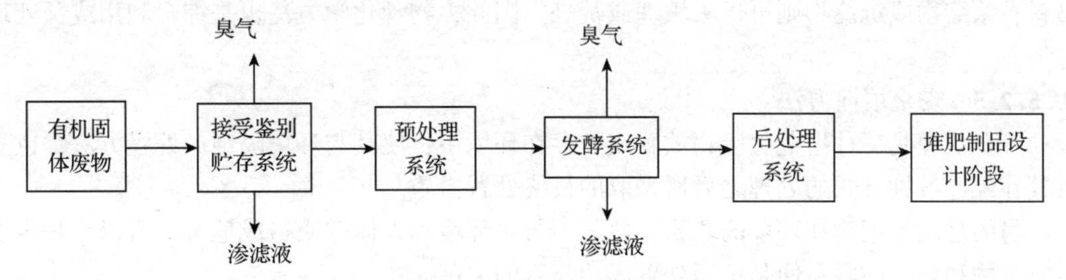

图10-4 好氧堆肥工艺流程

厌氧消化是在无氧或缺氧条件下，利用厌氧微生物的作用使废物中可生物降解的有机物转化为甲烷、二氧化碳和稳定物质的生物化学过程(图10-5)。

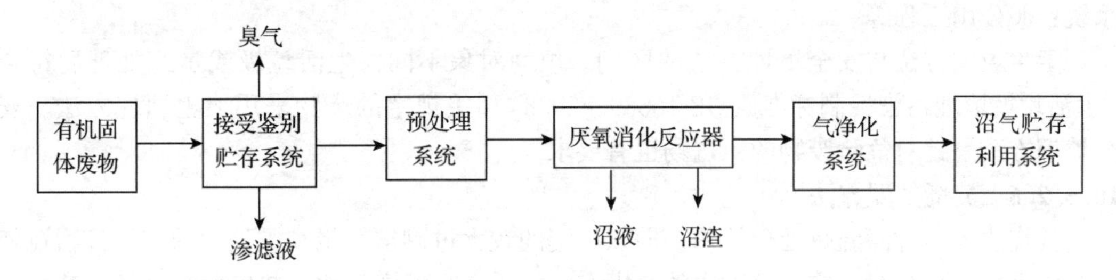

图10-5 厌氧消化工艺流程

例如，北京城市园林绿化废(弃)物堆肥。北京城区园林绿化废弃物以低密度、低燃烧值、较易腐熟的灌木、草坪修剪废弃物为主(占城区废弃物总量的91.5%)，适宜肥料的发酵和粉碎覆土利用。

10.5.2.3 卫生填埋方法

卫生填埋法采用严格的污染控制措施，使整个填埋过程的污染和危害减少到最低限度，在填埋场的设计、施工、运行时最关键的问题是控制含大量有机酸、氨氮和重金属等污染物的渗滤液随意流出，做到统一收集后集中处理。采用底层防渗，垃圾分层填埋，压实后顶层覆盖土层，使垃圾在厌氧条件下发酵，以达到无害化处理。适用大型块状以外形状废物，如城市垃圾(图 10-6)。

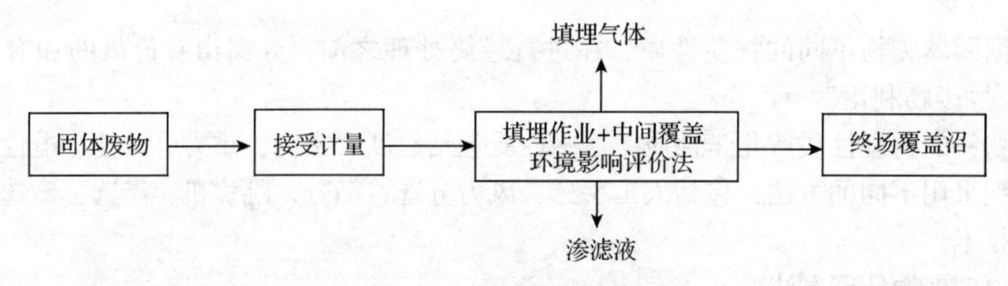

图 10-6　填埋工艺流程

10.5.2.4　一般物化处理方法

工业生产产生的某些含油、含酸、含碱或含重金属的废液，均不直接焚烧或填埋，要通过简单的物理化学处理。经处理后水溶液可以再回收利用，有机溶剂可以做焚烧的辅助燃料，浓缩物或沉淀物则可送去填埋或焚烧。因此，物理化学方法也是综合利用或预处理过程。

10.5.2.5　安全填埋方法

安全填埋是一种把危险废物放置或贮存在环境中，使其与环境隔绝的处置方法，也是对其在经过各种方式的处理之后所采取的最终处置措施。

目的是割断废物和环境的联系，使其不再对环境和人体健康造成危害。所以，是否能阻断废物和环境的联系便是填埋处置成功与否的关键。

一个完整的安全填埋场应包括：

①废物接收与贮存系统；②分析监测系统；③预处理系统；④防渗系统；⑤渗滤液集排水系统；⑥雨水及地下水集排水系统；⑦渗滤液处理系统；⑧渗滤液监测系统；⑨管理系统；⑩公用工程等。

卫生填埋方法与安全填埋方法的区别。填埋对象不同，生活垃圾或是经处理后符合《生活垃圾填埋污染控制标准》(GB 16889—2008)相关规定的废物采用卫生填埋方法。安全填埋方法是针对危险废物的，进场也有要求。

10.5.2.6　焚烧处理方法

焚烧法是一种高温热处理技术，即以一定的较大过剩空气量与被处理的有机废物在焚烧炉内进行氧化分解反应，废物中的有毒有害物质在高温中氧化、热解而被破坏。焚烧法适用能缩小体积或重量的有机废物、污泥(图 10-7)。

焚烧处置的特点是可以实现无害化、减量化、资源化。焚烧的主要目的是尽可能焚毁废物，使被焚烧的物质变成无害和最大限度地减容，并尽量减少新的污染物质的产生，避免造成二次污染。焚烧不但可以处置城市垃圾和一般工业废物，而且可以用于处置危险废物。

10.5.2.7　热解法

区别于焚烧，热解技术是在氧分压较低的条件下，利用热能将大分子量的有机物裂解为分子量相对较小的易于处理的化合物或燃料气体、油和炭黑等有机物质。

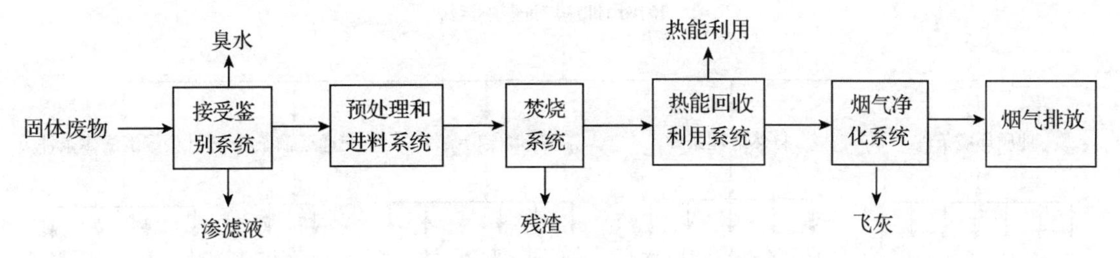

图 10-7 焚烧工艺流程

热解处理适用于具有一定热值的有机固体废物。热解应考虑的主要影响因素有热解废物的组分、粒度及均匀性、含水率、反应温度及加热速率等。高温热解温度应在1000℃以上，主要热解产物应为燃气。中温热解温度应在600~700℃，主要热解产物应为类重油物质。低温热解温度应在600℃以下，主要热解产物应为炭黑。热解产物经净化后进行分解可获得燃油、燃气等产品。

10.5.2.8 其他方法

(1)生物降解固化

有毒、有放射性的废物，如核废料等。

(2)围隔堆存

含水率高的粉尘、污泥等，如粉煤灰。

(3)一般堆存

不溶解、飞扬、变质，无恶臭、不散发毒气的固废，如钢渣、废石等。

10.6 有关固体废物污染控制标准

10.6.1 生活垃圾填埋场污染控制标准

10.6.1.1 适用范围

该标准规定了生活垃圾填埋场选址，设计与施工，填埋废物的入场条件，运行、封场、后期维护与管理的污染控制和监测等方面的要求。

该标准适用于生活垃圾填埋场建设，运行和封场后的维护与管理过程中的污染控制和监督管理。

该标准的部分规定也适用于与生活垃圾填埋场配套建设的生活垃圾转运站的建设、运行。

该标准只适用于法律允许的污染物排放行为。垃圾填埋场场址影响系统如图10-8所示。

10.6.1.2 生活垃圾填埋场的选址要求

(1)生活垃圾填埋场的选址应符合区域性环境规划，环境卫生设施建设规划和当地的城市规划。

(2)生活垃圾填埋场场址不应选在城市工农业发展规划区，农业保护区，自然保护

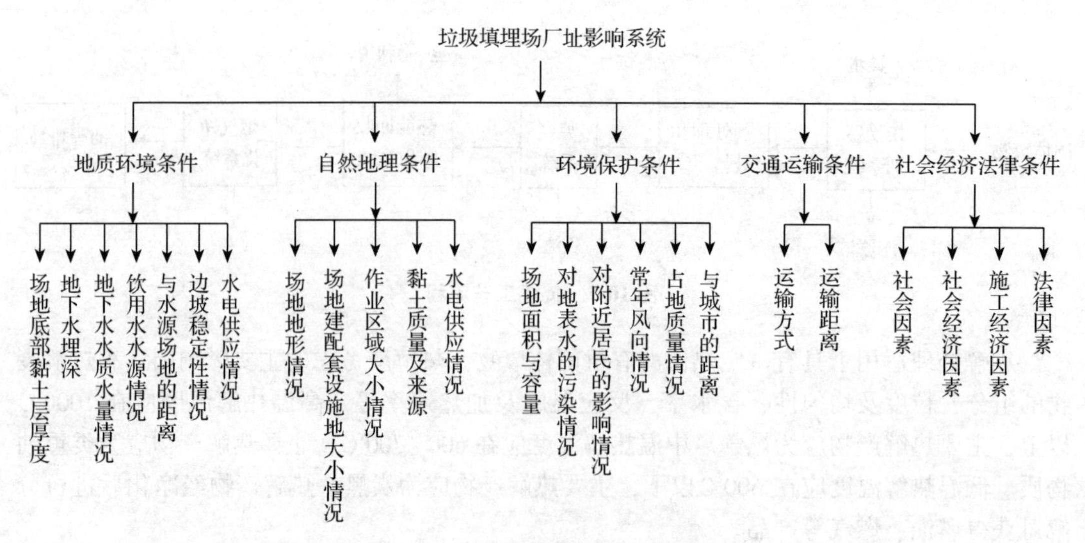

图 10-8 垃圾填埋场场址影响系统

区，风景名胜区，文物(考古)保护区，生活饮用水水源保护区，供水远景规划区，矿产资源储备区，军事要地，国家保密地区和其他需要特别保护的区域内。

(3)生活垃圾填埋场选址的标高应位于重现期不小于 50 年一遇的洪水位之上，并建设在长远规划中的水库等人工蓄水设施的淹没区和保护区之外。拟建有可靠防洪设施的山谷型填埋场，并经过环境影响评价证明洪水对生活垃圾填埋场的环境风险在可接受范围内，前款规定的选址标准可以适当降低。

(4)破坏性地震及活动构造区；活动中的坍塌，滑坡和隆起地带；活动中的断裂带；石灰岩熔洞发育带；废弃矿区的活动塌陷区；活动沙丘区；海啸及涌浪影响区；湿地；尚未稳定的冲积扇及冲沟地区；泥炭以及其他可能危及填埋场安全的区域。

(5)生活垃圾填埋场场址的位置及与周围人群的距离应依据环境影响评价结论确定，并经地方环境保护行政主管部门批准。在对生活垃圾填埋场场址进行环境影响评价时，应考虑生活垃圾填埋场产生的渗滤液，大气污染物(含恶臭物质)，滋养动物(蚊、蝇、鸟类等)等因素，根据其所在地区的环境功能区类别，综合评价其对周围环境，居住人群的身体健康，日常生活和生产活动的影响，确定生活垃圾填埋场与常住居民居住场所，地表水域、高速公路、交通主干道(国道或省道)、铁路、飞机场、军事基地等敏感对象之间合理的位置关系以及合理的防护距离。环境影响评价的结论可作为规划控制的依据。

10.6.1.3 生活垃圾填埋场填埋废物的入场要求

(1)下列废物可以直接进入生活垃圾填埋场填埋处置。

①由环境卫生机构收集或者自行收集的混合生活垃圾，以及企事业单位产生的办公废物；②生活垃圾焚烧炉渣(不包括焚烧飞灰)；③生活垃圾堆肥处理产生的固态残余物；④服装加工，食品加工以及其他城市生活服务行业产生的性质与生活垃圾相近的一般工业固体废物。

(2)《医疗废物分类目录》中的感染性废物经过下列方式处理后，可以进入生活垃圾填埋场填埋处置。

①按照医疗废物化学消毒集中处理工程技术规范(HJ/T 228—2021)要求进行破碎毁形和化学消毒处理，并满足消毒效果检验指标；②按照医疗废物微波消毒集中处理工程技术规范(HJ/T 229—2005)要求进行破碎毁形和微波消毒处理，并满足消毒效果检验指标；③按照医疗废物高温蒸汽集中处理工程技术规范(试行)(HJ/T 276—2006)要求进行破碎毁形和高温蒸汽处理，并满足处理效果检验指标；④医疗废物焚烧处置后的残渣的入场标准按照第三条执行。

(3)生活垃圾焚烧飞灰和医疗废物焚烧残渣(包括飞灰，底渣)经处理后满足下列条件，可以进入生活垃圾填埋场填埋处置。

① 含水率小于30%；② 二噁英(Dioxin)含量低于3 μg TEQ/Kg(TEQ是毒性当量的意思，Toxic Equivalant Quality)；③按照固体废物 浸出毒性浸出方法 醋酸缓冲溶液法(HJ/T 300—2007)制备的浸出液中危害成分浓度低于表10-4规定的限值。

表10-4 浸出液污染物浓度限值

序号	1	2	3	4	5	6	7	8	9	10	11	12
浸出液污染物浓度限值(mg/L)	0.05	40	100	0.25	0.15	0.02	2.5	0.5	0.3	4.5	1.5	0.1
污染物项目	汞	铜	锌	铅	镉	铍	钡	镍	砷	总铬	六价铬	硒

(4)一般工业固体废物经处理后，按照HJ/T 300—2007制备的浸出液中危害成分浓度低于表10-4规定的限值可以进入生活垃圾填埋场填埋处置。

(5)经处理后满足第三条要求的生活垃圾焚烧飞灰和医疗废物焚烧残渣(包括飞灰，底渣)和满足第四条要求的一般工业固体废物在生活垃圾填埋场中应单独分区填埋。

(6)厌氧产沼等生物处理后的固态残余物，粪便经处理后的固态残余物和生活污水处理厂污泥经处理后含水率小于60%，可以进入生活垃圾填埋场填埋处置。

(7)处理后分别满足第二、三、四和六条要求的废物应由地方环境保护行政主管部门认可的监测部门检测，经地方环境保护行政主管部门批准后，方可进入生活垃圾填埋场。

(8)下列废物不得在生活垃圾填埋场中填埋处置。

①除符合第三条规定的生活垃圾焚烧飞灰以外的危险废物；②未经处理的餐饮废物；③未经处理的粪便；④禽畜养殖废物；⑤电子废物及其处理处置残余物；⑥除本填埋场产生的渗滤液之外的任何液态废物和废水。国家环境保护标准另有规定的除外。

10.6.1.4 填埋场污染物排放控制要求

(1)水污染物排放控制要求

①生活垃圾填埋场应设置污水处理装置，生活垃圾渗滤液(含调节池废水)等污水经处理并符合该标准规定的污染物排放控制要求后，可直接排放。

②现有和新建生活垃圾填埋场自2008年7月1日起执行表10-5规定的水污染物排放浓度限值。

(2)甲烷排放控制要求

①填埋工作面上2 m以下高度范围内甲烷的体积百分比应不大于0.1%。

②生活垃圾填埋场应采取甲烷减排措施；当通过导气管道直接排放填埋气体时，导气

表 10-5 现有和新建生活垃圾填埋场水污染物排放浓度限值

序号	控制污染物	排放浓度限值	污染物排放监控位置
1	色度(稀释倍数)	40	常规污水处理设施排放口
2	化学需氧量(COD_{cr})(mg/L)	100	常规污水处理设施排放口
3	生化需氧量(BOD_5)(mg/L)	30	常规污水处理设施排放口
4	悬浮物(mg/L)	30	常规污水处理设施排放口
5	总氮(mg/L)	40	常规污水处理设施排放口
6	氨氮(mg/L)	25	常规污水处理设施排放口
7	总磷(mg/L)	3	常规污水处理设施排放口
8	粪大肠菌群数(个/L)	10 000	常规污水处理设施排放口
9	总汞(mg/L)	0.001	常规污水处理设施排放口
10	总镉(mg/L)	0.01	常规污水处理设施排放口
11	总铬(mg/L)	0.1	常规污水处理设施排放口
12	六价铬(mg/L)	0.05	常规污水处理设施排放口
13	总砷(mg/L)	0.1	常规污水处理设施排放口
14	总铅(mg/L)	0.1	常规污水处理设施排放口

管排放口的甲烷的体积百分比不大于5%。

(3)*生活垃圾填埋场在运行中应采取必要的措施防止恶臭物质的扩散*

在生活垃圾填埋场周围环境敏感点方位的场界的恶臭污染物浓度应符合《恶臭污染物排放标准》(GB 14554—1993)的规定。

(4)生活垃圾转运站产生的渗滤液经收集后，可采用密闭运输送到城市污水处理厂处理，排入城市排水管道进入城市污水处理厂处理或者自行处理等方式。排入设置城市污水处理厂的排水管网的，应在转运站内对渗滤液进行处理，总汞，总镉，总铬，六价铬，总砷，总铅等污染物浓度限值达到表 10-5 规定浓度限值，其他水污染物排放控制要求由企业与城镇污水处理厂根据其污水处理能力商定或执行相关标准。排入环境水体或排入未设置污水处理厂的排水管网的，应在转运站内对渗滤液进行处理并达到表 10-5 规定的浓度限值。

10.6.2 危险废物贮存污染控制标准

该标准适用于所有危险废物(尾矿除外)贮存的污染控制及监督管理，适用于危险废物的产生者、经营者和管理者。

危险废物贮存设施的选址要求：

①地质结构稳定，地震烈度不超过7°的区域内。

②设施底部必须高于地下水最高水位。

③场界应位于居民区 800 m 以外，地表水域 150 m 以外。

④应避免建在溶洞区或易遭受严重自然灾害如洪水、滑坡、泥石流、潮汐等影响的

地区。

⑤应在易燃、易爆等危险品仓库、高压输电线路防护区域以外。

⑥应位于居民中心区常年最大风频的下风向。

⑦集中贮存的废物堆选址除满足以上要求外，还应满足以下要求：基础必须防渗，防渗层至少为1 m厚黏土层(渗透系数 ≤ 10^{-7} cm/s)，或2 mm厚高密度聚乙烯，或至少2 mm厚的其他人工材料，渗透系数 ≤ 10^{-10} cm/s。

10.6.3 危险废物填埋污染控制标准

(1)适用范围

该标准适用于危险废物填埋场的建设、运行及监督管理。该标准不适用于放射性废物的处置。

(2)标准重要条文内容

危险废物填埋场场址选择要求：

第一，填埋场选址应符合环境保护法律法规及相关法定规划要求。

第二，填埋场场址的位置及与周围人群的距离应依据环境影响评价结论确定。在对危险废物填埋场场址进行环境影响评价时，应重点考虑危险废物填埋场渗滤液可能产生的风险、填埋场结构及防渗层长期安全性及其由此造成的渗漏风险等因素，根据其所在地区的环境功能区类别，结合该地区的长期发展规划和填埋场设计寿命期，重点评价其对周围地下水环境、居住人群的身体健康、日常生活和生产活动的长期影响，确定其与常住居民居住场所、农用地、地表水体以及其他敏感对象之间合理的位置关系。

第三，填埋场场址不应选在国务院和国务院有关主管部门及省、自治区、直辖市人民政府划定的生态保护红线区域、永久基本农田和其他需要特别保护的区域内。

第四，填埋场场址不得选在以下区域：破坏性地震及活动构造区，海啸及涌浪影响区；湿地；地应力高度集中，地面抬升或沉降速率快的地区；石灰熔洞发育带；废弃矿区、塌陷区；前塌、岩堆、滑坡区；山洪、泥石流影响地区；活动沙丘区；尚未稳定的冲积扇、冲沟地区及其他可能危及填埋场安全的区域。

第五，填埋场选址的标高应位于重现期不小于100年一遇的洪水位之上，并在长远规划中的水库等人工蓄水设施淹没和保护区之外。

第六，填埋场场址地质条件应符合下列要求，刚性填埋场除外：

a. 场区的区域稳定性和岩土体稳定性良好，渗透性低，没有泉水出露。

b. 填埋场防渗结构底部应与地下水有记录以来的最高水位保持3 m以上的距离。

第七，填埋场场址不应选在高压缩性淤泥、泥炭及软土区域，刚性填埋场选址除外。

第八，填埋场场址天然基础层的饱和渗透系数不应大于 1.0×10^{-7} cm/s且其厚度不应小于2 m。刚性填埋场除外。

第九，填埋场场址不能满足第六条、第七条及第八条的要求时，必须按照刚性填埋场要求建设。

10.6.4 危险废物焚烧污染控制标准

10.6.4.1 适用范围

该标准从危险废物处理过程中环境污染防治的需要出发，规定了危险废物焚烧设施场所的选址原则、焚烧基本技术性能指标、焚烧排放大气污染物的最高允许排放限值、焚烧残余物的处置原则和相应的环境监测等。

该标准适用于除易爆和具有放射性以外的危险废物焚烧设施的设计、环境影响评价、竣工验收以及运行过程中的污染控制管理。

10.6.4.2 该标准重要条文内容

焚烧厂选址原则：

①各类焚烧厂不允许建设在GB 3038—2002中规定的地表水环境质量Ⅰ类、Ⅱ类功能区和GB 3095—2012中规定的环境空气质量一类功能区，即自然保护区、风景名胜区和其他需要特殊保护地区。集中式危险废物焚烧厂不允许建设在人口密集的居住区、商业区和文化区。

②各类焚烧厂不允许建设在居民区主导风向的上风向地区。

10.6.5 一般工业固体废物贮存、处置场污染控制标准

10.6.5.1 该标准适用条件

该标准适用于新建、扩建、改建及已经建成投产的一般工业固体废物贮存、处置场的建设、运行和监督管理；不适用于危险废物和生活垃圾填埋场。

10.6.5.2 相关定义

一般工业固体废物：系指未被列入《国家危险废物名录》或者根据国家规定的《危险废物鉴别标准》(GB 5085—2007)和《固体废物浸出毒性浸出方法》(GB 5086—1997)判定不具有危险特性的工业固体废物。

第Ⅰ类一般工业固体废物：按照GB 5086—1997规定方法进行浸出试验而获得的浸出液中，任何一种污染物的浓度均未超过GB 8978—1996(污水综合排放标准)最高允许排放浓度，且pH值在6~9范围之内的一般工业固体废物。

第Ⅱ类一般工业固体废物：按照GB 5086—1997规定方法进行浸出试验而获得的浸出液中，有一种或一种以上的污染物浓度超过GB 8978—1996最高允许排放浓度，或者是pH值在6~9范围之外的一般工业固体废物。

10.6.5.3 贮存、处置场分类

贮存、处置场划分为Ⅰ和Ⅱ两个类型。

堆放第Ⅰ类一般工业固体废物的贮存、处置场为第一类，简称Ⅰ类场。

堆放第Ⅱ类一般工业固体废物的贮存、处置场为第二类，简称Ⅱ类场。

10.6.5.4 场址选择的环境保护要求

第一，Ⅰ类场和Ⅱ类场的共同要求。

①所选场址应符合当地城乡建设总体规划要求。应选在工业区和居民集中区主导风向

下风侧，厂界距居民集中区500 m以外。②应选在满足承载力要求的地基上，以避免地基下沉的影响，特别是不均匀或局部下沉的影响。③应避开断层、断层破碎带、溶洞区，以及天然滑坡或泥石流影响区。④禁止选在江河、湖泊、水库最高水位线以下的滩地和洪泛区。⑤禁止选在自然保护区、风景名胜区和其他需要特别保护的区域。

第二，Ⅰ类场的其他要求：应优先选用废弃的采矿坑、塌陷区。

第三，Ⅱ类场的其他要求：应避开地下水主要补给区和饮用水源含水层。应选在防渗性能好的地基上。天然基础层地表距地下水位的距离不得小于1.5 m。

10.6.5.5 污染控制项目

①渗滤液及其处理后的排放水　应选择一般工业固体废物的特征组分作为控制项目。

②地下水　贮存、处置场投入使用前，以《地下水质量标准》(GB/T 14848—2017)规定的项目为控制项目；使用过程中和关闭或封场后的控制项目，可选择所贮存、处置的固体废物的特征组分。

③大气　贮存、处置场以颗粒物为控制项目，其中属于自燃性煤矸石的贮存、处置场，以颗粒物和二氧化硫为控制项目。

思考题

1. 试述固体废物的概念及分类。
2. 简述固体废物中污染物进入环境的方式。
3. 简述固体废物处置应遵循的原则。
4. 简述固体废物处置的方法。

第 11 章

区域环境影响评价

【内容提要】区域环境影响评价的任务是在一定区域内以可持续发展的观点，从整体上综合评价拟开展的各种社会经济活动对环境产生的影响，并据此制定和选择维护区域良性循环、经济可持续发展的最佳行动规划和方案，可为区域开发规划和管理提供决策依据。本章内容包括区域环境影响评价的概念、评价的目标和原则、评价的内容、评价的程序和方法等。通过本章学习，重点掌握区域环境影响评价的内容，明确环境承载力、环境容量、生态适宜度等概念，并能够在区域环境影响评价中进行相关分析。

11.1 区域环境影响评价的概念和特点

随着经济建设的迅猛发展，出现了众多的区域性开发建设项目，如经济技术开发区、高新技术开发区、旅游度假区、边贸开发区。在同一地区相近的时间内相继开展多个建设项目，此时，对单要素、单建设项目进行环境影响评价，不能全面识别区域开发的环境影响，也就不可能采取合理的环境保护对策，难以保证区域环境质量目标的实现。因此应把区域内的开发建设项目看作一个整体，考虑所有的开发建设行为，开展区域环境影响评价。

2017 年 6 月修订的中华人民共和国《建设项目环境保护管理条例》第五章第二十七条规定“流域开发、开发区建设、城市新区建设和旧区改建等区域性开发，编制建设规划时，应当进行环境影响评价”。由此进一步明确了区域环境影响评价的对象和时段，并为开展区域环境影响评价提供了法律依据。

《开发区区域环境影响评价技术导则》(HJ/T 131—2003)是我国颁布的第一个适用于区域性环境影响评价的技术导则，该导则规定了各类开发区区域环境影响评价的工作程序、内容和方法，是开展开发区区域环境影响评价的重要规范性文件。

该导则适用于国家或地方政府批准建设的各种类型的开发区，如经济技术开发区、高新技术开发区、保税区、边境经济合作区、旅游度假区、各种类型的工业园区及成片土地开发等类似区域开发的环境影响评价。这些开发区普遍具有以下特征：

(1)占地面积大，一般占地面积均在 1 km^2 以上。

(2)性质复杂，一般一个开发区涉及多种行业。

(3)管理层次较多，除有专门的开发区管理机构外，每个开发项目一般均有独立的法人。

(4)不确定因素多，许多开发区初期仅具有开发性质，但具体的开发项目往往不确定。

(5)环境影响范围大，程度深。

(6)有条件实施污染物集中控制和治理。

对于规划环评与区域环评的区别，从《中华人民共和国环境影响评价法》对规划环评对象的界定来看，区域环评隶属于规划环评范畴，如在编制环境影响评价报告书时，区域开发环评遵守《开发区区域开发环境影响评价技术导则》，其他类型的规划环评则依照《规划环境影响评价技术导则　总纲》(HJ 130—2019)，同时两类环境影响评价报告书在审查目的及要点上也各有侧重。

11.1.1　区域环境影响评价的概念

区域开发活动是指在特定的区域、特定的时间内有计划进行的一系列重大开发活动。这些开发活动区域一般称为开发区。

所谓区域环境影响评价，就是在一定区域内以可持续发展的观点，从整体上综合考察区域内拟开展的各种社会经济活动对环境产生的影响。并据此制定和选择维护区域良性循环、经济可持续发展的最佳行动规划和方案，同时也为区域开发规划和管理提供决策依据。

11.1.2　区域环境影响评价的特点

(1)广泛性和复杂性

区域环境影响评价范围广，内容复杂，其范围在地域上、空间上、时间上均远远超过单个建设项目对环境的影响，一般小至几十平方千米，大至一个地区、一个流域，包括区域内所有开发行为，并对自然、社会、经济和生态产生全面影响。

(2)难度大

区域开发活动的环境影响评价涉及因素多，层次复杂，相对于单项开发活动环境影响评价而言难度更大。

(3)战略性

区域环境评价是从区域发展规模、性质、产业布局、产业结构及功能布局、土地利用规划、污染物总量控制、污染综合治理等方面论述区域环境保护和经济发展的战略规划。

(4)不确定性

区域开发一般都是逐步、滚动发展的，在开发初期只能确定开发活动的基本规模、性质，污染物排放量等不确定因素多，因此，区域环境影响评价具有一定的不确定性。

(5)评价时间的超前性

区域环境影响评价应在制定区域环境规划、区域开发活动详细规划以前进行，以作为区域开发活动决策不可缺少的参考依据。只有在超前的区域环境影响评价的基础上才能真正实现区域内未来项目的合理布局，以最小的环境损失获得最佳社会、经济和生态效益。

(6)评价方法的多样性

由于区域环境影响评价内容多，可能涉及社会经济影响评价、生态环境影响评价和景观影响评价等，因此，既应评价区域开发活动的规模、性质、布局的合理性，又要评价不同功能是否达到微观环境指标的要求；既应评价开发活动的自然环境影响，又要考虑其对社会、经济的综合影响。而某些评价指标是很难量化的，因此，评价必须是定性分析与定量预测相结合。

(7)更强调社会经济、生态环境影响评价

区域开发活动涉及的地域范围较广，人口较多，对区域社会、经济发展影响较大，同时区域开发活动是破坏一个旧的生态系统、建立一个新的生态系统的过程，因此，社会、生态与环境影响评价应是区域影响评价的重点。

11.1.3 区域环境影响评价的主要类型

区域环境影响评价的类型与环境规划的类型是相互对应的。一般来讲，制订某种类型的环境规划，就应该展开相同类型的区域环境评价。

为了达到特定的目的和要求，根据评价的性质、行政区划、区域类型、环境要素等，可以把区域环境影响评价划分成若干类型，与开发建设项目紧密相连的主要有流域开发、开发区建设、城市新区建设、旧区改建4种类型。

11.1.3.1 流域开发建设的环境影响评价

流域开发建设的环境影响评价应主要关注如下几方面的问题：

①流域生态系统与生物多样性分析。

②流域水资源开发与地方社会经济发展规划协调性的分析。

③公众参与，通过公众参与掌握重要的、人们关心的问题，正确评价、决策流域水资源开发方案，最大限度地发挥水工程的社会效益和环境效益。

④提出流域环境保护措施与环境管理的监测计划。

11.1.3.2 开发区建设环境影响评价

开发区建设的环境影响评价的重点包括：

①识别开发区的区域开发活动可能带来的主要环境影响以及可能制约开发区发展的环境因素。

②分析确定开发区主要相关环境介质的环境容量，研究提出合理的污染物排放总量控制方案。

③从环境保护角度论证开发区环境保护方案，包括污染集中治理设施的规模、工艺和布局的合理性，优化污染物排放口及排放方式。

④对拟议的开发区各规划方案(包括开发区选址、功能区划、产业结构与布局、发展规模、基础设施建设、环保设施等)进行环境影响分析比较和综合论证，提出完善开发区规划的建议和对策。

11.1.3.3 城市新区建设和城市旧区改造的环境影响评价

对城市新区建设和旧区改建的环境影响评价只是在《中华人民共和国环境影响评价法》《建设项目环境保护管理条例》中作出了规定，还未规定具体实施办法。

11.2 区域环境影响评价的原则、目的和意义

11.2.1 区域环境影响评价的原则

区域环境影响评价是区域环境规划的重要组成部分，着重研究环境质量现状、确定区域环境要素的容量以及预测开发活动的影响。因此，它是一项科学性、综合性、预测性、规划性和实用性很强的工作，应遵循如下原则：

(1)同一性原则

要与环境规划相一致，把区域环境影响评价纳入环境规划之中，并在指定环境规划的同时开展区域环境影响评价工作。

(2)整体性原则

区域评价涉及协调和解决开发建设活动中产生的各种环境问题，包括所有产生污染和生态破坏的各个部门、地区和建设单位，应全面评价各建设项目的开发行为以及各个开发项目之间的相互影响。因此，必须以整体观点认识和解决环境影响问题。不但要提出各建设项目的环境保护措施，还要提出区域开发集中控制的对策基础。

(3)综合性原则

在区域内广大地区和空间范围内，评价工作不仅要考虑社会环境，还要考虑生态和自然环境以及生活质量影响。因此，在评价分析中必须强调采用综合的方法，以期得到正确的评价结论。

(4)实用性原则

区域环境影响评价的实用性集中在控制优化方案和污染防治对策方面，应该是技术上可行、经济上合理、效果上可靠，能为建设部门所采纳。

(5)战略性原则

区域环境影响评价应从战略层次评价区域开发活动与其所在区域发展规划的一致性、区域开发活动内部功能布局的合理性，并从总量控制的思想提出开发区入区项目的原则、污染物排放总量和削减方案。

(6)可持续性原则

区域环境影响评价应该通过对区域开发活动及其环境影响的分析与评价，帮助建立一种具有可持续改进功能的环境管理体制，以确保区域开发的可持续性。

11.2.2 区域环境影响评价的目的和意义

(1)目的

区域开发活动是在一定地域内有计划地进行一系列开发建设活动，因此区域环境影响评价的对象是区域内所有的拟开发建设行为，其目的是通过区域开发活动环境影响评价以完善区域开发活动规划，保证区域开发的可持续发展。

(2)意义

从某种意义上讲，区域环境影响评价的对象可以说是区域开发规划方案，但同时区域

环境影响评价实际上也是区域开发规划方案制订的重要参考依据。

根据区域环境影响评价在区域开发规划与区域环境管理中的地位和作用，区域开发活动的环境影响评价具有如下重要意义：

①避免重大决策失误　从宏观角度对区域开发活动的选址、规模、性质的可行性进行论证，避免重大决策失误，养护最大限度地减少对区域自然生态环境和资源的破坏。在实际工作中，区域开发规划设计方案编制和环境影响报告书编制是一个交互过程，环境影响评价在区域开发规划的一开始就介入，从区域环境特征等因素出发。考虑区域开发性质、规划和布局，帮助制订区域开发规划方案，并对形成的每一个方案进行评价，提出修改意见，对修改后的方案进行环境影响分析，直至帮助最终形成区域经济发展与区域环境保护协调的区域开发规划和区域环境管理规划，促进整个区域开发的可持续性。所以从某种意义上讲，区域环境影响评价的对象可以说是区域开发规划方案，但同时区域环境影响评价实际上也是区域开发规划方案制订的重要参考依据。

②为决策提供依据　通过区域环境影响评价，可为区域开发各功能的合理布局、入区项目的筛选提供决策依据。

③有助于解决环境问题　了解区域环境状况和区域开发带来的环境问题，有助于制订区域环境污染总量控制计划和建立区域环境管理体系，促进区域可持续发展。

④提高环境影响评价的效率　为入区项目提供审批依据和开展单项工程环评的基础，使单项工程环评更具科学性、指导性，缩短单项工程建设周期。

⑤最大限度地减少区域开发活动对区域内自然生态环境和资源的破坏，同时可作为单项环评的基础和依据，使单项环评能够符合区域环境的总体要求。

11.3　区域环境影响评价的工作程序与内容

11.3.1　工作程序

11.3.1.1　区域环境影响评价的工作程序

区域环境影响评价与建设项目影响评价的工作程序基本相同，大体分为3个阶段，即准备阶段、正式工作阶段和报告书编写阶段。

在进行开发区区域环境影响评价时，一般可按图11-1所示程序开展工作。

11.3.1.2　区域环境影响评价的基本内容

(1)区域环境影响评价的基本内容

①区域开发活动环境影响预测与评价　在分析所有区域开发活动的基础上，预测与评价开发活动对区内外大气、水、噪声、社会及生态等环境要素的影响，为制订区域开发活动的环境保护措施、防治环境污染提供依据。

②开发区的总体布局合理性分析　从开发区的各种功能对环境的影响及其对环境的不同质量要求出发，结合开发区的社会、经济和自然环境条件，分析开发区的各种功能安排或功能组团(如工业区、商住区、绿化景观区、物流仓储区、文教区、行政中心)的合理性。

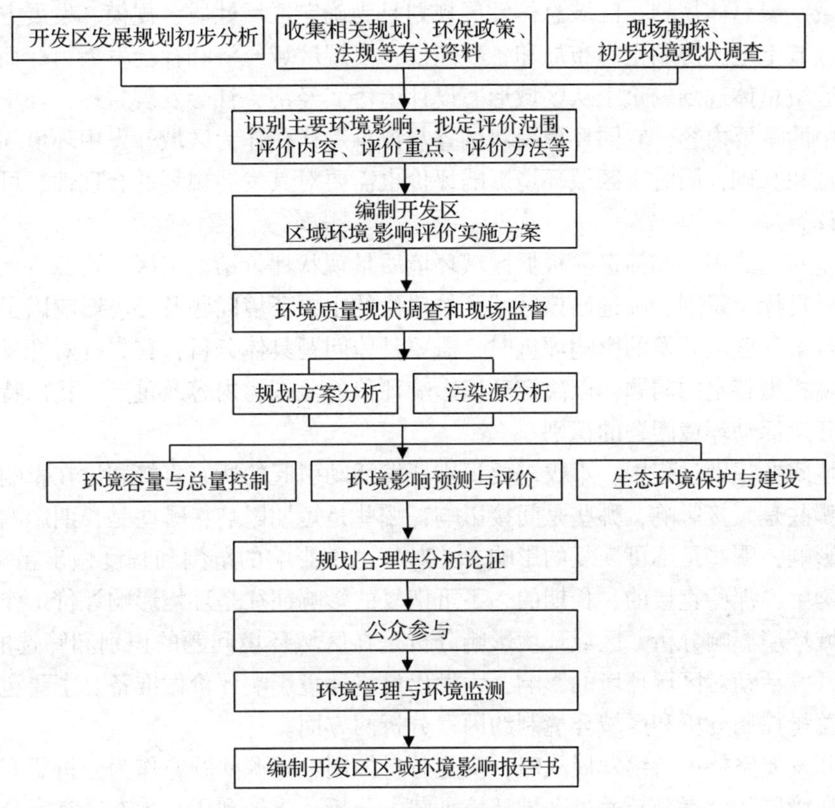

图 11-1　开发区区域环境影响评价的工作程序

③开发区的选址合理性分析　开发区选址合理性分析主要是从开发区的性质或发展方向出发，分析其与所在地区或与城市总体发展规划的要求是否一致。

④开发区规模与区域环境承载力分析　通过分析开发区的经济、社会和自然环境特征，特别是分析开发区自然、社会环境因素中的限制因子，进而分析开发区环境对开发活动强度和规模的可承受能力。

⑤区域开发土地利用与生态适宜度分析　根据区域土地的不同生态、社会和自然环境因素对不同土地利用的固有适宜性，分析开发区内各类土地利用安排的合理性。

⑥拟定开发区环境管理体系规划　开发区环境管理体系规划是开发区环境保护工作的制度保证，其内容包括开发区环境管理方针、开发区环境管理机构的设置、开发区环境管理规划方案、开发区环境监控系统规划等。

(2)区域环评(开发区)的基本内容

①区域环境现状调查与评价　区域总区域环境质量现状调查主要包括区域环境背景资料的收集和区域环境现场监测两种方式。调查的内容包括开发区及周围地区的社会经济状况、自然环境和生态环境等。区域环境监测包括对大气、水体、土壤、生态和噪声的现状监测及其背景值的研究，区域环境现状评价就是在现状调查的基础上，根据环境监测数据，以国家和地方环境质量标准为依据，运用一定的评价方法给出区域环境质量现状的结论。

②区域发展总体规划　区域总体发展规划是为确定区域性质、规模、发展方向，通过合理利用区域土地，协调空间布局和各项建设，实现区域经济和社会发展目标而进行的综合部署。区域总体规划侧重于从区域形态设计上落实经济、社会发展目标，环境的保护与建设是其中的重要内容，它同环境现状调查与评价一样，作为区域开发中环境问题识别与筛选的依据和基础，同时，区域环境影响评价也需要对其发展规划的合理性、可行性给出评价和建议。

③环境问题的识别和筛选　根据区域环境质量现状评价结论、区域资源特点及区域社会经济发展目标，识别、筛选出该区域开放建设的主要环境问题及环境影响因子。

在进行某一区域开发的影响评价时，需要具体问题具体分析，首先针对开发活动所在的区域环境找出特定的问题，以决定环境影响评价的范围、内容及重点，找出特定问题的过程就是开发活动环境问题的识别。

在环境问题识别过程中，不仅需要识别开发活动引起的所有直接和潜在影响，而且还需要指出哪些是直接影响，哪些是间接影响；哪些是短期影响，哪些是长期影响；哪些是可恢复的影响，哪些是不可恢复的影响，并对每一种影响的范围和程度做出粗略的评估。在这些影响中，那些直接的、长期的、不可恢复的影响往往是环境影响评价工作的重点。

④区域环境影响分析　区域环境影响分析是在区域环境问题的识别和筛选的基础上，分析区域开发活动对区域环境的影响，为做出最终环境影响评价做准备。主要包括区域环境污染物总量控制分析和区域环境制约因素分析两方面。

区域开发要坚持可持续发展战略，实施总量控制，资源问题应作为分析研究的首选问题。区域环境制约因素分析通过区域环境承载力分析、土地利用和生态适宜度分析，可以从宏观角度对区域开发活动的选址、规模、性质进行可行性论证，从而为区域各功能的合理布局和入区项目的筛选提供决策的依据。

⑤环境保护综合对策研究　区域环境保护综合对策研究一般可以从 3 个方面入手分析，即区域环境战略对策、环境综合治理方案、区域环境管理及监测计划。

11.3.2　开发区区域环境影响评价重点

针对开发区区域环境影响评价的特点，在开发区区域环境影响评价中应重点考虑 4 个方面。

识别开发区的区域开发活动可能带来的主要环境影响以及可能制约开发区发展的环境因素；分析确定开发区主要相关环境介质的环境容量，提出合理的污染物排放总量控制方案；从环境保护角度论证开发区环境保护基础设施建设，包括污染集中治理设施的规模、工艺和布局的合理性、优化污染物排放口及排放方式；对拟议的开发区各规划方案(包括开发区选址、功能区划、产业结构与布局、发展规模、基础设施建设、环保设施等)进行环境影响分析比较和综合论证，提出完善开发区规划的建议和对策。

(1)环境问题及可能制约开发区发展的环境因素识别

环境问题的识别应根据开发区的性质、规模、建设内容、发展规划并结合区域环境现状进行。通过调查区域的主要环境敏感点、环境资源、环境质量现状等，结合开发区的开发活动来判断可能产生的主要环境问题、影响程度及主要环境制约因素。在识别开发区主要环境和制约因素时，应充分考虑到开发区外可能给开发区带来的环境问题和制约因素，如区外的重大污染源对区内的影响、区外重要敏感点对区内开发活动的制约等。

(2)计算环境容量与提出污染物排放总量控制方案

环境容量是指人类和自然环境不致受害的情况下，其所能容纳的污染物的最大负荷。环境容量的大小与该环境的社会功能、环境质量现状、污染源特征、污染物性质以及环境的自净(扩散)能力等相关因素有关。通常所说的环境容量是指在确定的环境目标值下，区域环境所能够容纳的污染物最大允许排放量。

合理的污染物排放总量控制方案包含两层意思，一是指排污量的合理分配，采用优化的方法，将区域所确定的排污总量合理的分配到区内的每一个污染源上；二是指污染物总量控制的合理性，即所确定的排污总量应充分考虑到区域现有的经济技术条件，为区域经济的可持续发展留有充分的余地。

(3)环保方案论证

从环境保护角度论证开发区环境保护方案，如污染物集中治理方案(包括治理设施的规模、工艺和布局的合理性等)；生态建设方案(包括生态恢复、补偿、绿化等)；水土保持方案等。

对区域污染物进行集中治理是区域环评的一个特点，在单个建设项目评价中很难做到这一点，这些集中治理的措施包括区域集中供热、供气、污水集中处理、固废集中处置等。在开发区区域环评中，应对区域污染物集中治理的方案从规模、选址、工艺和布局、治理效果等方面进行分析。区域开发活动如果导致某些生态环境功能的丧失或改变，为保障区域的可持续发展，必须对生态环境进行建设、补偿和改善，包括对某些生态功能的恢复措施、对生态损失的补偿措施以及相应的区域总体绿化措施等。

(4)规划方案综合论证

对拟议的开发区各规划方案(包括开发区选址、功能区划、产业结构与布局、发展规模、基础设施建设、环保设施等)进行环境影响分析和综合论证，提出修改和完善开发区规划的建议和对策。

开发区的规划方案一般是由建设单位委托规划设计部门做出的，在开发区区域环境影响评价中需要对规划方案从环境影响的角度做出分析和评价。例如，对开发区选址，应从土地利用的合理性、拟选开发区位置周围的环境敏感性、开发区各类污染物排放的环境条件、开发区的地质条件和资源条件等方面进行分析，根据分析论证结果说明选址的合理性和不足之处，并提出对策建议。从环境保护角度来说，选址不合理的开发区应考虑对规划方案做重大调整或重新选址。

11.3.3 开发区区域环境影响评价实施方案

开发区区域环境影响评价实施方案的基本内容：

(1)开发区规划简介。

(2)开发区及其周边地区的环境状况。

(3)规划方案的初步分析。

(4)开发活动环境影响识别和评价因子选择。

(5)评价范围和评价标准(指标)。

(6)评价专题设置和实施方案。

在环境影响评价实施方案的编制中，专题设置是一个非常重要的内容。通过对开发区规划方案的初步分析和环境影响识别，结合区域环境特征，设置开展环境影响评价的专题，以及如何进行该专题工作的实施方案。各专题工作的实施方案一般应包括该专题的主要评价内容、评价方法、拟采用的计算模式及参数的选择、评价所用资料和数据来源等。通过专题设置，基本上确定了环境影响评价工作的内容、深度，为今后环境影响报告书的编制质量打下基础。

11.3.4 规划方案的初步分析

规划方案初步分析的内容及要求如下述：

(1)开发区选址的合理性分析

根据开发区性质、发展目标和生产力配置基本要素，分析开发区规划选址优势和制约因素。开发区生产力配置有 12 个基本要素：土地、水资源、矿产或原材料资源、能源、人力资源、运输条件、市场需求、气候条件、大气环境容量、水环境容量、固体废物处置能力、启动资金。

(2)开发规划目标的协调性分析

按主要的规划要素，逐项比较分析开发区规划与所在区域总体规划、其他专项规划、环境保护规划的协调性，包括区域总体规划对该开发区的定位、发展规模、布局要求，对开发区产业结构及主导行业的规定，开发区的能源类型、污水处理、固体废物处置、给排水设计、园林绿化等基础设施建设与所在区域总体规划中各专项规划的关系，开发区规划中制定的环境功能区划是否符合所在区域环境保护目标和环境功能区划要求等。

可采用列表的方式说明开发区规划发展目标及环境目标与所在区域规划目标及环境保护目标的协调性。

11.4 环境影响报告书的编制

11.4.1 开发区区域环境影响报告书的基本内容

开发区区域环境影响报告书一般包括以下基本章节：

(1)总论。

(2)开发区总体规划和开发现状。

(3)环境状况调查和评价。

(4)规划方案分析与污染源分析。

(5)环境影响预测与评价。

(6)环境容量与污染物排放总量控制。

(7)开发区总体规划的综合论证和环境保护措施。

(8)公众参与。

(9)环境管理与环境监测计划。

(10)结论。

11.4.2 开发区总体规划概述、现状回顾

11.4.2.1 开发区总体规划概述

(1)开发区性质。

(2)目标和指标。

开发区不同规划发展阶段的目标和指标，包括开发区规划的人口规模、用地规模、产值规模、规划发展目标和优先目标以及各项社会经济发展指标。

(3)规划方案概述。

开发区总体规划方案及专项建设规划方案概述，说明开发区内的功能分区，各分区的地理位置、分区边界、主要功能及各分区间的联系。附总体规划图、土地利用规划等专项规划图。

(4)环保规划。

开发区环境保护规划(简述开发区环境保护目标、功能分区、主要环保措施)。附环境功能区划图。

(5)优先发展项目清单和主要污染物特征。

(6)在规划文本中已研究的主要环境保护措施和/或替代方案。

11.4.2.2 现状回顾

对于已有实质性开发建设活动的开发区，应增加有关开发现状回顾。

(1)开发过程回顾。

(2)区内现有产业结构、重点项目。

(3)能源、水资源及其他主要物料消耗、弹性系数等变化情况及主要污染物排放状况。

(4)环境基础设施建设情况。

(5)区内环境质量变化情况及主要环境问题。

11.4.3 开发区环境现状调查和评价的内容和要求

11.4.3.1 区域环境概况

简述开发区的地理位置、自然环境概况、社会经济发展概况等主要特征，说明区域内重要自然资源及开采状况、环境敏感区和各类保护区及保护现状、历史文化遗产及保护现状。

11.4.3.2 区域环境现状调查和评价基本内容

现状调查和评价一般包括如下内容：

(1)空气环境质量现状，二氧化硫和氮氧化物等污染物排放和控制现状。

(2)地表水(河流、湖泊、水库)和地下水环境质量现状(包括河口、近海水域)、废水处理基础设施、水量供需平衡状况、生活和工业用水现状、地下水开采现状等。

(3)土地利用类型和分布情况，各类土地面积及土壤环境质量现状。

(4)区域声环境现状、受超标噪声影响的人口比例以及超标噪声区的分布情况。

(5)固体废物的产生量，废物处理处置以及回收和综合利用现状。

(6)环境敏感区分布和保护现状。

11.4.3.3 区域社会经济

概述开发区所在区域社会经济发展现状、近期社会经济发展规划和远期发展目标。

11.4.3.4 环境保护目标与主要环境问题

概述区域环境保护规划和主要环境保护目标和指标，分析区域存在的主要环境问题，以表格形式列出可能对区域发展目标、开发区规划目标形成制约的关键环境因素或条件。

11.4.4 开发区规划方案分析

11.4.4.1 基本要求

将开发区规划方案放在区域发展的层次上进行合理性分析，突出开发区总体发展目标、布局和环境功能区划的合理性。

11.4.4.2 开发区总体布局及区内功能分区的合理性分析

(1)总体布局分析

分析开发区规划确定的区内各功能组团(如工业区、商住区、绿化景观区、物流仓储区、文教区、行政中心等)的性质及其与相邻功能组团的边界和联系。

(2)选址合理性分析

根据开发区选址合理性分析确定的基本要素，分析开发区内各功能组团的发展目标和各组团间的优势与限制因子，分析各组团间的功能配合以及现有的基础设施及周边组团设施对该组团功能的支持。可采用列表的方式说明开发区规划发展目标和各功能组团间的相容性。

(3)开发区规划与所在区域发展规划的协调性分析

将开发区所在区域的总体规划、布局规划、环境功能区划与开发区规划作详细对比，分析开发区规划是否与所在区域的总体规划具有相容性。

(4)开发区土地利用的生态适宜度分析

①生态适宜度评价采用三级指标体系，选择对所确定的土地利用目标影响最大的一组因素作为生态适宜度的评价指标。

②根据不同指标对同一土地利用方式的影响作用大小，进行指标加权。

③进行单项指标(三级指标)分级评分，单项指标评分可分为4级：很适宜、适宜、基本适宜、不适宜。

④在各单项指标评分的基础上，进行各种土地利用方式的综合评价。

(5)环境功能区划的合理性分析

①对比开发区规划和开发区所在区域总体规划中对开发区内各分区或地块的环境功能要求。

②分析开发区环境功能区划和开发区所在区域总体环境功能区划的异同点。根据分析结果，对开发区规划中不合理的环境功能分区提出改进建议。

(6)减缓措施

根据综合论证的结果，提出减缓环境影响的调整方案和污染控制措施与对策。

11.4.5　开发区污染源分析

11.4.5.1　开发区污染源分析的基本原则

(1)根据规划的发展目标、规模、规划阶段、产业结构、行业构成等，分析预测开发区污染物来源、种类和数量。特别应注意考虑入区项目类型与布局存在较大不确定性、阶段性的特点。

(2)根据开发区不同发展阶段，分析确定近、中、远期区域主要污染源。鉴于规划实施的时间跨度较长并存在一定的不确定因素，污染源分析预测可以近期为主。

11.4.5.2　确定开发区污染源主要因子的要求

确定开发区所排放的污染中哪些是主要污染因子时应满足以下要求：

(1)国家和地方政府规定的重点控制污染物。

(2)国家和地方环境保护主管部门规定的重点控制污染物。

(3)开发区规划确定的主导行业或重点行业的特征污染物。

(4)当地环境介质最为敏感的污染因子。

11.4.5.3　污染源估算方法

对于开发区污染源的污染物排放量一般可采用以下方法进行估算：

(1)类比分析法

选择与开发区规划性质、发展目标相近的国内外已建开发区作类比分析，采用计算经济密度的方法(每平方千米的能耗或产值等)，类比污染物排放总量数据。

(2)调查核实法

对已形成主导产业和行业的开发区，按主导产业和行业的类别分别选择区内的典型企业，调查核实其实际的污染因子和现状污染物的排放量，同时考虑科技进步和能源替代等因素，估算开发区污染物排放量。

(3)排放系数法

根据单位产品、单位原材料消耗或单位能耗的排污系数计算排污量。如规划中已明确建设集中供热系统的开发区，废气常规因子的排放量可依据集中供热电厂的能源消耗情况来计算。

(4)物料衡算法

对规划中已明确建设集中污水处理系统的开发区，可以根据受纳水体的功能确定排放标准级别和出水水质，依据污水处理厂的处理能力和处理工艺，估算开发区水污染物排放总量。未明确建设集中污水处理系统的开发区，可以根据开发区供水规划，通过分析需水量来估算开发区水污染物排放总量。

(5)经验估算法

生活垃圾产生量预测应主要依据开发区规划的人口规模、人均生活垃圾产生量，并在充分考虑经济发展对生活垃圾增长影响的基础上确定。

另外，根据不同的情况使用还可使用实测法等方法进行估算。

11.4.6 开发区环境影响预测与评价

11.4.6.1 环境空气影响预测与评价主要内容

在开发区区域环境影响评价中对环境空气影响分析与评价如下。

(1)开发区能源结构及其环境空气影响分析。分析能源结构的类型、特征、排污特点对开发区环境空气的影响。

(2)对已确定位置、规模的集中供热(气)厂，调查分析其污染物排放情况，并采用相应的预测模式预测其对环境质量的影响。

(3)分析各类装置工艺尾气的排放方式、污染物种类、排放量，以及污染控制措施，分析评价其产生的环境影响。

(4)分析区内污染物排放对区内外环境敏感地区的环境影响。

(5)分析区外污染源对区内的环境影响。

11.4.6.2 地表水环境影响预测与评价主要内容

(1)应包括水资源的开发利用、污水收集与集中处理、尾水回用以及尾水排放对受纳水体的影响。

(2)水质预测的情景设计应包含不同的排水规模、不同的处理深度、不同的排污口位置和排放方式。

(3)预测中可以针对受纳水体的特点，选择简易(快速)的水质评价模型。

11.4.6.3 地下水环境影响预测与评价主要内容

对于开发区建设可能影响到地下水的，应进行地下水环境影响分析，主要有：

(1)根据当地水文地质调查资料，识别地下水的径流、补给、排泄条件以及地下水和地表水之间的水力联通，评价包气带的防护特性。

(2)根据地下水水源保护相关法律法规及规章的要求，核查开发规划内容是否符合有关规定，分析建设活动影响地下水水质的途径，提出限制性(防护)措施。

11.4.6.4 固体废物处理/处置方式影响预测与评价主要内容

对固体废物的评价应包括以下主要内容：

(1)预测可能的固体废物的类型，确定相应分类处理方式。

(2)对利用开发区周围现有的固体废物处理/处置设施进行固体废物处理时，应确保其符合环境保护要求(如符合垃圾卫生填埋标准、符合有害工业固体废物处置标准等)，并核实现有固体废物处理设施可能提供的接纳能力和服务年限，如达不到要求，应提出相应的建设方案，并确认其选址符合环境保护要求。

(3)对规划中拟议的固体废物处理/处置方案，应从环境保护角度分析其选址的合理性及方案的可行性。

11.4.6.5 噪声影响预测与评价主要内容

在噪声评价中应根据开发区规划布局方案，按有关声环境功能区划分原则和方法，拟定开发区声环境功能区划方案。

对于开发区规划布局可能影响区域噪声功能达标的，应考虑调整规划布局、设置噪声隔离带等措施。

11.4.7 环境容量与污染总量控制的主要内容

污染物总量控制是指在一定区域环境范围内，为了达到预期的环境目标，对排入区域内的污染物实行总量控制，以维持区域的可持续发展。

11.4.7.1 大气环境容量与污染物总量控制的主要内容

(1)根据相关环境要求和规范选择总量控制指标因子如烟尘、粉尘、SO_2等。

(2)对开发区进行大气环境功能区划，确定各功能区环境空气质量目标。

(3)根据环境质量现状，分析不同功能区环境质量达标情况。

(4)结合当地地形和气象条件，选择适当方法，确定开发区大气环境容量(即满足环境质量目标的前提下污染物的允许排放总量)。

(5)结合开发区规划分析和污染控制措施，提出区域环境容量利用方案和近期(按五年计划)污染物排放总量控制指标。

11.4.7.2 水环境容量与废水排放总量控制的主要内容

(1)根据相关环境要求和规范，选择总量控制指标因子如化学需氧量(COD)、氨氮、TN(水温T条件下的非离子氨)、TP(水温T条件下的总磷)等因子以及受纳水体最为敏感的特征因子。

(2)分析基于环境容量约束的允许排放总量和基于技术经济条件约束的允许排放总量。

(3)对于拟接纳开发区污水的水体，例如，常年径流的河流、湖泊、近海水域，应根据环境功能区划所规定的水质标准要求，选用适当的水质模型分析确定水环境容量(或最小初始稀释度)；对季节性河流，原则上不要求确定水环境容量。

(4)对于现状水污染物排放虽然已实现达标排放，但水体已无足够的环境容量可资利用的情形，应在指定基于水环境功能的区域水污染控制计划的基础上确定开发区水污染物排放总量。

(5)例如，预测的各项总量值均低于上述基于技术水平约束下的总量控制和基于水环境容量的总量控制指标，可选择最小的指标提出总量控制方案；例如，预测总量大于上述两类指标中的某一类指标，则需调整规划，降低污染物总量。

11.4.7.3 固体废物管理与处置的主要内容

(1)分析固体废物类型和发生量，分析固体废物减量化、资源化、无害化处理处置措施及方案。

(2)分类确定开发区可能产生的固体废物总量。

(3)开发区的固体废物处理处置应纳入所在区域的固体废物总量控制计划之中，对固体废物的处理处置要符合区域所制订的资源回收、固体废物利用的目标与指标要求。

(4)按固体废物分类处置的原则，测算需采取不同处置方式的最终处置总量，并确定可供利用的不同处置设施及能力。

11.4.8 开发区生态环境保护与生态建设

生态环境保护与生态建设的主要内容如下：

11.4.8.1 生态现状调查

调查生态环境现状和历史演变过程、生态保护区或生态敏感区的情况，包括生物量及生物多样性、特殊生境及特有物种，自然保护区、湿地，自然生态退化状况(包括植被破坏、土壤污染与土地退化等)。

11.4.8.2 生态影响分析的内容与重点

区域环评中应分析评价开发区规划实施对生态环境的影响，主要包括生物多样性、生态环境功能及生态景观影响。

(1)生态影响分析的内容

①分析由于土地利用类型改变导致的对自然植被、特殊生境及特有物种栖息地、自然保护区、水域生态与湿地、开阔地、园林绿化等的影响。

②分析由于自然资源、旅游资源、水资源及其他资源开发利用变化而导致的对自然生态与景观方面产生的影响。

③分析评价区域内各种污染物排放量的增加、污染源空间结构等变化对自然生态与景观方面产生的影响。

(2)生态影响分析的重点

应着重阐明区域开发造成的包括对生态结构与功能的影响、影响性质与程度、生态功能补偿的可能性与预期的可恢复程度、对保护目标的影响程度及保护的可行途径等。

11.4.8.3 对策与措施

对于预计的可能产生的显著不利影响，要求从保护、恢复、补偿、建设等方面提出和论证实施生态环境保护措施的基本框架。

11.4.9 开发区规划的综合论证与环境保护措施

11.4.9.1 规划论证内容

根据环境容量和环境影响评价结果，结合地区的环境状况，从开发区选址、发展规模、产业结构、行业构成、布局、功能区划、开发速度和强度以及环保基础设施建设(污水集中处理、固体废物集中处理处置、集中供热、集中供气)等方面对开发区规划的环境可行性进行综合论证：

(1)开发区总体发展目标的合理性。

(2)开发区总体布局的合理性。

(3)开发区环境功能区划的合理性和环境保护目标的可达性。

(4)开发区土地利用的生态适宜度分析。

11.4.9.2 主要环境保护对策

环境保护对策包括对开发区规划目标、规划布局、总体发展规模、产业结构以及环保基础设施建设的调整方案，这些方案的调整包括：

(1)当开发区土地利用的生态适宜度较低，或区域环境敏感性较高时，应考虑选址的大规模、大范围调整。

(2)当选址邻近生态保护区、水源保护地、重要和敏感的居住地，或周围环境中有重大污染源并对区域选址产生不利影响以及某类环境指标严重超标且难以短时期改善时，要建议提出调整；一般情况下，开发区边界应与外部较敏感地域保持一定的空间防护距离。

(3)开发区内各功能区除满足相互间的影响最小，并留有充足的空间防护距离以外，还应从基础设施建设、各产业间的合理连接，以及适应建立循环经济和生态园区的布局条件来考虑开发区布局的调整。

(4)规模调整包括经济规模和土地开发规模的调整，在拟定规模的调整建议时应考虑开发区的最终规模和阶段性发展目标。

(5)当开发区发展目标受外部环境影响时(例如，受区外重大污染源影响较大)，再不能进行选址调整时，要提出对区外环境污染控制进行调整的计划方案，并建议将此计划纳入到开发区总体规划之中。

11.4.9.3 主要环境影响减缓措施

(1)大气环境影响减缓措施应从改变能流系统及能源转换技术方面进行分析，重点是煤的集中转换以及煤的集中转换技术的多方案比较。

(2)水环境影响减缓措施应重点考虑污水集中处理、深度处理与回用系统，以及废水排放的优化布局和排放方式的选择。

(3)对典型工业行业，可根据清洁生产、循环经济原理从原料输入、工艺流程、产品使用等进行分析，提出替代方案和减缓措施。

(4)固体废物影响的减缓措施重点是固体废物的集中收集、减量化、资源化和无害化处理处置措施。

(5)可能导致对生态环境功能显著影响的开发区规划，应根据生态影响特征制订可行的生态建设方案。

11.4.9.4 提出限制入区的工业项目类型清单

根据开发区规划的环境可行性综合论证结果，提出不符合开发区产业发展规划和环境保护的工业项目清单。

11.5 区域环境容量分析

11.5.1 环境容量的概念

国外有些学者认为，环境容量是污染物允许排放量与环境中污染物浓度的比值；有的则认为是环境对污染物的自净同化能力，即环境容量(自净能力)是污染物允许排放总量与该污染物在环境中的降解速率的比值。日本学者矢野雄幸则认为环境容量是按环境质量标准确定的一定范围的环境所能承纳的最大污染物负荷总量。

我国有些学者把环境容量定义为“自然环境或环境组成要素对污染物质的承受量和负荷量”，即认为环境容量是指某环境单元所允许承纳污染物的最大数量。它是一个变量，包括基本环境容量(或称差值容量)和变动环境容量(或称同化容量)。基本环境容量可通过拟定的环境标准减去环境本底值求得，变动环境容量是指该环境单元的自净能力。

《开发区区域环境影响评价技术导则(HJ/T 131—2003)》中环境容量是指人类和自然环境不致受害的情况下或者具体来说在保证不超出环境目标值的前提下，区域环境能够容许的污染物最大排放量。

11.5.2 环境容量的类型

环境容量可以根据对象性质分成整体环境单元容量和某一环境单元单一要素的容量。根据载体角度环境容量又可细分为大气环境容量、水环境容量、土壤环境容量、城市环境容量。根据对象类型可以分为生物环境容量、人口环境容量。

11.5.2.1 大气环境容量

(1)大气环境容量的概念

某种大气污染物在某一环境单元中的大气环境容量，是指人类和大气环境不致受害的情况下，这种大气污染物在此环境单元中所能容纳的最大负荷。

《开发区区域环境影响评价技术导则》(HJ/T 131—2003)中给出的概念是：在给定区域内，达到环境保护目标而允许排放的大气污染物总量，就是该区域的大气污染物的环境容量。

(2)大气环境容量的基本属性

特定地区的大气环境容量与以下因素有关：

①涉及的区域范围与下垫面复杂程度。

②空气环境功能区划及空气环境质量保护目标。

③区域内污染源及其污染物排放强度的时空分布。

④区域大气扩散、稀释能力。

⑤特定污染物在大气中的转化、沉积、清除机理。

(3)大气环境容量的计算方法

①修正的A-P值法　A-P值法是极简单的大气环境容最估算方法，其特点是不需要知道污染源的布局、排放量和排放方式，就可以粗略地估算指定区域的大气环境容量，对决策和提出区域总量控制指标有一定的参考价值，适用于开发区规划阶段的环境条件的分析。

利用A-P值法估算环境容量需要掌握以下基本资料：

- 确定总量控制区总面积S。
- 开发区范围和面积。
- 区域环境功能分区。
- 第 i 个功能区的面积 S_i。
- 第 i 个功能区的污染物控制浓度(标准浓度限值) C_i。
- 第 i 个功能区的污染物背景浓度 C_i^b。
- 第 i 个功能区的环境质量保护目标 C_i^0。

得到以上资料后，可按如下步骤估算开发区的大气环境容量：

- 根据所在地区，按《制定地方大气污染物排放标准的技术方法》(GB/T 3840—1991)查取总量控制系数 A 值(取中值)。
- 确定第 i 个功能区的控制浓度(标准年平均浓度限值) $C_i = C_i^0 - C_i^b$。
- 确定各个功能区总量控制系数 A_i 值：$A_i = A \times C_i$。
- 确定各个功能区允许排放总量：$Q_{ai} = A_i \dfrac{S_i}{\sqrt{S}}$。

• 计算总量控制区允许排放总量 Q_a：$Q_i=\sum_{i=1}^{n}Q_{ai}$。

允许排放总量 Q_a 是对新开发区大气环境容量的一个估计，要将其转变为建议的总量控制指标，还需要考虑开发区的发展定位、布局、产业结构、环境基础设施建设等因素。

以上方法原则只适应于大气 SO_2 环境容量的计算，在计算大气 PM_{10} 的环境容量时，可作为参考方法。

②模拟法　模拟法是利用环境空气质量模型模拟开发活动所排放的污染物引起的环境质量变化是否会导致环境空气质量超标。如果超标可按等比例或按对环境质量的贡献率对相关污染源的排放量进行削减，以最终满足环境质量标准的要求。满足这个充分必要条件所对应的所有污染源排放量之和便可视为区域的大气环境容量。

模拟法适用于规模较大、具有复杂环境功能的新建开发区，或将进行污染治理与技术改造的现有开发区，但使用这种方法时需要通过调查和类比了解或虚拟开发区大气污染源的布局、排放量和排放方式。

运用模拟法可按如下步骤估算开发区的大气环境容量：

• 对开发区进行网格化处理，并按环境功能分区确定每个网格的环境质量保护目标 $C_{ij}^0(i=1, \cdots, N; j=1, \cdots, M)$。

• 掌握开发区的空气质量现状 C_{ij}^b，确定污染物控制浓度 $C_{ij}=C_{ij}^0-C_{ij}^b$。

• 根据开发区发展规划和布局，利用工程分析、类比等方法预测污染源的分布、源强(按达标排放)和排放方式，并分别处理为点源、面源、线源和体源。

• 利用《环境影响评价技术导则总纲》(HJ 2.1—2011)规定的模式或经过验证适用于本开发区的其他模式模拟在所有预测污染源达标排放的情况下对环境质量的影响 C_{ij}^a 和 C_{ij}。

• 比较 C_{ij}^a 和 $C_{ij}(i=1, \cdots, N; j=1, \cdots, M)$，如果影响值超过控制浓度，提出布局、产业结构或污染源控制调整方案，然后重新开始计算，直到所有点的环境影响都等于或小于控制浓度为止。

• 加和满足控制浓度的所有污染源的排放量，即可把这个排放量之和视为开发区的环境容量。

需要指出的是，采用模拟法估算开发区大气环境容量时应充分考虑周边发展的影响，这也是采用模拟法的优势所在。

11.5.2.2 水环境容量

(1)水环境容量的概念

某种水污染物在某一纳污水域中的水环境容量是指人类和水环境不致受害的情况下，这种水污染物在此纳污水域中所能容纳的最大负荷，即水体在环境功能不受损害的前提下所能接纳的污染物最大允许排放量。

(2)水环境容量的计算方法

按照以下方式计算水容量：

①对于拟接纳开发区污水的水体，如常年径流的河流、湖泊、近海水域应估算其环境容量。

②污染因子应包括国家和地方规定的重点污染物、开发区可能产生的特征污染物和受纳水体敏感的污染物。

③根据水环境功能区划明确受纳水体不同断(界)面的水质标准要求；通过现有资料或现场监测弄清受纳水体的环境质量状况；分析受纳水体水质达标程度。

④在对受纳水体动力特性进行深入研究的基础上，利用水质模型建立污染物排放和受纳水体水质之间的输入响应关系。

⑤确定合理的混合区，根据受纳水体水质达标程度，考虑相关区域排污的叠加影响，应用输入响应关系，以受纳水体水质按功能达标为前提，估算相关污染物的环境容量(即最大允许排放量或排放强度)。

11.6 区域环境污染物总量控制

11.6.1 区域环境污染物总量控制的概念和分类

11.6.1.1 污染物总量控制的概念

所谓污染物排放的总量控制，是指在某一区域环境范围内，为了达到预定的环境目标，通过一定的方式，核定主要污染物的最大容许载荷(环境容量)，并以此进行合理分配，最终确定区域内各污染源允许的污染物排放量。我国在环境管理中执行污染物排放浓度控制和总量控制的双轨制。

11.6.1.2 污染物总量控制方法

目前，污染物总量控制总体上有2种形式：一是指令约束下的总量控制，即国家和地方按照一定原则在一定时期内所下达的主要污染物排放总量控制指标，所作的分析工作主要是如何在总指标范围内确定小区域的合理确定分担率，一般根据区域社会、经济、资源和面积等代表性指标比例关系，采用对比分析和比例分配法进行综合分析。二是环境容量约束下的总量控制。环境容量的定义是自然环境和环境组成要素对污染物的承受量和负荷量。目前，在区域评价中通常使用的方法，是将环境目标或相应的标准，看做确定环境容量的基础。即一个区域的排污总量应以其保证环境质量达标条件下的最大排污量为限，一般应采用现场监测和相应的模拟模型计算的方法，分析原有总量对环境的贡献以及新增总量对环境的影响，特别是要论证采用综合整治、总量控制措施后，排污总量是否满足环境质量要求。这部分内容与现有的环境影响评价过程基本相同。

11.6.2 技术路线

区域开发要坚持可持续发展战略，实施总量控制，资源问题应作为分析研究的首要问题。应重点分析区域经济、社会发展过程中经济发展、资源消耗与环境污染的相互关系，从资源利用的宏观全过程分析中探讨通过资源合理利用与分配、提高科技水平、调整发展方向、提高资源利用效率等途径降低资源需求量、减少流失量、减轻环境压力，并可针对各类资源消耗过程中产生的主要污染物质，实现宏观总量控制。当总量控制不能满足要求时，可以通过对总体规划的调整来满足总量控制的要求，从而达到从总体上把握污染控制水平，促进经济、社会发展并与之相互协调的目的。分析的基本思路如图11-2所示。

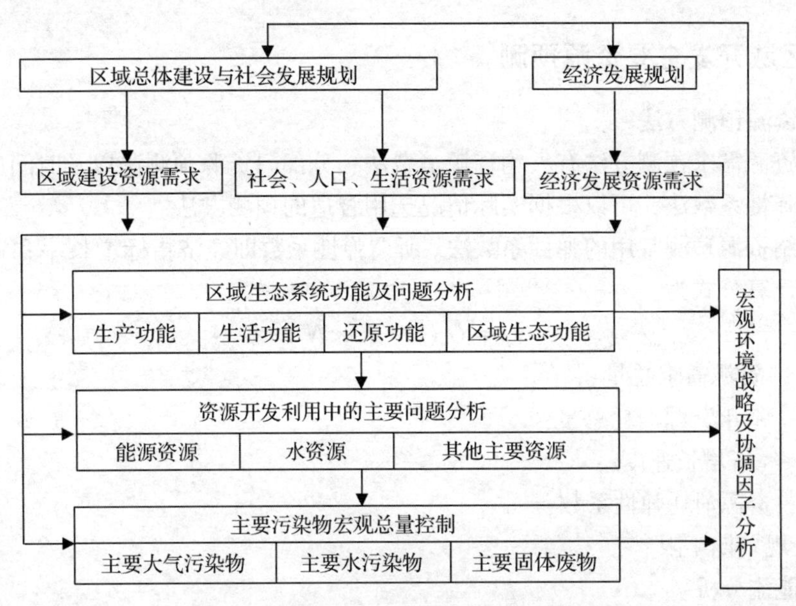

图 11-2 区域宏观环境总量控制基本思路

11.6.2.1 环境战略对策分析

环境战略对策应以经济和社会发展的需求为基础，针对现状分析和趋势预测中的主要环境问题，通过对相关资源的输入、转换、分配和使用的全过程分析，弄清主要污染物的宏观总量及其发展趋势以及与经济、社会发展的关系，从经济社会发展的结构、规模与发展速度的角度协调与区域环境的关系，研究宏观环境总体战略，提出解决问题的基本途径。在这一分析过程中，区域发展规划是基础，资源分析是核心，总量控制是手段，协调发展是目的。

11.6.2.2 大气污染总量控制技术路线

大气污染物总量控制技术路线如图 11-3 所示。

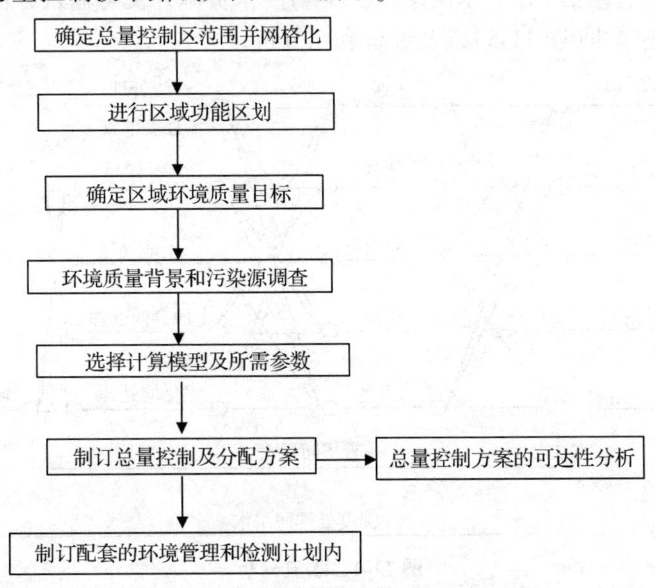

图 11-3 大气污染物总量控制技术路线

11.6.3 区域开发主要资源预测

11.6.3.1 资源预测方法

常规的资源需求预测方法有人均资源消费法、分部门资源预测法以及时间序列法、投入产出法和弹性系数法，可以根据实际情况选用合适的预测方法。

这里介绍资源预测常用的弹性系数法。所谓弹性系数即经济指标增长率和资源指标增长率之比，计算公式为：

$$Q_{wi} = Q_o(1 + K \times N_i)^t \tag{11-1}$$

式中 Q_{wi}——资源需求总量；

Q_o——基年资源消耗总量；

K——经济增长速度；

N_i——资源消耗弹性系数；

t——规划期年限。

11.6.3.2 能流分析

能流分析是宏观环境规划基本方法之一。能流分析通过对能源输入、转换、分配、使用的全过程分析，来剖析大气污染物的产生、治理、排放规律，找出主要环境问题和解决方案。其基本内容包括：

① 能流过程分析。

② 能流平衡分析。

③ 能流过程优化分析。

11.6.3.3 水流分析

水流分析是区域宏观水环境分析的重要方法，主要针对水资源开发调入、使用、排放处理与回用，排放对环境的影响过程等进行综合性分析，提出问题和解决方案。

分析的基本内容包括：建立水流图(图 11-4)、水资源开发与输入分析、用水分析、污水排放与处理措施分析(图 11-5)以及综合利用分析。

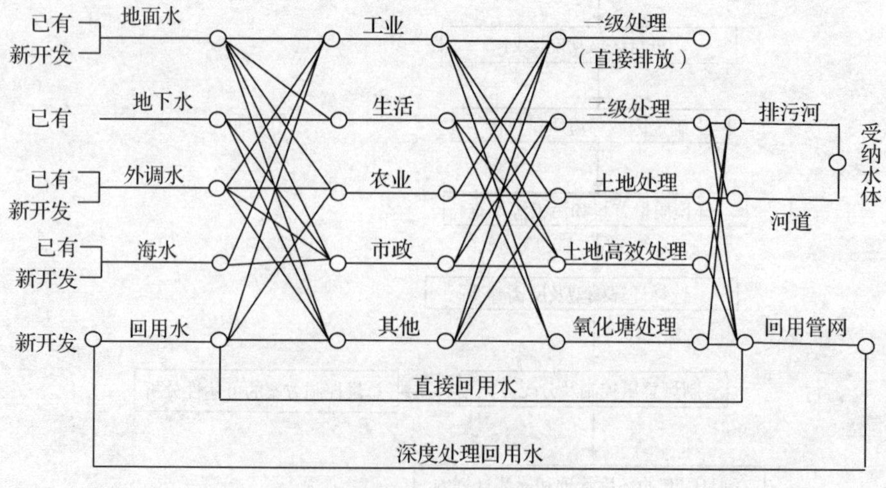

图 11-4 水流分析

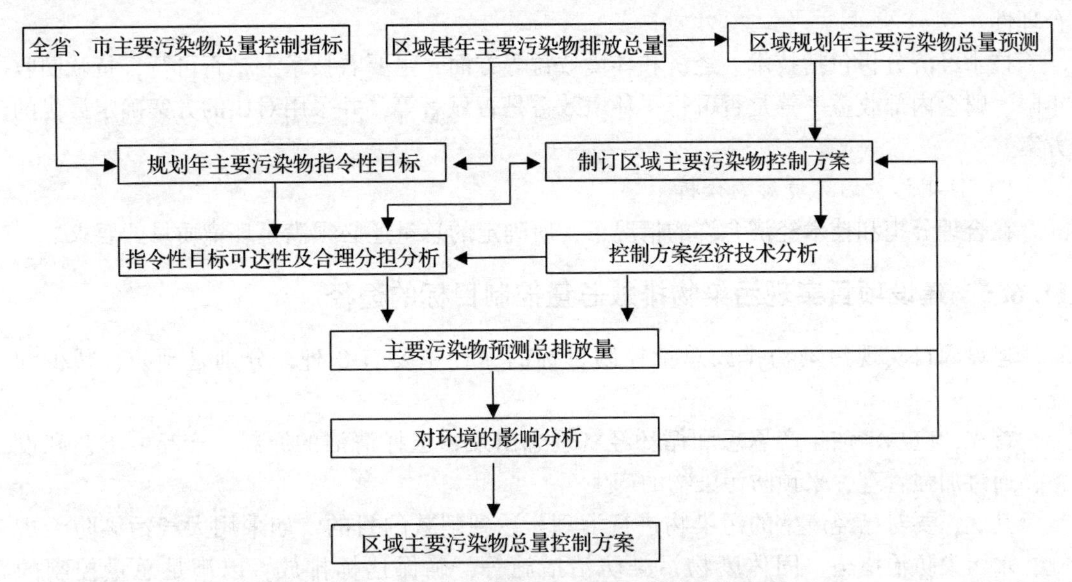

图 11-5　区域主要污染物总量控制技术分析程序

11.6.4　区域发展环境污染总量控制分析

(1) 区域污染物总量测算

自 2005 年开始，我国共设置了 12 项区域污染物。其中，大气污染 3 项，分别为烟尘、SO_2、粉尘(企业级控制)；水污染物 8 项，分别为 COD 和 7 项企业级控制(石油类、氰化物、砷、汞、铅、镉、六价铬)；工业固体废物 1 项。

在“十一五”期间，总量控制的指标是二氧化硫(SO_2)和化学需氧量(COD)，到“十二五”期间国家将氮氧化物(NO_x)和氨氮(NH_3-N)纳入总量控制指标体系。在《国民经济和社会发展第十二个五年规划纲要》提出，“十二五”期间国家对化学需氧量(-8%)、氨氮(-10%)、二氧化硫(-8%)、氮氧化物(-10%)4 种主要污染物实施排放总量控制。

(2) 总量合理分配分析

为了确定一个合理分担率，可以采用等比例分配计算方法。公式如下：

$$q_{ij} = Q_j \frac{t_{ik}}{t_k} \tag{11-2}$$

式中　q_{ij}——第 i 区域第 j 类污染物应分配总量指标；

Q_j——地区第 i 类污染物总量指标；

t_{ik}——第 i 区域第 k 类指标分量；

t_k——地区域第 k 类指标分量；

k——可以表示为经济(如 GDP、总产值等)、资源(能源、水资源)、土地面积、人口数量，也可以是综合平均指标。

(3) 主要污染物总量控制措施技术经济分析

总量控制目标和方案确定后，还需要进行技术经济分析，以判断其技术可行性和经济合理性。

技术经济分析包括技术、经济和环境效益等方面，主要看技术上是否可行，贷款回收年限、财会内部收益率等是否可行，环境效益是否显著等，并采用对比的方案确定最优的方案。

(4)预测总量的环境影响分析

在合理分担和技术经济允许的情况下，所确定的总量还必须满足环境质量的要求。

11.6.5 建设项目实现污染物排放总量控制目标的途径

建设项目实现污染物排放总量控制目标的途径主要有3种，分别是预防、减少和控制。

首先，应从清洁生产思想和循环经济理念出发，选择清洁的原料、产品、工艺和设备，通过加强管理，来预防污染物的产生。

其次，要对已经产生的污染物进行治理，达到削减的目的，如采用大气污染防治措施、水污染防治措施、固体废物污染防治措施等，确保达标排放，以满足总量控制的要求。

最后，在已经考虑了预防和减少的前提下，可以采用控制的手段，如对大气污染物的排气筒高度、位置进行优化布置；针对水环境保护目标，对水污染物的排放口、排放特征等进行适当调整，来确保总量控制目标的实现。

11.7 开发区土地利用评价(区域开发的环境制约因素分析)

11.7.1 区域环境承载力分析

11.7.1.1 区域环境承载力的概念

区域环境承载力是指某一环境状态和结构在不发生对人类生存发展有害变化的前提下，所能承受的人类活动作用的限值，当人类活动对环境的作用不论在规模、强度，还是速度上超过了这个限值以后，环境结构和状态就将发生不利于人类进一步生存发展的变化。确切的说，环境承载力是在某一时期、某种状态和条件下，某地区的环境所能承受人类活动的阈值。

环境容量与环境承载力的区别有以下几点：

①环境容量(environment carry capacity)是指在人类生存和自然不致受害的前提下，某一环境所能容纳的污染物的最大负荷量，只反映环境消纳污染物的一个功能。环境承载力(environment bear capacity) 在此基础上全面表述环境系统对人类活动的支持功能。

②环境容量是专指环境要素对污染物的最大负荷量，表征环境容量的大小的指标是社会经济活动所排放的某一种污染物的种类和数量。环境承载力是在分析了社会经济环境系统后，选择众多的指标组成的指标体系，再分析环境系统对每个指标支持能力的大小。指标体系中的指标除了包括排放的各种污染物外，还包括经济、社会方面的指标，如能源供应量、交通运输量、水资源量等。

③环境容量最终为环境污染中的污染物总量控制提供数量依据，并以此为环境规划提供选择方案和措施建议。而环境承载力除了能提供各种污染物应该控制的排放量以外，更重要的是根据选择的社会经济指标，对社会经济发展规模提供量化后的规划意见。

11.7.1.2 区域环境承载力的对象和内容

(1)研究对象

区域环境承载力的研究对象就是区域社会经济—区域环境结构系统。它包括 2 个方面：一是区域环境系统的微观结构、特征和功能；二是区域社会经济活动的方向、规模。把这两个方面结合起来，以量化手段表征出两个方面的协调程度，就是区域环境承载力研究的目的。

(2)研究内容

①区域环境承载力指标体系。

②区域环境承载力大小表征模型及求解。

③区域环境承载力综合评估。

④与区域环境承载力相协调的区域社会经济活动的方向、规模和区域环境保护规划的对策措施。

(3)建立环境承载力指标体系的原则

①科学性原则　即环境承载力的指标体系应从为区域社会经济活动提供发展的物质基础条件以及对区域社会经济活动限制作用的环境条件两方面来构造，并且各指标应有明确的界定。

②完备性原则　即尽量全面地反映环境承载力的内涵。

③可量性原则　即所选指标必须是可度量的。

④区域性原则　环境承载力具有明显的区域性特征，选取指标时应重点考虑能明显代表区域特征的指标。

⑤规范性原则　即必须对各项指标进行规范化处理以便于计算，并对最终结果进行比较等。

(4)环境承载力指标体系

环境承载力指标体系应该从环境系统与社会经济系统的物质、能量和信息的交换上入手。即使在同一个地区，人类的社会经济行为在层次和内容上也可能会有较大差异，因此不应该、也不可能对环境承载力指标体系中的具体指标作硬性的统一规定，只能从环境系统、社会经济系统之间物质、能量和信息的联系角度将其分类。一般可分为 3 类：

①自然资源供给类指标　如水资源、土地资源、生物资源等。

②社会条件支持类指标　如经济实力、公用设施、交通条件等。

③污染承受能力类指标　如污染物的迁移、可散和转化能力、绿化状况等。

11.7.2 土地使用和生态适宜度分析

11.7.2.1 土地使用适宜性分析过程

土地使用适宜性分析可用于分析自然环境对各种土地使用的潜力和限制，确保开发行为与环境保护目标相符合，对资源进行最适宜的空间分配。

(1)划分环境敏感地段

环境敏感区指对人类具有价值或具有潜在自然灾害的地区，这些地区极易因人类的不当开发活动而导致负面环境效应。

(2)划分土地分类等级

土地分类等级是指以土地生产性能、生产力高低为依据，按其生产的适宜性、限制性、生产潜力的大小、保护和改造的措施等，把土地划分为不同的等级，是土地利用适宜性分析的重要内容。

(3)确定土地使用类型

土地使用类型一般可根据城市规划或区域总体规划中的土地使用功能进行划分。如可分为住宅社区、工业区、大型游乐区、金融商贸区、文化教育区等。

(4)环境潜能分析

环境潜能分析指分析各种土地使用类别与土地使用需求以及环境潜能的关系，以了解环境特性对不同土地开发行为所具有的发展潜力条件。针对已确定的土地使用类型，可建立两个关联矩阵：一是土地使用类型与土地使用需求的关联矩阵；二是土地使用需求与环境潜能的关联矩阵。通过这两个关联矩阵的结果分析，可以得到土地使用类型与环境潜能的关联性，从而进行发展潜力分析。

(5)环境限制分析

发展限制是指土地使用过程中由于其不正当的开发活动或使用行为所导致的环境负效应。分析发展限制，正是通过分析各种土地使用类型与土地使用行为以及环境敏感性之间的关系，来了解环境特性对不同土地使用的限制。

(6)综合分析

综合上述环境潜能与环境限制的分析结果，可分别将环境潜能和环境限制分级。比较区域中各种土地使用类型的适宜性分级，并进行社会、经济评价。

11.7.2.2 生态适宜度分析

生态适宜度分析是在城市生态登记的基础上，寻求城市最佳土地利用方式。

(1)选择生态因子

对土地的特定用途的适宜性分析。当土地的用途确定后，为了评价该块土地的适宜性，需要选择能够准确或比较准确描述(影响)这种用途的生态因子，通过多种生态因子的评价，得出综合评价值。因此，生态因子选择得是否合适，直接影响到生态适宜度分析的结果。

针对不同土地用途所选择的生态因子不同，生态因子的选择必须遵守一条基本原则，这就是生态因子必须是对所确定的土地利用目的影响最大的因素。

(2)单因子分级评分

对各种土地利用目的所选择的生态因子在综合分析前，必须先进行单因子分级评分。单因子分析一般可分为五级，即很不适宜、不适宜、基本适宜、适宜、很适宜。也可分为三级，不适宜、基本适宜、适宜。进行单因子分级评分可以从以下几个方面考虑：

①该生态因子对给定土地利用目的的生态作用和影响程度　如人口密度对工业用地的影响很敏感，在对人口密度进行分级评分时，就应充分考虑到这些特点，把工业用地的不

适宜人口密度标准定得高一点，即人口密度应尽量小。

②城市生态的基本特征　在进行单因子分级评分时要充分考虑城市大环境的特征，各类用地的单因子分级体现城市的生态特点，如风景旅游城市用地的适宜标准应尽量严格。

单因子分级评分没有完全一致的方法，同样的土地利用方式，城市的性质不同，单因子分级评分的标准不同。因此，应做到因地制宜。

(3)生态适宜度分析

在各单因子分级评分的基础上，进行各种用地形式的综合适宜度分析。由单因子生态适宜度计算综合适宜度的方法有两种，分别是直接叠加法和加权叠加法。

(4)综合适宜度分析

①分三级　根据综合适宜度的计算值分为不适宜、基本适宜、适宜三级。

②分五级　目前大多数城市都采用五级分级法，即很不适宜、不适宜、基本适宜、适宜、很适宜。

11.7.2.3　区域开发方案合理性分析

(1)区域开发与城市总体规划的一致性分析

区域开发是更大范围内的地域或城市总体规划的一部分，开发区的性质是否符合地域或城市总体规划的要求，或者与周围各功能区是否一致，将直接影响整个地域或城市的环境质量。开发区是否符合地域或城市总体规划的要求，是否与周围环境功能区协调，实际上取决于开发区的性质和选址是否合理。因此，在区域开发环境影响评价中，从开发区的性质和整个区域的环境特征出发，分析开发区性质与选址合理性是区域开发环境影响评价的重要内容。

(2)开发区总体布局与功能分区合理性分析

开发区规划合理分析，不仅要看开发区与整个地域或城市总体规划布局的一致性，而且要重视开发区内部布局或功能分区的合理性。大多数开发区往往同时存在多种不同功能，如工业、居住、仓储、交通、绿地等，其对环境的影响和对环境的要求也不尽相同。在区域开发总体规划布局时，从对环境的影响及对环境的要求出发，综合分析开发区总体布局的合理性，具有十分重要的意义。开发区总体布局的合理性分析，应从工业区用地布局的合理性分析、交通布局的合理性分析、绿地系统合理性分析等方面考虑。

11.7.3　环境承载力分析步骤与案例

11.7.3.1　环境承载力分析步骤

常用的环境承载力分析的方法和步骤如下：

①建立环境承载力指标体系，一般选取的指标与承载力的大小成正比关系。

②确定每一指标的具体数值(通过现状调查或预测)。

③针对多个小区或同一区域的多个发展方案对指标进行归一化。m 个小区的环境承载力分别为 E_1，E_2，$\cdots$，E_m，每个环境承载力由 n 个指标组成 $E_j=\{E_{1j}, E_{2j}, \cdots, E_{nj}\}$，$j=1, 2, \cdots, m$。

④第 j 个小区的环境承载力大小用归一化后的矢量的模来表示：

$$|\tilde{E}_j| = \sqrt{\sum_{i=1}^{n} E_{ij}^2} \tag{11-3}$$

⑤根据承载力大小来对区域生产活动进行布局或选择环境承载力最大的发展方案作为优选方案。

11.7.3.2 环境承载力分析应用示例

《某新城总体规划影响评价》中，适宜环境人口承载力的估算则在用多目标动态决策方法，首先完成对各分目标的分析，然后运用适当的数学手段对分目标进行综合，化多目标为单目标(总体目标)，预测出新城规划年适宜的环境人口承载力。

(1)建立总标

适度环境人口承载力。

目标集:	自然资源			生态环境		经济条件		社会条件	
要素集:	x11	x12	x13	x21	x22	x31	x32	x41	x42
	土地资源水资源	可利用淡水资源	可利用能面积	公共绿地	森林面积	国内生产总值	国民收入	居住面积	人口密度
约束条件:	y11	y12	y13	y21	y22	y31	y32	y41	y42
满足约束条件的人口方案:	p11	p12	p13	p21	p22	p31	p32	p41	p42

(2)确定约束条件

①自然资源条件　主要考虑土地资源、可利用淡水资源和可利用能源 3 个方面。

②生态建设要求　鉴于该新城是建港口城市，定位于功能完善的综合型滨海城市，对生态环境质量要求相对较高，确定的约束条件标准也相对较高。

③经济条件　包括国内生产总值(GDP)和国民收入两个指标。

④社会条件　由居住面积和人口密度两个指标构成。生态城市的要求是人均居住面积在 20 m^2/人以上，建议该新城的人均居住面积约束标准为 30 m^2/人，高于圣保罗、大阪，低于伦敦等地现状值；生态城市的人口密度标准是 3500 人/km^2，有聚集人口的作用，人口密度不可过低，所以建议该新城的人口密度为 4000 人/km^2，接近新加坡的现状值。

(3)确定权重值

权值由目标集重要系数和指标集权重组成，用两者相乘求出组合权重作为最后权重值。采用层次分析法(AHP)确定权重。

(4)预测适度环境人口容量

首先对规划期末各指标值进行预测，然后根据预测结果和约束条件求出可选人口方案，最后根据组合权重和可选人口方案提出该新城适度环境人口容量的适宜方案。计算公式为：

$$P = \sum_{i=1}^{9} M_i \cdot w_i \tag{11-4}$$

式中 P——适度环境人口容量；

M_i——根据各要素计算的可选人口方案；

w_i——各要素的组合权重。

(5)计算结果分析

最后求出该新城适度环境人口方案为 122.85×10^4 人，比规划人口多 39.85×10^4 人，这说明新城规划人口在环境允许范围之内，规划的人口规模适宜。

11.8 区域环境管理计划

11.8.1 机构设置与监控体系建立

11.8.1.1 环境管理机构与环境监测站的主要职责

(1)环境管理机构的主要职责

①区域环保管理机构除执行主管领导有关环保工作的指令外，还应接受上级环境管理部门下达的各项环境管理工作，如统计报表、检查监督，定期与不定期地上报各项管理工作执行情况以及各项有关环境参数，为区域整体环境污染控制服务。

②贯彻执行环境保护法规和标准。

③编制并组织实施区域环境保护规划，协助县(区)领导努力实现区域环境综合整治定量考核目标。

④领导和组织区域的环境监测工作。

⑤根据有关法规，负责区内建设项目“三同时”的审批和验收，决定新建项目是否应进行环境影响评价工作。

⑥检查区域环保设施运行情况，做好考核和统计工作。

⑦及时推广、应用环境保护的先进技术和经验。

⑧组织开展环保专业的法规、技术培训，提高各级环保人员的素质和水平。

⑨开展其他有关的环保工作。

(2)环境监测站的主要职责

①制订区域环境监测的年度计划与发展规划，建立健全本站各项规章制度。

②根据国家和地区环境标准，对区域重点污染源和区域环境质量开展日常监测工作。按规定编制表格或报告，上报各有关主管部门，建立监测档案。

③参加区内新建、扩建和改建项目的验收和测定工作，提供监测数据。

④配合区内企业，参加污染治理工作，为污染治理服务。

⑤技术上接受市环境监测中心和县(区)环境监测站的监督与指导，参加例行的技术考核。

⑥开展环境监测科学研究，不断提高监测水平。

⑦承担上级主管部门下达的以及有关部门委托的监测任务。

11.8.1.2 监测站的人员与仪器配备要求

市级规划区域应在区内设环境保护办公室和监测站，根据实际需要确定人员编制，以负责区内环境管理以及环境和污染源监测工作。监测站人员必须经过技术培训合格后方可上岗，并定期参加国家和地方监测部门的考核。其余区(县)级规划区域如所在区(县)环境监测站环境要素测定比较齐全，有能力承担开发区内的监测工作，这些区域可不设单独的环境监测机构，而由区(县)监测站统一安排，实施监测计划。但区内应安排专门人员负责环境管理工作，并协调组织区内监测工作。

各区域监测站可根据本区域的特点配备相应的必要的环境监测设备，有条件的监测站司考虑配置 SO_2 · TSP 连续自动监测装置，环境噪声连续自动监测及微机等设备。

11.8.1.3 环境监测计划与内容

在编制区域环境影响报告书中，要制订出环境监测计划，写清楚监测计划的技术、管理要求，以便环境管理部门能够贯彻执行，确实保护环境资源，保障经济社会的可持续发展。

环境监测计划和环境监测有关内容不仅用于区域的规划阶段，而且包括区域建设时期和运行期。在区域建设期内，环境监测通常在指定的年份里进行。可以对资源如大气、水等进行监测，还可以对小规模人类活动进行监测。对所有大规模区域开发都需要在开发发展期内进行定期监测，监测对象可以包括大气、水、土壤、噪声和人类社会及自然生态等其他要素。环境监测可以由环保和卫生部门承担，或由与某个环保领域有关的专家如生物学家、水文学家、社会学家等执行。环境监测计划的内容要根据区域对环境产生的主要环境影响和经济条件而定，一般包括：①选择合适的监测对象和环境因子；②确定监测范围；③选择监测方法；④估算、筹集及分担监测经费；⑤建立定期审核制度；⑥明确监测实施机构。

11.8.2 区域环境管理指标体系建立

这是进行区域环境规划方案优化的重要步骤。区域环境管理指标体系的建立必须考虑环境、经济、生活质量等几方面关系的基础上，权衡轻重，加以选择。

11.8.2.1 区域环境管理指标体系选取原则

(1)科学性原则

指标或指标体系能全面、准确地表征管理对象的特征和内涵，能反映管理对象的动态变化，具有完整性特点、并且可分解、可操作、方向性明确。

(2)规范化原则

指标的涵义、范围、量纲、计算方法具有统一性或通用性，而且在较长时间内不会有大的改变，或者可以通过规范化处理，可与其他类型的指标表达法进行比较。

(3)适应性原则

体现环境管理的运行机制、与环境统计指标，环境监测项目和数据相适应，以便于规划和管理。此外，所选指标还应与经济社会发展规划的指标相联系或相呼应。

(4)针对性原则

指标能够反映环境保护的战略目标、战略重点、战略方针和政策；反映区域经济社会和环境保护的发展特点和发展需求。

11.8.2.2 区域环境管理指标类型

区域环境管理指标在结构上首先可分为直接指标和间接指标两大类。直接指标主要包括环境质量指标和污染物总量控制指标，间接指标重点是与环境相关的经济、社会发展指标，区域生态指标等(图 11-6)。

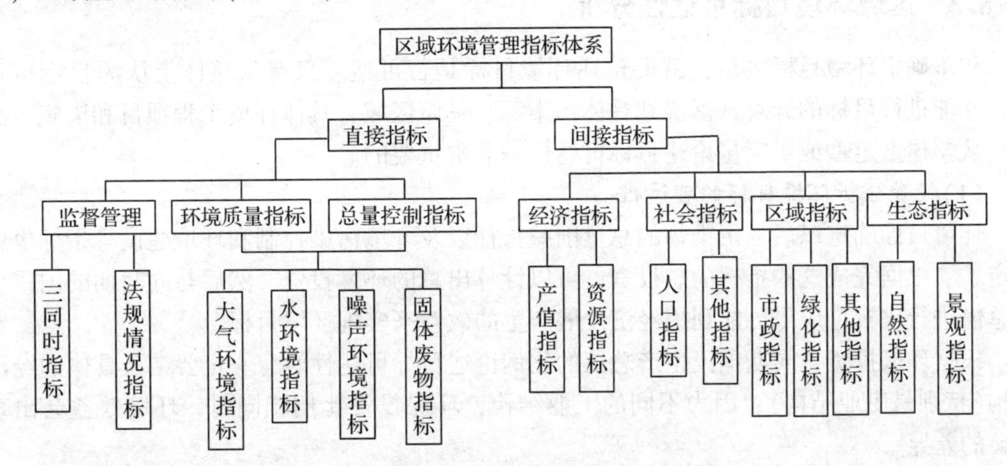

图 11-6 区域环境管理指标体系分类结构

区域环境管理指标按其表征对象、作用以及在环境规划管理中的重要度或相关性可分为环境质量指标、污染物总量控制指标、环境规划措施与管理指标及相关指标。

(1)环境质量指标

环境质量指标主要表征自然环境要素(大气、水)和生活环境(如安静)的质量状况，一般以环境质量标准为基本衡量尺度。环境质量指标是环境规划管理的出发点和归宿，所有其他指标的确定都是围绕完成质量指标进行的。

(2)污染物总量控制指标

污染物总量控制指标系根据一定地域的环境特点和容量来确定，其中又有容量总量控制和目标总量控制 2 种。容量总量控制体现环境的容量要求，是自然约束的反映；目标总量控制体现规划的目标要求，是人为约束的反映。我国现在执行的指标体系是将二者有机地结合起来，同时采用。

污染物总量控制指标将污染源与环境质量联系起来考虑，其技术关键是寻求源与汇(受纳环境)的输入响应关系，这是与目前盛行的浓度标准指标的根本区别。浓度标准指标虽对污染源的污染物排放浓度和环境介质中的污染物浓度作出规定，易于监测和管理，但此类指标体系对排入环境中的污染物量无直接约束，未将源与汇结合起来考虑。

(3)环境规划措施与管理指标

环境规划措施与管理指标是达到污染物总量控制指标进而达到环境质量指标的支持和保证性指标。这类指标有的由环保部门规划与管理，有的则属于城市总体规划，但这类指标的完成与否与环境质量的优劣密切相关。

(4)相关指标

相关指标主要包括经济指标、社会指标和生态指标 3 类。相关指标大都包含在国民经济和社会发展规划中，都与环境指标有密切的联系，对环境质量有深刻影响，但又是环境规划所包容不了的。因此，环境规划将其作为相关指标列入，以便更全面地衡量环境规划指标的科学性和可行性。对于区域来说，生态类指标也为环境规划所特别关注，它们在环境规划中将占有越来越重要的位置。

11.8.3 区域环境目标可达性分析

初步确定环境目标之后，就要论述环境目标是否可达。只有从整体上认为目标可达后，才能进行目标的分解，落实到具体污染源、具体区域、具体环境工程项目和措施。因此，从整体上定型或半定量论述目标可达性是非常重要的。

(1)投资分析环境目标的可达性

环境目标确定以后，污染物的总量削减指标以及环境污染控制和环境建设等指标也就确定了。根据完成这些指标的总投资，可以计算出总的环境投资，然后与同时期的国民生产总值进行比较。应尽可能利用经济发展产生的效益来实现环境目标。

根据环保投资占同期国民生产总值的比例论述目标可达性时，一定要结合具体的经济结构(特别是工业结构)，因为不同的工业结构，环保投资比例相同时，环境效益会出现明显的差异。

(2)管理技术和污染防治技术分析环境目标的可达性

我国五项新制度的实施，标志着我国环境管理发展到了一个新的水平，也标志着我国环境管理发展到了由定性转向定量、由点源治理转向区域综合防治的新阶段。环境管理技术的提高必将进一步促进强化环境管理，为环境目标的实施提供保证。

科学技术的发展，许多污染治理技术也在发展，生产的工艺技术在不断更新，逐渐淘汰一大批高消耗、低效益的生产设备。一些新技术的普及必将为环境目标的实施提供保证。

(3)污染削减可行性分析环境目标的可达性

在分析总量削减的可行性时，要分析目前削减的潜力及挖掘潜力的可能性，然后粗略地分析今后的一定时期内可能增加的污染负荷的削减能力。也就是比较污染物总量负荷削减能力和目标要求的削减能力。如果总削减量能力大于目标削减量，一方面说明目标可能定得太低，另一方面说明目标可达；如果总削减量能力小于目标削减量，一方面说明目标可能定得太高，另一方面说明在不重新增加污染负荷削减能力的条件下，目标难以实现。因此，目标要适宜。

11.9 区域环评案例

11.9.1 案例一

11.9.1.1 基本情况

A 市拟在东南 5km 的 C 河右岸建设一个 5 km×5 km 的开发区，开发区分为西北、东北、西南、东南 4 个区块，拟发展电子、生物与绿色食品、机械加工、材料，中央商务。

C河自南向北流经A市东部，流量15 m^3/s。该河上游距A市15 km处为该市主要水源地。开发区拟建集中供热，在开发区的东南角建一热电站，热电站规模为2×300 MW。热电站东南角5 km是D镇，东南21 km是国家级森林公园，东6 km是E小学。开发区还要建污水处理厂。该区域常年主导风向为NW。

11.9.1.2 开发区总体规划和开发现状

开发区总体规划概述。拟在A市东南5km的C河右岸建设一个5 km×5 km的开发区，开发区分为西北、东北、西南、东南4个区块，拟发展电子、生物与绿色食品、机械加工、材料，中央商务，还要建污水处理厂。

作为"总体规划"而非具体的建设项目，开发区规划应考虑重点建设项目工艺应符合产业政策，应具有先进性，但难以明确所需要的设备。其他选项均为总体规划应考虑的内容。包括①开发区的性质；②开发区不同发展阶段的目标、指标；③开发区地理位置、边界，主要功能分区及土地利用规划，优先发展项目拟采用的工艺、设备，开发区环保规划及环境功能区划。

11.9.1.3 区域环境状况调查和评价

本部分内容重点包括：

(1)区域环境概况(略)

(2)区域环境现状调查和评价基本内容

A城、D镇、E小学及开发区地形地貌、气候特征、土壤类型、区域水资源(地表水与地下水)、土地利用状况及基本农田分布，生态系统类型及野生动植物情况，包括生态敏感保护目标，如饮用水水源保护区、森林公园等，资源开发现状，水土流失现状，区域环境功能区划，环境承载力等。

11.9.1.4 规划方案分析

(1)开发区规划与城市发展规划协调性分析

在此需要本规划考虑与上位规划的符合性，与同位规划的协调性，对下位规划的指导性。①开发区的规划布局方案与城市产业发展规划协调性；②开发区环境敏感区与城市环境敏感区的协调性；③开发区功能区划与城市功能区划的协调性；④开发区规划与城市规划的协调性。

(2)开发区选址合理性分析

主要考虑环境与资源方面，原辅材料利用虽然也不是绝对不考虑，但一般也是考虑其供应源而非其利用率，利用率是企业生产应考虑的。①大气环境质量分析；②水环境功能区划符合性分析；③水资源利用合理性分析。

11.9.1.5 开发区污染源分析

污水处理厂建设既要结合风向考虑其恶臭的环境影响，也应考虑其中水利用的便捷。考虑到污水处理厂对5 km的D镇和东6 km的E小学的影响，选择在西南角是比较合适的；至于热电厂利用污水处理厂的中水，可能通过铺设管道解决。

电子产业由于其类型众多，具有不同的工艺和产品。一些电子产业是存在挥发性有机污染物排放的，但也有很多清洁的电子产业。另外电子产业本身也要求相对清洁的环境，特别是精密电子产业。结合周边环境并从其环境影响来看，布置在东北区和西南区均是可以考虑的。但从整体产业布局来考虑，而不是单独就某一个产业来考虑，最适宜布置在西南区。

11.9.1.6 开发区环境影响预测与评价

(1)环境空气影响

开发区建设对环境空气质量的影响，各类项目、以及污水处理厂的恶臭污染及处理，特别是位于开发区东南角热电厂废气排放的影响。本开发区的热电站燃料为煤，其配套工程需关注运煤道路或输煤栈桥建设问题、厂内贮煤场建设及场尘污染问题、灰渣场及灰渣综合利用问题。

(2)水环境影响

根据生产生活用水来源及评价开发区建设取水途径及污水排放情况，分析评价其对生产生活用水的影响。对A城市的饮用水水源地现状调查及影响评价。水源保护区规划，一级保护区、二级保护区或准保护区的划分情况，范围、面积、供水人口与取水口位置；水源地各级保护区的自然及生态环境状况、现状水质；水源保护区管理机构及日常管理情况；水源保护区的环境应急预案。另外，污水处理厂的事故情况下污水未经处理的排放污染影响，包括未经处理的污水进入农田后的污染影响。

(3)对土地利用与城镇发展的影响

弄清开发区是否征占土地，对土地利用格局及城镇发展是否有不利影响。

(4)固体废物影响

各类固体废物，除各产业外排，还有热电厂灰渣场及灰渣综合利用问题、污水处理场污泥处理处置问题。

(5)噪声影响

各种工业噪声，以及污水处理厂机械设备或动力设备运行的噪声影响及运输污泥等车辆的噪声影响。

(6)对生态环境的影响

主要是工程占地对生态的破坏与影响。

11.9.1.7 环境容量与污染总量控制

热电站建设环评中大气环境质量监测点位必须包括D镇、A城市、E小学。

该开发区废气常规因子(SO_2、烟气)排放量应采用集中供热电站的能耗进行估算。如果用其他产业的核算、估算均存在不确定性，且难度较大。

估算开发区水污染物排放总量需获取污水处理厂处理能力、出水水质；纳污水体水环境容量；开发区中水回用计划资料。该开发区建有污水处理厂，考虑开发区的污水进行污水处理厂处理后方排入水体，污水处理厂排放到环境中的水量是应扣除回用的中水的。因此，应收集污水处理厂处理能力及出水水质、中水回用量及水体的环境容量。

热电站冷却水可利用的水资源有河流水、开发区污水处理厂中水、城市污水处理厂中水。

该开发区规划的环境可行性论证重要选项有污染物排放量、水资源保护、与城市总体规划的协调性。

开发区的取水口宜布置在A城市饮用水水源的下游。

11.9.1.8 开发区生态环境保护与生态建设

规划实施后影响环境的主要因素及可能产生的主要环境问题：

(1)占地对区域土地利用格局及生态环境的不利影响，包括对农业的影响。

(2)从产业发展方向来看，各产业对环境空气、水环境、声环境均有不同程度的影响，其中对环境空气影响明显的是热电厂、机械及材料业，对地表水及地下水环境影响明显的是机械及材料、电子、商务、生物及绿色食品、污水处理厂、热电厂等，对声环境影响明显的是机械及材料业。此外，各产业均会产生固体废物、甚至危险废物(电子、机械及材料、污水处理厂的污泥)，处理不当，均会造成不利的环境影响。

(3)对产业对能源消耗可能带来的区域性不利环境影响，如土地资源，特别是农业用地问题、水资源、电力及燃料。

(4)交通运输及其配套基础设施建设可能带来的环境影响。

(5)可能还会涉及移民安置的环境影响问题。

11.9.1.9 开发区规划的综合论证与环境保护措施

(1)规划综合论证

①西南区块　适宜布置热电厂、污水处理厂。从当地风向、周边城镇、学校的布局及环境保护角度来看，热电厂西南区块更适宜，同时污水处理厂也分布在西南区块。这样热电厂利用污水处理厂的中水更方便。

②西北区块　适合布置商贸和管理区，因其距离A市近，更便于与A市沟通、对接，且处于主导风向的上风向，受开发区环境空气污染物影响小，可以免去布置在中部而受周边工业企业污染的影响。

③东北区块　适合布置生物工程和绿色食品加工业。该类企业要求生产环境应相对较好，布置在该区块，具有既与A市远，也可以避开开发区其他工业企业包围的优势。

④东南区块　适合发展电子、机械加工和材料加工业(处于下风向，对开发区环境影响小；距离热电厂较近，某种程度上可与热电厂实现资源综合利用或循环使用；距离污水处理厂也较近)。

(2)规划环境影响评价在政策方面应关注的内容

①是否与相关规划协调。

②产业发展是否符合国家政策。

③产业布局是否合理。

④产业链是否遵循循环经济原则。

⑤是否落实清洁生产。

⑥实施节能减排。

⑦是否符合总量控制要求。

11.9.2 案例二

11.9.2.1 基本情况

某城市根据当地资源及社会经济发展的需要，拟规划一工业开发区，以能源重化工为主，规划用地面积10 km^2，现委托你所在机构进行该工业园区规划的环境影响评价。该城北部以一条河流与另一城市相隔，该河流为两城市的饮用水水源。该城西南方向有较大面积的农田，且均为基本农田，农田西南有山脉一处，为国家级森林公园。根据城市发展规划，城市在未来10年内将由现在的30万人口发展到45万，城市总体发展方向为沿江向东西两个方向展开。近期拟建设污水处理厂一座，位于城市东南方向16 km处，用于处理城市污水和部分工业废水，现委托你所在机构进行该工业园区规划的环境影响评价。在城市规划中预留了三处工业开发区，分别为城市东—东南方向15 km处(A区)、东南方向20 km处(B区)、南—东南方向17 km处(C区)分别发展能源重化工业、轻工纺织业和机械加工业，但未明确哪一区块用于发展能源重化工业。三处工业区规划实施需搬迁9个村庄近1000人。开发区集中配套建设相应的供水、供电交通和通信设施。该区域常年主导风向为西北风，春季常有来自西北方向的大风。年降水量560 mm，蒸发量4300 mm，冬季较为寒冷。

11.9.2.2 开发区总体规划和开发现状

近期拟建设污水处理厂一座，位于城市东南方向16 km处，用于处理城市污水和部分工业废水，处理后的污水尽可能作为中水回用，少量排入北部河流城市下游段。在城市规划中预留了3处工业开发区，分别为城市东—东南方向15 km处(A区)、东南方向20 km处(B区)、南—东南方向17 km处(C区)分别发展能源重化工业、轻工纺织业和机械加工业。开发区集中配套建设相应的供水、供电交通和通讯设施。现状调查如下：

①土地利用现状，特别是基本农田情况，包括土壤类型、肥力，主要农作物及产量。

②居民区分布、人口数量及社会经济发展现状，包括文化教育、医疗卫生、广播电视、建筑结构、居住条件等。

③水环境现状，包括河流水系、主要河流水文特征、水环境质量、水环境问题及原因、纳污口分布及纳污量、水环境容量。

④生态环境现状，包括生态系统类型、主要野生动植物种类、是否有国家或地方保护物种、生态环境质量问题及原因。

⑤环境空气质量，主要空气质量指标现状、问题及原因。

11.9.2.3 区域环境状况调查和评价

(1)区域环境概况

规划用地面积10 km^2。该城北部以一条河流与另一城市相隔，该河流为两城市的饮用水水源。该城西南方向有较大面积的农田，且均为基本农田，农田西南有山脉一处，为国家级森林公园。根据城市发展规划，城市在未来10年内将由现在的30×10^4人口发展到45×10^4人，城市总体发展方向为沿江向东西两个方向展开。规划实施需搬迁9个村庄近1000人。开发区集中配套建设相应的供水、供电交通和通讯设施。该区域常年主导风向为西北风，春季常有来自西北方向的大风。年降水量560 mm，蒸发量4300 mm，冬季较为寒冷。

(2)本规划环境影响评价涉及的环境主体(或主要环境要素)

①工业发展水平及经济效益。

②空气环境、水环境、噪声、固体废物。

③自然资源与生态保护、当地的矿产经济资源、能源结构与效益。

④土地及资源、环境承载力。

11.9.2.4 规划方案分析

(1)对本规划的累积影响分析

①空间和时间两个方面　即随着规划的实施，在近期、中期、远期等不同的时间段内，对规划所在区域地表土壤、土地利用及植被的生态影响、对环境空气质量的影响趋势、对区域河流水系中水量及水质的影响、对声环境的影响。主要是评价各环境影响要素随时间的变化趋势。

②常用的方法有专家咨询法、核查表法　矩阵法，网络法、系统流图法、环境数学模拟法、承载力法、叠图法/GIS、情景分析法。

(2)本规划比选方案分析内容

①规划选址的比选　对于本规划，选择3个工业区的哪一个区落脚，应进行比较分析或根据当地环境实际情况及要求，提出其他地址。

②规划方案的比选　规划区内相关企业的布局、规模及工艺先进性比选，选择规划产业链比选，根据规划报告提出的产业链，规划区内相关企业的规模比选。

③环境影响的比选　比较不同规划方案对水、气、声、生态、资源与能源等的不同方式、不同程度、不同性质的影响。

(3)规划分析的主要内容

①阐明并分析规划编制的背景、规划的目标、规划对象、规划内容，实施方案及其与相关法律、法规和其他规划的关系。

②进行规划的协调性分析，即分析规划与城市总体规划及其他相关规划，如环境保护规划、其他两个工业开发区的规划的协调性、进入该开发区的相关工业企业类型与产业链关系的协调性。

③规划实施限制因素分析，如区域环境承载力。

④对规划提出的有关方案进行初步的筛选。

⑤对与本规划有关的配套工程进行简要说明与分析。

⑥考虑节能减排、总量控制与清洁生产。

(4)本规划实施中应采取的措施

①遵循预防为主的原则，按照预防措施、最小化措施、减量化措施、修复措施、重建措施。

②本规划选址时应尽可能远离城市，并处于城市的下风向；应尽可能减少占地面积，特别是占用基本农田的面积；相关工业企业规模要适当，可根据当地资源现状、国内外经济发展形势、市场情况等分期实施；落实节能减排、严格污染治理，实施清洁生产和总量控制，从源头上减少污染物的产生量和排放量；实行循环经济，对产生的废弃物尽可能在开发区内或附近其他两个开发区内予以资源化；对开发区建设中受到破坏的生态系统及其他环境要素，能修复的应及时修复，不能修复的予以重建。

11.9.2.5 开发区污染源分析

环境影响评价要素及主要指标如下：

(1)水环境影响指标

规划开发区主要河流水质指标，包括pH、水温、COD、BOD、DO、SS、氨氮等常规指标及与开发区规划建设项目有关的特征指标。

(2)环境空气影响指标

TSP、PM_{10}、SO_2、NO_2、Pb、F、O_3、B[a]P及与开发区有关的特征污染物指标。

(3)噪声影响指标

区域环境噪声及主要噪声源噪声。

(4)固体废物影响指标

固体废物产生的种类、数量、成分，处理处置方式等。

(5)生态影响指标

土壤类型、生态系统类型、主要野生动植物及生境条件、主要生态问题及原因、生态演变趋势。

(6)风险

需识别风险源、风险发生的因素、危害等。

11.9.2.6　开发区环境影响预测与评价

(1)本规划影响预测评价可采取的技术方法

类比分析法、系统动力学方法、经济与密度计算法、投入产出分析法、环境数学模型法、情景分析法。

(2)规划实施后可能产生的主要环境问题

①土地利用问题　对规划实施会占用较大面积的土地，对区域土地供应与土地利用格局会造成不利影响。

②生态破坏问题　对区域生态的破坏造成一定的生物量损失与生态效益的损失以及生态景观格局的人工变化。

③空气污染问题　排放的污染物对环境空气的影响，进而影响土壤、生态与水环境质量。

④水资源与水环境问题　对水资源的大量需求，可能导致区域水资源的短缺，污水排放会导致水环境的污染。

⑤噪声污染问题　企业噪声及其引发相关建设、交通运输等噪声问题。

⑥环境风险问题　能源重化工企业存在一定的环境风险。

⑦资源问题　对当地产业发展的影响，特别是对自然资源开发的诱导与促进作用加剧生态的破坏。

⑧社会经济问题　对区域社会经济结构变化及其引发的社会生活的变化、相关企业转型及发展趋势的影响。

11.9.2.7　环境容量与污染总量控制

该开发区规划的环境可行性论证重要选项有污染物排放量(气体、污水、固体)、水资源保护以及与城市总体规划的协调性。

对各环境影响评价要素设置相应的监测点。

11.9.2.8 开发区生态环境保护与生态建设

规划实施后影响环境的主要因素及可能产生的主要环境问题:

(1)区域土地利用格局的变化对生态环境可能造成的环境影响。

(2)环境空气、水环境和固体废物可能造成的环境影响。

(3)产业能源消耗可能造成的环境影响。

(4)建设交通运输及其配套基础设施可能造成的环境影响。

(5)移民安置可能造成的环境影响。

(根据贾生元主编的《环境影响评价案例分析试题解析》中的案例改编)

思考题

1. 简述区域环境影响评价的定义、特点、目的、主要类型及意义。
2. 简述区域环境影响评价的内容。
3. 简述环境承载力、环境容量的概念。
4. 简述区域环境污染总量控制、允许排放量的分配应遵循的原则。
5. 简述区域环境影响评价进行土地利用和生态适宜度分析的原因。
6. 简要分析区域环境目标的可达性。

第12章 规划环境影响评价

【内容提要】规划环境影响评价的任务是在规划编制阶段，对规划实施可能造成的环境影响进行分析、预测和评价，并提出预防或者减轻不良环境影响的对策和措施，对环境有重大影响的规划实施后为科学、合理地制定相关规划提供科学依据或指导性意见。本章内容包括规划环境影响评价的概念、评价目标和原则、评价的内容、程序和方法。通过学习本章内容，需明确规划环评的适用范围，重点掌握规划环评方案初选、环境背景分析、环境影响的识别、预测和评价的主要方法，并能够在规划环境影响评价案例中灵活运用。

12.1 规划环境影响评价概要

随着我们国家改革开放整体推进，环境保护工作的开展不断加强和规范。2003 年实施的《中华人民共和国环境影响评价法》，对环境影响评价制度进行了重大拓展。明确了规划环境影响评价的适应范围、评价内容和工作程序、法律责任。我国环境影响评价已从建设项目延伸到规划，从决策源头防治生态环境污染和破坏，全面实施可持续发展战略。2009 年国务院颁布了《规划环境影响评价条例》。环境保护部 2003 年发布了《规划环境影响评价技术导则》(HJ/130—2003)，2014、2019 年发布了新修订的《规划环境影响评价技术导则——总纲》(HJ/130—2019)。标志着规划环境影响评价工作的深化和规范化。

12.1.1 概　念

(1)规划环境影响评价

根据《环境影响评价法》中关于环境影响评价的定义，即“对规划和建设项目实施后可能造成的环境影响进行分析、预测和评估，提出预防或者减轻不良环境影响的对策和措施，进行跟踪监测的方法与制度”。因此，规划环境影响评价(planning environmental impact assessment)应当是指在规划编制阶段，对规划实施后可能造成的环境影响进行分析、预测和评价，并提出预防或者减轻不良环境影响的对策和措施；并且在规划实施后进行跟踪监测的过程。

(2)规划环境影响评价技术导则体系

规划环境影响评价技术导则体系(technical guideline system plan environmental impact assessment)由规划环境影响评价技术导则——总纲、综合性规划和专项规划的环境影响评价技术导则、技术规范构成了规划环境影响评价技术导则体系。

(3)规划要素

规划要素(plan component)指规划方案中的发展目标、定位、规模、布局、结构、建设(或实施)时序，以及规划包含的具体建设项目的建设计划等。

(4)环境目标

环境目标(environmental objective)指为保护和改善环境而设定的、拟在相应规划期限内达到的环境质量、生态功能和其他与环境保护相关的目标和要求，是规划应满足的环境保护要求，是开展规划环境影响评价的依据。

(5)生态空间

生态空间(ecological space)指具有自然属性、以提供生态服务或生态产品为主体功能的国土空间，包括森林、草原、湿地、河流、湖泊、滩涂、岸线、海洋、荒地、荒漠、戈壁、冰川、高山冻原、无居民海岛等区域，是保障区域生态系统稳定性、完整性，提供生态服务功能的主要区域。

(6)重点生态功能区

重点生态功能区(key ecological function area)指生态系统脆弱或生态功能重要，资源环境承载能力较低，需要在国土空间开发中限制进行大规模高强度工业化城镇化开发，以保持并提高生态产品供给能力的区域。

(7)生态保护红线

生态保护红线(ecological red line)指具有特殊重要生态功能、必须强制性严格保护的区域，是保障和维护国家生态安全的底线和生命线，通常包括具有重要水源涵养、生物多样性维护、水土保持、防风固沙、海岸生态稳定等功能的生态功能重要区域，以及水土流失、土地沙化、石漠化、盐渍化等生态环境敏感脆弱区域。

(8)环境质量底线

环境质量底线(environmental quality bottom line)指按照水、大气、土壤环境质量不断优化的原则，结合环境质量现状和相关规划、功能区划要求，考虑环境质量改善潜力，确定的分区域分阶段环境质量目标及相应的环境管控、污染物排放控制等要求。

(9)资源利用上线

资源利用上线(resource utilization upper limit)以保障生态安全和改善环境质量为目的，结合自然资源开发管控，提出的分区域分阶段的资源开发利用总量、强度、效率等上线管控要求。

(10)环境准入负面清单

环境准入负面清单(negative list of environmental admit)统筹考虑生态保护红线、环境质量底线、资源利用上线的管控要求，以清单形式提出的空间布局、污染物排放、环境风险、资源开发利用等方面禁止和限制的环境准入要求。

(11)累积环境影响

累积环境影响(cumulative environmental impact)指评价的规划与区域内其他相关开发活动在一定时间和空间范围内对资源与环境造成的叠加的、复合的、协同的影响。

(12)跟踪评价

跟踪评价(follow up SEA)指规划编制机关在规划的实施过程中，对规划已经和正在造成的环境影响进行监测、分析和评价的过程，用于检验规划环境影响评价的准确性以及不良环境影响减缓措施的有效性，并根据评价结果，采取减缓不良环境影响的改进措施，或者对正在实施的规划方案进行修订，甚至终止其实施。

12.1.2 适用范围

《中华人民共和国环境影响评价法》在第二章中明确指出规划和专项规划的环境影响评价对象和要求，规定了“国务院有关部门、设区的市级以上地方人民政府及其有关部门，对其组织编制的土地利用的有关规划，区域、流域、海域的建设、开发利用规划，应当在规划编制过程中组织进行环境影响评价，编写该规划有关环境影响的篇章或者说明”，“国务院有关部门、设区的市级以上地方人民政府及其有关部门，对其组织编制的工业、农业、畜牧业、林业、能源、水利、交通、城市建设、旅游、自然资源开发的有关专项规划，应当在该专项规划草案上报审批前，组织进行环境影响评价，并向审批该专项规划的机关提出环境影响报告书”，明确了规划环境影响评价所适用的范围和时段，可以简要的概括为一地、三域、十专项(表12-1)。

根据环境影响评价法制定的《规划环境影响评价条例》(中华人民共和国国务院令第559号，2009)，第十条对综合性规划、专项规划、指导性规划的编写进行了说明。编制综合性规划时应当根据规划实施后可能对环境造成的影响，编写环境影响篇章或者说明；编制专项规划时，应当在规划草案报送审批前编制环境影响报告书；但如果是编制专项规划中的指导性规划应当依照《规划环境影响评价条例》的规定编写环境影响篇章或者说明(指导性规划是指以发展战略为主要内容的专项规划)。

表12-1 规划环境影响评价的管理要求

规划类别		评价类别	评价要求
一地		土地利用	篇章或说明
三域	区域	国家经济区规划 各类开发区、工业园区等区域开发规划	篇章或说明 报告书
	流域、海域		篇章或说明
十专项	工业	全国工业有关行业发展规划 省级及各设区的市级工业行业规划	篇章或说明 报告书
	农业、畜牧业、能源、交通、旅游、自然资源开发	有关专项规划 指导专项规划	报告书 篇章或说明
	林业	指导性专项规划、城市总体规划	篇章或说明
	水利	有关专项规划	报告书

12.2 规划环境影响评价的目的、原则和程序

12.2.1 目的

通过评价，提供规划决策所需的资源与环境信息，识别制约规划实施的主要资源(如土地资源、水资源、能源、矿产资源、旅游资源、生物资源、景观资源和海洋资源等)和环境要素(如水环境、大气环境、土壤环境、海洋环境、声环境和生态环境)，确定环境目标，构建评价指标体系，分析、预测与评价规划实施可能对区域、流域、海域生态系统产生的整体影响、对环境和人群健康产生的长远影响，论证规划方案的环境合理性和对可持续发展的影响，论证规划实施后环境目标和指标的可达性，形成规划优化调整建议，提出环境保护对策、措施和跟踪评价方案，协调规划实施的经济效益、社会效益与环境效益之间以及当前利益与长远利益之间的关系，为规划和环境管理提供决策依据。

12.2.2 原则

(1)早期介入、过程互动

评价应在规划编制的早期阶段介入，并与规划前期研究和方案编制、论证、审定等关键环节和过程充分互动。

(2)依法依规、突出重点

评价的目的、原则、依据等应与环境法规、政策、规划、标准等相符合，评价内容和专题设置应突出不同类型、不同层级规划的编制特点和环境影响特点。

(3)科学客观、优化规划

评价依据的基础资料和数据信息应完整、真实、可信，选择的因子和指标应有针对性，采取的评价方法应科学可靠，提出的结论和建议应具体明确并为优化规划提供支撑。

12.2.3 规划环境影响评价的范围和程序

12.2.3.1 评价内容与评价范围

根据规划对环境要素的影响方式、程度，以及其他客观条件确定规划环境影响评价的工作内容。每个规划环境影响评价的工作内容随规划的类型、特性、层次、地点及实施主体而异；根据环境影响识别的结果确定环境影响评价的具体内容。

按照规划实施的时间维度和可能影响的空间尺度来界定评价范围。

(1)时间维度上，应包括整个规划期，并根据规划方案的内容、年限等选择评价的重点时段。

(2)空间尺度上，应包括规划空间范围以及可能受到规划实施影响的周边区域。周边区域确定应考虑生态系统完整性和行政边界。也就是不仅考虑规划的环境影响可能到达的地域范围，还要考虑自然地理单元、气候单元、水文单元、生态单元的完整性和行政区域的完整性。

确定评价范围时不仅要考虑地域因素，还要考虑法律、行政权限、减缓或补偿要求、

公众和相关团体意见等限制因素。

12.2.3.2 规划环境影响评价的程序

在规划纲要编制阶段，通过对规划可能涉及内容的分析，识别规划实施的主要环境影响，分析提出规划实施的资源和环境制约因素，反馈给规划编制机关。同时确定规划环境影响评价方案。

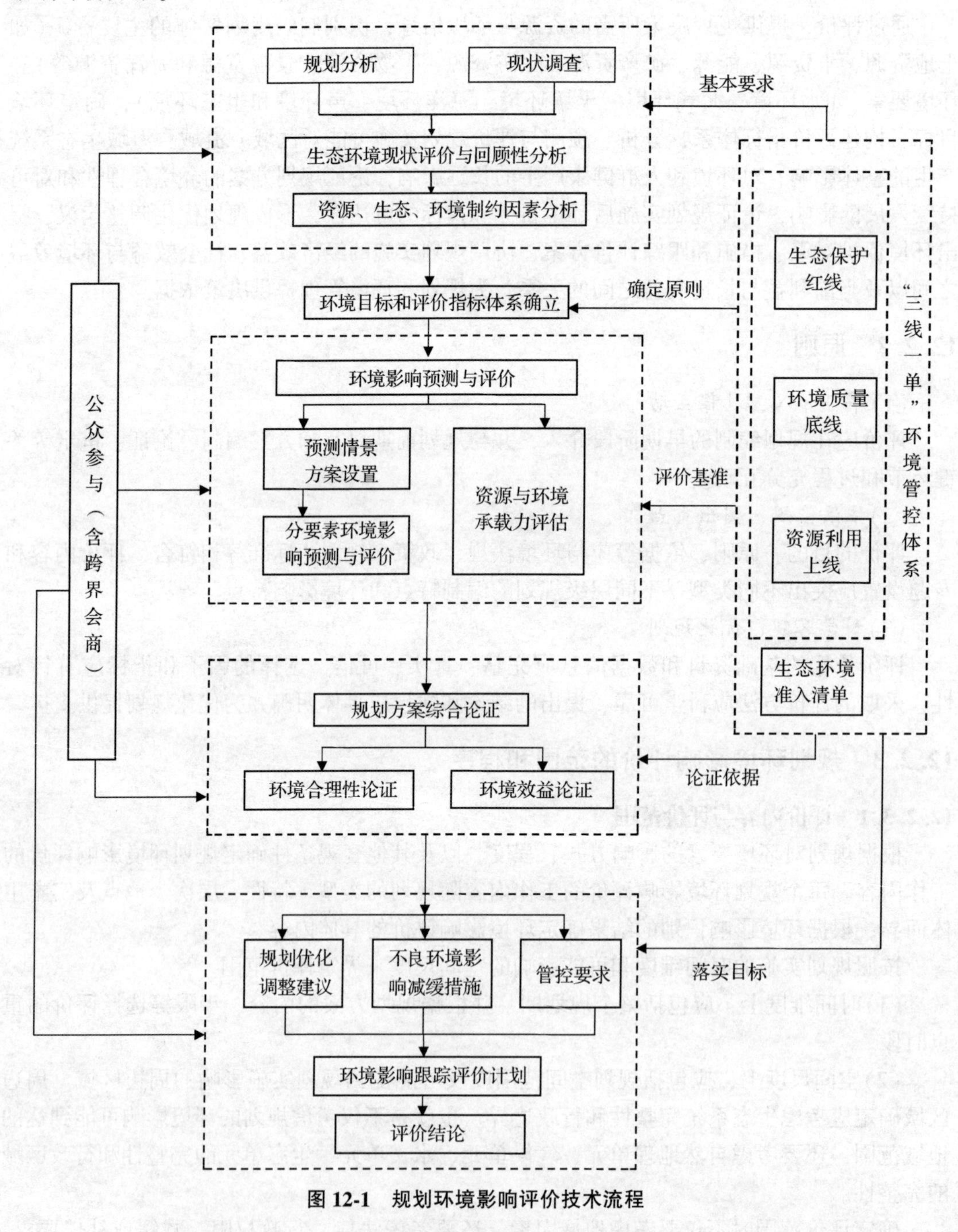

图 12-1 规划环境影响评价技术流程

在规划的研究阶段，评价可随着规划的不断深入，及时对不同规划方案实施的资源、环境、生态影响进行分析、预测和评估，综合论证不同规划方案的合理性，提出优化调整建议，反馈给规划编制机关，供其在不同规划方案的比选中参考与利用。

在规划的编制阶段应针对环境影响评价推荐的环境可行的规划方案，从战略和政策层面提出环境影响减缓措施。在规划上报审批前，应完成规划环境影响报告书(规划环境影响篇章或说明)的编写与审查，并提交给规划编制机关。规划环境影响评价技术流程如图 12-1 所示。

12.3 规划分析

规划分析应包括规划概述、规划的协调性分析和不确定性分析等。通过对多个规划方案具体内容的解析和初步评估，从规划与资源节约、环境保护等各项要求相协调的角度，筛选出备选的规划方案，并对其进行不确定性分析，给出可能导致环境影响预测结果和评价结论发生变化的不同情景，为后续的环境影响分析、预测与评价提供基础。

规划方案包括由规划编制部门提出并建议实施的规划方案(即推荐方案)及其他方案(替代方案)；环境可行的推荐方案是由评价机构通过规划环评初步确定的环境上基本可行的方案。规划方案及环境可行的推荐方案、替代方案相互之间及其与规划环境影响评价的关系(图 12-2)。

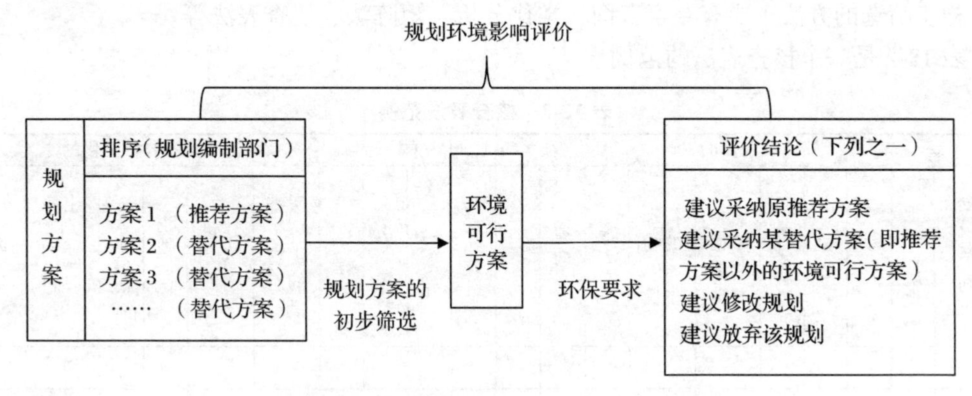

图 12-2 规划方案、环境可行的推荐方案、替代方案及其关系

12.3.1 规划概述

规划环境影响评价应在充分理解规划的基础上进行，应阐明并简要分析规划的编制背景、规划的目标、规划对象、规划内容、实施方案，以及其与相关法律、法规和其他规划的关系。如规划包含具体建设项目时，应明确其建设性质、内容、规模、地点等。其中，规划的范围，布局等应给出相应的图、表。

12.3.2 规划目标的协调性分析

按拟定的规划目标，逐项比较分析规划与所在区域或行业其他规划(包括环境保护规划)的协调性。分析规划在所属规划体系(如土地利用规划、流域规划体系、城乡规划体系等)中的位置，给出规划的层级(如国家级、省级、市级或县级)，规划的功能属性(如综合性规划、专项规划、专项规划中的指导性规划)、规划的时间属性(如首轮规划、调整规划；短期规划、中期规划、长期规划)。分析规划目标与上层位规划的符合性，重点分析规划之间在资源保护与利用、环境保护、生态保护要求等方面的冲突和矛盾。

这里尤其应注意拟定规划与两类规划的协调性分析：

第一类是与该规划具有相似的环境、生态问题或共同的环境影响，占用或使用共同的自然资源的规划，主要是将这些规划放置在同一环境或资源问题上分析其协调性。

第二类规划是该规划与环境功能区划、生态功能保护区划、生态省(市)规划等环境保护的相关规划是否协调。

12.3.3 规划方案的初步筛选

规划的最初方案一般是由规划编制专家提出的，评价工作组应当依照国家的环境保护政策、法规及其他有关规定，对所有的规划方案进行筛选，可以将明显违反环保原则或不符合环境目标的规划方案去除，以减少不必要的工作量。

筛选的主要步骤为识别该规划所包含的主要经济活动，包括直接或间接影响到的经济活动，分析可能受到这些经济活动影响的环境要素；简要分析规划方案对实现环境保护目标的影响，进行筛选以初步确定环境可行的规划方案。

初步筛选的方法主要有专家咨询、类比分析、矩阵法、核查表法等。

表 12-2 是一个核查表法的范例。

表 12-2 核查表法范例

陆地和水体的										大气的			社会、经济的和文化的						
规划涉及的活动和后果	土壤/质地	动物	植物	生物多样性	野生动植物栖息地	特殊的物种/生境	地表水	地面水	鱼类栖息地	空气质量	气候变化	噪声/振动	美学	考古/古生物的遗址	建筑的/遗产	当地居民	人类健康	土地/自然资源利用	娱乐

12.3.4 规划分析的方式和方法

规划分析的方式和方法主要有核查表、叠图分析、矩阵分析、专家咨询(如智暴法、德尔斐法等)、情景分析、博弈论、类比分析、系统分析等。

12.4 现状调查与评价

开展资源利用和生态环境现状调查、环境影响回顾性分析，明确评价区域资源利用水平和生态功能、环境质量现状、污染物排放状况，分析主要生态环境问题及成因，梳理规划实施的资源、生态、环境制约因素。

调查应包括自然地理状况、环境质量现状、生态状况及生态功能、环境敏感区和重点生态功能区、资源利用现状、社会经济概况、环保基础设施建设及运行情况等内容。实际工作中应根据规划环境影响特点和区域生态环境保护要求，从附录C中选择相应内容开展调查和资料收集，并附相应图件。现状调查应立足于收集和利用评价范围内已有的常规现状资料，并说明资料来源和有效性。有常规监测资料的区域，资料原则上包括近5年或更长时间段资料，能够说明各项调查内容的现状和变化趋势。对其中的环境监测数据，应给出监测点位名称、监测点位分布图、监测因子、监测时段、监测频次及监测周期等，分析说明监测点位的代表性。当已有资料不能满足评价要求，或评价范围内有需要特别保护的环境敏感区时，可利用相关研究成果，必要时进行补充调查或监测，补充调查样点或监测点位应具有针对性和代表性。

12.5 环境影响识别、环境目标和评价指标

12.5.1 基本要求

识别规划实施可能产生的资源、生态、环境影响，初步判断影响的性质、范围和程度，确定评价重点，明确环境目标，建立评价的指标体系。

12.5.2 环境影响识别

根据规划方案的内容、年限，识别和分析评价期内规划实施对资源、生态、环境造成影响的途径、方式，以及影响的性质、范围和程度。识别规划实施可能产生的主要生态环境影响和风险。对于可能产生具有易生物蓄积、长期接触对人群和生物产生危害作用的无机和有机污染物、放射性污染物、微生物等的规划，还应识别规划实施产生的污染物与人体接触的途径以及可能造成的人群健康风险。对资源、生态、环境要素的重大不良影响，可从规划实施是否导致区域环境质量下降和生态功能丧失、资源利用冲突加剧、人居环境明显恶化3个方面进行分析与判断。通过环境影响识别，筛选出受规划实施影响显著的资源、生态、环境要素，作为环境影响预测与评价的重点。

12.5.3 环境目标

分析国家和区域可持续发展战略、生态环境保护法规与政策、资源利用法规与政策等的目标及要求，重点依据评价范围涉及的生态环境保护规划、生态建设规划以及其他相关生态环境保护管理规定，结合规划协调性分析结论，衔接区域“三线一单”成果，设定各评价时段有关生态功能保护、环境质量改善、污染防治、资源开发利用等的具体目标及要求。

环境目标是开展规划环境影响评价的依据。规划在不同规划时段应满足的环境目标可根据国家和区域确定的可持续发展战略、环境保护的政策与法规、资源利用的政策与法规、产业政策、上层位规划，规划区域、规划实施直接影响的周边地域的生态功能区划和

环境保护规划、生态建设规划确定的目标，环境保护行政主管部门以及区域、行业的其他环境保护管理要求确定。

评价指标是量化了的环境目标，一般首先将环境目标分解成环境质量、生态保护、资源利用、社会与经济环境等评价主题，再筛选确定表征评价主题的具体评价指标，并将现状调查与评价中确定的规划实施的资源与环境制约因素作为评价指标筛选的重点。

12.5.4 评价指标的选取

应能体现国家发展战略和环境保护战略、政策、法规的要求，体现规划的行业特点及其主要环境影响特征，符合评价区域生态、环境特征，体现社会发展对环境质量和生态功能不断提高的要求，并易于统计、比较和量化。

12.5.5 评价指标值的确定

应符合相关产业政策、环境保护政策、法规和标准中规定的限值要求，例如，国内政策、法规和标准中没有的指标值也可参考国际标准确定对于不易量化的指标司经过专家论证，给出半定量的指标值或定性说明。

环境影响识别与评价指标确定的方式和方法主要有核查表、矩阵分析、网络分析、系统流图、叠图分析、灰色系统分析、层次分析、情景分析、专家咨询、类比分析、压力-状态-响应分析等。

12.6 环境影响预测与评价

规划环境影响预测与评价包括预测和评价不同规划方案(包括替代方案)对环境保护目标、环境质量和可持续性的影响。按照规划不确定性分析给出的不同发展情景，进行同等深度的影响预测与评价，明确给出规划实施对评价区域资源、环境要素的影响性质、程度和范围，为提出评价推荐的环境可行的规划方案和优化调整建议提供支撑。环境影响预测与评价一般包括规划开发强度的分析，水环境(包括地表水、地下水、海水)、大气环境、土壤环境、声环境的影响，对生态系统完整性及景观生态格局的影响，对环境敏感区和重点生态功能区的影响，资源与环境承载能力的评估等内容。

12.6.1 基本要求

系统分析规划实施全过程对可能受影响的所有资源、环境要素的影响类型和途径，针对环境影响识别确定的评价重点内容和各项具体评价指标，按照规划不确定性分析给出的不同发展情景，进行同等深度的影响预测与评价，明确给出规划实施对评价区域资源、环境要素的影响性质、程度和范围，为提出评价推荐的环境可行的规划方案和优化调整建议提供支撑。

环境影响预测与评价一般包括规划开发强度的分析，水环境(包括地表水、地下水、海水)、大气环境、土壤环境、声环境的影响，对生态系统完整性及景观生态格局的影响，对环境敏感区和重点生态功能区的影响，资源与环境承载能力的评估等内容。

环境影响预测应充分考虑规划的层级和属性，依据不同层级和属性规划的决策需求，采用定性、半定量、定量相结合的方式进行。对环境质量影响较大、与节能减排关系密切的工业、能源、城市建设、区域建设与开发利用、自然资源开发等专项规划，应进行定量或半定量环境影响预测与评价。对于资源和水环境、大气环境、土壤环境、海洋环境、声环境指标的预测与评价，一般应采用定量的方式进行。

12.6.2 环境影响预测与评价的内容

12.6.2.1 规划开发强度分析

(1)通过规划要素的深入分析，选择与规划方案性质、发展目标等相近的国内、外同类型已实施规划进行类比分析(例如，区域已开发，可采用环境影响回顾性分析的资料)，依据现状调查与评价的结果，同时考虑科技进步和能源替代等因素，结合不确定性分析设置的不同发展情景，采用负荷分析、投入产出分析等方法，估算关键性资源的需求量和污染物(包括影响人群健康的特定污染物)的排放量。

(2)选择与规划方案和规划所在区域生态系统(组成、结构、功能等)相近的已实施规划进行类比分析，依据生态现状调查与评价的结果，同时考虑生态系统自我调节和生态修复等因素，结合不确定性分析设置的不同发展情景，采用专家咨询、趋势分析等方法，估算规划实施的生态影响范围和持续时间，以及主要生态因子的变化量(如生物量、植被覆盖率、珍稀濒危和特有物种生境损失量、水土流失量、斑块优势度等)。

12.6.2.2 影响预测与评价

(1)水

预测不同发展情景下规划实施产生的水污染物对受纳水体稀释扩散能力、水质、水体富营养化和河口咸水入侵等的影响；对地下水水质、流场和水位的影响；对海域水动力条件、水环境质量的影响。明确影响的范围与程度或变化趋势，评价规划实施后受纳水体的环境质量能否满足相应功能区的要求，并绘制相应的预测与评价图件。

(2)大气

预测不同发展情景规划实施产生的大气污染物对环境敏感区和评价范围内大气环境的影响范围与程度或变化趋势，在叠加环境现状本底值的基础上，分析规划实施后区域环境空气质量能否满足相应功能区的要求，并绘制相应的预测与评价图件。

(3)声环境

声环境影响预测与评价按照 HJ 2.4—2009 中关于规划环境影响评价声环境影响评价的要求执行。

(4)土壤

预测不同发展情景下规划实施产生的污染物对区域土壤环境影响的范围与程度或变化趋势，评价规划实施后土壤环境质量能否满足相应标准的要求，进而分析对区域农作物、动植物等造成的潜在影响，并绘制相应的预测与评价图件。

(5)生态影响

预测不同发展情景对区域生物多样性(主要是物种多样性和生境多样性)、生态系统连通性、破碎度及功能等的影响性质与程度，评价规划实施对生态系统完整性及景观生态格局的影响，明确评价区域主要生态问题(如生态功能退化、生物多样性丧失等)的变化趋势，分析规划是否符合有关生态红线的管控要求。对规划区域进行了生态敏感性分区的，还应评价规划实施对不同区域的影响后果，以及规划布局的生态适宜性。

预测不同发展情景对自然保护区、饮用水水源保护区、风景名胜区、基本农田保护区、居住区、文化教育区域等环境敏感区、重点生态功能区和重点环境保护目标的影响，评价其是否符合相应的保护要求。

(6)重点污染物与区域人群健康

对于某些有可能产生具有难降解、易生物蓄积、长期接触对人体和生物产生危害作用的重金属污染物、无机和有机污染物、放射性污染物、微生物等的规划，根据这些特定污染物的环境影响预测结果及其可能与人体接触的途径与方式，分析可能受影响的人群范围、数量和敏感人群所占的比例，开展人群健康影响状况分析。鼓励通过剂量—反应关系模型和暴露评价模型，定量预测规划实施对区域人群健康的影响。

(7)环境风险与生态风险

对于规划实施可能产生重大环境风险源的，应进行危险源、事故概率、规划区域与环境敏感区及环境保护目标相对位置关系等方面的分析，开展环境风险评价；对于规划范围涉及生态脆弱区域或重点生态功能区的，应开展生态风险评价。

(8)资源与环境承载能力

对于工业、能源、自然资源开发等专项规划和开发区、工业园区等区域开发类规划，应进行清洁生产分析，重点评价产业发展的单位国内生产总值或单位产品的能源、资源利用效率和污染物排放强度、固体废物综合利用率等的清洁生产水平；对于区域建设和开发利用规划，以及工业、农业、畜牧业、林业、能源、自然资源开发的专项规划，需要进行循环经济分析，重点评价污染物综合利用途径与方式的有效性和合理性。

12.6.2.3 累积环境影响预测与分析

识别和判定规划实施可能发生累积环境影响的条件、方式和途径，预测和分析规划实施与其他相关规划在时间和空间上累积的资源、环境、生态影响。

12.6.2.4 资源与环境承载力评估

评估资源(水资源、土地资源、能源、矿产等)与环境承载能力的现状及利用水平，在充分考虑累积环境影响的情况下，动态分析不同规划时段可供规划实施利用的资源量、环境容量及总量控制指标，重点判定区域资源与环境对规划实施的支撑能力，重点判定规划实施是否导致生态系统主导功能发生显著不良变化或丧失。

12.6.3 环境影响预测与评价的方式和方法

目前在规划环境影响评价中采用的技术方法大致分为两类。一类是在建设项目环境影响评价中采取的，可适用于规划环境影响评价的方法，例如，识别影响的各种方法(清单、矩阵、网络分析)、描述基本现状、环境影响预测模型等。另一类是在经济部门、规划研究中使用的，可用于规划环境影响评价的方法，例如，各种形式的情景和模拟分析、区域预测、投入产出方法、地理信息系统、投资-效益分析、环境承载力分析等。表12-3总结了不同评价环节可以使用的评价方法。

表 12-3 规划环境影响评价的常用方法

评价环节	可采用的主要方式和方法
规划分析	核查表、叠图分析、矩阵分析、专家咨询(如智暴法、德尔斐法等)、情景分析、类比分析、系统分析、博弈论
环境现状调查与评价	现状调查：资料收集、现场踏勘、环境监测、生态调查、问卷调查、访谈、座谈会 现状分析与评价：专家咨询、指数法(单指数、综合指数)、类比分析、叠图分析、生态学分析法(生态系统健康评价法、生物多样性评价法、生态机理分析法、生态系统服务功能评价方法、生态环境敏感性评价方法、景观生态学法等)、灰色系统分析法、地理信息系统(GIS)
环境影响识别与评价指标确定	核查表、矩阵分析、网络分析、系统流图分析、叠图分析、灰色系统分析法、层次分析、情景分析、专家咨询、类比分析、压力状态-响应分析
规划开发强度估算	专家咨询、情景分析、负荷分析(估算单位国内生产总值物耗、能耗和污染物排放量等)、趋势分析、弹性系数法、类比分析、对比分析、投入产出分析、供需平衡分析
环境要素影响预测与评价	类比分析、对比分析、负荷分析(估算单位国内生产总值物耗、能耗和污染物排放量等)、弹性系数法、趋势分析、系统动力学法、投入产出分析、供需平衡分析、数值模拟、环境经济学分析(影子价格、支付意愿、费用效益分析等)、综合指数法、生态学分析法、灰色系统分析法、叠图分析、情景分析、相关性分析、剂量-反应关系评价
环境风险评价	灰色系统分析法、模糊数学法、数值模拟、风险概率统计、事件树分析、生态学分析法、类比分析
累积影响评价	矩阵分析、网络分析、系统流图分析、叠图分析、情景分析、数值模拟、生态学分析法、灰色系统分析法、类比分析、专家咨询法
资源与环境承载力评估	情景分析、类比分析、供需平衡分析、系统动力学法、生态学分析法

12.7 规划方案综合论证和优化调整建议

针对各规划方案(包括替代方案)拟定环境保护对策和措施，确定环境可行的推荐规划方案。规划方案的综合论证包括环境合理性论证和可持续发展论证两部分内容。其中，环境合理性论证侧重于从规划实施对资源、环境整体影响的角度，论证各规划要素的合理性；可持续发展论证则侧重于从规划实施对区域经济、社会与环境效益贡献，以及协调当前利益与长远利益之间关系的角度，论证规划方案的合理性。

12.7.1 基本要求

依据环境影响识别后建立的规划要素与资源、环境要素之间的动态响应关系，综合各种资源与环境要素的影响预测和分析、评价结果，论证规划的目标、规模、布局、结构等规划要素的合理性以及环境目标的可达性，动态判定不同规划时段、不同发展情景下规划实施有无重大资源、生态、环境制约因素，详细说明制约的程度、范围、方式等，进而提出规划方案的优化调整建议和评价推荐的规划方案。

规划方案的综合论证包括环境合理性论证和可持续发展论证两部分内容。其中，环境合理性论证侧重于从规划实施对资源、环境整体影响的角度，论证各规划要素的合理性；可持续发展论证则侧重于从规划实施对区域经济、社会与环境效益贡献，以及协调当前利益与长远利益之间关系的角度，论证规划方案的合理性。

12.7.2　规划方案综合论证

12.7.2.1　规划方案的环境合理性论证

(1)基于区域发展与环境保护的综合要求，结合规划协调性分析结论，论证规划目标与发展定位的合理性。

(2)基于资源与环境承载力评估结论，结合区域节能减排和总量控制等要求，论证规划规模的环境合理性。

(3)基于规划与重点生态功能区、环境功能区划、环境敏感区的空间位置关系，对环境保护目标和环境敏感区的影响程度，结合环境风险评价的结论，论证规划布局的环境合理性。

(4)基于区域环境管理和循环经济发展要求，以及清洁生产水平的评价结果，重点结合规划重点产业的环境准入条件，论证规划能源结构、产业结构的环境合理性。

(5)基于规划实施环境影响评价结果，重点结合环境保护措施的经济技术可行性，论证环境保护目标与评价指标的可达性。

12.7.2.2　规划方案的可持续发展论证

(1)从保障区域、流域可持续发展的角度，论证规划实施能否使其消耗(或占用)资源的市场供求状况有所改善，能否解决区域、流域经济发展的资源瓶颈；论证规划实施能否使其所依赖的生态系统保持稳定，能否使生态服务功能逐步提高；论证规划实施能否使其所依赖的环境状况整体改善。

(2)综合分析规划方案的先进性和科学性，论证规划方案与国家全面协调可持续发展战略的符合性，可能带来的直接和间接的社会、经济、生态环境效益，对区域经济结构的调整与优化的贡献程度，以及对区域社会发展和社会公平的促进性等。

12.7.2.3　不同类型规划方案综合论证重点

(1)进行综合论证时，可针对不同类型和不同层级规划的环境影响特点，突出论证重点。

(2)对资源、能源消耗量大、污染物排放量高的行业规划，重点从区域资源、环境对规划的支撑能力、规划实施对敏感环境保护目标与节能减排目标的影响程度、清洁生产水平、人群健康影响状况等方面，论述规划确定的发展规模、布局(及选址)和产业结构的合理性。

(3)对土地利用的有关规划和区域、流域、海域的建设、开发利用规划，以及农业、畜牧业、林业、能源、水利、旅游、自然资源开发专项规划，重点从规划实施对生态系统及环境敏感区组成、结构、功能所造成的影响，以及潜在的生态风险，论述规划方案的合理性。

(4)对公路、铁路、航运等交通类规划，重点从规划实施对生态系统组成、结构、功能所造成的影响、规划布局与评价区域生态功能区划、景观生态格局之间的协调性，以及规划的能源利用和资源占用效率等方面，论述交通设施结构、布局等的合理性。

(5)对于开发区及产业园区等规划，重点从区域资源、环境对规划实施的支撑能力、规划的清洁生产与循环经济水平、规划实施可能造成的事故性环境风险与人群健康影响状况等方面，综合论述规划选址及各规划要素的合理性。

(6)城市规划、国民经济与社会发展规划等综合类规划，重点从区域资源、环境及城市基础设施对规划实施的支撑能力能否满足可持续发展要求、改善人居环境质量、优化城市景观生态格局、促进两型社会建设和生态文明建设等方面，综合论述规划方案的合理性。

12.7.3 规划方案的优化调整建议

(1)根据规划方案的环境合理性和可持续发展论证结果，对规划要素提出明确的优化调整建议，特别是出现以下情形时。

①规划的目标、发展定位与国家级、省级主体功能区规划要求不符。

②规划的布局和规划包含的具体建设项目选址、选线与主体功能区规划、生态功能区划、环境敏感区的保护要求发生严重冲突。

③规划本身或规划包含的具体建设项目属于国家明令禁止的产业类型或不符合国家产业政策、环境保护政策(包括环境保护相关规划、节能减排和总量控制要求等)。

④规划方案中配套建设的生态保护和污染防治措施实施后，区域的资源、环境承载力仍无法支撑规划的实施，或仍可能造成重大的生态破坏和环境污染。

⑤规划方案中有依据现有知识水平和技术条件，无法或难以对其产生的不良环境影响的程度或者范围做出科学、准确判断的内容。

(2)规划的优化调整建议应全面、具体、可操作。例如，对规划规模(或布局、结构、建设时序等)提出了调整建议，应明确给出调整后的规划规模(或布局、结构、建设时序等)，并保证调整后的规划方案实施后资源与环境承载力可以支撑。

(3)将优化调整后的规划方案，作为评价推荐的规划方案。

12.8 开展公众参与和会商

对可能造成不良环境影响并直接涉及公众环境权益的专项规划，应当公开征求有关单位、专家和公众对规划环境影响报告书的意见。依法需要保密的除外。公开的环境影响报告书的主要内容包括规划概况、规划的主要环境影响、规划的优化调整建议和预防或者减轻不良环境影响的对策与措施、评价结论。公众参与可采取调查问卷、座谈会、论证会、听证会、网上公示、新闻传媒等形式进行。收集整理公众意见和会商意见，对于已采纳的，应在环境影响评价文件中明确说明修改的具体内容；对于未采纳的，应说明理由。

12.9 拟订监测、跟踪评价计划

对于可能产生重大环境影响的规划，在编制规划环境影响评价文件时，应拟订跟踪评价方案，对规划的不确定性提出管理要求，对规划实施全过程产生的实际资源、环境、生态影响进行跟踪监测。跟踪评价取得的数据、资料和评价结果应能够为规划的调整及下一轮规划的编制提供参考，同时为规划实施区域的建设项目管理提供依据。跟踪评价方案一般包括评价的时段、主要评价内容、资金来源、管理机构设置及其职责定位等。其中，主要评价内容包括：

①对规划实施全过程中已经或正在造成的影响提出监控要求，明确需要进行监控的资源、环境要素及其具体的评价指标，提出实际产生的环境影响与环境影响评价文件预测结果之间的比较分析和评估的主要内容。

②对规划实施中所采取的预防或者减轻不良环境影响的对策和措施提出分析和评价的具体要求，明确评价对策和措施有效性的方式、方法和技术路线。

③明确公众对规划实施区域环境与生态影响的意见和对策建议的调查方案。

④提出跟踪评价结论的内容要求(环境目标的落实情况等)。

12.10 拟订环境保护对策与减缓措施

规划的环境影响减缓对策和措施是对规划方案中配套建设的环境污染防治、生态保护和提高资源能源利用效率措施进行评估后，针对环境影响评价推荐的规划方案实施后所产生的不良环境影响，提出的政策、管理或者技术等方面的建议。

环境影响减缓对策和措施应具有可操作性，能够解决或缓解规划所在区域已存在的主要环境问题，并使环境目标在相应的规划期限内可以实现。

如规划方案中包含有具体的建设项目，还应针对建设项目所属行业特点及其环境影响特征，提出建设项目环境影响评价的重点内容和基本要求，并依据本规划环境影响评价的主要评价结论提出相应的环境准入(包括选址或选线、规模、清洁生产水平、节能减排、总量控制和生态保护要求等)、污染防治措施建设和环境管理等要求。同时，在充分考虑规划编制时设定的某些资源、环境基础条件随区域发展发生变化的情况下，提出建设项目环境影响评价内容的具体简化建议。

在拟订环境保护对策与措施时，应遵循“预防为主”的原则和下列优先顺序：

(1)预防措施

用于消除拟议规划的环境缺陷。

(2)最小化措施

限制和约束行为的规模、强度或范围使环境影响最小化。

(3)减量化措施

通过行政措施、经济手段、技术方法等降低不良环境影响。

(4)修复补救措施

对已经受到影响的环境进行修复或补救。

(5)重建措施

对于无法恢复的环境，通过重建的方式替代原有的环境。

应对所有符合规划目标和环境目标的规划方案进行排序和综合分析。任何规划方案都会带来环境影响；规划环评得出的环境可行的规划方案是综合考虑了社会、经济和环境因素之后得出的，是环境可行的，但不一定是环境最优的。

因此要求对符合环境目标的规划方案也需要提出环境影响减缓措施(在许多情况下，往往就是因为采取了减缓措施才使得规划方案符合环境目标的要求——反映了规划环评的循环优化特征)。

根据环境影响预测与评价的结果，对符合规划目标和环境目标要求的规划方案进行排序，并概述各方案的主要环境影响，以及环境保护对策和措施。

12.11 评价结论

评价结论是对整个评价工作成果的归纳总结，应力求文字简洁、论点明确、结论清晰准确。在评价结论中应明确给出：

(1)评价区域的生态系统完整性和敏感性、环境质量现状和变化趋势，资源利用现状，明确对规划实施具有重大制约的资源、环境要素。

(2)规划实施可能造成的主要生态、环境影响预测结果和风险评价结论；对水、土地、生物资源和能源等的需求情况。

(3)规划方案的综合论证结论，主要包括规划的协调性分析结论，规划方案的环境合理性和可持续发展论证结论，环境保护目标与评价指标的可达性评价结论，规划要素的优化调整建议等。规划的环境影响减缓对策和措施，主要包括环境管理体系构建方案、环境准入条件、环境风险防范与应急预案的构建方案、生态建设和补偿方案、规划包含的具体建设项目环境影响评价的重点内容和要求等。

(4)跟踪评价方案，跟踪评价的主要内容和要求。

(5)公众参与意见和建议处理情况，不采纳意见的说明理由。

12.12 编写规划环境影响评价文件

规划环境影响评价文件(报告书、篇章或说明)应图文并茂、数据详实、论据充分、结构完整、重点突出、结论和建议明确。环境影响报告书应包括规划分析、环境现状调查与评价、环境影响识别与评价指标体系构建、环境影响预测与评价、规划方案综合论证和优化调整、环境影响减缓措施、环境影响跟踪评价、公众参与、评价结论等部分内容。

12.13 案例分析

12.13.1 工程概况

现有我国北方某流域，包括干流及其一级支流8条，共同汇入其上级主干流。流域水系年均径流量占其上级主干流径流量的45%。流域洪水期及枯水期水量差异明显，且冬季存在冰封期。流域内现有省级、市级自然保护区各1个，流域周边另有2个省级自然保护区，与流域水系存在着一定联系。流域范围内有大量的草原。

流域内水系沿线分布有大大小小的城镇、村庄或厂矿区。污水或经污水处理厂处理，或经简易处理设施处理后排放进入流域水系。

为促进社会经济发展，某流域基于本流域内水资源利用现状，编制流域水资源开发利用规划，涉及流域水利防洪、农业灌区灌溉、重点工业供水、居民生活供水、水土保持治理、水系水质维护、5项水库及水电站建设工程以及自然保护区生态用水保障等诸多方面。

基于流域规划内容，现需要开展流域规划环境影响评价工作。

12.13.2 规划分析

(1)规划涉及面广，影响面大，因此规划需要做协调性评价。

(2)流域规划以水资源开发利用为主，将直接改变流域内水资源的时空赋存状态。因此，重点评价内容应包括流域水资源平衡、流域水环境容量、流域水资源承载力。

(3)流域水资源时空赋存状态的变化将导致流域生物生境的变化，流域陆生及水生生态影响评价也是重点内容之一。

(4)流域规划编制根本目的在于促进社会经济发展，因此，规划的社会经济影响评价应对其进行细致分析。

(5)流域及其相关范围内的重要敏感点的影响：自然保护区、上级主干流下游地区。

12.13.3 现状调查与评价

(1)环境现状调查

监测点包括干流与8个支流的汇流处，以及其上、下游；8个支流的上游河段；干流与其上级主干流的汇流处，以及汇流处的上、下游；城镇、村庄或厂矿区等大型点源排放处，以及其上、下游；与自然保护区的水力联系处，以及其上、下游。

主要观察内容为水深、流速、河流宽度、坡度、河流形状。

主要监测项目为水温，pH、SS、石油类、COD、Cr、BOD_5、挥发酚、氰化物、氟化物、氨氮、六价铬、砷、汞、镉、铜、铅、锌等。

(2)流域水生生态调查

调查区域为流域内的2个自然保护区；流域外相关的2个自然保护区；5项水库及水电站建设工程选址的上、下游；有资料记载的流域内珍稀保护水生生物活动区及其“越冬场、产卵场、索饵场”的分布情况；干流与其上级主干流的汇流处下游段。

采取的方法有历年资料收集、群众访问、捕捞采样、专家经验法判断。

调查内容包括浮游动植物、底栖生物、水生高等植物的种类、数量、分布；鱼类区系组成、种类、三场分布；珍稀水生生物种类、种群规模、生态习性、种群结构、生境条件与分布、保护级别与状况等。

重点关注的生态影响是水量、水质、水温、障碍物阻断、三场破坏。

(3)流域陆生生态调查

植被调查方法有资料收集、现场调查、遥感遥测。

植被调查内容有流域植物区系、植被类型及其分布；珍稀保护植物种类、种群规模、生态习性、种群结构、生境条件及分布、保护级别与保护状况等。

重点关注相关建设工程占地范围珍稀保护物种及其与水资源的依赖关系。

12.13.4 环境影响识别与评价指标体系构建

该规划项目中主要涉及：

(1)水环境影响指标，包括流域内主要干流与支流水质指标。

(2)生态影响指标，包括流域内的生态系统类型、主要野生动植物及生境条件、主要生态问题及原因以及生态演变趋势。

12.13.5 环境影响预测与评价

本流域环境影响评价工作的调查、评价范围包括流域区域、流域周边的2个省级自然保护区、流域水系与其上级主干流交汇口上、下游。

重点评价内容包括流域规划协调性评价、流域水资源平衡、流域水环境容量、流域水资源承载力、流域陆生及水生生态影响、流域社会经济影响、流域相关的自然保护区影响、流域开发对其上级主干流下游地区的影响。

12.13.6 规划方案综合论证和规划方案的优化调整建议

(1)建设污水处理厂，位置应处于城市常年主导风向的下风向，与城市距离适中，位于城市工业集中区，便于将处理后的中水回收利用。

(2)对流域中的敏感生态保护目标(自然保护区、上级主干流下游地区)，应按照避让、减缓、补偿和重建的次序提出生态影响防护与恢复的措施，所采取措施的效果应有利修复和增强区域生态功能。

12.13.7 环境影响减缓措施

(1)水资源的合理利用。

(2)珍稀保护水生生物的“三场区”保护。

(3)提出水质保护，水环境承载力的相关建议。

12.13.8　评价结论

(1)评价区域的生态系统完整性和敏感性、环境质量现状和变化趋势，资源利用现状，明确对规划实施具有重大制约的资源、环境要素：主要是对环境现状、流域水生生态环境和流域陆生生态环境的调查。

(2)规划实施可能造成的主要生态、环境影响预测结果和风险评价：规划对流域环境的影响主要在于水资源开发利用、水生态影响以及水质变化3个方面。

(3)规划方案的综合论证结论。

(4)规划的环境影响减缓对策和措施：合理利用水资源，保护水质和水环境承载力，以及对珍稀保护水生生物的“三场区”的保护。

(根据王岩主编《全国环境影响评价工程师职业资格考试模拟试题》中的案例改编)

思考题

1. 简述规划环境影响评价的适用范围和要求。
2. 简述规划环境影响评价的目的，在进行规划环评时应遵循的基本原则。
3. 简述规划分析的基本内容。
4. 如何确定环境目标和评价指标?
5. 简述规划环境影响评价的常用方法。
6. 规划环境影响的减缓措施主要从哪些方面考虑?

第13章 环境风险评价

【内容提要】环境风险评价以突发性事故导致的危险物质环境急性损害防控为目标，对建设项目的环境风险进行分析、预测和评估，提出环境风险预防、控制、减缓措施，明确环境风险监控及应急建议要求，为建设项目环境风险防控提供科学依据。本章在对环境风险评价进行概述的基础上，系统论述了环境风险评价的工作程序、评价内容、评价方法、风险防范措施和事故应急预案等内容。

13.1 概 述

13.1.1 基本概念

13.1.1.1 风险与危险

危险是指人或事物容易遭受伤害、损失的程度，或者是指处于紧迫或可怕险境中的状态或形势。

风险是指人或事物遭受损失、伤害、不利或毁灭的可能性；表述不幸事件发生的概率。风险，它符合一定的统计规律，即在一定的时间条件下，在一定的空间范围中，某个事件具有一定的发生概率，即具有一定的可能性；作为表征事物处于险境中的状态或形势的危险，不仅与时空条件以及事件性质有关，还与事件的承受者——人或事物紧密相连。

风险与危险是有区别的，又是紧密相联的。正是由于风险反映了一定时空条件下不幸事件发生的可能性，揭示了事件发生的规律，因而风险可以看成危险的根源。也就是说，正是由于客观存在着产生不利后果的可能性，才使一定范围中的事物处于危险的境况之中。

13.1.1.2 环境风险的概念

风险是指发生生命与财产损失或损伤的可能性。用事故可能性与损失或损伤的幅度来表达的经济损失与人员伤害的度量。风险是事故发生概率与事故造成的环境后果的乘积。

环境风险(environmental risk)按照《建设项目环境风险评价技术导则》(HJ 169—2018)的定义，是指突发性事故对环境造成的危害程度及可能性。

环境风险是人类活动引起的，或由人类活动与自然界的运动过程共同作用造成的，通过环境介质传播的，能对人类社会及其生存、发展的基础——环境产生破坏、损失乃至毁灭性作用等不利后果的事件的发生概率。

环境风险用风险值 R 表征，风险值 R 定义：事故发生概率 P 与事故造成的环境(或健康)后果 C 的乘积，用 R 表示，即：

$$R[\text{危害/单位时间}]=P[\text{事故/单位时间}]\times C[\text{危害/事故}]$$

环境风险是由事故释放的一种或多种危险因素造成的后果。他的产生由产生与控制风险所有因素构成的系统，即环境风险系统。

13.1.2 环境风险的特点

(1)不确定性

指人们对事件发生的时间、地点、强度等事先难以准确预料。

(2)危害性

指事件的后果而言，具有风险的事件对其承受者会造成威胁，并且一旦事件发生，就会对风险的承受者造成损失或危害，包括对人身健康、经济财产、社会福利乃至生态系统等带来程度不同的危害。

13.1.3 环境风险分类

(1)化学风险

指对人类、动物和植物能发生毒害或其他不利作用的化学物品的排放、泄漏，或者是易燃易爆材料的泄漏而引发的风险。

(2)物理风险

指机械设备或机械结构的故障所引发的风险。

(3)自然灾害引发的风险

指地震、火山、洪水、台风等自然灾害带来的化学性和物理性的风险，自然灾害引发的风险具有综合的特点。

13.1.4 建设项目环境风险评价

(1)建设项目环境风险评价的含义

广义上讲，是指对某建设项目的兴建、运转，或是区域开发行为所引发的或面临的灾害(包括自然灾害)对人体健康、社会经济发展、生态系统等所造成的风险，可能带来的损失进行评估，并以此进行管理和决策的过程。

狭义上讲，是指对有毒化学物质和易燃易爆危险物质危害人体健康的可能程度进行概率估计，并提出减少环境风险的方案和决策。这也就是《建设项目环境风险评价技术导则》(HJ 169—2018)规定的评价范围。环境风险评价以突发性事故导致的危险物质环境急性损害防控为目标，对建设项目的环境风险进行分析、预测和评估，提出环境风险预防、控制、减缓措施，明确环境风险监控及应急建议要求，为建设项目环境风险防控提供科学依据。该标准适用于涉及有毒有害和易燃易爆危险物质生产、使用、储存(包括使用管线输运)的建设项目可能发生的突发性事故(不包括人为破坏及自然灾害引发的事故)的环境风险评价。不适用于生态风险评价及核与辐射类建设项目的环境风险评价。相关规划类环境影响评价中的环境风险评价可参考该标准。包括以下 3 个方面内容：

①对建设项目建设和运行期间发生的可预测突发性事件或事故(一般不包括人为破坏及自然灾害)。

②引起有毒有害、易燃易爆等物质泄漏，或突发事件产生的新的有毒有害物质，所造

成的对人身安全的损害。

③对环境的影响和损害，进行评估，提出防范、应急与减缓措施。

(2)环境风险评价的目的和重点

①环境风险评价的一般性原则　环境风险评价应以突发性事故导致的危险物质环境急性损害防控为目标，对建设项目的环境风险进行分析、预测和评估，提出环境风险预防、控制、减缓措施，明确环境风险监控及应急建议要求，为建设项目环境风险防控提供科学依据。

②环境风险评价的目的　分析和预测建设项目存在的潜在危险、有害因素，在建设项目建设和运行期间可能发生的突发性事件或事故(一般不包括人为破坏及自然灾害)，引起有毒有害和易燃易爆等物质泄漏，所造成的人身安全与环境影响和损害程度，提出合理可行的防范、应急与减缓措施，以使建设项目事故率、损失和环境影响达到可接受水平。

③环境风险评价应把事故引起厂(场)界外人群的伤害、环境质量的恶化及对生态系统影响的预测和防护作为评价工作重点。环境风险评价在条件允许的情况下，可利用安全评价数据开展环境风险评价。环境风险评价与安全评价的主要区别是环境风险评价关注点是事故对厂(场)界外环境的影响。

(3)环境风险评价工作程序

环境风险评价的工作程序如图13-1所示。

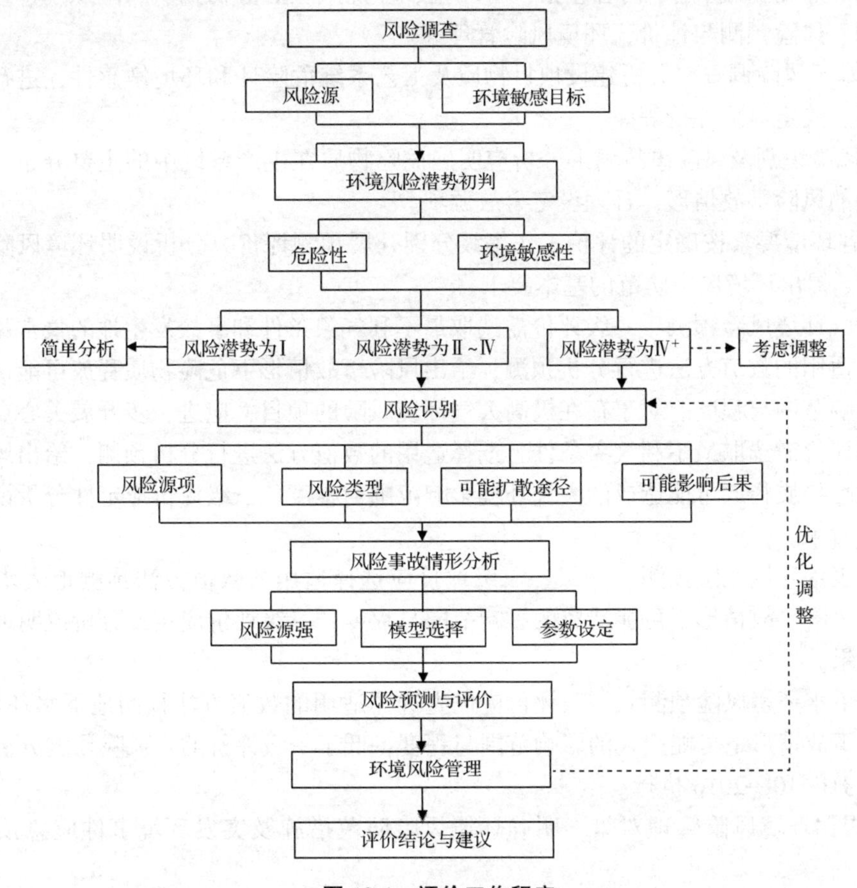

图13-1　评价工作程序

(4)评价工作级别的划分

环境风险评价工作等级划分为一级、二级、三级。根据建设项目涉及的物质及工艺系统危险性和所在地的环境敏感性确定环境风险潜势，按照表13-1确定评价工作等级。风险潜势为Ⅳ及以上，进行一级评价；风险潜势为Ⅲ，进行二级评价；风险潜势为Ⅱ，进行三级评价；风险潜势为Ⅰ，可开展简单分析。

敏感区是指《建设项目管理名录》中规定的需特殊保护地区、生态敏感与脆弱区及社会关注区。具体敏感区应根据建设项目和危险物质涉及的环境确定。

表13-1　评价工作等级划分

环境风险潜势	Ⅳ、$Ⅳ^+$	Ⅲ	Ⅱ	Ⅰ
评价工作等级	一	二	三	简单分析[a]

[a] 是相对于详细评价工作内容而言，在描述危险物质、环境影响途径、环境危害后果、风险防范措施等方面给出定性的说明。见附录A。

见：建设项目环境风险评价技术导则 HJ 169—2018。

13.1.5　评价工作内容

(1)环境风险评价基本内容包括风险调查、环境风险潜势初判、风险识别、风险事故情形分析、风险预测与评价、环境风险管理等。

(2)基于风险调查，分析建设项目物质及工艺系统危险性和环境敏感性，进行风险潜势的判断，确定风险评价等级。

(3)风险识别及风险事故情形分析应明确危险物质在生产系统中的主要分布，筛选具有代表性的风险事故情形，合理设定事故源项。

(4)各环境要素按确定的评价工作等级分别开展预测评价，分析说明环境风险危害范围与程度，提出环境风险防范的基本要求。

①大气环境风险预测　一级评价需选取最不利气象条件和事故发生地的最常见气象条件，选择适用的数值方法进行分析预测，给出风险事故情形下危险物质释放可能造成的大气环境影响范围与程度。对于存在极高大气环境风险的项目，应进一步开展关心点概率分析。二级评价需选取最不利气象条件，选择适用的数值方法进行分析预测，给出风险事故情形下危险物质释放可能造成的大气环境影响范围与程度。三级评价应定性分析说明大气环境影响后果。

②地表水环境风险预测　一级、二级评价应选择适用的数值方法预测地表水环境风险，给出风险事故情形下可能造成的影响范围与程度；三级评价应定性分析说明地表水环境影响后果。

③地下水环境风险预测　一级评价应优先选择适用的数值方法预测地下水环境风险，给出风险事故情形下可能造成的影响范围与程度；低于一级评价的，风险预测分析与评价要求参照HJ 610—2016执行。

(5)提出环境风险管理对策，明确环境风险防范措施及突发环境事件应急预案编制要求。

(6)综合环境风险评价过程，给出评价结论与建议。

13.1.6 评价范围

(1)大气环境风险评价范围。一级、二级评价距建设项目边界一般不低于5 km；三级评价距建设项目边界一般不低于3 km。油气、化学品输送管线项目一级、二级评价距管道中心线两侧一般均不低于200 m；三级评价距管道中心线两侧一般均不低于100 m。当大气毒性终点浓度预测到达距离超出评价范围时，应根据预测到达距离进一步调整评价范围。

(2)地表水环境风险评价范围参照 HJ 2.3—2018 确定。地下水环境风险评价范围参照 HJ 610—2016 确定。

(3)环境风险评价范围应根据环境敏感目标分布情况、事故后果预测可能对环境产生危害的范围等综合确定。项目周边所在区域，评价范围外存在需要特别关注的环境敏感目标，评价范围需延伸至所关心的目标。

13.2 风险调查

13.2.1 建设项目风险源调查

调查建设项目危险物质数量和分布情况、生产工艺特点，收集危险物质安全技术说明书(MSDS)等基础资料。

13.2.2 环境敏感目标调查

根据危险物质可能的影响途径，明确环境敏感目标，给出环境敏感目标区位分布图，列表明确调查对象、属性、相对方位及距离等信息。

13.2.3 风险源项分析

13.2.3.1 分析内容

①最大可信事故的发生概率；②危险化学品的泄漏量。

13.2.3.2 分析方法

①定性分析方法　类比法，加权法和因素图分析法。

②定量分析法　概率法和指数法。

13.2.3.3 最大可信事故

①概念　在所有预测的概率不为零的事故中，对环境(或健康)危害最严重的事故。

②常用确定方法　事件树、事故树分析方法、类比法、确定最大事故及概率。

故障树分析法就是利用图解的形式将大的故障分解成各种小的故障，并对各种引起故障的原因进行分解。由于图的形状像树枝一样，越分越多，故得名故障树。这是环境风险分析的有力工具，最常用于直接经验很少的风险辨识中。事件追踪故障树如图13-2所示。

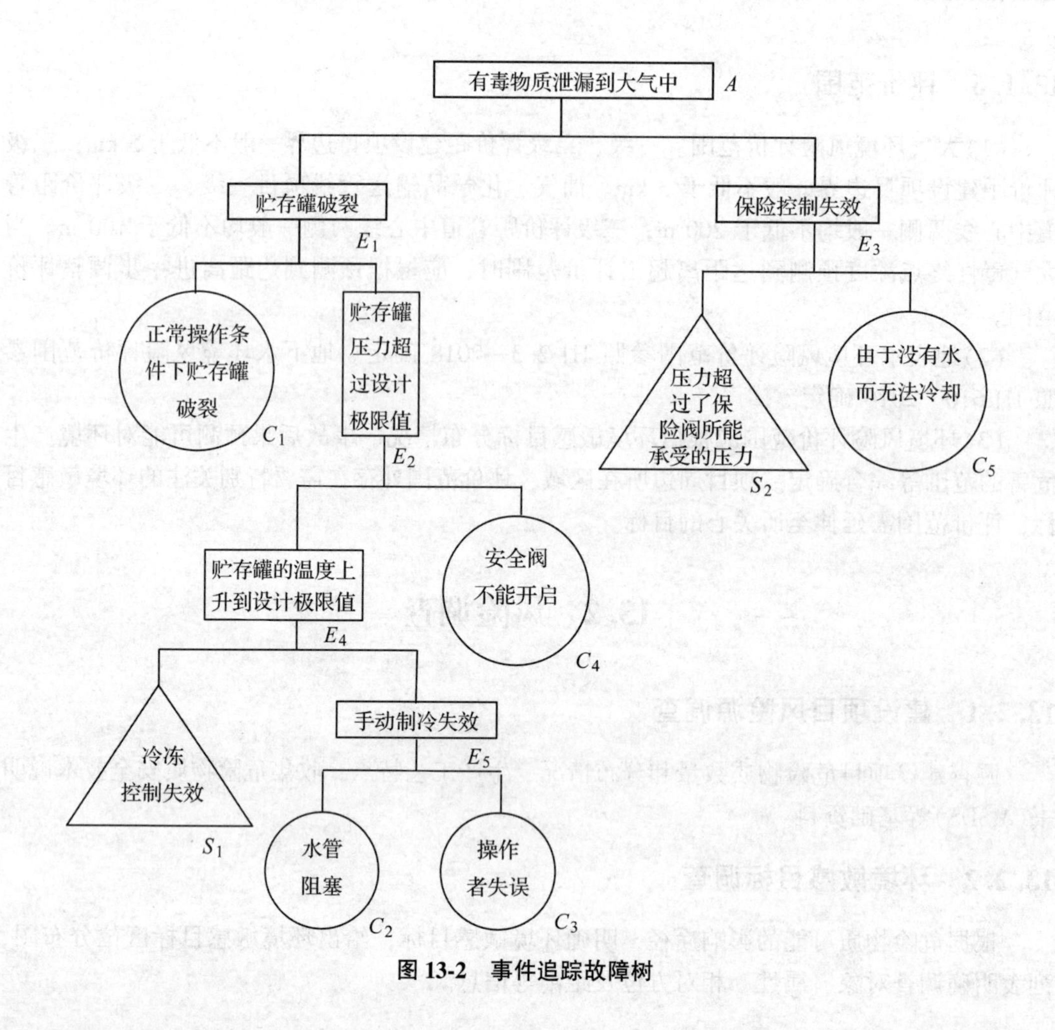

图 13-2 事件追踪故障树

13.2.4 风险评价

风险可接受分析采用最大可信灾害事故风险值 $R_{\max}$ 与同行业可接受风险水平 R_L 比较：

$R_{\max} \leqslant R_L$ 则认为本项目的建设，风险水平是可以接受的。

$R_{\max} > R_L$ 则对该项目需要采取降低事故风险的措施，以达到可接受水平，否则项目的建设是不可接受的。

13.3 环境风险潜势判断

13.3.1 环境风险潜势划分

建设项目环境风险潜势划分为Ⅰ、Ⅱ、Ⅲ、Ⅳ/Ⅳ+级。

根据建设项目涉及的物质和工艺系统的危险性及其所在地的环境敏感程度，结合事故情形下环境影响途径，对建设项目潜在环境危害程度进行概化分析，按照表13-2确定环境风险潜势。

表13-2 建设项目环境风险潜势划分

环境敏感程度(E)	危险物质及工艺系统危险性(P)			
	极高危害(P_1)	高度危害(P_2)	中度危害(P_3)	轻度危害(P_4)
环境高度敏感区(E_1)	Ⅳ+	Ⅳ	Ⅲ	Ⅲ
环境中度敏感区(E_1)	Ⅳ	Ⅲ	Ⅲ	Ⅱ
环境低度敏感区(E_1)	Ⅲ	Ⅲ	Ⅱ	Ⅰ

注：Ⅳ+为极高环境风险。

见：建设项目环境风险评价技术导则 HJ 169—2018。

13.3.2 危险物质及工艺系统危险性(P)的分级确定

分析建设项目生产、使用、储存过程中涉及的有毒有害、易燃易爆物质，参见附录B确定危险物质的临界量。定量分析危险物质数量与临界量的比值(Q)和所属行业及生产工艺特点(M)，按附录C对危险物质及工艺系统危险性(P)等级进行判断。

13.3.3 环境敏感程度(E)的分级确定

分析危险物质在事故情形下的环境影响途径，如大气、地表水、地下水等，按照附录D对HJ 169—2018建设项目各要素环境敏感程度(E)等级进行判断。

13.3.4 建设项目环境风险潜势判断

建设项目环境风险潜势综合等级取各要素等级的相对高值。

13.4 风险识别

13.4.1 风险识别的内容

风险识别内容包括：生产设施风险识别和生产过程所涉及的物质风险识别以及危险物向环境转移的途径。

(1)物质危险性识别

物质危险性识别，包括主要原辅材料、燃料、中间产品、副产品、最终产品、污染物、火灾和爆炸伴生/次生物等。

(2)生产系统危险性识别

生产系统危险性识别，包括主要生产装置、储运设施、公用工程和辅助生产设施以及环境保护设施等。

(3)危险物质向环境转移的途径识别

危险物质向环境转移的途径识别，包括分析危险物质特性及可能的环境风险类型，识别危险物质影响环境的途径，分析可能影响的环境敏感目标。

13.4.2 风险识别方法

(1)资料收集和准备

根据危险物质泄漏、火灾、爆炸等突发性事故可能造成的环境风险类型，收集资料含以下3个方面内容：

①建设项目工程资料　可行性研究、工程设计资料、建设项目安全评价资料、安全管理体制及事故应急预案资料。

②环境资料　利用环境影响报告书中有关厂址周边环境和区域环境资料，重点收集人口分布资料。

③事故资料　国内外同行业事故统计分析及典型事故案例资料。

对已建工程应收集环境管理制度，操作和维护手册，突发环境事件应急预案，应急培训、演练记录，历史突发环境事件及生产安全事故调查资料，设备失效统计数据等。

(2)物质危险性识别

按附录B识别出的危险物质，以图表的方式给出其易燃易爆、有毒有害危险特性，明确危险物质的分布。

(3)生产系统危险性识别

按工艺流程和平面布置功能区划，结合物质危险性识别，以图表的方式给出危险单元划分结果及单元内危险物质的最大存在量。按生产工艺流程分析危险单元内潜在的风险源。

按危险单元分析风险源的危险性、存在条件和转化为事故的触发因素。

采用定性或定量分析方法筛选确定重点风险源。

(4)环境风险类型及危害分析

根据有毒有害物质放散起因，环境风险类型包括危险物质泄漏，以及火灾、爆炸等引发的伴生/次生污染物排放。

根据物质及生产系统危险性识别结果，分析环境风险类型、危险物质向环境转移的可能途径和影响方式。

13.4.3 风险识别结果

在风险识别的基础上，图示危险单元分布。给出建设项目环境风险识别汇总，包括危险单元、风险源、主要危险物质、环境风险类型、环境影响途径、可能受影响的环境敏感目标等，说明风险源的主要参数。

13.5 风险事故情形分析

13.5.1 风险事故情形设定

13.5.1.1 风险事故情形设定内容

在风险识别的基础上，选择对环境影响较大并具有代表性的事故类型，设定风险事故情形。风险事故情形设定内容应包括环境风险类型、风险源、危险单元、危险物质和影响途径等。

13.5.1.2 风险事故情形设定原则

(1)同一种危险物质可能有多种环境风险类型。风险事故情形应包括危险物质泄漏，以及火灾、爆炸等引发的伴生/次生污染物排放情形。对不同环境要素产生影响的风险事故情形，应分别进行设定。

(2)对于火灾、爆炸事故，需将事故中未完全燃烧的危险物质在高温下迅速挥发释放至大气，以及燃烧过程中产生的伴生/次生污染物对环境的影响作为风险事故情形设定的内容。

(3)设定的风险事故情形发生可能性应处于合理的区间，并与经济技术发展水平相适应。一般而言，发生频率小于10^{-6}/年的事件是极小概率事件，可作为代表性事故情形中最大可信事故设定的参考。

(4)风险事故情形设定的不确定性与筛选。由于事故触发因素具有不确定性，因此事故情形的设定并不能包含全部可能的环境风险，但通过具有代表性的事故情形分析可为风险管理提供科学依据。事故情形的设定应在环境风险识别的基础上筛选，设定的事故情形应具有危险物质、环境危害、影响途径等方面的代表性。

13.5.2 源项分析

13.5.2.1 源项分析方法

源项分析应基于风险事故情形的设定，合理估算源强。泄漏频率可参考附录E的推荐方法确定，也可采用事故树、事件树分析法或类比法等确定。

13.5.2.2 事故源强的确定

事故源强是为事故后果预测提供分析模拟情形。事故源强设定可采用计算法和经验估算法。计算法适用于以腐蚀或应力作用等引起的泄漏型为主的事故；经验估算法适用于以火灾、爆炸等突发性事故伴生/次生的污染物释放。

13.5.2.3 经验法估算物质释放量

火灾、爆炸事故在高温下迅速挥发释放至大气的未完全燃烧危险物质，以及在燃烧过程中产生的伴生/次生污染物，可采用经验法估算释放量。

13.5.2.4 其他估算方法

(1)装卸事故，泄漏量按装卸物质流速和管径及失控时间计算，失控时间一般可按5~30 min计。

(2)油气长输管线泄漏事故，按管道截面100%断裂估算泄漏量，应考虑截断阀启动前、后的泄漏量。截断阀启动前，泄漏量按实际工况确定；截断阀启动后，泄漏量以管道泄压至与环境压力平衡所需要时间计。

(3)水体污染事故源强应结合污染物释放量、消防用水量及雨水量等因素综合确定。

13.5.2.5 源强参数确定

根据风险事故情形确定事故源参数(如泄漏点高度、温度、压力、泄漏液体蒸发面积等)、释放/泄漏速率、释放/泄漏时间、释放/泄漏量、泄漏液体蒸发量等，给出源强汇总。

13.6 风险预测与评价

13.6.1 风险预测

13.6.1.1 有毒有害物质在大气中的扩散

(1)预测模型筛选

①预测计算时，应区分重质气体与轻质气体排放选择合适的大气风险预测模型。其中重质气体和轻质气体的判断依据可采用《建设项目环境风险评价技术导则》(HJ 169—2018)(简称导则)进行判定。

②采用导则中的推荐模型进行气体扩散后预测，模型选择应结合模型的适用范围、参数要求等说明模型选择的依据。

③选用推荐模型以外的其他技术成熟的大气风险预测模型时，需说明模型选择理由及适用性。

(2)预测范围与计算点

①预测范围即预测物质浓度达到评价标准时的最大影响范围，通常由预测模型计算获取。预测范围一般不超过10 km。

②计算点分特殊计算点和一般计算点。特殊计算点指大气环境敏感目标等关心点，一般计算点指下风向不同距离点。一般计算点的设置应具有一定分辨率，距离风险源500 m范围内可设置10~50 m间距，大于500 m范围内可设置50~100 m间距。

(3)事故源参数

根据大气风险预测模型的需要，调查泄漏设备类型、尺寸、操作参数(压力、温度等)，泄漏物质理化特性(摩尔质量、沸点、临界温度、临界压力、比热容比、气体定压比热容、液体定压比热容、液体密度、汽化热等)。

(4)气象参数

①一级评价　需选取最不利气象条件及事故发生地的最常见气象条件分别进行后果预测。其中最不利气象条件取F类稳定度，风速1.5 m/s，温度25℃，相对湿度50%；最常见气象条件由当地近3年内的至少连续1年气象观测资料统计分析得出，包括出现频率最高的稳定度、该稳定度下的平均风速(非静风)、日最高平均气温、年平均湿度。

②二级评价　需选取最不利气象条件进行后果预测。最不利气象条件取F类稳定度，风速1.5 m/s，温度25℃，相对湿度50%。

(5)大气毒性终点浓度值选取

大气毒性终点浓度即预测评价标准。大气毒性终点浓度值选取参见《建设项目环境风险评价技术导则》(HJ 169—2018)的附录H，分为1、2级。

其中1级为当大气中危险物质浓度低于该限值时，绝大多数人员暴露1 h不会对生命造成威胁，当超过该限值时，有可能对人群造成生命威胁；2级为当大气中危险物质浓度低于该限值时，暴露1 h一般不会对人体造成不可逆的伤害，或出现的症状一般不会损伤该个体采取有效防护措施的能力。

(6)预测结果表述

①给出下风向不同距离处有毒有害物质的最大浓度，以及预测浓度达到不同毒性终点浓度的最大影响范围。

②给出各关心点的有毒有害物质浓度随时间变化情况，以及关心点的预测浓度超过评价标准时对应的时刻和持续时间。

③对于存在极高大气环境风险的建设项目，应开展关心点概率分析，即有毒有害气体(物质)剂量负荷对个体的大气伤害概率、关心点处气象条件的频率、事故发生概率的乘积，以反映关心点处人员在无防护措施条件下受到伤害的可能性。有毒有害气体大气伤害概率估算参见附录I。

13.6.1.2 有毒有害物质在地表水、地下水环境中的运移扩散

(1)有毒有害物质进入水环境的方式

有毒有害物质进入水环境包括事故直接导致和事故处理处置过程间接导致的情况，一般为瞬时排放源和有限时段内排放的源。

(2)预测模型

①地表水　根据风险识别结果，有毒有害物质进入水体的方式、水体类别及特征，以及有毒有害物质的溶解性，选择适用的预测模型。

a. 对于油品类泄漏事故，流场计算按 HJ 2.3—2018 中的相关要求，选取适用的预测模型，溢油漂移扩散过程按 GB/T 19485—2005 中的溢油粒子模型进行溢油轨迹预测。

b. 其他事故，地表水风险预测模型及参数参照 HJ 2.3—2018。

②地下水　地下水风险预测模型及参数参照 HJ 610—2016。

(3)终点浓度值选取终点浓度即预测评价标准

终点浓度值根据水体分类及预测点水体功能要求，按照 GB 3838—2002、GB 5749—2006、GB 3097—1997 或 GB/T 14848—2017 选取。对于未列入上述标准，但确需进行分析预测的物质，其终点浓度值选取可参照 HJ 2.3—2018、HJ 610—2016。

对于难以获取终点浓度值的物质，可按质点运移到达判定。

(4)预测结果表述

①地表水　根据风险事故情形对水环境的影响特点，预测结果可采用以下表述方式：

a. 给出有毒有害物质进入地表水体最远超标距离及时间。

b. 给出有毒有害物质经排放通道到达下游(按水流方向)环境敏感目标处的到达时间、超标时间、超标持续时间及最大浓度，对于在水体中漂移类物质，应给出漂移轨迹。

②地下水　给出有毒有害物质进入地下水体到达下游厂区边界和环境敏感目标处的到达时间、超标时间、超标持续时间及最大浓度。

13.6.2 环境风险评价

结合各要素风险预测，分析说明建设项目环境风险的危害范围与程度。大气环境风险的影响范围和程度由大气毒性终点浓度确定，明确影响范围内的人口分布情况；地表水、地下水对照功能区质量标准浓度(或参考浓度)进行分析，明确对下游环境敏感目标的影响情况。环境风险可采用后果分析、概率分析等方法开展定性或定量评价，以避免急性损

害为重点，确定环境风险防范的基本要求。

13.7 环境风险管理

13.7.1 环境风险管理目标

环境风险管理目标是采用最低合理可行原则(as low as reasonable practicable，ALARP)管控环境风险。采取的环境风险防范措施应与社会经济技术发展水平相适应，运用科学的技术手段和管理方法，对环境风险进行有效的预防、监控、响应。

13.7.2 环境风险防范措施

(1)大气环境风险防范应结合风险源状况明确环境风险的防范、减缓措施，提出环境风险监控要求，并结合环境风险预测分析结果、区域交通道路和安置场所位置等，提出事故状态下人员的疏散通道及安置等应急建议。

(2)事故废水环境风险防范应明确“单元—厂区—园区/区域”的环境风险防控体系要求，设置事故废水收集(尽可能以非动力自流方式)和应急储存设施，以满足事故状态下收集泄漏物料、污染消防水和污染雨水的需要，明确并图示防止事故废水进入外环境的控制、封堵系统。

应急储存设施应根据发生事故的设备容量、事故时消防用水量及可能进入应急储存设施的雨水量等因素综合确定。应急储存设施内的事故废水，应及时进行有效处置，做到回用或达标排放。结合环境风险预测分析结果，提出实施监控和启动相应的园区/区域突发环境事件应急预案的建议要求。

(3)地下水环境风险防范应重点采取源头控制和分区防渗措施，加强地下水环境的监控、预警，提出事故应急减缓措施。

(4)针对主要风险源，提出设立风险监控及应急监测系统，实现事故预警和快速应急监测、跟踪，提出应急物资、人员等的管理要求。

(5)对于改建、扩建和技术改造项目，应分析依托企业现有环境风险防范措施的有效性，提出完善意见和建议。

(6) 环境风险防范措施应纳入环保投资和建设项目竣工环境保护验收内容。

(7)考虑事故触发具有不确定性，厂内环境风险防控系统应纳入园区/区域环境风险防控体系，明确风险防控设施、管理的衔接要求。极端事故风险防控及应急处置应结合所在园区/区域环境风险防控体系统筹考虑，按分级响应要求及时启动园区/区域环境风险防范措施，实现厂内与园区/区域环境风险防控设施及管理有效联动，有效防控环境风险。

13.7.3 突发环境事件应急预案编制要求

(1)按照国家、地方和相关部门要求，提出企业突发环境事件应急预案编制或完善的原则要求，包括预案适用范围、环境事件分类与分级、组织机构与职责、监控和预警、应急响应、应急保障、善后处置、预案管理与演练等内容。

(2)明确企业、园区/区域、地方政府环境风险应急体系。企业突发环境事件应急预案应体现分级响应、区域联动的原则，与地方政府突发环境事件应急预案相衔接，明确分级响应程序。

13.8 评价结论与建议

13.8.1 项目危险因素

简要说明主要危险物质、危险单元及其分布，明确项目危险因素，提出优化平面布局、调整危险物质存在量及危险性控制的建议。

13.8.2 环境敏感性及事故环境影响

简要说明项目所在区域环境敏感目标及其特点，根据预测分析结果，明确突发性事故可能造成环境影响的区域和涉及的环境敏感目标，提出保护措施及要求。

13.8.3 环境风险防范措施和应急预案

结合区域环境条件和园区/区域环境风险防控要求，明确建设项目环境风险防控体系，重点说明防止危险物质进入环境及进入环境后的控制、消减、监测等措施，提出优化调整风险防范措施建议及突发环境事件应急预案原则要求。

13.8.4 环境风险评价结论与建议

综合环境风险评价专题的工作过程，明确给出建设项目环境风险是否可防控的结论。根据建设项目环境风险可能影响的范围与程度，提出缓解环境风险的建议措施。

对存在较大环境风险的建设项目，需提出环境影响后评价的要求。

思考题

1. 简述环境风险的定义及环境风险分类。
2. 简述环境风险评价的主要内容和工作程序。
3. 简述环境风险评价与一般建设项目环境影响评价的区别。
4. 简述环境风险评价指标分类。
5. 简述风险突发事故应急预案的主要内容。

第 14 章

战略环境影响评价

【内容提要】战略环境影响评价的基本任务是从战略分析出发，通过确定评价范围和评价标准，讨论评价力度和评价手段来制订评价方案，并在评价实施后采集评价信息进行信息处理、讨论分析、得出结论，从而形成战略环境影响评价报告书。本章主要内容包括战略环境影响评价概述、战略环境影响评价程序和内容、战略环境影响评价方案、战略环境影响评价展望等，重点掌握战略环境影响评价程序、内容和方案。

14.1 战略环境影响评价概述

14.1.1 战略环境影响评价的概念

战略环境影响评价(Strategy Environmental Impact Assessment，SEIA)(也简称战略环评)是指对政策、规划或计划及其替代方案可能产生的环境影响进行规范的、系统的综合评价，并把评价结果应用于决策中，是对政府政策、规划及计划(Policy，Plan & Program，PPP)的环境影响评价。

战略环评是为了针对项目环评的缺陷而提出的。项目环评自 20 世纪 60 年代在西方发达国家提出并实施以来，在控制和减少环境污染和生态破坏方面发挥了重要作用，但是其不足也日益明显：建设项目处于整个决策链(战略—政策—规划—计划—项目)的末端，因此项目环评只能做修补性的努力；对单个项目的认可或否决，并不能影响最初的决策和布局看。而环境问题在人们着手制订政策、规划和计划时就已经潜在地产生了。

从国家社会层面，战略的范畴包括法律、政策、计划和规划 4 个不同层次，其中政策是战略的核心和主要表现形式，法律以政策为内核，是政策的定型化和具体化；计划是政策目标在时间和空间范围的具体化和细化；而规划则是由为落实计划而具体实施的一系列项目或工程。

关于战略环境影响评价的范畴。近年来，在环境影响评价中，战略环境影响评价越来越受到人们的重视，它已成为环境影响评价的发展趋势。关于战略环境影响评价可以上溯到 20 世纪 70 年代美国《国家环境政策法》，现在世界上很多国家十分重视环境影响评价工作，我国也已经把环境影响评价用法律规定为一种必须遵守的制度。但战略环境评价这一术语在国内外学术界出现是 90 年代以后。战略可以是大到全球和国家，小到区域和部门的战略，从政策—计划—规划—项目，既含有时间顺序，又包含等级顺序。但无论是政策，还是计划或规划的环境影响评价都被称为战略环境影响评价。SEIA在应用上主要表现为3种形式：一是部门SEIA，二是区域SEIA，三是间接SEIA。部门SEIA的评价对象主要是废物处理、供水、农业、林业、能源、娱乐、运输以及工业房屋建筑和冶炼等方面的计划。区域SEIA的评价对象主要是区域规划、城市规划、社区规划、区域再发展规划、乡村规划及机场规划、大学城规划和其他有关发展地点选择的决策。间接SEIA的评价对象主要是科学与技术政策、理财政策和法律规定等。显然这主要是一种环境管理科学的角度而进行的认识，是从各种规划的层次性、逻辑性来了解和认识环境影响的，并且其侧重点在于环境规划管理，而不是对可能的环境影响进行预断评价，及时采取预防可能产生的不利环境影响措施。

战略环评是在PPP层次上及早协调环境与发展关系的一种决策和规划手段。SEIA是根据可持续发展战略的思想提出的全新概念，是对规划环境影响评价、区域环境影响评价、环境累积评价、总体环境评价等概念所进行的高度概括。

战略环评的目的是为了使环境因素可以像社会、经济因素一样在国家宏观战略制定中得到重视，制定出科学的发展战略政策方案或立法。开展战略环评是改善宏观调控、优化市场经济体制的重要手段。通过战略环评可使产业结构合理布局，抑制对环境有负面影响的项目投资，加强供给侧改革，缓解产能过剩行业的矛盾，提升经济发展的质量。

战略环评可以使我国从末端治理向源头预防的全程监测转变，是变被动为主动、变修补为预防有利于市场经济稳健发展的科学手段。通过国民经济规划环评机制，设置主体功能区的准入条件，遏制生态环境恶化，促进区域优化布局，符合我国当前经济新常态发展的理念。

14.1.2 战略环评的国内外进展

(1)国外

从1964年国际环境质量评价会议上，首次提出"环境影响评价(EIA)"概念至今，环境影响评价已在80多个国家和地区得到了广泛应用。

但是，传统的环境影响评价一直局限于建设项目层次，因此也暴露出许多不足：建设项目处于整个决策链(战略、政策、规划、计划、项目)的末端，所以，建设项目环境影响评价只能对其项目认可或否决，并不能影响最初的决策和布局，也不能指导政策或规划的发展方向；其环境影响分析的范围局限于单个项目，无法解决开发建设活动中产生的众多间接、二次累积影响等；同时也难以全面考虑替代方案和减缓措施。由于执行环境影响评价时，项目往往已进行了明确筹划，决策已定，无法更改，某些关于技术、资源能源利用等方面的替代方案已很难再加以考虑，限制了减缓措施的正确选择。解决这些缺陷的根本途径，是将环境影响评价由建设项目层次延伸到规划和政策层次，即开展战略环境影响评价。

战略环境影响评价是对政策、规划或计划及其替代方案的环境影响进行规范的、系统的、综合的评价过程，包括把评价结果应用于负有公共责任的决策中，它是在政策、规划和计划层次上及早协调环境与发展关系的决策和规划手段。

1992年，联合国环境与发展大会以后，可持续发展的思想已成为各国制定经济发展战略的重要指导思想。可持续发展的原则作为政策的核心和本质，应通过规划、计划和最终的建设项目逐步分解和贯彻。这就要求在战略实施的不同层次上充分考虑其环境影响，把环境保护问题与社会经济发展有机地结合起来，客观地衡量与评价每一项发展战略的社会经济价值和对环境造成的影响，期望实现社会效益、经济效益和环境效益的统一。也就是说，使环境影响评价成为能将可持续发展原则通过“战略与政策——规划与计划——建设项目”各个环节逐步实施下去的手段和方法之一。战略环境影响评价始于20世纪70年代，并在80年代末得到世界范围的广泛接受。世界环境与发展委员会、欧盟、经济合作与发展组织、世界银行、联合国等国际组织都制定了相关的文件，对推进战略环境影响评价起到了积极作用。目前国外战略环境影响评价也尚处于研究和发展的初级阶段，并没有形成统一、完善的理论体系，也缺乏系统、有效的方法学，加上法律和制度上的制约，战略环境影响评价的全面开展仍受到限制(郑有飞等，2008)。

欧盟及成员国的战略环评基于其二元法律体系的特殊性，评价对象也具有一定的特殊性，欧盟的战略环评对象不像其他国家有明确要求。欧盟战略环评对象主要侧重于政策，确保可以对所有重大政策的提议开展环境影响评价，分析政策实施与环境的关系。根据欧盟的战略环评指令，评价对象包括由国家、区域或地方各级权力机构制订的或批准通过的以及可能对环境产生重大影响的政策，以及农业、林业、渔业、能源、工业、交通、废物管理、水资源管理、电信、旅游、城乡规划或土地利用方面的规划和计划。欧盟也建立了战略环评的负面清单，对于财政预算的规划计划，以国防应急为唯一目的的规划和计划可不需要经过环评工作。

(2)国内

随着我国改革开放和社会主义建设的进行，环境保护工作也走向了正规和向深发展。开始了开展战略环境影响评价工作的探索，1994年发布的《中国对世纪议程》和1996年《国务院关于环境保护若干问题的决定》等文件中明确提出要把环境和发展纳入到决策过程，在制订规划，调整产业结构和生产力布局等经济建设和社会发展重大决策时，必须综合考虑经济、社会和环境效益，进行环境影响论证。2003年9月1日，《中华人民共和国环境影响评价法》正式实施，这部法律第一次将环评从单纯的建设项目扩展到各类发展规划，用法律的形式确保环境保护参与综合决策，同时，更加突出公众在环境保护中的作用，并通过环境影响跟踪评价和后评价制度，将环境影响评价落实到规划执行和建设项目运行的整个过程中。因而，随着我国经济的发展，人们生活水平的快速提高，实施战略环评是环评的必然发展趋势。2009年国务院颁布了《规划环境影响评价条例》。

我国在战略环评工作探索已有十多年时间，2005年我国开始了第一批战略环评试点涉及11个省、市、自治区，其中内蒙古自治区通过探索规划环评，科学评估自治区内的环境承载能力，合理布局产业结构与开采自然资源，为自治区合理配置资源、优化产业结构以及可再生能源合理开发形成一套初级的战略思路，对其他自治区起到良好的示范作用。

《“十三五”环境影响评价改革实施方案》也对战略环境影响评价提出了明确要求，提出了总体思路的主要原则：坚持构建全链条无缝衔接预防体系。明确战略环评、规划环评、项目环评的定位、功能、相互关系和工作机制。战略环评重在协调区域或跨区域发展环境问题，划定红线，为“多规合一”和规划环评提供基础。规划环评重在优化行业的布局、规模、结构，拟定负面清单，指导项目环境准入。项目环评重在落实环境质量目标管理要求，优化环保措施，强化环境风险防控，做好与排污许可的衔接。

《方案》强调，应深入开展战略环评工作。制订落实“三线一单”的技术规范。完成京津冀、长三角、珠三角等三大地区战略环评，组织开展长江经济带和“一带一路”战略环评。完成连云港、鄂尔多斯等市域环评示范工作。

《方案》中也指出应强化战略环评应用。健全成果应用落实机制，将生态保护红线作为空间管制要求，将环境质量底线和资源利用上线作为容量管控和环境准入要求。各级环保部门在编制有关区域和流域生态环保规划时，应充分吸收战略环评成果，强化生态空间保护，优化产业布局、规模、结构。

《方案》中也对开展政策环境评价试点提出要求。完成新型城镇化、发展转型等重大政策环评试点研究，初步建立政策制定机关为主体、有关方面和专家充分参与的政策环评机制及技术框架体系。

2015年10月27日，京津冀、长三角、珠三角三大地区战略环评项目正式开启，2017年12月21日，我国第四轮大区域战略环评工作完成，环保部对京津冀、长三角、珠三角地区(三大地区)战略环境评价总体成果进行验收，验收结果对战略环评工作给出基础扎实、组织有力、判断准确、措施具体，既有宏观指导性又有具体操作性的高度评价。两年时间经历了四轮的试点工作，战略环评工作越来越趋于成熟，试点最初启动时，环保部希望通过利用空间红线、总量红线、准入红线来严防生态环境底线、控制重点污染物总量以及源头控制产业影响，这些在长期以来的试点工作中积累了大量经验。我国还有其他试点工作如西部大开发地区战略环评试点等。长期的试点工作推动我国大区域战略环评工作的发展和创新，为战略环评未来实施作出积极的探索。

14.1.3 战略环境影响评价与建设项目环境影响评价的区别

建设项目环境影响评价和战略环境影响评价都可以保障有效的资源利用，增加对社会问题的思考，识别主要影响以及弥补它们的削减措施，为决策和设定有关要求提供依据，避免严重的和不可逆的环境破坏，保护人类健康安全。总的来说，具有以下几个方面的区别(图14-1)：

①建设项目的环境影响评价(EIA)只能对具体项目认可或否决，而不能改变实施战略，不能指导计划朝着有利于环境恢复能力或远离敏感区的方向发展；SEIA则不同，它是整体的评价过程，能够客观地评定和衡量战略环境影响评价是对政策、规划或计划及其替代方案的环境影响进行规范的、系统的、综合的评价过程，包括把评价结果应用于负有公共责任的决策中，它是在政策、规划和计划层次上及早协调环境与发展关系的决策和规划手段。

②项目EIA比较注重减少某一开发行为对环境产生的近期不良效应，缺乏对整体发展计划的了解和对其他开发项目的控制，无法考虑多个项目的累积影响；SEIA评价范围较大，跨越时间长，包含项目多，综合性强，可以充分考虑项目的累积影响。

③EIA往往在开始准备时，某个项目已进行明确的筹划，决策已定，无法更改；在项

目阶段的EIA中，某些关于技术、资源利用和生活方式等方面的替代方案很难加以考虑；SEIA能全面考虑替代方案和减缓措施，提出合理的解决办法。

可见，战略环境影响评价强调对话、参与、减缓和替代方案。它是环境评价、健康影响评价的补充；同时它也是开放式的，一个迭代的过程。另外，当计划由多个具体的项目构成，SEIA被看成是EIA的加和。因此，EIA和SEIA有时也是相互关联，无法明确分开的(表14-1)。

表14-1 EIA和SEIA的差别

	建设项目环境影响评价(EIA)	战略环境影响评价(SEIA)
评价对象	具体的建设项目	政策/规划/计划(PPP)，地区、区域或跨部门的发展
时间尺度	有限的时间尺度，在发展政策制定后开展。有明确的起止时间环境影响	大的时间和空间尺度，在发展政策制订之前或过程中。连续反复过程，确保政策制订的不同阶段
评价目标	独立的地区的环境问题，提出影响的减缓措施	维持某种水平的环境质量，综合考虑环境、经济
影响内容	具体项目的环境影响	PPP的预期环境影响或生态环境对PPP实施的影响
影响形式	关注直接影响和利益	关注累积影响，判断PPP是否促进实现地区可持续发展
精度	相对详细，具有较低的不确定性	相对概括，具有高的不确定性

14.2 战略环境影响评价的程序和内容

14.2.1 战略环境影响评价的任务和对象

14.2.1.1 我国战略环境影响评价的任务

《"十三五"环境影响评价改革实施方案》在总体思路中对战略环境影响评价提出了要求，主要原则中提出了"坚持构建全链条无缝衔接预防体系"，明确了战略环评、规划环评、项目环评的定位、功能、相互关系和工作机制。战略环评重点在协调区域或跨区域发展环境问题，划定红线，为"多规合一"和规划环评提供基础。规划环评重在优化行业的布局、规模、结构，拟定负面清单，指导项目环境准入。

《"十三五"环境影响评价改革实施方案》指出，"强化战略环评应用。健全成果应用落实机制，将生态保护红线作为空间管制要求，将环境质量底线和资源利用上线作为容量管控和环境准入要求。各级环保部门在编制有关区域和流域生态环保规划时，应充分吸收战略环评成果，强化生态空间保护，优化产业布局、规模、结构"。

"开展政策环境评价试点，完成新型城镇化、发展转型等重大政策环评试点研究，初步建立政策制订机关为主体、有关方面和专家充分参与的政策环评机制及技术框架体系"。前边对规划环评已经进行了详细的介绍。根据这个改革思路，本章主要就政策环评进行介绍。

14.2.1.2 战略环境影响评价的对象

在进行战略环境影响(SEA)工作时，遵循有效性与可行性相结合的原则，根据实际需要，确定评价对象。一方面，选择的评价对象必须确实对生态环境有重大影响，值得去评价且能通过评价达到一定目的；另一方面，所选择的评价对象又必须是可以进行评价的，即从时机、人力、物力、财力及所掌握资料和战略本身特点(是否国家机密)上看均能满足评价所需的基本条件。

从动态上SEA应贯穿于战略全过程，因此评价对象在时间上有3种形式，即制订中的战略(预测型SEA)、执行中的战略(监控型SEA)和即将调整的战略(回顾型SEA)。在形式上包括战略的环境效应和环境影响。其中环境效应指的是战略引发环境因子的改变及程度，环境影响指的是受环境效应的作用，人类健康、福利、生态系统稳定性和景观等的改变大小及程度(何德文等，2008)。

14.2.1.3 战略环境影响评价的工作程序

战略环境影响评价(SEA)工作的技术流程包括工作方案制订、工作实施和工作总结3个阶段(何德文等，2008)。评价的工作程序如图14-1所示。生态环境部办公厅2020年发布《经济、技术政策生态环境影响分析技术指南(试行)》，给出了经济、技术政策生态环境影响分析技术基础流程，可做政策评价的参考依据，如图14-2所示。

14.2.2 战略环境影响评价的范围和评价报告书(表)的内容

14.2.2.1 战略环境影响评价的时空范围

评价的时空范围是指哪些活动受到环境影响评价法律调整必须进行环境影响评价。

SEA的评价范围在空间上不仅包括战略实施区域，还包括实施区域以外的受影响区域。战略对于其实施区域以外的区域产生环境影响的途径有两方面：一是通过经济系统传递，如西欧国家农业政策的实施通过贸易造成东南亚国家热带雨林的大面积砍伐；二是通过环境介质传播，如酸雨问题。我国生态环境部在对经济、技术政策环境影响分析中提出在空间尺度上，应考虑政策实施后受到直接影响及间接影响的区域，分析政策是否在特定时段对特定区域产生影响。重点分析政策的区域性和流域性生态环境影响，涉及边境地区的政策应考虑跨界生态环境影响。因此，受战略影响的区域范围是比较难于确定的，一般需要通过专家评判法和实际调查法予以确定。

SEA的评价范围在时间上不仅包括战略实施阶段的环境影响，还包括战略中止后原有战略的“惯性”环境影响。具体作用时间应综合考虑该战略的层次性、有效期、实施区域的社会文化背景及人们的认可程度来确定。例如，我国生态环境部在对经济、技术政策环境影响分析中提出在时间维度上，开展全生命周期生态环境影响分析，应考虑政策实施的全过程，确定是否存在长期影响。

14.2.2.2 战略环境影响评价书的内容

战略环境影响评价书的内容组成应包括以下内容：

①总论　总论可以看成是评价战略的筛选和评价方案的制订，具体包括编制报告书的目的、依据，评价范围和工作等级，评价标准，评价方法，评价步骤。

②战略分析　战略分析包括战略内容分析(包括战略目标、战略对象、战略行动计划、战略措施等)、战略过程分析(包括战略形成过程和战略实施过程)和战略组织分析(包括战略制订者及战略执行者的组成、分工、联系、协调)3部分。分析还包含对战略缺

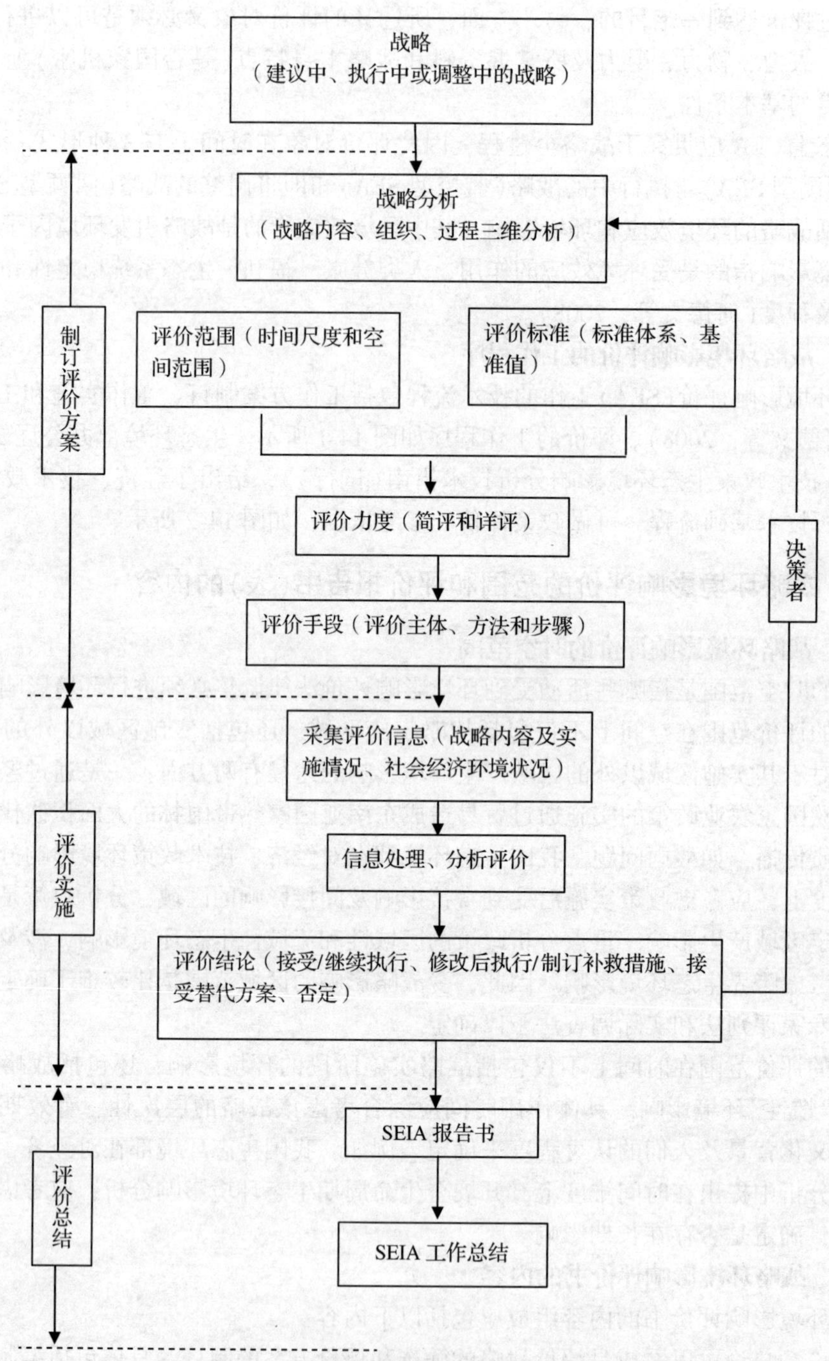

图 14-1　战略环境影响评价（SEIA）工作流程图

（何德文，2008）

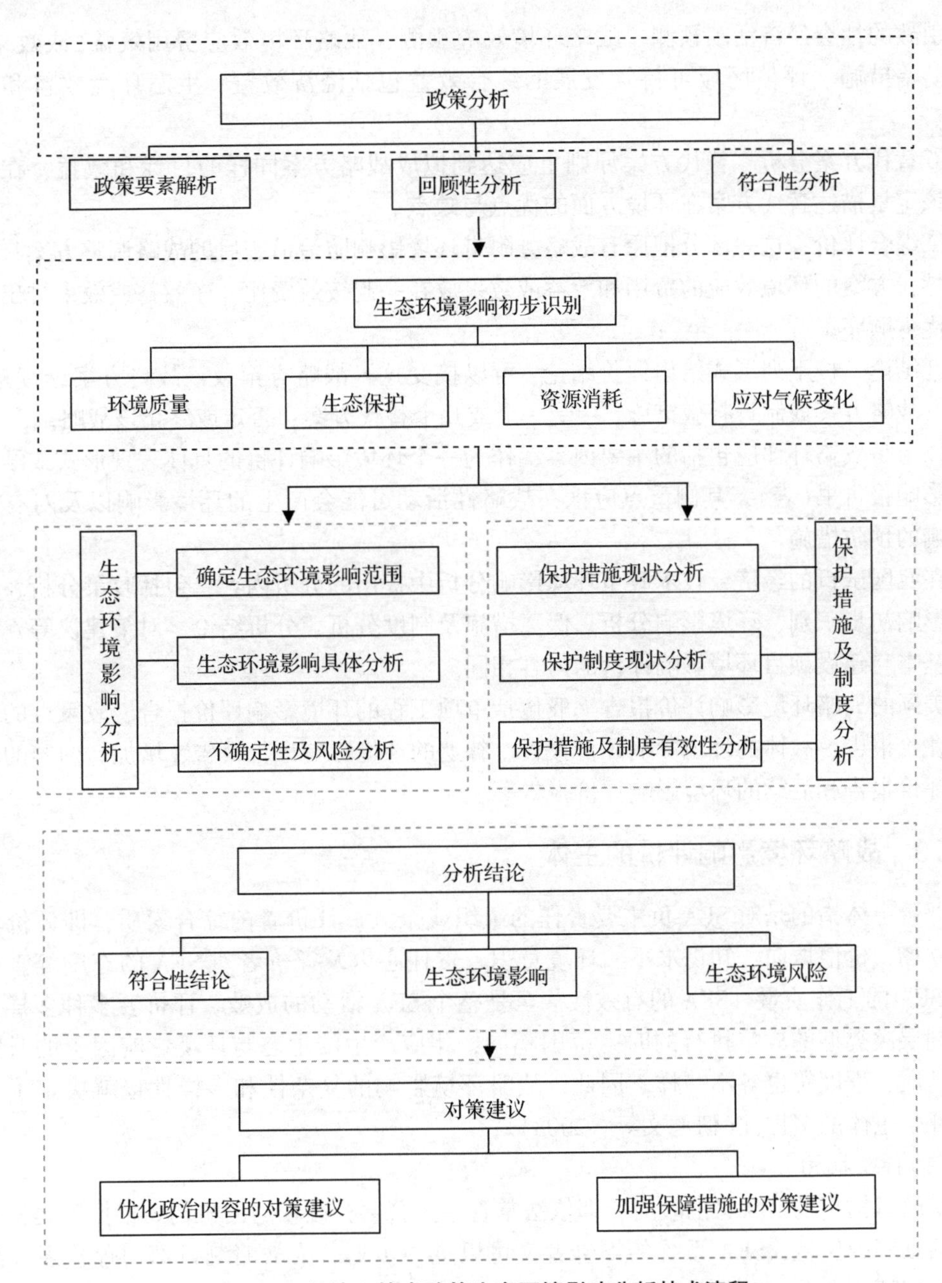

图 14-2　经济、技术政策生态环境影响分析技术流程

陷的初步分析。

③评价区域环境状况与分析　评价区域包括战略执行区域和执行区域以外的受影响区域，从时间上包括战略执行前、执行中和执行后 3 个时段的环境状况。

④区域内重大基本建设项目和开发活动的专门评估　评估其对战略目标的影响情况，并分析其对区域可持续发展潜力的影响。

⑤战略环境影响预测、评价及防范措施　这部分是整个 SEA 报告书的核心。包括战

略所引致的社会经济活动预测、战略环境效应预测、战略环境效应费用效益(或效果)分析和防治措施。评估区域可持续发展的综合效益包括经济效益、生态环境效益和社会效益。

⑥替代方案分析　替代方案原则上应达到拟成战略方案同样的目标和效益，在SEA中应该定量描述替代方案在环境方面的优点与缺点。

⑦综合评价　这一部分把原有战略方附带环境影响防治措施后的战略调整方案，以及战略替代方案的环境效应的费用和效益或效果放在一起按效费比、净效益或效果排出各方案的优劣顺序。

⑧结论　按下列形式给出评价结论：可以接受这一战略方案或该战略方案继续进行；修正本战略方案或制订补救措施；接受一个或几个替代方案；否定或终止该战略。

以上是战略环评应包括的主要内容，作为一个环境影响评价的具体表现形式或结果的环境影响报告书(表)，其侧重点应该在战略性活动可能会产生的环境影响以及对有害环境影响的预防措施。

在我国试行的经济、技术政策环境影响分析中提出的分析内容，包括政策分析、生态环境影响初步识别、环境影响分析、保障措施及制度分析、分析结论、对策建议等6个部分。基本与建设项目环境影响评价的内容相同。

美国的战略环境影响评价报告一般包括单项工程的环境影响评价报告、政策性的环境影响评价报告、整体的环境影响评价报告、补遗的环境影响评价报告、增加新内容的环境影响评价报告和后续的环境影响评价报告等。

14.2.3　战略环境影响评价的主体

评价主体指的是对SEA负主要责任的组织或个人。评价者的综合素质，即评价者的政治立场、价值取向、知识水平、环境意识、责任心以及评价者对SEA的态度等直接关系到SEA的工作质量、SEA的有效性甚至是整个SEA活动的成败。评价者多种多样，由于不同层次类型的战略执行的时空范围不同，相应产生的生态与环境影响因子的时空范围、性质、程度等也各不一样。因此，战略环境影响的复杂性和多样性也就决定了SEA系统评价主体的多样性(何德文等，2008)。

(1)行政机构

行政机构指的是狭义的政府，即依法掌管国家公共行政权力的机构。根据所属机构在战略活动中的位置，SEA系统的评价者又可以进一步划分为战略制订部门评价者、战略执行部门评价者和战略监督部门评价者。行政机构作为SEA系统的评价主体，由于其处于战略活动的关键位置，能较全面地掌握战略过程全貌，获取关于战略的第一手资料，所提建议也容易为有关部门采纳，而且便于在战略活动初期(在战略拟定阶段)介入，通过SEA提出可行的修正方案或建议采用替代方案，从而把消极的战略环境影响控制在萌芽状态。但同时由于此类评价者身处行政机构内部，易受行政机构内部固有价值观念思维方式、上下级的压力及其自身“寻租”行为的影响，进而影响SEA质量。

(2)司法机构

作为SEA系统的评价主体，司法机构具有广泛的综合性，顺应了民主化潮流，但它也有其自身难以克服的弱点，比如不易达成统一的结论，所需较多的人力、财力，评价周期也比较长等。另外，SEA 一般专业性较强，而作为司法机构，其专业限制有时难以满足 SEA 的要求。

(3)研究机构

研究机构集中了大批高级专家和专业技术人员。能够提供 SEA 工作所需的专业化知识和专门技术。作为 SEA 系统的评价主体研究机构评价者常常能够不带偏见、较为客观地进行 SEA 工作，再加上其所拥有的专业技术知识，与其他类型的偏见评价者相比，在 SEA 工作中优势明显。但是他们要取得 SEA 所需的各种资料却往往十分困难，所提出的建议也不易被重视，如果没有决策部门的大力支持，更不可能在战略活动初期介入并开展 SEA。

(4)公众

SEA 系统中，公众评价者的最大特点是自发性和无组织性。具体表现为其所关注的对象的随意性(随时间、地点不同而改变)、评价形式的多样性(街头议论或报刊等媒体发表自己的观点)和评价标准的主观性(多以个人好恶为价值取向)。由于这类评价者大都是战略环境影响的直接承受者或对此感兴趣者，因此其感受比较真实；再加上他们的评价几乎不受其他人或权威的影响，也敢于说真话。其最大不足之处是系统性差。

由于 SEA 本身的综合性、复杂性及不确定性等特征，该系统的评价主体一般都应该由一个专家小组来承担。并且小组一定要有多学科、多层次的专家组成。

14.2.4 战略环境影响评价的组织管理

战略环境评价项目范围广、涉及面大，为保证评价工作顺利完成，科学的组织管理是项目顺利完成的关键。可以根据评价对象项目的特点，成立有效的组织管理机构，完成评价工作。

以我国西部大开发重点区域和行业发展战略环境评价(简称西部大开发战略环评)为例。该项工作是围绕西部大开发战略开展的区域性战略环境评价工作，西部大开发战略环评涉及产业发展、空间优化、资源开发、生态建设、环境保护、节能减排、风险防范、民生改善等多个领域，涵盖矿产资源开采及加工、石化、能源、冶金、装备制造等多个重点行业，包括国家、省、重点区域、市(州)等多个层面，牵涉发改、财政、国土、水利、建设、环保等多个部门。为确保圆满完成西部大开发战略环评任务，项目注重全过程管理，从组织、协调、任务分工、质量控制等多个方面进行了系统、科学的设计，项目管理采用了多家机构参与，不同层级分工协作的功能化组织结构模式，形成了综合性的区域战略环境评价组织管理模式，为我国区域战略环境评价项目的实施提供了宝贵经验(刘小丽等，2013)。

组织机构是确保项目顺利实施的领导和办事机构。组织机构分为领导小组、协调小组和管理办公室。技术支持单位是项目的具体实施单位，技术支持单位由总体设计单位、分项目牵头单位和重点专题承担单位构成。

14.3 战略环境影响评价方案

14.3.1 战略环境影响评价的原则

2001年，国际影响评价协会(IAIA)提出实施战略环境影响评价(英文缩写为：SEIA)的6个标准，包括综合性、可持续性导向、集中重点、可解释性、公众参与以及迭代性。据此，SEIA的专家经共同讨论提出以下具体的原则：①与评价对象相适宜：不同的政策或规划有不同特点，评价的过程或方法应与此相适宜；②目标导向：评价的程序或方法应该主要考虑环境目标或者优先考虑环境问题；③可持续性导向：评价的过程应有促进可持续发展目标的识别，而且建议的提出应该使环境方面具有可持续性；④综合性：评价过程应该与经济评价、社会评价相平行，并在适宜的层次上与项目环境影响评价(英文缩写为：EIA)相衔接；⑤相关性：评价应该集中在有关的主题；⑥实践性：评价应该提供决策时所需要的信息(郑有飞等，2008)。

14.3.2 战略环境影响评价的评价因子及评价标准

14.3.2.1 评价因子及标准确定的原则

战略环境影响评价(SEIA)系统评价标准，应满足以下原则。

(1)实现评价的目的

即所选择的评价标准既能反映SEIA的预测内容，又能反映战略环境目标的实现程度；应该准确、客观、及时预测战略环境效应性质及大小。

(2)层次性

所选择的评价标准应能充分反映战略及其环境影响的层次差异。

(3)可操作性

度量指标所需数据易获取和表达。

(4)充分性

所选取的标准能充分满足衡量战略运行各个阶段的环境影响及总影响。

(5)提出SEA结论

①可以接受这一战略方案或该战略方案继续执行；②制订补救战略；③接受一个或几个替代方案；④否定。

(6)提出战略调整、修改与完善的建议

在SEIA中，评价因子用于衡量和表征环境现状并预测环境的变化趋势，它也是比较选择不同的政策、规划、计划以及监督它们的实施和目标的主要技术指标。

在某一领域或某一区域的战略环境影响评价中不可能设计所有环境因素，选择、确定评价因素的目的在于识别与所研究的政策、规划、计划关系最为密切、最重要的环境问题并把它们以评价要求的形式表达出来。法国和瑞典提出在选择评价因素时应主要考虑以下几个方面：①具有长期特征的宏观环境问题；②次生的和累积的环境影响；③该领域的项目规划与其他发展计划的关联性；④评价区域范围内的总体发展趋势(郑有飞等，2008)。

14.3.2.2 评价指标和评价标准

战略环境影响评价的评价标准很重要，对于同一项评价工作，如果评价标准不同，可能会导致截然不同的评价结论。建立战略环境影响评价系统的评价标准是一项十分复杂而细致的工作，在确定SEA系统的评价标准时，应充分考虑下述效果或影响：①生态环境质量现状；②现有污染物排放水平；③战略费用、效益水平；④其他战略的运行情况；⑤管理水平；⑥公众环境意识；⑦自然背景情况；⑧经济系统运行情况。

按照内容将评价标准分为评价指标体系和评价基准两部分。按照性质将评价标准分为定量标准、定性标准两类。

评价指标是用来揭示和反映环境变化趋势的工具，具体包括标示和描述环境背景状况、可预测的战略环境效应、替代方案对比以及监测战略执行情况与战略目标的偏差等。由于涉及领域广、因子多，也就决定了指标评价的复杂性，这也是全面、科学、客观地描述测度和评价战略环境影响所必需的。

评价指标体系就是评价因子，即具体评价内容。评价指标体系在内容上应包括：生态环境指标、经济指标、社会指标、资源指标和人口5个层次，每个子层次的指标又可进一步划分为更小的指标，以此类推，这样就形成了SEA的评价指标体系。我国生态环境部2020年颁布的《经济、技术政策生态环境影响分析技术指南(试行)》从环境质量、生态保护、资源消耗、应对气候变化等4个方面评价政策可能存在的生态环境影响。二级指标根据具体情况确定。对于评价因子的选择也应基于政策、规划、计划的环境目标、相关的环境法规及现行的环境监测方案，进行综合考虑。

按性质来分，评价标准有定量标准和定性标准两类。

(1)定量评价标准

①生态环境标准　包括生态环境质量标准、污染物排放标准以及总量控制目标。

②背景或本底标准　以战略实施或影响范围内的生态环境背景值或本底值作为评价标准。

③类比标准　把与评价区域的社会经济环境条件相似且未实施该战略地区的生态环境质量和功能作为SEIA系统的评价标准。

(2)定性评价标准

定性评价标准是指可接受性、合法性、同战略标准的一致性与兼容性。

14.3.3 战略环境影响评价的方法

由于SEIA是EIA在战略层次上的应用，因此传统EIA方法都可以在战略环评中应用，规划环评中讲到的方法都可以在战略环评应用，在此不赘述。

传统EIA方法在应用上比较成熟，但与项目EIA相比，SEIA的研究对象宏观性更强，影响范围更广，时间跨度更长，涉及环境因子更多，各评价因子之间的关系也更复杂，传统EIA方法通过适当修正后可用于SEIA。应用于SEIA的传统EIA方法，多数是定性方法和综合性方法。因此，项目EIA的方法能否应用于更高层次的SEIA，应慎重考虑。

相比项目环评，战略环评需要综合使用多学科、多领域的技术方法，同时要考虑评价方法对于不同时空尺度战略环评的适用性，以及可以保证模型模拟有效性、评价结论可靠性。保证这些的根本基础是源清单。

在此介绍政策评价方法。SEIA既是EIA在战略层次上的应用，又是政策评价向环境领域的延伸，政策评价的一些方法也可用于SEIA。政策评价方法包括政策分析方法(包括政策价值分析、政策可行性分析、政策三维分析等方法)、政策预测方法(多是以定性为主的主观预测方法)、政策效果评估方法(包括政策对比评估、政策价值评估、政策效益评估和政策效率评估等)，具体方法包括以下(何德文等，2008)。

①对比分析法　包括类比分析、前后对比分析、有无对比分析等。

②成本效益分析法　效益相等时，成本越小越好；成本相等时，效益越大越好；效益成本比率越大越好。

③统计抽样分析法　包括任意抽样法(包括单纯随机抽样、机械随机抽样、分层随机抽样、整群随机抽样等)和非任意抽样法(包括随机抽样、判断抽样、定额抽样等)。

④情景分析法　对于某一战略实施前后或有关战略实施的不同情况下社会经济环境系统状况进行定性的描述、预测，以确定战略环境效应和环境影响。传统的政策评价方法主要集中于政策的经济影响评价，尤其是政策的社会、经济效益和效果评价上，很少涉及政策环境影响评价，因此政策评价方法应用于SEIA也有其固有的局限性。

SEIA的研究对象——社会经济环境是一个复杂、开放、动态的系统。信息不完全、关系不明确是这一系统的突出特点。需要采用系统综合集成的评价方法，定性与定量相结合的系统研究方法，“要素论”与“整体论”相结合的综合研究方法，以及环境、社会、经济三效益相结合的集成研究方法。

因此，在现实SEIA实施中对于涉及不同领域、不同层次、不同尺度的战略应该采取不同的SEIA方法。

14.3.4　战略环境风险分析与管理

(1)战略环境风险的内涵

战略环境风险是指在战略实施过程中，由于战略本身的缺陷或自然因素对生态环境和社会经济造成的不良后果的危害程度和可能性。可见，战略环境风险是一种由人类战略决策行为导致的环境风险。战略环境风险除具有一般风险的二重性、不确定性、潜在性、相对性和可变性等特点外，还具有全局性、长期性、复杂性和不可逆性等自身特点。

战略环境风险按风险形成因素的性质可分为自然风险和人为风险；按风险发生机制可分为常规风险、事故风险和潜在风险；按风险表现形式可分为环境污染风险、资源退化风险和灾害风险。

(2)战略环境风险分析

风险分析是进行风险管理的基础性工作和必要的前提条件，而风险管理是风险分析的目的和归宿。风险分析包括风险识别、风险估计和分析评价3个具体步骤。可根据本书关于环境风险评价的相关内容进行分析。风险识别的目的是减少战略结构的不确定性，对战略环境因素进行识别、剖析。风险识别的内容就是在战略分析、战略环境背景状况调查的基础上，从中区分出重要的异常信号，其方法有事故树分析法、事件树分析法和因果分析法等。风险估计就是估计战略环境风险强度、发生概率、风险成本，以减少战略风险的不确定性。风险成本估计是风险估计中最为关键的部分，风险成本主要指风险事故造成的损失或减少的收益，以及为防止发生风险事故采取的防范措施费用两部分。风险评价需要界定风险源、暴露和因果关系，通过对战略环境风险事件的后果进行评价，确定其严重程度顺序及各个风险的可接受性。环境风险评价则集中在预测对人类健康和环境资源的各种影响的发生概率。目前使用较多的风险评价方法包括比较评价法、风险—效益分析法、费用—效益分析法和可接受性分析法4种(何德文等，2008)。

(3)战略环境风险管理

战略环境风险管理就是按照事先制订好的计划控制风险，并对控制机制本身进行监督以确保其成功，一般具有风险规划、风险控制和风险监督3个阶段。风险规划就是针对不可接受的战略环境风险制订的行动方案，包括确立风险管理目标、提出风险规避对策、制订实施计划3个具体步骤。风险控制就是实施风险规避的行动方案，一般风险控制措施包括风险避免、风险控制、风险转嫁、风险补救、风险后恢复等手段。风险监督主要是在战略环境风险决策实施后进行，其目的是查明决策的结果是否符合预期情况，并迅速发现新出现的风险，将信息及时反馈给决策者，以便于决定是否再次进行风险分析(何德文等，2008)。

对于经济、技术政策战略环评中，要分析政策内容是否存在不确定性(如政策作用对象界定不明确、保障措施不到位等)及其可能引起的生态环境风险。

分析政策执行是否存在不确定性(如执行中断、选择性执行、过激或消极执行等)及其可能引起的生态环境风险。

对存在不确定性风险的经济、技术政策可进行跟踪分析，根据政策实施所导致的生态环境影响，及时提出优化调整建议。

14.3.5 战略替代方案与减缓措施

14.3.5.1 战略替代方案的对比与选择

在对评价对象在经过环境影响的识别、分析后，最后要给出评价结论或减缓措施。如果有2个以上的战略方案，则需要分别做出评价并选择出适合的战略方案，或者提出替代方案。

替代方案也就是可供选择方案或备选方案，具体是指能够实现与建议方案具有共同战略目标的其他实施方案。从建议方案和众多替代方案中选择一个环境代价小、经济社会效益高的最佳方案或者是能够实现社会、经济和生态环境“三效益”的最佳均衡方案。

(1)战略方案的对比内容

战略方案的对比内容包括战略方案的运行成本和战略方案的效益或效果。战略方案运行成本体现在战略方案制订、执行及战略效应等各个方面和各个阶段，按涉及因素分为社会成本、经济成本、环境成本。在实际中每个方面的战略成本的确定都将是极其复杂的。战略运行的经济成本一般可以通过市场信息，利用市场观察可以加以确定，社会成本和生态环境成本的确定则要通过支付意愿法、替代市场法等进行。战略方案的效益也可以分为社会效益、经济效益、环境效益3个方面战略方案的效益确定同样是项复杂难度极大的工作，甚至有时无法作定量分析。在这种情况下也可以定性地制订战略方案的结果或效果。

在环境损益分析一章我们会具体介绍评价方法。

(2)战略方案的对比方法

战略方案的对比，首先要确定战略方案的运行成本和战略效益或效果，利用费用效益分析技术，确定各个战略方案的费用效益比和净效益，根据两者情况确定最佳战略方案。对于难以确定战略效益的方案，可通过费用效益分析进行方案优选，即在战略效果差别不大的情况下，战略成本最小的方案为最优，在战略方案运行成本一样的情况下，选择战略效果好的方案。

以政策环评为例，我国政策环境评价的目标可设定为促进环境公平、凝聚社会共识、健全决策机制和提升环保意识。根据上述目标，在政策问题界定、政策目标确立、政策方案设计、政策方案比选、政策方案确定、政策方案执行和政策事后评估等政策过程的不同阶段，分别提出了政策环评应该发挥的主要作用。其中，在政策方案比选阶段，政策环评应重点做好环境风险评估和制度评估两方面的工作。与此相对应，在评价框架中，应把环境风险预警和制度保障评估作为主要着力点，环境风险预警主要包括生态风险和人体健康风险，制度保障评估包括制度风险和政策风险等(李天威，耿海清，2016)。

14.3.5.2 战略环境影响减缓措施

减缓措施(mitigation measures)，是指用来避免、降低、修复或补偿战略环境的措施。减缓措施主要针对于显著的潜在的环境影响进行，其目的就是使该生态环境影响下降到某一合理的可接受的水平(何德文等，2008)。

(1)避免措施

避免措施是用来消除建议战略方案中的对生态环境有害的要素，如尽可能的消除战略缺陷，尤其是战略在生态环境方面的缺陷。

(2)最小化措施

最小化措施是指通过限制和约束行为的规模强度或范围，尽可能地使环境影响最小化。

(3)减量化措施

减量化措施是指通过采取行政措施经济手段技术设备等强制性控制措施，降低环境影响。

(4)修复补救措施

修复补救措施是指对于已经或必定受到影响的生态环境进行修复或补救。

14.4 战略环境影响评价展望

14.4.1 战略环境影响评价的趋势

SEIA 是 EIA 发展的新趋势。为了真正落实生态文明理念，建成美丽中国，我国必须高度重视 SEIA，真正把 SEIA 制度付诸实践。国外的实践表明，SEIA 是将可持续发展战略从宏观、抽象概念落实到实际、具体方案的桥梁，是提高 EIA 有效性的客观要求和科学生态补偿的重要前提，也是保证环境与发展综合决策的标志。SEIA 的发展有以下趋势：

(1)以决策过程为核心的综合决策模型将成为未来SEIA的主流

基于EIA的评价方法在面临SEIA所具有的不确定性、复杂性、长期性、大尺度性以及宏观性等问题时逐渐显得无能为力，以为决策提供环境可持续依据为目标的SEIA方法将逐步与政策、规划和计划的方法相融合，形成以决策过程为核心的综合决策模型，而成为未来SEIA的主流。

SEIA逐步成为推动决策过程中的政治和社会过程的框架。战略决策离不开社会和政治要素，而且社会过程和政治过程影响方案的选择，这是未来的一种综合趋势。SEIA不得不面临这样一种现实，而不仅仅是考虑狭义的环境影响方面。在综合社会过程、经济过程和环境审批过程中，SEIA将成为一个重要的工具和框架。

(2)将SEIA纳入到生态环境治理体系中

战略环评由于目前尚未形成在一定范围内公认的、可操作的又易于为管理者所用的方法和指标体系，因此，真正的纳入到环境管理体系仍需一定的时间，但这是必然的趋势。此外，像项目环境影响报告书的质量监控一样，SEIA报告书的质量保证也是一个重要的挑战。

14.4.2 开展战略环境影响评价的建议

14.4.2.1 扩大战略环评的对象范围，建立评价管理与技术体系

在过去的实践中，SEIA一直发展缓慢。主要原因是目前尚缺少指导实际操作的战略环评导则，评价对象的不确定性和复杂性，部门或区域范围的参与在实施上的繁琐使得操作很难。

应扩大评价的对象范围，把政策、社会和经济发展规划等纳入战略环评。我国的战略环评已经开始了一些实践，规划环境影响评价已经有评价导则，经济和技术政策环境影响评价工作也已经开始试行。在我国政府部门的决策中，除规划外还有战略、法规和规范性文件等形式。为促进政府决策科学化、民主化的角度出发，今后应逐步将以上3类决策纳入战略环评的对象范围。国民经济和社会发展规划、区域规划等，以及具有空间指向和开发内容的政府和部门规章，也应逐步成为战略环评的法定对象。在重大行政决策制订过程中纳入环境考量，事前开展环境影响评估，不仅是国际上的普遍做法，更是法律法规的要求，也是构建现代环境治理体系的必由之路，生态环境管理部门应积极推动(耿海清，2020)。《环境保护法》第十四条明确规定："国务院有关部门和省、自治区、直辖市人民政府组织制定经济、技术政策，应当充分考虑对环境的影响，听取有关方面和专家的意见。"这一规定为政策环评的开展提供了依据。然而，政策环评等战略环评在国际上并没有公认模式，我国的战略环评的理论研究和实践探索也都非常欠缺。因此，探索符合国情的评价理论、评价程序和方法，建立评价管理与技术体系，是推进战略环评首先需要考虑的问题。

14.4.2.2 以环境容量为基础开展战略环评

环境容量是国家或地区在一定的时期内，为达到一定的环境质量目标而规定某一环境单元范围内所能容纳的污染物的最大负荷。它是可持续发展的内涵之一，也是生态学的规律之一。可持续发展要求发展以环境和自然资源为基础，同环境容量相协调。在推行循环

经济、清洁生产，从源头削减污染物总量的基础上，使环境容量逐步与经济社会发展相适应是我们的目标。所以，面对我国人口众多、资源短缺，要解决快速发展经济和尽量减少环境污染及生态破坏的矛盾，在制订政策、规划和计划时，为了使社会经济与环境的协调发展，使之符合可持续发展的要求，应更加重视环境容量的问题，在战略环评中应加强对环境容量的研究。我国在京津冀、长三角、珠三角地区通过大区域战略环境影响评价构建"三线一单"环境管控体系，服务地方发展是贯彻生态文明理念，促进社会经济可持续发展较好的一种探索。

14.4.2.3 规划环评是战略环评的切入点

从理论上讲，政策战略环评应先行之，区域与行业的规划环评次之，而建设项目的环评则再次之。规划环评是在政策法规制订之后，项目实施之前，对有关规划的资源环境容量进行科学评价。相比项目环评，规划环评真正开始实现了从微观到宏观，从尾部到源头，从枝节到主干，从操作到决策的转变和飞跃，是环评制度的一次根本性改革。由于我国环评法中只规定了规划环评，因此只能将规划环评作为进行全面战略环评切入点，推进规划环评就是推进战略环评(郑有飞等，2008)。应全面推进战略环评早期介入。我国虽然也把早期介入作为战略环评的基本准则，但由于在法规层面没有早期介入的实质性要求，在实施过程中对于违法行为又缺乏可操作的追责机制，导致规划环评滞后于规划过程的现象极为普遍。

14.4.2.4 加强整体评价和系统评价

习近平生态文明思想提出要树立山水林田湖草是一个生命共同体的理念，就是要把生态系统作为一个整体来系统保护、综合治理。要对山水林田湖草生命共同体开展全生命周期评价，促进生态系统的持续、健康发展。要将产业及其依存的环境作为一个整体进行评价，促进产业和环境的良性互动、和谐共生(耿海清，2019)。新时代加强我国战略环评工作，同样也要强调整体观和系统观，要加强社会经济政策等战略决策的整体评价和系统评价。

14.4.2.5 应逐步强化多方案比选

多方案比选是战略环评的精髓，也是绝大多数国家战略环评报告的必备内容。多方案比选之所以如此重要，在根本上是由决策的内在要求决定的。因此，关于多方案比选的要求应纳入相关法律体系，内化为决策程序中的必须环节。

14.4.2.6 实现战略环评与项目环评联动的机制

战略环评着眼于政策、规划的实施可能带来的环境影响，项目环评主要解决项目实施可能带来的环境影响，而战略环评与项目环评均是环评体系不可或缺的部分，建立两者之间的联动机制，有利于环评体系成为一个完整而和谐的体系。

14.4.2.7 建立战略环评的公众参与制度

公众参与是战略环评过程的基本组成内容之一，在提高战略环评的质量和有效性，从而完善决策、实现决策科学化方面有着重要意义。虽然我国在环评法中肯定了公众参与，对公众参与也作一些程序上的规定，但这些规定仍然相当具有原则性，缺乏可操作性，如对公众的范围、参与的具体程序，参与的效果等没有进行明确规定，公众参与工作不仅深度不够广度更不够，存在着建设单位和审批机关对公众意见重视不够，公众参与缺乏司法保障的问题。探讨战略环评中公众参与的可行方法和程序，对加强环境影响评价中的公众参与工作以及在我国全面开展战略环评具有迫切的现实意义。

思考题

1. 简述战略环境评价的概念。说明规划环境影响评价、区域环境影响评价与战略环境评价的关系。

2. 简述战略环境评价的特点。

3. 简述战略环境评价的评价标准及战略环境评价的评价方法。

4. 简述战略环境评价的工作程序。简述工作程序每个阶段该如何实施。

5. 简述战略环境评价方法的选择因素。

第 15 章

环境经济损益分析

【内容提要】环境经济损益分析的基本任务是从环境对项目产生多大的影响出发，通过筛选、量化环境影响，评估环境影响的货币化价值，从而将货币化的环境影响价值纳入项目的经济分析，判断项目的环境影响在多大程度上影响了项目的可行性。本章主要内容包括环境影响的经济评价概述、环境经济评价方法、费用效益分析和计算项目的可行性指标、敏感性分析和环境影响经济损益分析的步骤等，重点掌握环境影响经济损益分析的步骤、费用效益分析的步骤和方法与计算项目可行性指标。

15.1 环境影响的经济评价概述

环境影响的经济损益分析，也称为环境影响的经济评价，就是要估算某一项目规划或政策所引起环境影响的经济价值，并将环境影响的价值纳入项目、规划或政策的经济分析(即费用效益分析)中去，以判断这些环境影响对该项目、规划或政策的可行性会产生多大的影响。这里，对负面的环境影响，估算出的是环境成本对正面的环境影响，估算出的是环境效益。

15.1.1 环境影响经济评价的必要性

15.1.1.1 法律依据

《中华人民共和国环境影响评价法》第三章第十七条明确规定，要对建设项目的环境影响进行经济损益分析。

15.1.1.2 政策工具

世界银行、亚洲开发银行等国际金融组织以及美国等较早开展环境影响评价的国家，都要求在其环境评价中要进行环境影响的经济评价。如世界银行在其政策指令 OP4.01 和 OP10.04 中，明确要求在环境评价中“尽可能地以货币化价值量化环境成本和环境效益，并将环境影响价值纳入项目的经济分析中去。”亚洲开发银行(1996)为此还发行了《环境影响的经济评价工作手册》，指导对环境影响的经济评价。

1997 年世界银行在其中国环境报告《碧水蓝天》中，估算出中国环境污染损失每年至少 540×10^8 美元，占 1995 年 GDP 的 8%，这一评估以及中国研究者所做的相关环境污染损失评估，对中国在第十个五年计划大幅提高环境投资起到了良好的作用。

我国政府开始实行绿色 GDP，将环境损益计入国民经济计量体系中，标志着一种新的发展战略的贯彻实施。

15.1.2 建设项目“环境影响经济损益分析”

建设项目环境影响的经济评价，是以大气、水、声、生态等环境影响评价为基础提出的，只有在得到各环境要素影响评价结果以后，才可能在此基础上进行环境影响的经济评价。

建设项目环境影响经济损益评价包括建设项目环境影响经济评价和环保措施的经济损益评价两部分。

环境保护措施的经济论证，是要估算环境保护措施的投资费用、运行费用、取得的效益，用于多种环境保护措施的比较，以选择费用比较低的环境保护措施。环境保护措施的经济论证不能代替建设项目的环境影响经济损益分析。

15.2 环境经济评价方法

环境的总价值包括环境的使用价值(use value)和非使用价值(nonuse value)。

环境的使用价值，是指环境被生产者或消费者使用时所表现出的价值。环境的使用价值通常包含直接使用价值、间接使用价值和选择价值。例如，森林的旅游价值就是森林的直接使用价值，森林防风固沙的价值就是森林的间接使用价值。选择价值(option value)是人们虽然现在不使用某一环境，但人们希望保留它，这样，将来就有可能使用它，即保留了人们选择使用它的机会，环境所具有的这种价值就是环境的选择价值。有的研究者将选择价值看作是环境的非使用价值的一部分。

环境的非使用价值，是指人们虽然不使用某一环境物品，但该环境物品仍具有的价值。根据不同动机，环境的非使用价值又可分为遗赠价值(bequest value)和存在价值(existence value)。如濒危物种的存在，有些人认为，其本身就是有价值的，这种价值与人们是否利用该物种谋取经济利益无关。

无论使用价值或非使用价值，价值的恰当量度都是人们的最大支付意愿(WTP)，即一个人为获得某件物品(服务)而愿意付出的最大货币量。影响支付意愿的因素有：收入、替代品价格、年龄、教育、个人独特偏好以及对该物品的了解程度等(图15-1)。

市场价格在有些情况下(如对市场物品)可以近似地衡量物品的价值，但它不能准确地度量一个物品的价值。市场价格是由物品的总供给和总需求来决定的，它通常低于消费者的WTP，二者之差是消费者剩余(CS)。三者关系为：

$$价值=支付意愿=价格\times消费量+消费者剩余$$

人们在消费许多环境服务或环境物品时，常常没有支付价格，因为这些环境服务没有市场价格，如游览许多户外景观时。那么，这时这些环境服务的价值就等于人们享受这些环境服务时所获得的消费者剩余。有些环境价值评估技术，就是通过测量这一消费者剩余来评估环境的价值。

环境价值也可以根据人们对某种特定的环境退化而表示的最低补偿意愿(WTA)来度量。

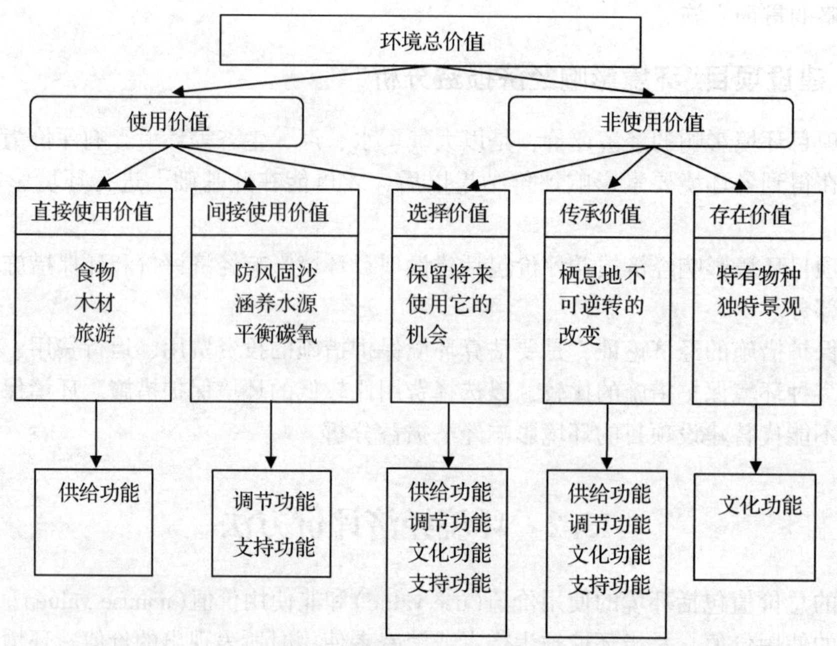

图 15-1　一片森林环境价值的构成

王兵(2011)利用市场价值法、费用代替法、替代工程法等方法定量评价了 2009 年全国及各省级行政区森林生态系统服务功能，评估指标包括涵养水源(调节水量指标和净化水质指标)、保育土壤(固土指标和保肥指标)、固碳释氧(固碳指标和释氧指标)、积累营养物质(林木积累 N，P，K 指标)、净化大气环境(生产负离子指标、吸收污染物指标和滞尘指标)和生物多样性保护(物质保育指标)。结果表明 2009 年我国森林生态系统服务功能总价值为 10.01×10^{12} 元/a；各项森林生态系统服务功能价值表现为涵养水源 >生物多样性保护>固碳释氧>保育土壤>净化大气环境>积累营养物质。

15.3　费用效益分析

费用效益分析，又称国民经济分析、经济分析，是环境影响的经济评价中使用的另一个重要的经济评价方法。它是从全社会的角度，评价项目、规划或政策对整个社会的净贡献。它是对项目(可行性研究报告中的)财务分析的扩展和补充，是在财务分析的基础上，考虑项目等的外部费用(环境成本等)，并对项目中涉及的税收、补贴、利息和价格等的性质重新界定和处理后，评价项目、规划或政策的可行性。

15.3.1　费用效益分析与财务分析的差别

费用效益分析和财务分析的主要不同有：

15.3.1.1　分析的角度不同

财务分析，是从厂商(以赢利为目的的生产商品或劳务的经济单位)的角度出发，分析某一项目的赢利能力。费用效益分析则是从全社会的角度出发，分析某一项目对整个国民经济净贡献的大小。

15.3.1.2 任用的价格不同

财务分析中所使用的价格，是预期的现实中要发生的价格；而费用效益分析中所使用的价格，则是反映整个社会资源供给与需求状况的均衡价格。

15.3.1.3 对项目的外部影响的处理不同

财务分析只考虑厂商自身对某一项目方案的直接支出和收入；而费用效益分析除了考虑这些直接收支外，还要考虑该项目引起的间接的、未发生实际支付的效益和费用，如环境成本和环境效益。

15.3.1.4 对税收、补贴等项目的处理不同

在费用效益分析中，补贴和税收不再被列入企业的收支项目中。

15.3.2 费用效益分析的步骤

费用效益分析有 2 个步骤：

第一步，基于财务分析中的现金流量表(财务现金流量表)，编制用于费用效益分析的现金流量表(经济现金流量表)。实际上是按照费用效益分析和财务分析的以上差别，来调整财务现金流量表，使之成为经济现金流量表。要把估算出的环境成本(环境损害、外部费用)计入现金流出项，并把估算出的环境效益计入现金流入项。表 15-1 是经济现金流量表的一般结构。

表 15-1 经济现金流量(举例) 万元

编号	名称	建设期			投产期		生产期						合计
	年序号	1	2	3	4	5	6	7	8	9…23	24	25	
(一)	现金流入												
	1. 销售收入				50	60	80	…		80…	80	80	
	2. 回收固定资产残值											20	
	3. 回收流动资金											20	
	4. 项目外部效益				8	8	8	…		8…	8	8	
	流入合计				58	68	88	…		88…	88	128	
(二)	现金流出												
	1. 固定资产投资	7	20	5									
	2. 流动资金				10	10							
	3. 经营成本				20	20	20	…		20…	20	20	
	4. 土地费用	1	1	1	1	1	1	…		1…	1	1	
	5. 项目外部费用	10	10	10	10	10	10	…		10…	10	10	
	流出合计	18	31	16	41	41	31	…		31…	31	31	
(三)	净现金流量	−18	−31	−16	17	27	57	…	57…	57	97		

(来源：环境保护部环境工程评估中心《环境影响评价技术方法》，2018)

第二步，计算项目可行性指标。

在费用效益分析中，判断项目的可行性，有两个最重要的判定指标：经济净现值、经济内部收益率。此外，还有经济净现值率。

(1)经济净现值($ENPV$)

$$ENPV = \sum_{t=i}^{n} (CI - CO)_t (1 + r)^{-t} \tag{15-1}$$

式中 CI——现金流入量(cash inflow)；

CO——现金流出量(cash outflow)；

$(CI-CO)_t$——第 t 年的净现金流量；

n——项目计算期(寿命期)；

r——贴现率。

经济净现值是反映项目对国民经济所作贡献的绝对量指标。它是用社会贴现率将项目计算期内各年的净效益折算到建设起点的现值之和。当经济净现值大于零时，表示该项目的建设能为社会做出净贡献，即项目是可行的。

(2)经济内部收益率($EIRR$)

$$\sum_{t=i}^{n} (CI - CO)_t (1 + EIRR)^{-t} = 0 \tag{15-2}$$

经济内部收益率是反映项目对国民经济贡献的相对量指标。它是使项目计算期内的经济净现值等于零时的贴现率。国家公布有各行业的基准内部收益率。当项目的经济内部收益率大于行业基准内部收益率时，表明该项目是可行的。

贴现率(discount rate)是将发生于不同时间的费用或效益折算成同一时点上(现在)可以比较的费用或效益的折算比率又称折现率。之所以要贴现，是因为现在的资金比一年以后等量的资金更有价值。项目的费用发生在近期，效益发生在若干年后的将来，为使费用与效益能够比较，必须把费用和效益贴现到基年。

$$PV = FV/(1 + r)^t \tag{15-3}$$

式中 PV——现值(present value)；

FV——未来值(future value)；

r——贴现率；

t——项目期第 t 年。

若取贴现率 $r=10\%$，则 10 年后的 100 元，只相当于现在的 38.5 元；60 年后的 100 元，只相当于现在的 0.33 元。

选择一个高的贴现率时，由上式可见，未来的环境效益对现在来说就变小了；同样，未来的环境成本的重要性也下降了。这样，一个对未来环境造成长期破坏的项目就容易通过可行性分析；一个对未来环境起到长期保护作用的项目就不容易通过可行性分析。高贴现率不利于环境保护。

但是，一个高的贴现率对环境保护的作用是两面的，因为高贴现率的另一个影响是限制了投资总量。任何投资项目都需要消耗资源，在一定程度上破坏环境。降低投资总量会在这一方面有利于资源环境的保护。从这方面来看，恰当的贴现率并非越小越好。理论上，合理的贴现率取决于人们的时间偏好率和资本的机会收益率。

进行项目费用效益分析时，只能使用一个贴现率。为考察环境影响对贴现率的敏感性，可在敏感性分析中选取不同的贴现率加以分析。

(3)经济净现值率(*ENPVR*)

经济净现值率是项目净现值与全部投资限值之比，即单位投资限值的净现值，反映单位投资对国民经济的净贡献程度指标，运用于方案比较，一般情况下，应选择经济净现值高的项目。

公式表示为：

$$ENPVR = ENPV/I_p \qquad (15\text{-}4)$$

式中 *ENPV*——经济净现值；

I_p——投资净现值，投资总额的贴现。

环境经济损益分析指标运用见表15-2所列。

表15-2 环境经济损益分析指标运用汇总表

指标 用途	经济净现值	经济内部收益率	经济净现值率
项目评价(项目方案的可行性)	*ENPV*≥0时项目可行	*EIRR*≥*r*[①]时项目可行	*ENPVR*≥0时项目可行
方案比较(互斥方案[②]的优选)	取*ENPV*较大者(投资不同时，结合*ENPVR*一起考虑)	不能直接用，可计算差额投资经济内部收益率(Δ*EIRR*[③]≥*r*时，投资大的方案好，反之，投资小的方案好)	存在明显的资金限制时，选择*ENPVR*较大者
项目排队(独立方案按优劣排序的最优组合)	不单独使用	一般不采用	按*ENPVR*大小排序，选满足资金约束条件下的项目组合，使*ENPVR*最大

(王宁，2013)

注：①表中*r*代表社会贴现率。②互斥方案是指彼此相互排斥的一组方案，只能选择其中一个方案进行投资。③在对互斥方案进行选择时，可以用甲方的净现值减去乙方的净现值，该差额净现值的经济内部收益率就是差额投资经济内部收益率。

15.3.3 敏感性分析

敏感性分析，是通过分析和预测一个或多个不确定性因素的变化所导致的项目可行性指标的变化幅度，判断该因素变化对项目可行性的影响程度。在项目评价中改变某一指标或参数的大小，分析这一改变对项目可行性(*ENPV*，*EIRR*)的影响。

财务分析中进行敏感性分析的指标或参数有：生产成本、产品价格、税费豁免等。

费用效益分析中，考察项目对环境影响的敏感性时，可以考虑分析的指标或参数有：

(1)贴现率(10%，8%，5%)。

(2)环境影响的价值(上限、下限)。

(3)市场边界(受影响人群的规模大小)。

(4)环境影响持续的时间(超出项目计算期时)。

(5)环境计划执行情况(好、坏)。

例如，在进行费用效益分析时使用10%的贴现率，计算出项目的一组可行性指标；再分别使用8%、5%的贴现率，重新计算一下项目的可行性指标，看看在使用不同的贴现率时，项目的经济净现值和经济内部收益率是否有很大的变化，也就是判断一下项目的可行性对贴现率的选择是否很敏感。

分析项目可行性对环境计划执行情况的敏感性。也许当环境计划执行得好时，计算出项目的可行性指标很高(因为环境影响小，环境成本低)；当环境计划执行得不好时，项目的可行性指标变得很低(因为环境影响大，环境成本高)，甚至经济净现值小于零，使项目变得不可行了。这是帮助项目决策和管理的很重要的评价信息。

15.4 环境影响经济损益分析的步骤

理论上，环境影响的经济损益分析分以下4个步骤来进行，在实际中有些步骤可以合并操作：

第1步，筛选环境影响；

第2步，量化环境影响；

第3步，评估环境影响的货币化价值；

第4步，将货币化的环境影响价值纳入项目的经济分析。

15.4.1 环境影响的筛选

需要筛选环境影响，因为并不是所有环境影响都需要或可能进行经济评价。一般从以下4个方面来筛选环境影响：

①筛选1(S1) 影响是否是内部的或已被控抑？

环境影响的经济评价只考虑项目的外部影响，即未被纳入项目财务核算的影响。内部影响将被排除，内部环境影响是已被纳入项目的财务核算的影响。环境影响的经济评价也只考虑项目未被控抑的影响。按项目设计已被环境保护措施治理掉的影响也将被排除，因为计算已被控抑的环境影响的价值在这里是毫无意义的。

②筛选2(S2) 影响是小的或不重要的？

项目造成的环境影响通常是众多的、方方面面的，其中小的、轻微的环境影响将不再被量化和货币化。损益分析部分只关注大的、重要的环境影响。环境影响的大小轻重，需要评价者做出判断。

③筛选3(S3) 影响是否不确定或过于敏感？

有些影响可能是比较大的，但也许这些环境影响本身是否发生存在很大的不确定性，或人们对该影响的认识存在较大的分歧，这样的影响将被排除。另外，对有些环境影响的评估可能涉及政治、军事禁区，在政治上过于敏感，这些影响也将不再进一步做经济评价。

④筛选4(S4)　影响能否被量化和货币化?

由于认识上的限制、时间限制、数据限制、评估技术上的限制或者预算限制，有些大的环境影响难以定量化，有的环境影响难以货币化，这些影响将被筛选出去，不再对它们进行经济评价。例如，一片森林破坏引起当地社区在文化、心理或精神上的损失很可能是巨大的，但因为太难以量化，所以不再对此进行经济评价。

经过筛选过程后，全部环境影响将被分成3类，一类环境影响是被剔除、不再做任何评价分析的影响，例如，那些内部的环境影响、小的环境影响以及能被控抑的影响等。另一类环境影响是需要做定性说明的影响，例如，那些大的但可能很不确定的影响、显著但难以量化的影响等。最后一类环境影响就是那些需要并且能够量化和货币化的影响。

15.4.2　环境影响的量化

环境影响的量化，应该在环评的前面阶段已经完成。但是：

(1)环境影响的已有量化方式，不一定适合于进行下一步的价值评估。例如，对健康的影响，可能被量化为健康风险水平的变化，而不是死亡率、发病率的变化。

(2)在许多情况下，前部分环评报告只给出项目排放污染物(SO_2，TSP，COD)的数量或浓度，而不是这些污染物对受体影响的大小。

例如，利用剂量—反应关系来将污染物的排放数量或浓度与它对受体产生的影响联系起来：

据蔡宏道等(1995)研究，上海大气 SO_2 质量浓度每增加 10 μg/m^3，则呼吸系统疾病死亡人数将增加5%。

据徐希平等(1994)研究，北京大气 SO_2 质量浓度每升高1%，则居民分病因每日死亡数：*COPD* 升高0.29%，*PHD* 升高0.19%。

据魏复盛等(2001)研究，中国城市大气 PM_{10} 质量浓度每升高10μg/m^3，则支气管炎患病率在儿童人群中升高0.93%，在成人人群中升高0.51%；感冒时咳嗽的发生率在儿童人群中升高1.19%，在成人人群中升高0.48%。

据世界银行(1997)估计，城市大气 PM_{10} 质量浓度每升高10μg/m^3，则会产生如下健康反应：在每10万人中每年增加死亡6例、呼吸道疾病门诊12例、急救病例235例、下呼吸道感染23例、气喘病2068例、慢性支气管炎61例、上呼吸道疾病症状183 000例、受限制活动天数57 500 d等。

根据谢元博(2014)对2013年1月发生在北京市的雾霾重污染事件的研究，短期高浓度 $PM_{2.5}$ 污染对人群健康风险较高，约造成早逝201例，呼吸系统疾病住院1056例，心血管疾病住院545例，儿科门诊7094例，内科门诊16 881例，急性支气管炎10 132例，哮喘7643例，相关健康经济损失高达 4.89×10^8 元。

根据申俊(2018)的研究结果，2015年我国因 $PM_{2.5}$ 污染导致 83×10^4 人早逝，4825×10^4 人患病，公共健康直接经济损失约为 $11\,594\times10^8$ 元。

15.4.3　环境影响的价值评估

价值评估是对量化的环境影响进行货币化的过程。这是损益分析部分中最关键的一步，也是环境影响经济评价的核心。具体的环境价值评估方法，即前述的“环境价值及其评估方法”。

15.4.4 将环境影响货币化价值纳入项目经济分析

环境影响经济评价的最后一步，是要将环境影响的货币化价值纳入项目的整体经济分析(费用效益分析)当中去，以判断项目的这些环境影响将在多大程度上影响项目、规划或政策的可行性。

在这里，需要对项目进行费用效益分析(经济分析)，其中关键是将估算出的环境影响价值(环境成本或环境效益)纳入经济现金流量表。

计算出项目的经济净现值和经济内部收益率后，可以做出判断：将环境影响的价值纳入项目经济分析后计算出的净现值和内部收益率，是否显著改变了项目可行性报告中财务分析得出的项目评价指标？在多大程度上改变了原有的可行性评价指标？将环境成本纳入项目的经济分析后，是否使得项目变得不可行了？以此判断项目的环境影响在多大程度上影响了项目的可行性。

在费用效益分析之后，通常需要做一个敏感性分析，分析项目的可行性对项目环境计划执行情况的敏感性、对环境成本变动幅度的敏感性、对贴现率选择的敏感性等。

思考题

1. 简述环境经济评价的方法。
2. 简述环境影响经济损益分析的步骤。

第 16 章 综合案例

16.1 济宁—徐州高速公路(江苏段)环境影响评价

16.1.1 工程概况

拟建济宁—徐州高速公路(江苏段)位于江苏西北部，徐州市丰县、沛县和铜山县境内，拟建公路所在区域基本为平原区，地形地貌平坦开阔，水土流失以微度侵蚀为主。沿线农业植被丰富，陆域生态系统类型主要为农田生态系统，耕作历史悠久，农业经济较为发达。项目区无大型哺乳类野生动物存在，野生动物很少。评价范围内没有国家级重点保护野生动物及保护类植物分布。推荐线路总长度约 79 km，设计为四车道高速公路，设计行车速度 120 km/h，路基宽度为 28 m。全线预测平均交通量中期(2016 年) 15 615 辆/d (折合小客车)。推荐方案沿线设有大桥、特大桥 4559.5 m/15 座，中、小桥 1332 m/22 座，互通式立交桥 5 处，分离式立交桥 22 处。全线在大沙河和敬安设服务区 2 处，设主线收费站 1 处、匝道收费站 4 处。本项目全线共征用土地 570.35 hm^2(包含基本农田 441.38 hm^2)，临时占地约 532.45 hm^2，工程拆迁各类建筑物约 1.8×10^4 m^2，路基土石方约 1034×10^4 m^3。

16.1.2 环境现状

该部分需明确至少以下 6 个方面的现状：

(1)自然环境概况：地理、地质、气象、水文、生物。

(2)生态现状：主要生态类型、重要植被、重点保护动植物。涉及重点保护野生动物的应该介绍动物保护级别、生活习性和活动区域，以判断工程对动物的影响和采取相应的保护措施。

(3)环境敏感区，如自然保护区的功能分区。

(4)取、弃土场明确占地类型、位置、取弃土量。

(5)饮用水源：水源保护分级、范围、取水口位置。工程与水源保护区的关系，经过水源保护区应考虑采用更严格的风险防范和保护措施。

(6)噪声敏感点与线路的距离、高差、受影响户数和人口数等。

本案例项目位于平原地区，土地开垦程度较高，后备资源不足，这是下一步评价取土影响的一个制约因素，在这类区域内取土困难，区域的基本农田补偿占一补一很难实现，应尽量减少耕地的占用，考虑地区的粉煤灰及煤矸石利用，节约土地。沿线分布的野生动物以鸟类为主，分布有部分省重点保护野生动物(黑斑侧褶蛙、金绒侧褶蛙)，下一步评价中应重点调查这些保护动物的分布区域、生活习性、迁徙路线，有针对性地为这些动物预留保护措施，通过设置桥梁、涵洞保证动物通行。

16.1.3 主要环境影响及对策、措施

根据评价因子识别及筛选结果，结合环境敏感对象及环境保护目标，确定重点评价内容，并在时间上按施工期和营运期分别进行评价(表16-1)。评价的内容应包括对生态环境、水环境、声环境、环境空气等的影响，评估危险品运输风险，重视公众参与。

表16-1 拟建公路施工期不同工程方案对环境影响分析

<table>
<tr><th colspan="2">工程类别</th><th>工程环节</th><th>主要环境问题</th><th>环境要素</th></tr>
<tr><td rowspan="8">主体工程</td><td rowspan="2">路基工程</td><td>征地拆迁</td><td>土地占用、植被破坏、房屋公共设施拆迁</td><td>生态环境、社会环境</td></tr>
<tr><td>土石方工程</td><td>水土流失、粉尘、噪声</td><td>生态环境、环境空气、声环境</td></tr>
<tr><td rowspan="3">路面工程</td><td>排水工程</td><td>路面径流、水土流失</td><td>水环境、生态环境</td></tr>
<tr><td>防护工程</td><td>混凝土的溢洒</td><td>水环境、生态环境</td></tr>
<tr><td>路面铺筑</td><td>沥青烟</td><td>环境空气</td></tr>
<tr><td rowspan="3">桥梁工程</td><td>基础施工</td><td>泥浆、废渣、水土流失</td><td>水环境、生态环境</td></tr>
<tr><td>下部结构</td><td>混凝土和泥浆的溢洒</td><td>水环境、生态环境</td></tr>
<tr><td>桥面铺装</td><td>沥青烟</td><td>环境空气</td></tr>
<tr><td rowspan="6">临时工程</td><td rowspan="2">施工场地</td><td>场地选择</td><td>占地、噪声污染、生活“三废”</td><td>生态环境、声环境、水环境</td></tr>
<tr><td>场地修建</td><td>水土流失</td><td>生态环境</td></tr>
<tr><td rowspan="2">施工便道</td><td>便道修建</td><td>占地、植被破坏、水土流失</td><td>生态环境</td></tr>
<tr><td>便道使用</td><td>粉尘</td><td>环境空气</td></tr>
<tr><td rowspan="2">取土场</td><td>取土场选择</td><td>占地、植被破坏</td><td>生态环境</td></tr>
<tr><td>开挖取土</td><td>水土流失</td><td>生态环境</td></tr>
</table>

生态影响评价应明确重点(敏感)保护目标类型、功能和保护要求，影响程度和保护措施。应关注间接和潜在影响、累积影响效果。声环境影响评价应关注预测模式、参数和预测结果的可信度，有关车流、车速、纵坡、路面状况，特殊类型路基声环境影响预测，保护措施应经过经济、技术论证，分析是否达到降噪效果和经费保障。水环境影响主要关注敏感水体，施工期和营运期的废水影响。环境风险分析评价应分析产生环境风险的原因及风险概率，针对环境敏感目标作环境风险评价，提出有目的的环境风险防范措施和事故应急计划。每个要素的影响预测和措施都应在最后明确是否对工程建设造成重大环境制约，最后得出工程建设的环境可行性。

项目评价时对替代方案进行分析，这也是针对工程行为环境影响优劣的判定。替代方案分析主要针对占地、植被损失、施工期水土流失、地表水、声环境、环境空气等方面影响的比选，报告书给出从工程、经济、环境、社会等方面综合比选的明确结论，例如，项

目涉及敏感区域，还需绕避敏感区域，提出替代方案。

16.1.4 综合结论

济宁—徐州高速公路(江苏段)的建设对于加快江苏省高速公路网络化，江苏省乃至全国的路网结构布局，形成江苏省北部快速出省通道，实现中西部与东南沿海发达地区间更加紧密的交通联系，促进徐州、济宁两市乃至江苏、山东两省区域经济的共同发展等均有积极的作用，而且，项目的社会、经济和环境效益极为显著，具有较强的抗风险能力。虽然济宁—徐州高速公路(江苏段)的建设将会对沿线地区的生态环境、水环境以及沿线居民生活质量、学校教学产生一定的不利影响，但只要认真落实本报告所提出的减缓措施，真正落实环保措施与主体工程建设的“三同时”制度，所产生的负面影响是可以得到有效控制的，并能为环境所接受。从环保角度来看该项目是可行的。

16.1.5 案例总结

工程主要现状调查方法采用了收集资料、现场调查、类比和分析法。还应考虑收集遥感资料，建立地理信息系统，并进行野外定位验证。通过咨询专家，解决调查和评价中高度专业化的问题和疑难问题。采取定位或半定位观测，判断对动物的影响以为其预留动物通道等。

工程区域位于平原地区，取土困难，占地成为一个相当敏感的问题。沿线取土可与地区的粉煤灰及煤矸石利用、地区农田水利建设规划及丰县、沛县等城市景观建设相结合，充分利用水利建设和城市景观水域建设的土方填筑公路路基，减少从基本农田取土。工程施工尽可能少占农田，尤其是基本农田，占用基本农田要依法履行相关法律手续。取土分层进行，开挖前先将表土剥离，集中堆放，用于覆土复耕或植被恢复。结合环境保护要求和工程实际情况减少取土场数量。

材料堆放场、拌和场及预制场等尽量设置在公路征地范围内，并设置在居民下风向200 m以外；施工营地应租用当地民房或设于公路征地范围内。初步设计阶段应考虑进一步细化设计，尽量降低路基高度，采用低路基方案。

对超标的敏感点分别提出的声屏障、隔声窗、环保搬迁、绿化等减噪措施总体可行。由于现阶段道路位置和边坡设计坡度还会有调整，因此在初设完成后，应进一步细化和完善噪声防治措施。对设置声屏障的分散村屯可以结合新农村建设，适当考虑搬迁。在噪声防治对策中主要考虑从声源上降低噪声和从噪声传播途径上降低噪声两个环节，应优先考虑从工程技术本身降低声源噪声，其次考虑设置声屏障措施。

施工期严格控制施工车辆、机械及施工人员的活动范围，尽可能缩小施工作业带宽度，以减少对地表植被的碾压。施工便道应尽量少占用耕地。拟建公路不穿越自然保护区、风景名胜区、饮用水源保护区等敏感区。工程建设对环境的影响通过采取环保措施可得到有效控制。

(摘自环境保护部环境工程评估中心 . 2013.《环境影响评价案例分析》. 北京：中国环境科学出版社)

16.2　四川省大渡河大岗山水电站项目环境影响评价

16.2.1　工程概况

本工程位于大渡河中游上段雅安市石棉县和甘孜州泸定县境内，坝址距下游石棉县城约40 km，距上游泸定县城约72 km。本工程的开发任务为发电，电站装机容量$260×10^4$ kW，多年平均发电量$114.50×10^8$ kW·h。电站采取堤坝式开发，水库正常蓄水位1130 m，死水位1120 m，正常蓄水位时库容为$7.42×10^8$ m^3，调节库容1.17 m^3，具有日调节性能。

本工程的枢纽建筑物由混凝土双曲拱坝、泄洪消能建筑物和引水发电建筑物三部分组成。坝顶长度622.42 m，最大坝高210.00 m。工程土石方开挖总量为$2025×10^4$ m^3(自然方)，最终弃渣总量为$1968×10^4$ m^3(松方)。工程拟设石料场2个、弃渣场3个。施工期建设征地面积共计690.48 hm^2，工程永久占地和水库淹没及影响面积共1444.15 hm^2，不涉及基本农田。工程总工期为97个月，施工高峰人数为9108人。工程总投资$174.48×10^8$元，其中环境保护投资$2.84×10^8$元，约占1.6%。

工程占地和水库淹没涉及四川省雅安市石棉县的田湾乡、挖角乡、新民乡和甘孜州泸定县的得妥乡、得威乡，共需生产安置4366人、搬迁安置5214人。

电站汛期(6~9月)按汛期排沙运用水位1123 m运行；其余时间(10月至翌年5月)水位在正常蓄水位1130m和死水位1120 m之间变化，进行日调节。

16.2.2　工程分析

开展工程与产业政策及相关规划的一致性和协调性分析、工程方案环境合理性分析以及影响源分析。

规划协调性主要分析工程建设与最新的《产业结构调整指导目录》《国民经济和社会发展计划》《城市总规》《土地利用总规》《水资源规划》等综合性规划、专项规划以及敏感区域规划的一致性和协调性。

从环境保护的角度，综合比选各工程设计及施工工艺方案，并对工程推荐的生产、施工组织和电站运行方式进行环境合理性分析。

明确水库、电站的运行方式，给出典型断面工程典型日、年流量水位过程线。不同类型、不同运行方式的电站，环境影响差别很大。对于引水式和部分混合式电站，闸、厂址间河段将出现不同程度的减脱水现象，对该河段生态、用水单位、景观等影响较大。对于日调节电站，下泄流量、流速日内变幅较大，下游河道水位日内涨落明显，对下游用水设施(尤其生活用水)、航运影响较大。对于调节性能好的年调节、不完全年调节电站，水库水温稳定分层，下泄低温水对水生生物、农灌作物影响较大。对于抽水蓄能电站(主要为上库)，可能会对区域景观、旅游资源产生影响。此外，与流域梯级内其他电站联合调度运行的电站，其运行方式应综合考虑。

采用统计类比分析法和物料平衡法对主体枢纽工程部分(分施工期和运行期)和移民安置部分(包括迁建、复建、专项工程)进行影响源分析。施工期主要在掌握主体工程施工内容、工程量、施工时序及施工方法的基础上识别可能引发环境影响的环节。运行期影响源包括水库淹没及影响实物指标及其损坏的植被类型、面积，工程发电运行方式和枢纽建筑物布置和运用特点，流域梯级开发联合调度运行等方面。

16.2.3 环境现状

在介绍区域环境背景的基础上，主要介绍评价范围内(包括工程区域及移民安置区)的环境现状，其中生态现状评价分陆生生态现状评价和水生生态现状评价，陆生生态要阐明植被类型、组成、结构、特点，生物多样性等；水生生态要阐明是否有鱼类“三场”(产卵场、索饵场、越冬场)、洄游通道分布。特别要明确区内是否有国家和地方重点保护、珍稀动植物和珍稀濒危特有鱼类的分布，其生态习性、繁殖特性等。项目建设涉及自然保护区、风景名胜区等敏感区域，要阐明其与工程的区位关系。例如，该项目区外围边缘地带有贡嘎山国家级风景名胜区。简要介绍区内存在的主要环境问题。

16.2.4 环境影响预测评价

根据评价因子识别及筛选结果，结合环境敏感对象及环境保护目标，确定重点评价内容，并在时间上按施工期、运行期分别进行评价。

(1)水环境影响评价重点

①对水文情势的影响　主要考虑电站运营后，因水库、电站运行使库区和大坝下游河道流量、流速、水温等发生变化产生的影响。因不同类型、不同运行方式的电站，环境影响差别很大，根据工程分析结果相应预测水文情势变化及其对环境保护目标的影响。具体为引水式和部分混合式电站，明确减脱水河段长度，评价对该河段生态、用水单位、景观的影响；日调节电站，分析对下游河道流量、水位日内变化情况，评价对下游用水设施(尤其生活用水)、航运等敏感保护目标的不利影响；调节性能好的年调节、不完全年调节电站，明确下泄低温水的沿程变化情况，评价低温水对水生生物、用水单位(如农灌作物)的不利影响。根据专题设置，该章节有些预测内容也可放在生态、社会等其他要素中阐述。

②对水质的影响　重点预测评价工程施工期生产废水对河流中SS浓度的影响，运营期(包括移民安置)生产废水、生活污水排放等对库区、坝下游(特别是减脱水河段)及河口的水体水质影响，水体富营养化的影响。

③对水温的影响　主要针对调节性能好的年调节、不完全年调节电站，明确下泄低温水的沿程变化情况，评价低温水对水生生物、用水单位(如农灌作物) 的不利影响。

此外，还应关注工程截流、水库初期蓄水期间的水环境问题。

(2)声环境和大气影响评价重点

一般包括工程施工或交通噪声对周围居民(学校)及局部声环境质量的影响。

(3)生态影响包括生态环境、地质和生态系统的影响

评价重点一般包括工程施工对地形地貌的影响，工程施工对水土流失的影响，大坝阻隔和水环境改变对水生生态及鱼类的影响。水生生态影响要分析水文情势变化造成的生境变化，对浮游植物、浮游动物、底栖生物、高等水生植物的影响，对国家和地方重点保护

的水生生物和珍稀濒危特有鱼类的种群、数量、繁殖特性、“三场”(产卵场、索饵场、越冬场)分布、洄游通道以及重要经济鱼类和渔业资源等的影响；陆生生态影响要分析水库淹没、工程占地、施工期及移民安置过程中对植被类型、分布及演替趋势的影响，对陆生生物分布与栖息地的影响，对生态完整性、稳定性、景观的影响。

环境地质影响评价重点一般包括水库形成及电站运行对库岸稳定及诱发地震的可能性分析。

对风景名胜区、自然保护区等敏感区域影响评价重点一般包括与敏感区的区位关系、对结构和功能的影响、对保护对象的影响。

(4)在本案例中，还包括移民安置环境影响评价

重点一般包括对移民生活、就业和经济状况的影响，移民安置区土地开发利用对环境的影响。具体为从安置区土地承载力、环境容量等生态保护角度进行农村生产移民安置的土地适宜性评价；新建、迁建城镇对环境的影响(污水处理厂、垃圾场选址等)；迁建工矿企业对环境的影响(结合国家相关产业政策和环保政策)；复建专项设施对环境的影响。

16.2.5 环境保护措施

根据影响分析预测结果，结合环境敏感对象及环境保护目标，按施工期、运行期分枢纽部分、移民安置区提出各项环境保护对策措施。

由于水电工程的可行性研究要求达到了初步设计的深度，因此，要求该阶段的环评报告书中的各项措施也应与工程主体设计深度相协调，包括保护的对象和目标、措施的内容、设施的规模及工艺、实施部位和时间、实施的保证措施、预期效果的分析等，在此基础上概算环境保护投资，并编制环境保护措施布置图及有关措施设计图纸。

电站的影响方式不同，对应的环保措施也不同。总体而言，主要有以下对策措施：

①水环境保护措施　施工期生产废水(尤其量大的砂石骨料加工系统废水)、生活营地生活污水处理措施，处理能力要考虑施工期高峰期。库底清理应提出水质保护要求。运营期，有下泄低温水影响下游农业生产和鱼类繁殖、生长的，要提出分层取水和水温恢复措施，并从工程设计和管理上给以保证；造成减脱水河段，要根据当地生产、生活、生态以及景观需水的要求，统筹考虑经济、社会和环境效益，确定生态流量，并有泄水建筑物以确保生态流量下泄。

②陆生生态保护措施　对珍稀濒危、国家和地方重点保护野生植物物种、名木古树提出工程防护、移栽、引种繁殖栽培、种质库保存及挂牌保护等措施。工程施工和移民安置损坏植被，应提出植被恢复与绿化措施；珍稀、濒危陆生动物和有保护价值的陆生动物的栖息地受到破坏或生境条件改变，应提出预留迁徙通道或建立新栖息地等保护及管理措施。对水土保持方案提出的生态保护措施方案分析并进行优化。

③水生生态保护措施　根据保护对象生态习性、分布状况，结合工程建设特点和所在流域特征，对受影响的国家和地方重点保护、珍稀濒危特有或土著鱼类、经济鱼类等水生生物提出增殖放流、过鱼设施、栖息地保护、设立保护区、跟踪监测、加强渔政管理等措施。对所提的措施分析实施效果，并对其经济合理性、技术可行性进行分析论证，推荐最优方案。

④气环境和声环境保护措施　主要针对敏感保护目标提出相应对策措施，施工期侧重于管理方面。

⑤监测和监控管理计划　要提出工程施工期和运营期的监测、监控计划，环境保护管理制度，工程施工期环境监理内容。

⑥移民安置区措施　重点考虑安置区特别是集中安置点的生活污水、生活垃圾处理处置措施，生产及生活配套基础设施建设(如水源)、迁建企业、复建工程(如公路、水利复建)等过程中需采取“三废”治理、生态保护(包括水土保持)等措施，迁建企业时需结合国家产业政策应关停并转。

16.2.6　结论及建议

结论应对整个报告明确工程建设是否存在重大环境制约因素，其建设的环境可行性。本工程的兴建对环境既有有利影响也有不利影响，在采取相应的环境保护措施后可使不利影响得到较大程度的减缓，使环境影响降低到自然与社会环境可承受的限度内。从环境保护角度认为，只要在建设和运行过程中注重对自然生态环境和社会环境的保护，大岗山水电站没有重大环境制约因素，其建设是可行的。

建议主要针对后续工作，如枢纽工程部分环保水保设施设计、环保监理及水保监测，移民安置区及专项设施复建的环评及环保措施设计等提出相关建议。本工程专项设施复建工程量大，为切实做好库周省道211公路等专项设施复建的环境影响防治措施，建议下阶段在单项设计过程中，开展相应环境影响评价工作。建议结合工程实际进度及时开展环保措施设计工作，严格遵循环保措施“三同时”制度，并落实相应费用。加强施工期环境管理，落实环境监理和水土保持监测。鉴于现阶段移民安置仅达到方案规划阶段，下阶段随着移民安置工作的深入，需进一步调整、优化或补充移民安置区环境保护措施。应与贡嘎山风景名胜区管理机构相协调，共同监督工程环境保护措施的实施，对开发活动进行监督管理，保护好工程周围的旅游资源和设施，实现保护和开发协调可持续发展。

(摘编自环境保护部环境工程评估中心 . 2013.《环境影响评价案例分析》. 中国环境出版社)

16.3　上海市土地利用规划环境影响评价

16.3.1　区域概况

上海市地处东经120°51′~122°12′，北纬30°40′~31°53′，我国南北海岸线中段，长江三角洲前缘，位于太平洋西岸，亚洲大陆东沿，中国南北海岸中心点，长江和钱塘江入海汇合处。北界长江，东濒东海，南临杭州湾，西接江苏和浙江两省，北界长江入海口。全市总面积8239.01 km^2，在上海北面的长江入海处，有崇明、长兴、横沙3个岛屿。

2005年，区域农业用地占46.15%(包括耕地、林地、园林、牧草地等)，建设用地占29.14%(包括居民点及工矿用地、交通和水利设施用地)，未利用土地占24.72%，土地利用率达75.28%。农业用地与非农业用地比例为25 : 29，可见农业在上海经济发展中的重要地位。其中农用地中又以耕地所占比重最大，占全市总面积的33.14%，园地和林地面积较小，共占3.86%。

16.3.2 区域主要生态环境问题识别

介绍规划区的主要土地生态环境问题及其形成原因。上海市主要土地生态环境问题包括地面沉降，水体污染、土壤污染、城市热岛和滩涂资源损失。地面沉降重点介绍区域多年平均地面沉降量，沉降格局，区域控制措施以及沉降趋势等。水体污染主要从污染源头、污染等级、废水处理水平等方面阐述。土壤污染重点介绍土壤污染类型、土壤格局和程度等。城市热岛现状要评价各个季节区域城市热岛的程度和范围。滩涂资源损失从滩涂等分布和利用现状、发展趋势以及海平面上升的淹没风险等方面分析其作为后备耕地资源的潜力。在此基础上，从自然因素和社会因素两个方面分析土地生态环境问题产生的原因。

16.3.3 上轮规划的利弊分析与本轮规划重点关注的问题

详细分析上一轮土地利用总体规划带来的生态环境效益。上海市上一轮土地利用总体规划批准实施以来，在经济社会发展用地需求快速增长、土地供给约束日益加大的形势下，坚持最严格的土地管理制度，强化规划的控制和引导，妥善处理保障发展和保护资源的关系，较好地保护了耕地资源，保护和改善了城市生态环境。

同时，揭示上一轮规划实施中存在的问题。上海市上一轮土地利用总体规划存在着规划确定的建设用地指标不能满足经济社会快速发展需要、工业仓储用地在建设用地中所占比重偏高，农村居民点归并力度不够、耕地保有量不断下降，占补平衡难度越来越大、规划实施的机制和政策研究有待深化等问题。

基于存在的问题提出本轮规划需要重点关注的问题。例如，构建和谐生态系统、地面沉降防治、水土污染治理、滩涂损失控制、大气污染治理与自然历史遗产保护等。

16.3.4 土地利用总体规划方案的环境影响评价

从规划总目标评价、土地利用结构与规模调整的环境影响评价、土地利用空间布局调整的环境影响评价、土地开发整理复垦和基础设施建设的环境影响评价4个方面，开展土地利用总体规划方案的环境影响评价工作。

(1)规划总目标评价

对土地利用总体规划总目标与国家和上海市生态与环境保护战略、目标进行简要评价。根据规划大纲成果，到2020年，上海市土地利用总体目标为：坚守耕地和基本农田红线，严格控制建设用地总体规模，基本形成城乡区域统筹的土地利用格局，有效改善土地生态环境，不断增强土地政策参与宏观调控能力。因此，按照2020年上海市土地利用规划总体目标，采用定性分析的方法从农业生产和粮食安全、土地资源利用高效性和集约化等方面对其生态环境影响进行评价。

(2)土地利用结构与规模调整的环境影响评价

分析规划期间土地利用结构、各类用地规模的调整变化与当地资源环境承载能力的关系，评价土地利用结构与规模调整特别是各类建设和土地开发安排的合理性，分析可能产生的环境效应和造成的环境问题。

对上海市土地利用规模调整的环境影响评价主要通过人均建设用地变化指数、建设用地承载力、人均耕地变化指数、耕地压力指数、城市热岛面积、废气排放量等几个指标的计算进行定量分析。

对于上海市土地利用结构调整的环境影响评价主要通过土地利用多样性变化和区域内生态系统服务价值总量计算两个角度进行定量分析。

(3)土地利用空间布局调整的环境影响评价

分析规划期间土地利用空间布局安排与当地土地条件的关系，评价土地利用分区特别是各类建设用地区域和土地开发区域划定的环境适宜性，分析对本辖区和相邻区域可能引致的环境影响。

主要针对规划建设用地布局、规划农业用地布局以及规划土地利用分区3个评价目标，通过选取生态系统恢复能力、水源涵养区敏感性、文物古迹和森林公园敏感性、生态功能分区、地质灾害分区、土壤污染等评价指标，采用GIS空间分析方法进行定量评价。

(4)土地开发整理复垦和基础设施建设的环境影响评价

分析规划期间土地开发整理复垦和基础设施建设与土地条件的关系，评价土地开发整理复垦特别是滩涂资源开发与重大工程建设的环境适宜性，分析可能产生的环境效应和造成的环境问题。

结合滩涂耕地后备资源和滩涂围垦规划来分析上海滩涂资源开发可能带来的生态环境效应。根据《上海市土地利用总体规划大纲(2006—2020)》的环境影响评价要求，主要选取地质灾害分区、生态敏感性、生态恢复能力和生态功能分区等指标，对上海市滩涂资源开发和重大基础设施工程规划的生态环境影响进行评价分析。其中，生态敏感性指标综合了水源涵养区敏感性、文物古迹敏感性和森林公园敏感性3个因素。

上海基础设施工程的建设目标为：综合交通方面，以枢纽型、功能性、网络化基础设施为重点，基本建成“三港、两网”和多类枢纽为重点的现代化综合交通体系，为增强城市集聚、辐射功能提供坚实支撑。市政基础设施方面，城市供水将形成全市“一网多片，集约供水”总体目标，建设节水型城市；城市雨水排水将全面提高中心城一年一遇标准系统达标率和郊区区域除涝标准；城市供电将基本形成以五大市内发电基地为主、两大市外发电基地和若干个其他市外来电为辅的电源布局；城市燃气将实现天然气居民用户达到280×10^4户，居民用气量达到200×10^4 m^3的目标。具体评价时，依据各类基础设施生态环境影响的特点，把基础设施分成交通、能源和水利3类基础设施进行评价。

16.3.5 潜在不良环境影响的缓解措施

根据上述分析，上海市新一轮土地利用总规划方案可能产生的主要潜在不良影响有建设用地扩大与人口快速增长，可能导致城市大气污染；建设用地的扩张，导致地面沉降进一步扩大；农业生产活动，导致水土污染；滩涂资源开发，导致后备资源损失。针对这些问题，提出要大力发展林业、有效保护生态环境，合理规划建设用地、建设生态环境压力，合理规划农业生产活动、防止水土污染，合理开发和有效促淤、减缓滩涂湿地资源损失。

(摘编自贾克敬等，2011. 土地利用总体规划环境影响评价理论与方法实践[M]. 北京：中国大地出版社)

参考文献

包存宽，2015. 基于生态文明的战略环境评价制度(SEA2.0)设计研究[J]. 环境保护，10(2)：17-23.

蔡艳荣，2004. 环境影响评价[M]. 北京：中国环境科学出版社.

陈学民，2011. 环境评价概论[M]. 北京：化学工业出版社.

耿海清，2019. 对新时代我国战略环评工作的思考研究[J]. 环境保护，42(1)：35-38.

耿海清，2020. 关于在重大行政决策事项中纳入环境考量的建议[J]. 环境保护，48(9)：42-45.

郭廷忠，2007. 环境影响评价学[M]. 北京：科学出版社.

何德文，李妮，柴立元，等，2008. 环境影响评价[M]. 北京：中国环境科学出版社.

环境保护部环境工程评估中心，2018. 环境影响评价技术方法[M]. 北京：中国环境科学出版社.

环境保护部环境工程评估中心，2013. 环境影响评价案例分析[M]. 北京：中国环境科学出版社.

《环境科学大辞典》编辑委员会，1991. 环境科学大辞典[M]. 北京：中国环境科学出版社.

贾克敬，何春阳，徐小黎，等，2011. 土地利用总体规划环境影响评价理论与方法实践[M]. 北京：中国大地出版社.

贾生元，2013. 环境影响评价案例分析试题解析[M]. 北京：中国环境科学出版社.

李天威，耿海清，2016. 我国政策环境评价模式与框架初探[J]. 环境影响评价，38(5)：1-4.

李勇，2012. 环境影响评价[M]. 南京：河海大学出版社.

刘小丽，王占朝，任景明，2013. 区域性战略环评项目管理模式及经验[J]. 环境保护，41(18)：58-60.

陆书玉，等，2001. 环境影响评价[M]. 北京：高等教育出版社.

申俊，2018. $PM_{2.5}$污染对公共健康和社会经济的影响研究[D]. 北京：中国地质大学.

沈洪艳，等，2017. 环境影响评价教程[M]. 北京：化学工业出版社.

生态环境部环境工程评估中心，2019. 环境影响评价案例分析[M]. 北京：中国环境科学出版社.

生态环境部环境工程评估中心，2019. 环境影响评价技术导则与标准[M]. 北京：中国环境科学出版社.

生态环境部环境工程评估中心，2019. 环境影响评价技术方法[M]. 北京：中国环境科学出版社.

生态环境部环境工程评估中心，2019. 环境影响评价技术相关法律法规[M]. 北京：中国环境科学出版社.

孙儒泳，等，1993. 普通生态学[M]. 北京：科学出版社.

田子贵，2011. 环境影响评价[M]. 2版. 北京：化学工业出版社.

王兵，任晓旭，胡文，2011. 中国森林生态系统服务功能及其价值评估[J]. 林业科学，47(2)：145-153.

王罗春，等，2012. 环境影响评价[M]. 北京：冶金工业出版社.

王宁，孙世军，2013. 环境影响评价[M]. 北京：北京大学出版社.

王岩，2013. 全国环境影响评价工程师职业资格考试模拟试题[M]. 北京：中国环境科学出版社.

王玉梅，等, 2010. 环境学基础[M]. 北京：科学出版社 .

韦克难, 2017. 社会学通论[M]. 北京：高等教育出版社 .

谢元博，陈娟，李巍, 2014. 雾霾重污染期间北京居民对高浓度 PM2.5 持续暴露的健康风险及其损害价值评估[J]. 环境科学, 35(01)：1-8.

徐鹤，陈永勤，林健枝，等，2010. 中国战略环境评价理论与实践[M]. 北京：科学出版社.

曾维华，2014. 环境承载力理论、方法及应用[M]. 北京：化学工业出版社.

曾维华，薛英岚，贾紫牧，2017. 水环境承载力评价技术方法体系建设与实证研究[J]. 环境保护，45(24)：17-24.

郑晓雪，徐建玲，王汉席，等，2017. 中国战略环评与项目环评联动机制[J]. 环境科学与管理，42(2)：181-185.

郑有飞，周宏仓，郭照冰，等，2008. 环境影响评价[M]. 北京：气象出版社 .

中国大百科全书编辑委员会，2002. 中国大百科全书 · 环境科学 · 环境卷[M]. 北京：中国大百科全书出版社 .

周国强, 2009. 环境影响评价[M]. 2 版 . 武汉：武汉理工大学出版社 .

朱世云，林春绵，2013. 环境影响评价[M] . 2 版 . 北京：化学工业出版社 .